《侨乡文化研究》丛书

回归与融入
华侨农场归侨口述历史
福建卷

郑一省 ◎ 著

中国出版集团有限公司
世界图书出版公司
广州·上海·西安·北京

图书在版编目（CIP）数据

回归与融入：华侨农场归侨口述历史.福建卷/郑一省著.--广州：世界图书出版广东有限公司，2023.11
ISBN 978-7-5232-0920-2

Ⅰ.①回… Ⅱ.①郑… Ⅲ.①华侨农场－史料－福建 Ⅳ.①D634.1

中国国家版本馆CIP数据核字（2023）第243762号

书　　名	回归与融入：华侨农场归侨口述历史（福建卷）
	HUIGUI YU RONGRU: HUAQIAO NONGCHANG GUIQIAO KOUSHU LISHI (FUJIAN JUAN)
著　　者	郑一省
责任编辑	张东文
出版发行	世界图书出版有限公司　世界图书出版广东有限公司
地　　址	广州市海珠区新港西路大江冲25号
邮　　编	510300
发行电话	020-84184026　84453623
网　　址	http://www.gdst.com.cn
邮　　箱	wpc_gdst@163.com
经　　销	新华书店
印　　刷	广州市迪桦彩印有限公司
开　　本	787 mm × 1092 mm　1/16
印　　张	22.75
字　　数	503千字
版　　次	2023年11月第1版　2023年11月第1次印刷
国际书号	ISBN 978-7-5232-0920-2
定　　价	88.00元

版权所有　侵权必究

咨询、投稿：020-84451258　875936371@qq.com

（如有印装错误，请与出版社联系）

国家社科基金重点项目"中国华侨农场归侨口述历史抢救性收集与整理"阶段性成果

特此鸣谢
中国南方与东南亚民族研究中心资助

《侨乡文化研究》丛书概述

侨乡是华侨华人的故乡,是伴随着中国海外移民史的展开而出现的,它是中国颇具特色的一个社会现象。自侨乡形成以来,海外华人就与侨乡发生着千丝万缕的联系,海外华人与中国的联系实际上是与其侨乡的联系,而要理解并维系海外华人与侨乡的联系,对侨乡进行研究就必不可少。本丛书的特点在于:不单出版国内外学者的专著,还会推出海外学者的侨乡研究成果;以第一手资料和田野调查获得的侨乡研究成果为主,并出版国内华侨华人研究学者的著作,以及翻译出版国外有关华侨华人研究著作。

一、研究目的

在总结前人学术研究成果的基础上,本丛书试图达到下述目标:其一,在阐述华侨华人文化和侨乡文化的基础上,探讨新时期海外华人与侨乡及中国的关系;其二,通过开展侨乡研究,推动学术发展,展示侨乡研究的最新成果;其三,切实对新时期华侨华人与侨乡的关系之历史与现状进行总结和思考,为政府侨务政策提供参考和为侨乡文化建设提供智力支持。

二、研究意义

关于侨乡的研究,学者们的研究成果已相当丰富,涵盖社会、经济、文化等方面,但就其研究成果而言,还存在几方面的不足:第一,由于缺乏第一手侨乡社会的基本资料,研究方向偏向于大框架、大背景的梳理,往往以所谓的共识来理解具体侨乡的演变进程,缺少对侨乡深层结构和民众价值观念意识形态的关注;第二,在研究方法上,更多的是重视理论宏观意义上的研究,忽视了田野调查的重要性,其研究成果主要是对已有文献史料的剖析,不能真正理解侨乡社会自身的发展变迁;第三,从研究深度上,就事论事,缺乏关注其背后的社会变迁,导致侨乡研究在某种程度上而言缺乏现实意义。鉴于已有研究成果存在的不足,本丛书主要以大量的田野调查资料为基础,注重共时性与历时性研究的结合,力求对侨乡与华侨华人的相关问题做微观或中观研究,将侨乡放在国家社会发展的大框架中,在调控侨务政策、促进侨务工作适应性转型的大背景下,以侨乡本身作为出发点,深入开展切实性的系统性研究。本丛书集国内外学者专著,既有编著亦有译著,以第一手资料和田野调查做出的侨乡研究成果为主,从不同视角、不同层次较为系统地展示侨乡研究的相关成果。综上看来，本丛书不仅具有一定的学术意义，且具有较强的现实意义。

三、研究内容

侨乡是中国特有的社会现象，它是一个地区海外移民到一定程度的产物，是海外移民比较活跃的区域性社区。侨乡民众与海外华侨华人存在天然的情感联系，侨乡与海外华侨华人长期以来存在互动，互为影响。中国侨乡已经成为中国实现城市化发展的排头兵和领衔者之一，同时也是中国与世界沟通联系的重要场地、桥头堡。《侨乡文化研究》丛书一定意义上是应学术与时代发展之需，在以往零散、独立研究著述的基础上再创新，形成全面、系统的序列性著作。

本丛书的研究内容主要体现在：

第一，侨乡文化。侨乡文化是侨乡研究的主要内容之一。侨乡由于有大量的海外移民，处于一种中外文化交流与对撞中的一个独特位置。在中国的近现代化进程中，侨乡民众开风气之先，对于西方文化不是照单全盘接受也不是简单的模仿，而是自觉或者不自觉地将外来文化与本土传统文化相结合产生出一种新的亦土亦洋的侨乡文化形态。侨乡文化的生命力在于与时俱进，不断创新，大力提倡，广泛弘扬。侨乡传统文化是需要保护和大力弘扬的，以便侨乡传统文化得以发扬光大，促进社会发展，推动人类进步，缔造世界文明。本丛书侨乡文化研究的内容涵盖了侨乡遗产、侨乡社会与文化史、当代侨乡社会现实问题、侨务理论与侨务工作等方面。

第二，华侨华人文化。海外华侨华人文化是一种源于中华文化、广泛地吸收了海外本土文化和西方文化，是在海外的土壤中播种、成熟和发展起来的一种新型文化。它是华侨华人思维方式、价值取向、理想人格、伦理观念和审美情趣的集中体现。华侨华人作为华侨华人文化的载体，研究华侨华人文化对于了解华侨华人这一族群的概况和侨乡具有特殊的意义。新时期，华侨华人文化的现代化过程是一个不断吸收中西方文化精髓的过程，同时也是不断向先进文化模式变迁与完善的过程，如何把握好新时期华侨华人文化的现代化问题，也是本丛书所需要努力的一个方向。

第三，海外华人与侨乡的关系。海外华人与中国的关系历来是华侨华人研究的重要议题，海外华人与中国的关系主要表现为与其祖籍地的关系。侨乡作为华侨华人的家乡，是海外华人了解中国的一个窗口，是考察华侨华人与中国关系的一个重要方面和参照坐标，这不仅因为侨乡是海外华人与中国进行经济合作的主要区域，是海外移民影响祖籍地社会、文化的"独特风景线"，还因为侨乡研究是透视海外华人与中国关系的实证性研究。可见，海外华人与侨乡之间的关系是十分密切的，两者间的联系主要表现在经济和社会文化方面。首先，海外华人与侨乡经济上的联系是推动侨乡社会发展的主要动力，自侨乡成立之日起，海外华人就以各种形式与侨乡存在联系，他们对侨乡的经济贡献是明显的，主要体现在侨汇、投资和捐赠公益事业上。侨汇是海外华人一直以来联系侨乡的重要纽带，其改善了侨眷家庭的水平。随着海外华人经济实力的不断壮大，他们不仅仅局限于给祖籍地的亲属汇款，而且开始对侨乡进行投资建设，这直接推动了侨乡的经济发展。20世纪80年代中国的改革开放中乡镇企业经济发展出现了三种著名的模式，即苏南模式、温州模式和晋江模式，其中，晋江模式就是侨乡利用海外资源进行现代化建设的典型例证。海外华人投资侨乡，促使侨乡形成外向型的经济结构。此外，海外华人还给侨乡引进了西方先进的技术和管理经验，为侨乡社会经济发展注入了新鲜血液，促进了就业和制度创新。其次，海外华人与侨乡的社会文化联系是多元的、多层次的，体现在建筑、民俗活动、捐资办学等各方面。在建筑方面，一些侨乡采用了西洋建筑文化，并结合自身文化，展示了中外文化交流的样态；在民俗活动方面，海外华人对宗族组织的复兴起到了举足轻重的作用，随着海外华人及其新生代与祖籍地互动的加深，越来越多的海外华人回乡谒祖，使侨乡的民间宗教信仰得以恢复；在捐资办学方面，海外华人素有捐资办学的优良传统，促进了侨乡教育事业的发展。

海外华人与侨乡在经济、社会文化上的互动，在不同的时期有不同的特点，但毋庸置疑，这种互动联系在任何时期都产生着积极的影响，互动加强的正面是两者互利共生性的深化。随着全球化的发展，海外华人与侨乡的联系将日益紧密，研究如何在新时期更好地理解与把握两者之间的关系，从而服务于侨乡和国家的现代化建设，这是一项很有意义的工作。

《侨乡文化研究》丛书编委会
2023年3月

前　言

华侨农场出现于20世纪60年代和70年代期间。当时南亚、东南亚由于受到冷战思维或狭隘的民族主义思想的影响，相继制定并实施了一系列限制、排斥甚至是打击华侨华人的政策和措施，由此出现了一波波的"排华事件"，迫使大量的华侨华人纷纷离开居住国，或返回中国，或流落到欧美等国。正是在这样的背景下，中国政府在诸如广东、福建、广西和海南等地建立了一批华侨农场和其他形式的安置点，以安置当时大量的归国华侨。

据调查，福建作为中国的重要侨乡之一，在接待和安置归难侨工作上肩负着重大而艰巨的任务。自1953年起至20世纪70年代末，福建省相继创办了17个华侨农场，分布在除龙岩以外的8个市，华侨农场共有土地面积481847亩，总人口75919人，其中安置印尼、新加坡、越南等国家和地区归难侨32664人，职工人数1.6万人，是安置归难侨最多的省份之一。

近半个世纪过去了，在中国改革的进程中，有的华侨农场已经归入地方管理，或划入所谓的经济开发区，华侨农场的存殁似乎已进入最后阶段，而华侨农场的归侨大多数人也已成为老人，还有一些已经离开人世。这些从国外归来的归侨都有自己的故事和经历。我们开展抢救式行动，对这些华侨农场的归侨进行口述访谈，记录这些归侨的心路历程，弘扬他们的爱国情怀，已迫在眉睫。

2022年1月，我们申报的"福建华侨农场归侨口述史研究"项目获得中国南方与东南亚民族研究中心委托课题的立项。为了使我们顺利完成这个课题，福建侨联给予了我们大力支持与帮助，不仅为我们选择了福建具有代表性的华侨农场，还专门下文要求华侨农场协助我们的调研。在福建省侨联的支持和指导下，2022年8月12—22日，我们前往连江长龙华侨农场、宁德东湖塘华侨农场，漳州常山华侨农场、丰田华侨农场、三明市宁化华侨农场和永春北硿华侨茶果场调研，并运用文化人类学的研究方法，对74位归侨进行了口述史访谈与调查。

20多天的时间，我们走进了福建颇具代表性的华侨农场，所到之处无不受到当地领导的热情接待，也获得了归侨们由衷的欢迎。在我们的访谈中，福建华侨农场的归侨，其归来的途径虽有所不同，但大多数人似乎都经历了恐惧、惊慌而被动的回归历程。许多侨居东南亚的华侨被迫纷纷回到中国，成为特殊历史时期的"归侨"。

我们还看到，归侨回到祖籍国的初期或一段时期，既充满着喜悦和希望，也充满着某种疑惑或犹豫。虽然有的归侨回到了"祖籍地",但由于这种或那种的原因,又逐渐远离"祖籍地"。不过,他们仍然试图或努力将以前在其脑海中的"他乡"逐渐变为其"家乡",从以往的"陌生"变为"熟悉",并对重塑"家乡"充满了感情,下意识地认为他们现在所生活的地方,是一个不能离弃的"家乡"。

在华侨农场集体式居住和生产模式之下,来自不同的异文化国度的归侨们,产生了自己的生活方式和不同于周边当地人的独特的"归侨文化",他们有着"当地人"和"归难侨"的双重身份,他们似乎是介于"当地文化"与"华侨文化"之间的特殊群体。

归侨群体,既是一个特殊的群体,又是一个相对弱势的族群。在回国后的几十年里,归侨经历了一个矛盾而复杂的自我认同的过程。在历史因素、文化因素、政策因素和现实利益的交织下,一定程度上也强化了归侨对自身的族群认同。我们也了解到,20世纪90年代华侨农林场、归难侨安置点纷纷走上了改革之路。由于许多华侨农林场、归难侨安置点开始实行联产承包责任制,或者被正式转交给地方管理,或加挂经济开发区等牌子,继而被推向市场。在这个历史变革的时代,有的归侨萌发出靠"人"不如靠"己"的想法,毅然走出安置点,去寻找新的"家园"。

可以说,华侨农场是一个在特殊历史时期,因特殊的历史事件,经由特殊的历史决策而在国内外的帮助下建立起来的社区,这个社区既具有政治的,也具有经济和文化的特征,且是一个较为封闭的无所不包的人文社区。它曾在很长一段时间内得到了政府的种种政策扶持。然而,这样一种计划经济体制下的"扶持生存"之路,在进入20世纪90年代后,被席卷全中国的经济改革大潮所淹没。从20世纪80年代到21世纪初,华侨农场进行了几次不同程度的改革,特别是"三融入"的改革使华侨农场经历了一个"脱胎换骨"的过程。在这些改革进程中,由于历史等方面的原因,也存在着或多或少的问题,而这些问题也给华侨农场的可持续发展带来了不同程度的困境。

我们在调研中发现,与其他省份的华侨农场一样,福建华侨农场的体制改革都取得了不同程度的成功,但在改革的过程中也出现了一些亟待解决的问题。比如,有的华侨农场改革的进度或融入当地的程度与否,似乎受地理区位的影响,这就是所谓的"地理区位论英雄",即处于城市边缘或靠近城市的华侨农场改革较为成功,融入较为顺利,而反观一些华侨农场发展动力不足或融入不理想,与其地理位置有莫大的关系。而无论是处于地理区位的优势,还是处于地理的劣势,华侨农场可持续发展最重要的因素,仍是当地社会管理部门对归侨所做出的关怀或特殊的政策。除了地理位置外,一些历史遗留或现实问题也时而浮现出来。比如因当地土地审批程序收紧或其他原因,部分归侨仍居住在一些20世纪80年代所建的老房子或危房之内,不利于他们的人身安全和居住环境。再比如,1979年对越自卫反击战中,有部分归侨在这场反击战中担任翻译,曾做出了很大的贡献,但由于地方财政或其他原因,归侨们参加"对越自卫反击战"的身份确认问题至今仍未能得到妥善解决。此外，个别华侨农场还存在"两本簿子"现象，即农场退休干部的退休金一部分是由所属地方的人社局发放，另一部分是由农场发放，从而使退休金领取程序复杂，正因为这种程序的复杂化，致使归侨的部分退休金缓发或迟发的现象时有发生。

我们认为，国家和地方在华侨农场等集中安置点投入大批人力、物力和财力来解决归侨的各种问题，也取得了很大的效果，但还有一些华侨农场发展仍较为缓慢或融入当地社会仍较为困难，其显现出来的各种矛盾或缺失的现象，应该给华侨农场或当地管理部门带来一些启示，有待于他们如何调整政策或策略，有待于他们改进工作方法和工作作风。

目 录

第一部分　北硿华侨茶果场篇 ……………………………………… 1

　　房美英　口述 …………………………………………………… 2
　　傅美金　口述 …………………………………………………… 7
　　何举昆　口述 …………………………………………………… 11
　　洪良娘　口述 …………………………………………………… 15
　　洪南英　口述 …………………………………………………… 19
　　王汉章　口述 …………………………………………………… 22
　　吴国柱　口述 …………………………………………………… 25
　　张伍安　口述 …………………………………………………… 30
　　朱森华　口述 …………………………………………………… 33

第二部分　长龙华侨农场篇 …………………………………………… 37

　　陈民安　口述 …………………………………………………… 39
　　陈训兵　口述 …………………………………………………… 42
　　范贤丰　口述 …………………………………………………… 47
　　何深强　口述 …………………………………………………… 50
　　何志传　口述 …………………………………………………… 56
　　江武民　口述 …………………………………………………… 61
　　林正红　口述 …………………………………………………… 68
　　林正经　口述 …………………………………………………… 74
　　王位经　口述 …………………………………………………… 78
　　王长敏　口述 …………………………………………………… 82
　　许万强　口述 …………………………………………………… 85
　　尤祖泽　口述 …………………………………………………… 91
　　郑华珍　口述 …………………………………………………… 94

第三部分　常山华侨农场篇 …………………………………………… 99

　　陈梅花　口述 …………………………………………………… 101
　　关李文　口述 …………………………………………………… 106

郭其笃	口述	110
黄盛泉	口述	116
黄再意	口述	120
李安妙	口述	124
林国贤	口述	128
刘梅华	口述	133
梁瑞明	口述	137
林新仟	口述	141
吴祥兴	口述	147
魏震球	口述	157
谢绍光	口述	163
徐秀伟	口述	167
郑丹莲	口述	172

第四部分 丰田华侨农场篇 177

陈二妹	口述	179
陈进秀	口述	184
古世江	口述	189
黄辉深	口述	194
何 平	口述	200
廖树保	口述	205
罗似刚	口述	209
凌智敏	口述	213
苏春谋	口述	218
唐祖保	口述	223
吴志平	口述	228
徐锡寿	口述	233
严之伟	口述	238
朱蒋辉 朱阿娇	口述	243
张绍新	口述	249

第五部分 东湖塘华侨农场篇 253

陈金雄	口述	254
池兴亮	口述	261
郭永权	口述	264
黎 明	口述	267

李红成　口述 …… 271
廖承欢　口述 …… 275
廖承武　口述 …… 280
廖家才　口述 …… 283
苏永英　口述 …… 287
谭万超　口述 …… 294
汤松园　口述 …… 298
郑联生　口述 …… 301
周锡兰　口述 …… 305

第六部分　泉上华侨农场篇 …… 311

邓德芳　口述 …… 312
冯宝珠　口述 …… 317
黄文辉　口述 …… 321
李志强　口述 …… 325
廖益平　口述 …… 329
苏庆加　口述 …… 332
唐光汉　口述 …… 334
吴万福　口述 …… 339
曾汉平　口述 …… 343

后　记 …… 347

第一部分　北硿华侨茶果场篇

北硿华侨茶果场位于永春县东部，距离县城约 10 千米，市内公交车可直达。北硿华侨茶果场前身是北硿华侨垦殖公司。1911 年，爱国华侨颜穆闻携资金 3 万元（银圆），回乡创办北硿华侨垦殖公司，因劣绅借宗族产权纠纷，捣毁公司而倒闭。1917 年，旅居马来西亚蔴坡的爱国华侨李辉芳、郑文炳、李载起等 23 人集资 2 万银圆，创办永春华兴种植实业股份有限公司。1953 年部分难贫侨未分到土地、生活困难，时任全国华侨事务委员会主任何香凝提议创办华侨农场进行安置。1953 年底，福建省侨委拨款 4 万元筹办永春北硿华侨农场，由省侨办和永春县侨务科派员实地勘察，选定北硿山创办永春北硿华侨垦殖场。1954 年 2 月接收第一批星马难贫侨 24 人，组织 3 个互助组，开展生产自救，时任全国人大常委会副委员长何香凝赠捐 2000 元稿费，帮助难贫侨发展生产；1960 年 2 月，为安置印尼归侨，永春北硿华侨果牧场与永春茶场合并，扩大建设规模。当年共有 5 批 2273 名印尼归侨到茶果场安家。经福建省接待安置归侨委员会批准定名为"福建省永春北硿华侨茶果场"，成立中共福建省永春北硿华侨茶果场党委会。1961 年 3 月，茶果场更名为"国营福建省永春北硿华侨茶果场"。同年 7 月，1958 年 4 月省侨委创办的"地方国营永春竹溪瓷厂"并入茶果场。[①] 1963 年接收安置迫迁回国的印尼、新加坡、马来西亚、菲律宾等 11 个国家和地区的 2728 名归难侨。1998 年 10 月农场改制建镇，改制后的华侨茶果场是东关镇政府的一个下属企业，农场原来的南美、内碧两个场带村与农场脱钩；金冬洋、山城两个管理区，也与农场脱钩，成立两个建制村；场办社会事业全部移交地方政府管理。目前北硿华侨茶果场下辖东关、垵口、龙坑、北硿、小湖洋等 5 个管理区和北硿华侨茶厂、竹溪瓷厂 2 家企业。茶果场现有归侨 465 人；在册职工 1174 人，其中在职职工 193 人、离退休干部职工 894 人，主要收入是泉州大顺瓷业有限公司、永春大阳瓷业有限公司等公司租金、承包金，新世纪太阳公司欠款，东关镇政府补助经费及上级相关部门拨款补助等。[②] 茶果场现有的归侨均为印尼归侨。他们的年龄、祖籍地、侨居地不尽相同，有来自印尼苏拉威西岛的望加锡、苏门答腊岛的棉兰和廖内省、西爪哇的万隆、加里曼丹岛的坤甸和西帝汶岛的古邦等地。

---

① 董中原总主编：《中国华侨农场史（福建卷）》，北京：中国社会科学出版社，2017 年，第 965 页。

② 资料由东关镇办公室提供。

房美英　口述

口述者简介：房美英，女，1949 年出生，祖籍广东大埔，客家人。生于印尼万隆市下属的乡镇。1960 年因"十号法令"回国，属第一批印尼归侨。1960 年 3 月从雅加达上船，乘坐"福安号"到达广州，后被分配到福建永春北硿华侨农场。家中有 7 个兄弟姐妹，排行老二。曾响应毛主席的号召"上山下乡"，1971 年结婚，生有两个儿子。

时间：2022 年 8 月 22 日

地点：北硿华侨茶果场（现永春东关镇）镇侨联办公室

采访者：郑雨来、黄葵秀、李星颖

华侨属性：印尼归侨

南洋物：无

整理者：黄葵秀

一

我出生在印尼万隆的比较乡下的一个地方，去万隆的车程大概要 3 个小时。我这个姓在这边很少，就我这一户人家。我是 1949 年出生，祖籍是广东大埔县，是客家人。我爸爸叫房沾林，1920 年出生，我爸爸 17 岁从中国去的印尼，一个人坐帆船出去的。我妈妈叫陈顺娘，1930 年在印尼出生的，祖籍是福建漳浦。我爸爸刚刚出去的时候也是很辛苦的，种地瓜那些的，慢慢存到钱开一个小店才娶老婆的，所以我觉得中国人到哪里都是很勤劳。回中国之前，我爸爸妈妈在印尼是开食杂店的。

回国的时候我 11 岁，我 2018 年的时候还回去过印尼去找过我以前的家，那个木房子还在，但是已经变成工厂了，因为当时也是工厂来的。我们就是买来一半来开店，然后我们回来就没有管它了，直到我回去，我还是能够认出来这个是我的家。因为印尼他们变化不大，我家唯一的改变就是我家门口，本来有一个小小的养鱼的池子，之前是那个主人的，我们小时候还喜欢在那里玩水，他们就把这个地方填平建起来变成墙了。我看见这些都掉眼泪，因为都还能记起来，还能找到这里。我还认得当时小时候一起玩的小伙伴，他就问我你是不是那个那个，然后我就跟他说我爸爸叫什么名字，以前在这里开店，然后他们也就想起来了。我还有一个小伙伴，因为她比我小，当时我还去欺负她，现在她已经 67 岁了，生了 12 个孩子，她跟我们聊天，她的儿子、孙子全部站成一排，那个场面太壮观了。她问我生几个，我说才生两个我头都大了。我就问她，你生了 12 个孩子，怎么养的？她就说，不必养，生了就让他自己出去玩。因为印尼是没有计划生育的，我们这边有计划生育，他们都不怎么管小孩子的教育。所以我觉得本地的印尼人是非常懒的，他们赚够就不做了，就先去吃喝玩乐，等没钱了再去做事赚钱。我们中国人在印尼是很勤劳的，有些华人都是开金店的、开大百货的，所以我 2018 年去印尼的时候，看见金店就专门去问是不是中国人开的。我去印尼主要还是去找我母亲的家里人，我妈妈家里人没有回来，但是当时去找没有找到。我当时去印尼是带那个照片一起过去的，我就找到了我爸爸朋友的女儿。她就有跟我说十几年前还遇到过我的舅舅和姨姨，我就想让她带话，如果下次还可以碰到他们，记得说我来找过他们，不过我觉得应该是没希望了，现在我 73 岁，我妈妈是老大，他们估计年纪也大了，也可能不在人世了。

我们是 1960 年因为"十号法令"回国的，我们是排华的时候才回来，当时我们都没办法读书，也没有办法开店，维持不了生活。我在印尼有读书，读多久我忘记了，我们都是在中国人开的中华学校读书的。到后面排华的时候，勒令中国人的学校不准开，后来我们父母亲叫我们去读印尼文，但是我不爱读。

回国之后，3 月份我又重新读一年级，等到 9 月份读二年级。回国的时候是一家 7 口回来，后来我爸爸妈妈又生了两个，一个弟弟一个妹妹，所以我现在有 7 个兄弟姐妹，就变一家 9 口了。在家里面我排老二，我们家是五女二男，现在就剩下四女，我的第三个妹妹因为生病去世了，就生一个儿子，现在在广州。我们小孩子算比较少的了，印尼那边基本上生 10 个以上。如果中国没有计划生育，到时候我爸爸妈妈又再生，我觉得我是最辛苦的那一个，因为我是老二，我爸爸妈妈又要去劳动，我要去煮饭，弟弟妹妹起来了要去帮他们穿衣服，吃喝拉撒睡都要我们大的来做。不过那个时候还好有托儿所，我上学的时候就牵着弟弟妹妹去托儿所，中午的时候再带回来，现在想想太辛苦了。

二

我们是第一批回国。我们先是坐汽车到雅加达，在一个像集中营一样的地方，我们在那边也是睡地板，但是吃的也还可以。1960 年 3 月份，我们从雅加达坐船，我坐的船叫"福安号"，我们回来的那一趟是有三艘船，一个是"大宝安号"，一个"美上美号"，还有一个是"福安号"，那个时候"美上美号"差一点要沉船，我们坐的"福安号"是比较小的，我记得应该是货船，因为我们当时是住在货舱里面的。我们在广州黄埔港下船，我们在广州三元里的一个学校住了好久，大概有 20 天，然后才坐车到厦门集美侨校，也是在那边住一段时间，然后我们被安排到冷水，最后我们才搬到这边。我们这一批都是分配到这个永春的北硿华侨农场，我听我父母亲说本来是要申请去海南的华侨农场的，但是到了广州，我们福建的先到，变成我们就先过来。我们有几个堂叔叔是第二、三批回国的，他们就被分配到海南，所以我的姓在这边就很少。

当时回来的印象就是很苦，我妈妈是被我爸爸骗回来的，我妈妈她到泉州就开始哭了，因为我妈妈在印尼的时候不喜欢吃地瓜稀饭，到了泉州他们就给我们煮地瓜稀饭吃，我妈妈看见这个地瓜稀饭就开始哭，就开始骂我爸爸是骗子，我们在印尼的时候生病才会去吃稀饭。我妈妈应该是加入印尼籍的，后来回到这边就换到了中国籍，我妈妈是不想离开自己的父母亲。我们虽然在乡下，但是离万隆很近，所以我们经常会去看外公外婆。每一年，我舅舅会派车接我们去万隆。回国的时候我们还小，不知道为什么上船，为什么要回来。回来后慢慢听父母讲，才知道我们当时很困难。但是我当时比较大，比较懂事，所以我就要帮忙做事，要帮忙煮饭、带弟弟妹妹，这些都是我们大的要承担的任务。我们读书回来，就要去养兔养羊，去搬那些草，都是要做家务。

我父亲 57 岁就去世了，因为太辛苦，又是拿锄头的，又要照顾这么多小孩子。我们一回国就开荒，在北硿的那个茶园。我们一开始语言不通还闹过笑话，我爸爸不会讲闽南话，我爸爸是讲客家话的，在劳动的时候有一个人用闽南话表扬我爸爸种地瓜厉害，因为我爸爸一开始去印尼就是从地瓜种起的，我爸爸听不懂，以为是骂他，然后就互相骂，后面骂得越来越凶，我爸爸就去拿锄头，后面那个队长从上面跑下来跟我爸爸解释，才解除这个误会。现在我都还不是很会讲闽南话。我爸爸回来时大概 40 岁，还没有退休就去世了，那时候我才出来劳动 3 个月。我父亲也是早早就没有了父母亲，是寄养在别人家。所以我们回来再辛苦，他都会把从印尼带回来的东西寄过去广东大埔的老家，因为我还有奶奶。他还回去过一次，我们是 2019 年跟我弟弟回去一次，后面我回去才知道，我爸爸回家乡就是为了给我弟弟进族谱，因为我这个弟弟比较有家乡观念，当时回去他就比较想看那个族谱，看了才发现怎么会有我的两个弟弟的名字在族谱上面，后来比较老一些的老人家说，你爸爸回来过。我这时候才想起来，我爸爸之前为了回家乡，卖掉了自行车，还有从印尼带回来的床垫、铁床，他就是为了回家乡。我们当时有带脚车、铁床，我本来是不知道的，因为有看发票才知道，那个自行车新新的、好好的，才卖 90 块。那个梅花牌的瑞士手表才卖 40 块，在 60 年代几十块算是比较大的了，所以我爸爸才有钱回家乡。我爸爸自己一个人回去这么远的地方也不是很容易，带过去的东西在那边花光，回去两套衣服，回来就只有身上一套衣服，然后口袋什么都没有，钱也没有。

我回来就是重新开始读书，读到小学毕业然后就去读农中，当时农场有一个农业中学，半天劳动半天读书，我们当时劳动也好辛苦的，像劳力一样，因为我们是算课时的，所以我们劳动都不会给我们工分的。1969 年我 19 岁毕业就开始工作了。我毕业了之后就分配了去劳动，我"上山下乡"就是去到父母的生产队，因为我的父母亲就是搞农业的。我们是去到北硿的管理区劳动，我们父母亲在哪个管理区我们就去哪个。我们种茶、种柑橘，我们一个月工分才几块钱，那些强劳力一个月才 11 块，我们女的一天 8 分已经很高了，我劳动第一天就是去挑土粪、施肥，因为我被安排到蔬菜组的，就安排去种菜。我们是一个月后才去评你是几工分，我是评到 8 分的，但是这个要经常挑担的。我们施肥很远，要用那个扶头车去拉肥料，到了目的地如果没有男的，我们这些比较强的就要去挑，我老公是当会计的，要做榜样，所以每次都是我挑，有时候是接力，这个桶空了就立马下一个，真的很辛苦，我现在想起来都还怕得要死，现在退休了就还好了，所以我现在一退休就经常生病。我现在身体不好有三高，天天吃药，冠心病、血压高，我现在血糖也有点高。

70年代末我们是集体承包，不是个人承包，我们在北硿就是三四个人承包十几亩地，如果你两天干完，那你承包的这一片地的工分就算你这两天的，我们拿锄头十多年，后面我去到我们农场的茶园，我们一年要翻两次土，承包那个茶园，就像是这一片十亩几百分包给你，所以我们就很勤劳，早上6点多就出门了，因为我们离那个茶园很远，我们中午就吃带过来的冷饭。我们包产到户包到个人大概是80年代，我是被安排到喷药组，五六个人承包起来，我后面就去剪茶叶，后来50岁退休，我现在退休20年了，我刚刚退休的退休金才100多块，我堂哥在厦门的检疫站，他是第二批回来的，他退休金很高，他问我退休金多少，我都不好意思说，他说100多块去逛个超市出来就没了，他本来一开始是2000块然后4000块，他还有特区补贴，到这次就直接升到8000块。我现在退休金差不多3000来块。

我那个时候是有补助的，一个月有40块，后面我出来劳动了就扣掉了8块钱，有些人补助一个月52块。那个时候40块钱是很大的一个数目，我爸爸一个月十几块，如果是承包就有15块。我回来不到两个月这样，我们就搬到北硿的管理区居住，我们去那边的时候，铺地板的木板都还没有钉好，这些地板是直拼起来的，那个地板的缝好大，我们都可以看见下面在干吗。

我响应毛主席的号召，去"上山下乡"。我们大概有70多个人，分两批去的。我们走路到广州大概花了一个月的时间，我们整个过程就拦过两次车，我们到福州串联，有的学校是分批去的，我们坐的那个卡车是改装成有楼梯，那个卡车就是专门给串联的学生坐的，我们还有补贴公里费，一天两毛五。我在广州待了二十几天，然后我们在广州的时候有人带我们去上海，在上海的时候太冷了，我的脚穿34号的，我买37号都不能穿，因为那个脚生冻疮肿起来。我串联的时候吃饭是一顿一毛钱。我们手臂上面还戴红袖章。1966年我回来的一路上都有广播说闹革命，我回来这边的时候已经有组织了，他们开始武斗，有的参加"八二九"，有的自己组织的。"文化大革命"时期，大街上都是大字报，那个时候我们不可以跟印尼来往，所以我姐姐的那些从印尼回国的证件都被烧掉了，当时是不给跟印尼通信。1963年的时候，我在印尼的亲戚寄信来通知我们外公去世了，我们回信过去都被退回来，不给通信，因为就是怕特务。

我的爱人也是华侨，当时是一起回国的。我们在印尼居住的时候，我们双方离得很近。不过，我在印尼的时候不认识他，但是他认识我，因为我父亲是开店的，我家的店就在路边，当时他经常从乡下骑着脚踏车到我这边来买东西，所以他就认识我父母亲。我与他是回国后在一起劳动才认识的。我们是1971年结婚的，那个年代结婚没有现在仪式感这么强，买一把喜糖，看见路过的人就叫他过来，送礼的话就是送一些水瓶、面盆、毛选、毛主席的画像，婚房就是管理区安排的房子。

　　我生了两个儿子，大儿子是 1973 年的，我大儿子现在 50 多岁了，他就在我们这个县城开店。小儿子是在永春旁边的达埔镇当中学老师的，我的儿媳妇是当小学老师的。当时我们计划生育也是被逼的，我们是不想生的，我觉得生两个都已经怕了，但是那时候有的人还想生，后面管理区把已经生两个的妇女集中起来开会，那个书记讲，现在计划生育，你们是生产队的骨干要起到带头作用，谁想通了就先回去。我那时候是不想生的，所以我就第一个举手说我要结扎。当时我年轻，还没有结婚的时候想入团，但是他们说不够条件，我那个时候天天拿锄头，不知道要什么条件，北硿茶叶厂上面有一条路要铺公路，之前是台阶来的。我们下午下班了，回去吃自己家里面煮的饭，就开始在那边做到 9 点，做完后我们就去食堂那边领咸稀饭，我们做这些都是义务的，我们几个人去申请入团，那个书记说我不够资格。他应该要跟我们说需要什么条件，结果他什么都不说，就说你条件不够。但是后面有活动，比如巡逻，他就叫我们几个人。那时候有组织赤脚医生，我们就要三更半夜去抽血，晚上 11 点开始出动，走山路要半个多小时，大概五六个人去抓那些人来抽血，我们这样做都是没有工分，也没有点心。到后面我们要求进步的时候，就跟我们说你不够条件。

　　我们现在住的都是自建房，以前刚刚回来的房子都是平房，矮矮的小小的。现在好过了，新建的侨居都有房产证，1996 年我们建房子，就是我儿子刚刚读大学的那一年，我们当时建房子是没有补贴的，我买地总共才花了 3000 到 4000 元。我儿子是在县城买的二手房，我当时买的时候包过户 26 万多，现在买要 40 多万，现在房子太贵了。因为当时我也是被逼的买县里面的房子，因为儿子的媳妇说要在县里面有一个房子，她才有保障。

　　退休后，主要在家里休息。在印尼读书的时候，老师还教我们唱印尼歌、跳印尼舞，但是现在年纪大了，就没跳了。

傅美金　口述

口述者简介：傅美金，女，1952 年生于印尼苏门答腊岛棉兰，祖籍广东普宁县。1960 年从勿拉湾乘坐"芝加连加号"第一批回国。家中 5 个兄弟姐妹，排老大。1970 年到 1975 年响应毛主席号召参加"上山下乡"运动，1976 年到 1986 年在农场当教师，1988 年入党，后由农场的妇联干事转正成妇联主任，东关镇成立后在镇机关当宣传委员，后担任负责计划生育的副镇长，直至 2007 年退休。

地点：北硿华侨茶果场（现永春东关镇）镇侨联办公室
时间：2022 年 8 月 22 日
采访者：郑雨来、黄葵秀、李星颖
华侨属性：印尼归侨
南洋物：无
整理者：黄葵秀

一

我是 1952 年在苏门答腊岛的棉兰出生，我家是在棉兰北面的一个叫实打洼的地方，离亚齐很近。棉兰的福建人和潮州人比较多，我祖籍是广东潮汕普宁县，讲潮州话。我家是祖父出去的，祖父出去的时候是做裁缝，然后慢慢地攒钱开店。我爸爸是大儿子，所以就要帮祖父看店，去采购。

1960 年那个地方刚刚开始排华，政府不给华人做生意，所以我父亲就偷偷去摆摊，但是我父亲又觉得这样子摆摊也不是办法。后面我父亲就去到华侨总会里面参加活动。中华总会里面就有宣传中国，然后我父亲受到感染就决定要回国，但是我祖父跟我父亲讲你别回去。因为我的祖父和我的祖母都是从中国过去的，我祖父告诉我父亲说回去会很辛苦，我祖父出来印尼赚到钱也会经常拿钱回老家盖房子，所以我祖父也知道国内的情况。但是我父亲说没事，反正这边还有一个弟弟可以照顾你给你养老，所以他就带我们一家人回来了。他原本以为如果觉得中国不行还可以再回印尼。其实他是知道当时中国的真实情况的，在这边的印尼人也说你们回去是要拿锄头的。

我们家是五兄弟姐妹，我是排老大，我有三个弟弟，一个妹妹，有一个小的是在国内出生的，其他都是在印尼出生的。我当时是 8 岁回国的，回国后也是要帮忙带弟弟妹妹的，打饭什么的都是我的责任。回国后我妈妈也才 30 岁，所以回来后又生了一个。

二

我回国的时候正好 8 岁，当时回国是从勿拉湾上船的，坐的是苏联船叫"芝加连加号"。我们家是第一批 1960 年 3 月份到这边，是属于自费买船票回国的。我们回来的时候是在广州下船，在那边住了差不多一个月。我有一个姨姨是 1958 年回国的，她就是住在广州，她听说我们在广州，她说可以帮我爸爸介绍到工厂工作，还可以帮我们租房子，但是我爸爸去看了觉得不行，因为我们家有很多孩子，这个房子太小了不够用。所以我爸爸就说还是服从国家分配，但没想到回来住的屋子也还是一样小。

我爸爸回来的时候是先被安排去锯木厂去锯木头，我妈妈就是在生产队。我的学校是在农民的家，因为农民的屋子比较大，所以政府就先征收他们的房子来给我们上课。我在印尼的中华学校上过一年，回来后直接从二年级开始读。我一直上到中学，考到县城的永春华侨中学，这个学校是华侨捐赠盖的，这个学校也是要考的，有录取线的，我还记得我那一年是百分之六十的录取率。结果还没等到毕业就"文革"了，响应毛主席的号召"上山下乡"，我当时是归侨知青。我们还有去串联，我是在学校选拔去北京，先到福州住了 3 天，1967 年老师带队坐绿皮火车去到北京，还见到了毛主席。我们见毛主席还是有安排的，我们住的地方是军事院校，靠近颐和园，我们去了差不多半个月才见到毛主席。串联的时候，早上我们领饭票，中午可以自己出去吃，我们吃饭是不要钱的。当时串联跟我一起去的归侨大概有 10 个，还有学校组织的老师和学生，大概有 30 多个人。当时北京很冷，在火车车厢里面又很热，人又多又挤，所以在车厢里面我就没有穿很多衣服。我们是在北京永定门下车，老师跟我们说，大家穿上衣服要准备下车了，那个时候 11 月份真的很冷，我走在天桥就好像飘在上面一样，因为那个脚冻到完全没知觉。我们串联的目的有两个，一个是为了去北京看毛主席；一个是为了去其他学校看看别人是怎么搞革命的，去学习学习经验。"文革"时期大街上都是大字报。我在北京待了大概一个月，1967 年底坐火车回来的，回到福州再用卡车送我们回学校，到学校我们就各回各家。一开始我们串联的时候"文化大革命"还不是很明显，我们回到这里真正的地方才搞革命。那我在学校就开始参加学校的革命，我那时候年纪还是挺小的，就去参加宣传队，到各个地方去宣传毛泽东思想。我那个时候 1969 年就回到家里了，在家里待了大概一年的时候，就被要求"上山下乡"，我们是强制性的，如果你不去，就连临时工都没得做，当时就是要求县城户口的要"上山下乡"。我当时去县城读书，所以户口就迁到县城去了。1969 年年底下乡，下去了之后那个老百姓就觉得现在是年底，大家还没有准备好，他就说等过完年再下来，那个时候政府还补贴一个月 8 块，那一年就是 100 块的生活费。第一年是过渡，当时是有安排 7 个队，大概有 50 个人，我在五队。全部都是归侨。然后村子里面就腾没有人住的房子给我们，我们住的地方不太好，是养牛的地方，晚上睡觉的时候都还可以听到牛叫，那个时候也没办法，挺挺就过去了。不过我们"上山下乡"没有去很远的地方，因为我们是归侨，所以有一些照顾政策。我们当时吃饭就只是给你一个大铁锅，然后大家轮流煮饭，有些老百姓看我们刚刚来什么菜都没有，他们也会送我们一些菜。我们跟农民生活在一起，他们的田在很远的地方，我们走路都快一个小时。去田里面的时候要带米和锅，就是在山上面煮饭，没有水的时候，还要到田里拿田里面的水，那个水里面还有虫子，但是你也没有办法，还是要吃饭的，他们老百姓已经习惯了这种生活，我们刚刚来一点都不习惯。到后面结束了，我们回到农场结果又安排我们到管理区，那个管理区比我原来"上山下乡"的地方还要远。

1970年到1975年，我有两年在我"上山下乡"的地方，那些老百姓觉得我们这样也很苦，他就说，在农忙的时候，只要有地方可以赚钱，你们就可以去打零工。粮食还是照样给我们，因为我们当时没有钱买。然后有两年的时间在五一水库工作，我们县里面就想模仿那个有名的红旗渠，他们就想弄个水库来蓄水，然后把水能够灌溉到各个乡镇，所以我们这些比较年轻的没有家庭的，我们就去那边做工，也算是"上山下乡"，我们女同志就还好一点，就是负责计算农民工推过来的土方，然后晚上就交上去，男生就去施工。大概1974年我就不做了，因为我在1973年结婚，我的爱人也是一起"上山下乡"的归侨，他是东爪哇的，我们是同时回来的，也是在同一个学校读书的。我们当时结婚好像是要9毛钱，去东平领结婚证，我们当时没有什么酒席。当时我爱人回国的时候是自己一个人回来的，跟着姑姑。

那时候真的很苦，下乡的头一年，我跟我的丈夫一起两个人扣掉分配的粮食、地瓜、稻谷，一年才有11块钱。我们抢收抢种的时候是最累的，早上4点多就要起来，我们一直干到中午吃饭休息一下，那时候田里面的水都被太阳晒烫，还有蚂蟥。我"上山下乡"回来后安排到管理区工作，我在管理区大概待了一年，就申请去茶厂拣茶叶，过了三个月领导叫我去学校教书，因为那个时候管理区的小学缺老师，有个老师要生孩子所以我就先顶替上。1976年我去代课，教语文和数学。那时候学校很小，只有两个老师，才三十几个人分5个班，我那时候每天晚上要备课，一个老师要拿4个课本。1976年到1986年，我当老师当了10年，在这期间转干。1988年，我入了党。后来，我就被调到农场的妇联，因为这里需要一个妇联干事，后面我就转正成为妇联主任。随着农场改制建镇成为东关镇，我在镇机关里当宣传委员，之后担任负责计划生育工作的副镇长，一直做到2007年退休，现在已经快15年了。

农场里面的归侨当干部的不多，如果你原先就是在领导班子里头的，就可以转正。现在这里都没有什么归侨的老干部了，都是年轻人接手。农场取消自然增长后，就连我们的孩子都要靠自己自谋生路了，自己去奋斗了。我去香港打过两次工，我第一次去的时候是去工厂里面做手工，第二次是去给别人做保姆，去香港是要签证的，以前是可以三个月，后面就只能签一个礼拜了，有些男的去香港名义上说是探亲，其实是去打工。

我生有一男一女，女儿1974年生，儿子是1979年生，因为那个时候是计划生育政策执行时期，生二胎要间隔五年。我的女儿现在在厦门工学院做后勤工作，我的儿子现在在镇里面的城建队做合同工，我的孙女现在 17 岁了。父母、兄弟姐妹他们都在香港，我爸爸是 1979 年申请去的香港，现在就我一个在这边，我先生也是，他当时是跟自己的亲戚回来的，现在就剩下他一个了，其他的兄弟姐妹全部在印尼。以前是真的很苦，但是大家都没有怨言。因为住的房子都是公家安排的，厨房就一整排连在一起，各家煮什么都能够互相看到。我们那个年代的小孩吃饭是没有坐在家里面吃的，都是自己拿一个盘挤在一起。现在我是住农场的公家房，房子大概 90 平方米，我现在的房子只能住不能卖，没有房产证。现在我们老归侨都是老有所养，老有所居，大家都非常感激政府。

何举昆　口述

口述者简介：何举昆，男，祖籍广东大埔，客家人，1941 年生于印尼万隆，1960 年在雅加达乘坐"福安号"回国。回国后分配至北硿华侨茶果场，回到农场后直接参加工作，从事务农和开荒工作。1986 年到场部供销社的糕饼厂工作，后又去农场粮站，最后在场部担任会计，一直到 2001 年退休。

时间：2022 年 8 月 23 日
地点：北硿华侨茶果场（现永春东关镇）镇侨联办公室
采访者：郑雨来、黄葵秀、李星颖
华侨属性：印尼归侨
南洋物：无
整理者：郑雨来

一

我叫何举昆，是 1941 年出生的。我祖籍在广东大埔，但是不知道具体在哪里。我是在印尼出生，回国后也再没有回去过家乡。我的亲生父亲早早就死掉了，回国时是我的后爸带着回来的。我还没有出生的时候，我妈妈刚怀我的时候，我爸爸就去世了。我爸爸和我妈妈都是从中国出去的，可能是结了婚以后才出去的。我在我爸爸这边是最小的孩子，上面有一个哥哥、三个姐姐，后来我妈妈跟我这个后爸又生了一男一女。这样我后爸带我们回来，回来的时候把全家包括我的哥哥姐姐都带回来了，一共九个人。我们家以前在印尼开布店，以前没有卖衣服的，大家都是买来布回来自己做衣服。我回国的时候已有 19 岁，我们住的地方离万隆市只有 20 公里。1955 年开万隆会议的时候我还有去，我们华侨在路边等着欢迎，看到周总理的车开过去。我在印尼读了五年级的中华学校，之前两年读印尼文，因为我们当时住在乡村，乡村里没有中华学校，所以就先读印尼文两三年，后来我们家搬去比较大的地方才有中文书读。13 岁才开始读一年级，然后 18 岁就开始排华。在印尼读书很难的，每个月都要交学费，不像在中国，当时我后爸每个月给我交学费供我读书。排华的时候我们那边倒没有怎么严重，但是需要从乡下搬到城市里来，我们都是经营小生意的没有啥钱，也没有那么多办法，就只能听话回来了。后爸在印尼经营一个小生意，妈妈全职在家没有工作，大家都是这样，生活也没有那么好。

二

当时我们中国还很穷，就租那个货船接我们，是"福安号"，在雅加达上的船。讲实话印尼当时的经济比中国好，现在如果再让我回去我不会的。

我们刚刚回来的时候，这边的房子都没有建好，有一部分人就是住在农民家里。回来的归侨现挖地基，开始盖房子的。刚回来的时候我住在冷水，也是一个农民家。政府下去做工作，让农民腾屋子出来给我们住，有的是腾出一个多余的房间，有的是腾出一个原来养猪养牛的房间，随便打扫一下。条件都很差，那些房子都是拿泥巴做的，不是砖瓦的。我们归侨不会建房子，就找当地农民帮我们一下，我们给他们运土。在印尼我们都是住铁皮房或砖瓦房。回国后家里那么多人就挤咯，一张床睡三四个，睡不下就横过来睡。连床都是国家分配的，像我家九口人就分配了四张床。但是没有办法，当时国家很困难。当时的农民真的很可怜，我们还有国家每天每人给分配一斤多的米，农民只有两三两的，当时真的很可怜。天天都有人饿到不行，他们吃不饱也不敢问我们要，干部抓得很紧，不能找归侨要粮食。当然了我们是在食堂吃的，吃饭都是凭票的，农民又不知道。记得那个时候冬天非常冷，才9月份就冷得发抖，不像现在，现在反而不怎么冷了，夏天也没有这么热。那个时候又没有好的鞋穿，都是穿拖鞋，脚都冻裂了，我们连那个解放鞋都买不起。等到 10 月份农民割完了晚稻就去拿稻草，回来后一捆捆绑起来做床垫。农民冬天也是这么睡的，一张床铺睡很多人，大家挤着取暖。冬天这么冷也要下地干活，柑橘采收了以后，要去拣那些没有用的枝，如果不拣，那些枝会吸收养分肥料，第二年结的果会受影响。还要松土，下有机肥。茶园也需要去修剪、喷药水。茶树的生长规律到了冬季，上部分停止生长，但下面的根须还是在生长，你要去把那些老的根挖掉后，才会长新根，之后再施有机肥才能长得好，所以做农业是很辛苦的，冬天也不例外。

我 19 岁回到农场后，就直接参加工作了。虽然我小学没毕业，但年级也大了。我爸妈回国已有 50 多岁了，回国后给工作两年。因为我们住在山上，工作要爬山很辛苦，所以我父母他们工作两年就不做了。以前都是搞农业，需要拿锄头开荒，种茶叶、种水果什么的。从 1960 年到 1980 年一直是拿锄头开荒、种茶，拿工分。当时我们工分少，一个工分九分钱，如果强劳力拿十个工分就是九毛钱，不到一块钱，一个月最多就 20 来块，妇女的话最厉害也就六七工分。做农业的话工资也不会怎么涨。就这样我在山上做了 20 多年，1980 年我下来到场部供销社的糕饼厂。供销社有很多单位，有粮站，有化肥厂之类。我就是做饼干，不是做印尼饼干，什么的都做过。当时做饼干也难温饱，一个馒头才卖一毛钱。饼干厂干了几年后又去了粮站，以前粮食是分配的，每个人分配几斤都是有定数的。在粮站又工作了四年。90 年代供销社就解散了，解散以后承包给个人了。整个农场的体制改革跟工业、农业的改革一样，都是以私人承包的方式。然后我就去场部做了一段时间的会计，最后在 2001 年退休。退休之后我就出来自己经营，开一个五金日杂店，现在就给小孩经营了。

我们农场后续发展得不是很有力，原先省侨办管的时候赚了很多钱，赚的钱自己放着，国庆节、春节什么节日都给职工发奖金。县里面的领导都过来找我们农场的场长问，需不需要把地卖给我们。当时有个场长是从北方下来的，他的头脑是有那种超前意识，能文能武，他的思路真的是很好，他当时下放到我们这边也是因为犯了什么错误才会到我们这里。那个时候他搞经济搞得很好，赚了钱甚至都要在县城买地，那个时候县城看我们农场都像是一块大肥肉。那时农场还是归省管，他还要在农场办个瓷厂，他不是要生产瓷，而是要生产装修用的瓷砖。当时已经是把那些生产瓷砖用的机器设备都买来了，买来了后场里党委开会讨论说要派谁去管理，就在这个问题上出现了差错，这个厂就没有办起来。他后来就调走了。当时全县有很多国营农场，就我们这个农场最好。计划经济的时候我们只管生产，销售是国家统包统购，后来市场经济就开始衰退了，什么都老啦，树也老，人也老了。以前周边农民还没有开始种植柑橘的时候，我们种的柑橘树可以活二三十年的，我们对那个黄龙病很重视，一发现一棵立马砍掉，整个那个地都要消毒。结果等到周边农民开始种柑橘的时候，他们没办法控制了，病毒就传来传去，我们的树比他们的老就先死嘛。整个农场现在有四五千亩土地，分布在五六个管理区。

  我结婚比较晚，我的小孩 1973 年才出生，农场曾经很辉煌，周边的农场的姑娘都想嫁过来。我的老婆就比我小十几岁，是当地这边的人。归侨的身份户口是比较特殊的，是城镇户口，嫁进来就有了职工身份，老有所养，到了 50 岁就可以退休，还有退休金可以拿，所以农场是有很大的优势。来这里找工作也很容易，光一个茶厂就可以容纳千人，光光那个拣茶叶的女工就有五六百六七百人，还不包括那些筛茶、烘茶的工种。大部分都是女工。那个时候工资也不高，一个月二三十块，相比农民已经是很不错了。茶厂生产的这个茶，从山上采收到加工成精致茶叶出口，这么长的流水线，没有一个环节给人家，全部是农场的人做的，充分吸纳这边的就业。农场从种茶、收茶，再加工成粗茶，然后农场的茶师给定价，最后到出口，中间没有哪个环节可以让外面的人赚我们的钱。当时一担茶一百斤都能赚到五六百都有的，出口到美国、日本、澳大利亚等国家。如果内销就是销到广东，广东有很多老客户。承包到个人从 90 年代开始，去年第一轮承包 30 年到期，往前推就是 1991 年。

  那个时候过年也是很有意思，过年前 20 天就已经有过年的气氛了，以前在印尼的时候每家每户都必吹年糕。家里兄弟姐妹多，我妈妈就吹一个龙，吹好几个小时，那个锅也好大。在印尼还有过十一国庆节，在家里面还会挂五星红旗。刚回国的那一年的春节，就是给每家每户分配点糖和猪肉，其他的东西分配量比平常多一点。那个时候平时一个月生产队杀一次猪，分配一次猪肉。所以以前每个人每个月分配 30 来斤粮食，现在人觉得 30 多斤完全够了。但在那个时候不一样，以前除了 30 来斤的粮食没有其他东西吃，没有油没有水果，也没有很多蔬菜，更没有零食。除了 33 斤的粮食，还有四两糖，油三两，其他就没有了。一年只有十三尺布料，没有短裤也没有背心，所以以前我们穿的衣服都是反复缝缝补补的。鞋子的话需要去买，一双解放鞋三四块，一个月工资一二十块买一双鞋也很难。一年才分一斤茶叶，70 年代以后大家才开始喝茶。结婚了就是分你一间屋子，十七八岁都不敢谈恋爱，以前根本不敢想自己会有屋子，会有小车，每天都能吃肉就很满意了。

回国的时候，我们带了自行车，带回来一开始没有工作就卖掉了。自行车卖了一百五，当时一百五很大了，国家也是便宜收购的，我们也都不懂的，反正给钱就好了。因为当时回来的时候是这样，国家有规定，每家只能带十套衣服，还有一家人只能带一辆脚车，也就是自行车，还有一台缝纫车，手表一部，不能超过这个数。回来买东西要票，如果没有票就多补一点价格。聪明的人就多带点黄金，体积又小，价格又好。

我们回来这么多年了，说话还是改不了那个印尼腔调，要是回到老家讲的话也跟他们不一样，闽南话会听，但不会讲，印尼语都会讲。2018 年的时候我去印尼雅加达、万隆和巴厘岛。我会讲印尼语，所以到哪都很方便。我回到我之前的那个家，门口的路都没怎么变。我们归侨有个特点，不管是男孩女孩，父母跟谁都可以，不像闽南这边父母一定要跟着男孩子。我们这边很多归侨老了后跟着女儿生活。

90 年代我还在农场工作的时候就开始去香港打工了，我爱人 1978 年从农场去香港探亲。她向农场申请三个月的探亲假，然后去公安局提出申请备案。那个时候在香港打工一个月顶这边一年，一天顶这边一个月，现在香港不行了，我觉得还是这边好，他们那边住的房子小小的。当时我们出去打工的时候，白天出去偷偷摸摸打工，晚上回来在亲戚家睡地板。对于我们老人家来说，在大陆还是更好，那边一个月拿三千港币的水果费不够花的，因为物价高，一斤青菜也要七八块钱，水果要好几十块，在这边三千多的退休金，吃穿都不愁了。按照我们老人家来说，还是这边好。

洪良娘　口述

口述者简介：洪良娘，女，1955 年于印尼泗水出生，祖籍福建南安，1960 年因"十号法令"自费买船票回国，属第五批印尼归侨。回国时仅有 5 岁，家中排行最小。回国时老二、老三、老四、老五留在厦门集美侨校读书，剩下 4 个孩子到农场生活。1977 年结婚，生有一子。

时间：2022 年 8 月 24 日下午
地点：北硿华侨茶果场（现永春东关镇）镇侨联办公室
采访者：郑雨来、黄葵秀、李星颖
华侨属性：印尼归侨
南洋物：无
整理者：黄葵秀

一

我叫洪良娘，1955 年 4 月出生在印尼泗水，祖籍是福建南安，但是我不会讲闽南话，会听但讲不流利，因为在印尼以前我们都是讲印尼语和普通话的。华侨父母给女孩取名字都是带有娘字的，他们说福建人爱取娘字，我也不知道是不是真的。像我奶奶叫杨善娘，我姑姑叫洪来娘。

我在印尼是讲印尼语，印尼语有很多种方言。回国的时候只有 5 岁，印尼排华的时候我是跟父母亲一起回来的。当时排华的时候我们附近的地方有，但是我们家这块没有，所以我们是自费回来的。父母亲爱国，特别是我父亲。我父亲叫洪祖色，1914 年出生。妈妈是侨生，她叫苏范娘，1917 年出生。我外公是中国人，外婆是印尼人，她的印尼名叫他斯里，我估计是登记的人音译过来的。我爸爸妈妈在印尼是开食杂店的，生意还是很好的，所以我在"文革"的时候差点被当为资本家，不过当时是小商店主。

1960 年排华回国，当时是分好几批的，我是第五批。我从印尼上船，是哪个港口我不知道，路过汕头，我们是在广州下船的，但是我也记不太清楚了。1960 年 10 月 14 号才到这边。我现在还记得上船的时候，大家唱五星红旗的歌曲，当时很雄壮，下船的时候我们也唱。我听我大姐说，"十号法令"下来以后，华人就不可以开店，除非你加入印尼籍才可以开店。我们那边没有很严重的排华现象，就只是叫你不准开店。所以我爸爸就不开了，就自己自费回来了。我哥哥当时在印尼的时候有订印尼文的画报，所以就看见宣传中国。我妈妈当时回来的时候很生气，因为想象的在这边全部都没有看到。

二

当时是一家十口全部回来，我是最小的，有 3 个哥哥，4 个姐姐，五女三男，按照这边的习俗就不太好，传统说法要 4 个男孩才刚刚好拼成一张桌子，4 个角的顶梁柱。我们刚刚回国是住在农民的家，当时农场还没有房子。我们被分配到的房子，隔壁是牛栏，当时住的墙壁是草围起来的，所以牛一叫我们都能听得很清楚。我们有国家发的木床，父母亲睡一张床，我三姐妹睡一张床。如果哥哥姐姐暑假回来，桌子上都要睡人。当时冬天还很冷，路上都是冰。回国的年轻的人，如像我姐姐和姐夫，他们用自己的双手垒土墙建房子，然后就分配一户一家，当时很穷但是开心。我住在山头的房子是自己建的。我们在农民家住了不止一年。1960 年我们归侨回到茶果场就是在大食堂吃饭，后来就叫我们全部搬行李送到山后头，当时我才 5 岁，过桥的时候不敢过，是工作人员抱着我过去的。

我们家回来的时候，大的孩子有 4 个，老二、老三、老四、老五就留在集美侨校读书，当时我最小的哥哥是 11 岁，然后就是 13 岁、15 岁和 17 岁。剩下 4 个回来，大姐年纪太大了所以就没有读书，回到农场干活。有一个考上师范大学，两个是华侨大学毕业，我有一个比较小的哥哥是从这里再考上去的，跟我嫂嫂一起。他们去那边上学就没有回到农场了。在厦门有两个，我小哥哥是在外面，在我们农场找到了我嫂嫂，后面又出去上师范大学。我丈夫年龄大，没有毕业没拿到毕业证书，所以他读了两年就不读了。当时 40 多块的工资，全部拿去，还拿走我一半的工资，导致我和我的孩子才 20 块的生活费，他过意不去就回来了。老大大姐 1941 年出生，她叫洪林娘，现在在香港，她当时回来的时候 19 岁，二姐已经去世了，大哥叫洪朝坚，1945 年出生，二哥叫洪朝乐，1947 年出生，现在也去世了，老五叫洪利娘，老六叫洪珍娘现在在厦门，她本来是在这边读书的，刚刚好那一年集美中学招人，她成绩好被选到了，她去到集美"上山下乡"后就不愿意回来了。我三个哥哥先读集美侨校，后去了南安的国光中学。大哥去了华侨大学，他后面就去了漳州的一个农场，后来下放到漳平当老师，还在集美侨校当过老师。一开始她是当物理老师，后面就当电脑老师。我二姐也是华侨大学的。老四到了国光中学后就赶上"上山下乡"了，我哥哥姐姐都"上山下乡"，他们在"文革"时期也是到处串联，去见毛主席看天安门。

我之前是卫生院的妇产科医生，我是当赤脚医生的，因为成绩比较好就被选上。我是半路出家，当时省侨办有考试，我就考到护士职业证书。我爸爸讲，我们都是国家养的人，他们去集美侨校读书都是免费的，当时我们三姐妹每个月还补助 10 块。

印尼我没有上学，回来之后我 7 岁就去上小学了，我的家很远，我当时读书很苦，要走好远的路，还要过河，因为当时没有桥，只是那种散散的木桥，一发大水，我们就只能寄宿在学校。我一年级就自己走路半个小时去上学，不像现在这样小孩还要家长接送，因为那时候很安全，没有什么人贩子。我们当时很积极，如果场部有什么电影，我们都约好一大群人去看电影。虽然当时很穷，但日子过得很滋润。我们放暑假还要去帮父母割水稻、采茶。我小学读了六年，后面"文革"就读初中，我们当时上课没有教历史、地理，教物理、化学、数学、语文，当时我成绩很好。初中有两个班，一个甲班，一个乙班，我在乙班。老师也是归侨，到了初中后就是外面的老师过来。我是在农场上高中，就叫茶果场中学，到建镇就分开了，这里就没有高中了。我 1974 年高中毕业，就去参加工作。我在茶厂拣茶叶拣了五年，后来场卫生院的卫生员去了香港，因为有做过赤脚医生，1979 年就把我调过来去永春培训学习，我是半路出家，我就一直在卫生院工作，2005 年退休。当时退休的时候还负责接生两年，因为没有接生员，当时整个卫生院只有 7 个人。当时从茶厂调过来卫生院还是有人羡慕的。当时卫生院简陋，只能医治常见病。有时候组织每个管理区打疫苗。我工资要比茶厂工人高一点，茶厂比较辛苦，要完成定额。卫生院要值夜班，没有星期六、星期天，要休息就排夜班。现在环境变好了，他们都是一个人一间宿舍，我们当时一个小小房间还要放三张床。

1977 年初恢复高考，当时名额有限，我当时在茶厂，有报名高考，但是当时叫让名额给当厂长的。当时有工农兵保送上大学，我老头没有后台，所以跟我哥哥嫂嫂一起考上师范大学。我老公当时考试有考到两个地方，一个是福建农业学院，后面就去师范大学。

我是 1977 年结婚，只有一个孩子，1977 年出生，当时计划生育哪里敢生，如果你再生一个就降一级工资，一开始生第一个的时候是可以隔四年再生一个，想不到还不到四年就强迫独生子政策，我的儿子就是第一批计划生育的，那时候如果超生就是开除职工。我儿子他现在在南安自谋职业。我有两个孙女，大的 17 岁了，在晋江的华侨职业中学读动漫设计专业。

我们跟农民的关系还好，但是有一天他们说我们华侨很凶，他们本地人骂我们华侨回国没有拿一分土地回来，却要瓜分他们的土地。我到现在都还不是很会听这里的话，印尼语我孙女他们都不会讲了，儿子会听，因为他奶奶、外婆都是讲印尼话。一开始回来很不适应，他们老人家回来就变瘦了。我们还好是华侨，有分配粮油布票的，他们农民好像就没有这么多。

我婆婆他们回来的时候在生产队，他们在印尼是没有拿锄头的，我婆婆在印尼也是做生意的，她回来这边不会讲普通话。当时很苦，一家五个人没有油吃，我们都没有钱买猪肉，一个月分配一次猪肉，所以我现在都不爱吃粗粮。当时粮食不够吃，兄弟姐妹暑假寒假一回来我们就去借别人的米、地瓜来吃，一斤的米换 7 斤的地瓜。当时一个鸡蛋我们三姐妹分，更别说养鸡鸭了，人都没东西吃，那些养不起。

在印尼生活我还是比较好的，跟我哥哥讲，我爸爸叫他们算钱，一天的收入还是不错的。我当时带缝纫机跟一个脚车回来，因为自己买船票，然后回来的时候在印尼等了半个月，钱都吃空了，回来就一穷二白了。我们家在印尼的时候有雇 3 个仆人，一个洗衣服一个煮饭，还有一个负责带我，所以我姐姐我哥哥说我是最好命的，5 岁还有仆人伺候，但是后面我就最苦命了，因为我哥哥姐姐去读书了。我爸爸 1967 年就去世，妈妈 1994 年去世，所以分配的水田都是我做。

2000 年我第一次回去到印尼，印尼那边还是很穷，当时我姑姑比较有钱，就回中国逛逛，他们去黄山的时候，老人家突然摔倒了骨折，我哥哥去给他们打官司，不知道赔了多少钱，我姑姑她很高兴，就邀请我们兄弟姐妹一起去印尼，路费她出。我第二次去印尼就是去旅游，我去我以前的房子还是那个样子，就是房主换了。我当时回去的时候，我堂姐还挺穷，他们还叫我们帮他们建房子，但是 2000 年的时候我哪里有钱。我表哥就比较有钱，是做机械的。我们刚刚回来的时候这边还是一个小山头，我们这一代从一无所有到现在生活过得这么好，我们还很幸运，还能看到。

洪南英　口述

口述者简介：洪南英，男，1939 年生于印尼万隆，祖籍广东梅县，客家人。1960 年 2 月 28 日第一批从雅加达乘坐"美上美号"回国。回国后在场部下属管理区担任会计，一直到退休。

时间：2022 年 8 月 21 日

地点：北硿华侨茶果场（现永春东关镇）镇侨联办公室

采访者：郑雨来、黄葵秀、李星颖

华侨属性：印尼归侨

南洋物：无

整理者：郑雨来

一

我爸爸叫洪绍达，生于 1907 年，1922 年在他 15 岁的时候跟着哥哥他们两兄弟一起去了印尼，他们是为了躲避抓壮丁偷偷跑出去了。我的妈妈叫李招妹，她和外婆都是侨生。我爸爸后来在印尼开了一个食杂店，我们华侨到了那边个个脑子都是一流的，都是选择做生意。我们在印尼的那个县城，所有的商店大概整条街上只有一两家是印尼人开的，剩下的几乎全是中国人开的。我 9 岁才开始读书，在印尼刚读完了五年级，那个时候印尼已经开始乱了，我们家就被抢了。抢了以后就没办法接着读书了，然后就开始去打工，去县城一些比较有钱的人那里打工，因为我们家住在万隆比较乡下的地方。我开始在商店里当营业员，后来去到冰条厂做冰条，就是冰棍，在那里也做财务，都是华侨的厂子。我打工供弟弟妹妹们读书，那个时候也是很苦。我们家一共九个小孩，五男四女，全部都是同父同母，我排老大，所以我很早就没有读书了，正好家庭困难，家里全部被抢被烧光了，什么都没有了。

排华时候我还有印象，政府全部规定县以下的华侨不能开店，那边也有中华总会给我们安排，有亲戚就去投奔城里的亲戚，没有亲戚就只能准备回国了。排华以后，家里的食杂店的东西就甩卖，全家就搬到县城，当时在县城中华总会安排我们暂时住在当地人的房子，住了大概一个多月后就回国。县以下的华侨不能做生意，县以上就没关系。那个时候还没有大规模的打砸抢，就单单是不给你住。

1960 年 2 月 28 日我们第一批回国，办的是家里的集体护照。我们在县城先集中，再统一到雅加达，在雅加达又住了一个礼拜。当时是因为祖国的宣传，那边的中华总会也是倾向于大陆的，祖国已经解放了，我们在印尼也没办法生活了，回国是唯一的选择。我们坐"美上美号"回国，是苏联的货船，好像载了八百多个人，坐了一个礼拜到广州的黄埔港。到了黄埔港后，我们还停了一下，还等了"福安号"和"大宝康"的归侨。等的时候住在船上，船还没有靠岸，其他船来之后再靠岸。我们在广州还呆了一个礼拜，接我们的人还带我们参观，参观了中山医院、中山纪念馆等一些地方。吃饭我们一开始也不知道有定量，在食堂随便吃，还给我们发棉衣棉被，我们都不要，说那么热干吗要这些，但他们非要我们拿，说一定会用得到。在广州我们住在中山大学的宿舍。一个礼拜后我们就坐绿皮火车到了厦门，坐了三天。当时也没觉得中国很落后，只是到了农场后才觉得。

二

我们回来在当地农民家里住了两年了，就和农民挤一挤。政府下了命令，要求农民腾出屋子给我们归侨住，几个村子都腾出来一点，大家就这边住一点那边住一点，住得很分散。那个时候农场还没有这样的房子，有的就是养牛的牛棚。我们那个时候是住在一个两层楼，农民自己住两间房，腾出四间房给我们住，底下一层做食堂。刚回来看到这样的场景，有的归侨就哭啊，大家都多多少少有一点后悔，说看到宣传画报里讲中国那么好，回来后又不是那样。我爸爸还没有说什么，但我母亲说了，因为她是侨生，以前在印尼可以吃肉，回来后都吃不到肉了，这的肉也没有那么好吃。刚刚来的时候我们还没有安排到生产队，到 5 月份下种的时候还去帮农民干活，刚来的时候只劳动半天，下午休息，是这样慢慢锻炼才熟悉拿锄头。当时这里既没有电也没有自来水，当时印尼已经有电了，不过乡下可能也没有。我们用煤油灯照亮，喝水要去挑水，后来建了一个发电厂，晚上七点发电，到晚上九点闭电，供应两个小时，这是建了东方红水电站的时候，大概是 70 年代末的时候。当初安置在这里很多人都不习惯，回国前我们都不了解国内情况，看着画报很好，那些年轻人上午在工厂工作，晚上可以学习读书，都是这样的。中国经济当时输印尼，但我们现在中国经济真的发展得很快。

回国的时候我们带了很多东西回来，有英国牌自行车、缝纫机等，还有手表、黄金项链，可是回来后慢慢都卖掉了。没办法，家里子女那么多，为了吃饭只能卖掉。那个时候卖黄金也不能随便卖，都是拿到银行去，由公家收购，好像那些自行车、缝纫机什么的也可以卖给当地老百姓，老百姓看到印尼货都很高兴。或是拿到县城，县城有人收购，都是很低的价格，只是为了换点东西吃。

我回国后没有读书就直接参加工作了，一天工资一块钱，一个月只有二十来块。我们年轻人算十工分，有的差一点八工分，八工分就是八毛。"文革"的时候，我们这里停工停产，有人去到县里游行，但是武斗就没有。我从 1973 年就离开生产队了，就在场部下面的一个管理区做会计，一直做到退休。我们茶果场下面有五个管理区，其他农场下面设队，我们设管理区，当时我们这个茶果场是全国很有名的。我们主产茶叶和水果，原来泉州三个农场我们最好，现在就不行了，土地都是在山上，不便开发。当时种的水果是柑橘、水蜜桃和枇杷，计划经济的时候全供出口，效益很好，茶叶可以出口日本，市场经济以后就走下坡路了。现在我们土地又不值钱，像雪峰农场把土地卖掉办工厂就好得多。我们第一轮承包是在 1990

年。我们这个农场有一段时间年年盈利，周边的姑娘都想嫁到农场，嫁到农场就有了农场身份，退休了可以领退休金。我 1966 年结婚，结婚证像奖状一样，上面印着毛主席语录，当时结婚要到公社去批准。

  我两个弟弟 70 年代末 80 年代初就去香港定居了。那时有政策，如果你在香港有亲戚，就可以打报告到农场。农场也没有全批，全家人只给你批一两个，不会全批，如果全批的话整个农场都走光了，那样的话农场早就不会存在了，所以农场每个印尼归侨家庭都有那么一两个香港的亲戚。全家都被批准去香港的，一定多多少少有关系，全家都移民的例子是非常少的。我们申请要等三到五年，几个兄弟里面批一两个，大家去到香港做什么，也不会管你。如走之前，农场还会给退职金，有的最多的一两千，少的几百块。我们在香港做工也是打黑工那种的。80 年代香港真的很吃香，你去那边做一天等于这边做一个月，那边做建筑起码一天两百块港币，两百块港币一比一换人民币，那个时候我们这边的工资一个月才一百来块。

  在早期，农场这边自己办的工厂原本属集体所有，产的产品由国家包销。到了市场经济后，工厂就输给人家了。现在有的厂承包给私人，一年就收点租金而已。

王汉章　口述

口述者简介：王汉章，男，1936年生于印尼井里汶，祖籍福建龙海。祖父、父亲均为印尼侨生。1960年第一批回国。回国后在场部从事农业工作三年，后从事基建工作。1968年调至农场的下属企业国营竹溪华侨瓷厂工作，一直到退休。

时间：2022年8月21日

地点：北硿华侨茶果场（现永春东关镇）镇侨联办公室

采访者：郑雨来、黄葵秀、李星颖

华侨属性：印尼归侨

南洋物：50年代印尼语课本、1959年印尼锡制奖杯

整理者：郑雨来

一

我们家在印尼已经有五代了，爷爷、爸爸都是侨生。我的妈妈叫蔡惹娘，祖籍也是福建。我们一共八个兄弟姐妹，男孩里面我排老三。我的身份证上写的是1938年出生，但实际上不是，是在这里改的，因为那个时候1958年和1959年印尼排华，华侨要交外侨税，每个年满18岁的华侨都需要选择到底是加入印尼籍还是保留中国籍，我们家孩子很多，我爸爸就跟那边的中华总会商量后，改了我们的年纪，将我改晚了两年。实际上我是1936年出生，回国后这样也没办法再更改了。

我在印尼读到初中，在井里汶中华中学学习。那个学校很大，有两三千人，既有幼儿园、小学，也有初中和高中。1952年我们读中国的《中国少年报》是直接从北京寄过来的，朝鲜战争我们也知道，南京大屠杀我们也知道。我们读书的学校，很多老师都是从大陆直接派过来，有一个老师是从云南大学毕业的。我们学的科目比较多，中文、英文，还有印尼文都要学，三年级开始学印尼文。

1960年印尼排华，印尼政府官员野蛮地逼迫华侨搬离原住所，导致大量华侨流离失所。我们华侨学生就发起斗争，大家集中在印尼大使馆那边。当时中国驻印尼大使黄镇告诉我们回国后一定要做好吃苦的准备，因为中国正在遭遇自然灾害，但我们仍然要坚持回国。在雅加达的时候，有一个美国记者，他很野蛮，他闯进我们使馆，他是美国人身份，不让进去他非要进去，我们华侨学生就去打他。其实印尼排华是美国挑动的，本来我们都跟印尼人关系很好，印尼的城市街道上百分之八九十的店都是华人开的，临走前有些印尼人还挽留过我们。

回国之前我本来申请要去海南岛，因为那里的气候和印尼差不多，小时候读书的时候我们就知道海南岛是亚热带气候，既有椰子树也有热带果树。结果在广州开了一次会，最终没有批准，上面最后决定我们这一批人来福建。

二

我们是全国第一批接的归侨，我们井里汶归侨本来要安置到常山华侨农场，结果两边的队长互相商量后，决定将一批万隆来的归侨和我们调换，变成了我们来这边，他们去那边。我们回来后这个农场才建立，一开始我们都是住在当地农民的家里，国家开始着手帮我们建房子。我在场部这边工作了差不多两三年，第一年是搞农业，第二年就去搞基建，就是建房子。1968 年我就被调到国营竹溪华侨瓷厂，农场当时有办一个瓷厂，距离场部这边大概有 50 公里，在那边设一个点，生产瓷碗瓷盘这些，产品直接销往日本等国。瓷厂的职工都是从总场这边招。我们所有的归侨都安置在这边，那边的厂办起来后就招一批归侨过去。到了那边就成了工人身份，相比于农民，工人基本算是旱涝保收。直到改革开放 80 年代后厂子被私人承包了，当时有本事的人就可以承包。2001 年的时候，工厂就没多少人了，有的人分配到了其他单位，我就回到场部继续搞农业。

当时刚回国的时候，国家分配每人每月二三两花生油，一人一年发一套衣服，老人有额外发棉衣，买东西要有购买证。强劳力每月分配 33 斤粮食，家属 24 斤，读高中的 20 来斤，要吃一个月，那个时候国家很困难，但给我们归侨分配就很好的。那个时候换黄金一克才二十几块。还给我们分配肥皂，照顾我们给我们粮票、油票、香烟票都有。当地老百姓就很苦，他们就没有，所以我们是真的被照顾了。我们有时也拿这些跟老百姓去交换，还拿肥皂去换点老百姓的地瓜。但我们有钱也买不到东西，当时什么都要供应。我们过年过节还有供应猪肉，猪肉一斤七毛六。我们家带了两部自行车，我自己一部，我老婆也带了一部，"文革"期间就卖掉了，带回来的木箱，结婚的时候就改成了柜子。

我们这个农场大概 1988 年取消自然增长，最后一批是 1990 年安排。我现在退休金有三千多块，算企业的。这个农场退休的有 900 多个，没有退休的还有一百多个了，在职的职工就帮他交个社保，比如一百块，农场给你出 25 块，你自己承担 75 块，到 60 岁你就自己退休，其余的你自谋职业。现在没有退休而且还没有工作的四五十来岁的人算是最苦的，他们都是归侨子女，如果属于归侨的那就都退休了。

我在印尼谈恋爱，同时回来后就直接登记结婚了，回来后生了两男两女，老大 1964 年，老二 1974 年，老三老四双胞胎 1976 年出生。我老大在泉州，老二现在县城工作，他从小也在瓷厂工作，现在聘到一家台湾老板办的瓷器公司工作，他当技术员，但身份算是农场职工，交了社保自谋职业。那个瓷厂原来是中侨办管，华侨农场当时有自己管的有学校、托儿所、卫生院、车队。现在我们这个农场还有种茶叶的，属于农业职工的身份就可以承包，农场收点管理费，一亩大概收 60 块，自负盈亏。只有职工可以承包，现在是下一代承包，但年轻人都不会去做了，就转给农民。

我们刚回国的时候跟当地农民关系很好，因为我们住他们的房子，而且他们也需要我们的东西，我们也需要他们的。回来后不会讲闽南话，我们在印尼讲的闽南话跟这边也不一样。记得回来一路上坐火车，在车上给我们吃的窝窝头，那已经是很照顾了，但我们不习惯不吃，我们拿来给路边的农民吃，后来回来才知道农民生活有多苦，农民各个有水肿，有胃病，看到我们有饭吃都很羡慕。国家真的了不起，不但接我们回来，而且一路上吃吃喝喝全部都免费，还要安置我们，60年代给你吃饱都很不容易，在广州集中的时候还有肉吃，回来后过年过节在食堂还有好几种菜，包包菜、红烧肉。回忆历史，我们老一辈还是对祖国很有感情，确实中国很伟大。我们跟去香港的那一批归侨相比，差距也越来越缩小了。我弟弟70年代的时候因周恩来总理出台的政策就申请去了香港，我们1999年去香港探亲。那时候我们连煤气都没见过，中国这边还是习惯直接烧煤，双层巴士也没有见过。这边去香港，要坐十几个小时的大巴，要在常山那边过路，在深圳罗湖过海关。过海关也很麻烦，因为我们是在印尼出生的，他要把我们带到另一个房间问，问七问八以后，要问你到那边找谁，我说找我弟弟，他还要亲自打过去确认，然后才放你走，当时去深圳都要通行证的。在香港的人，没有退休金，他们只有到65岁以后，政府给他们发一个三千多块的水果金，家里有困难还可以提出申请，但是也有要求，你就不能东跑西跑，不能出去旅游。我们在香港的亲戚大部分都住政府房，才三四十平方米。我们这边的"侨居工程"会给补贴两万一，你自己拿来建房子，或是你自己买一个一百多平方米的房子，一套十几万，还是比社会上便宜。

2008年，我去过印尼一次，我们也做印尼美食，以前都是跟着老人家学的，在印尼就是跟当地人学的。以前困难时期吃不饱，也买不到原料，后来相通后有人就去香港带原料回来，慢慢地这个传统就续上了。印尼人喜欢吃油炸的，绿色食品多，但是吃法，什么东西都用来炸，很少吃青菜，那里有很多海鲜，而且都是野生的。

吴国柱　口述

口述者简介：吴国柱，男，1947年生于印尼帝汶岛古邦，祖籍福建福清，有九个兄弟姐妹，家中排行老五。父亲从中国赴印尼谋生，中年后想回到祖国"落叶归根"，再加上印尼排华，于1960年全家自费买船票回国。从印尼泗水乘坐"大保安号"回国，在广东汕头上岸。吴国柱初中毕业后在农场学习制作茶，成为乌龙茶的制作师傅，熟悉制茶整个流程，在农场从事制茶工作30多年。

时间：2022年8月24日
地点：北硿华侨茶果场（现永春东关镇）镇侨联办公室
采访者：郑雨来、黄葵秀、李星颖
华侨属性：印尼归侨
南洋物：无
整理者：黄葵秀

一

我叫吴国柱，出生在帝汶岛。我是1947年生，祖籍是福建福清。我是1960年回来的，回来时13岁。我是住在一个叫古邦的城市，7岁开始读书，读书是在中华中小学，从幼儿园开始，读到六年级就回来了。我们是从三年级开始读印尼文，五年级开始读英语，教我们中文的老师基本上是华侨子女。

当初是我爸爸去的印尼，我爸爸为了讨生活跟他的几个朋友一起出去，我爸爸还去了其他地方但是他没有跟我讲，我就只知道他直接去到古邦。起初他是没有工作的，先在机场给别人擦皮鞋。因为我老家是福清的，后来刚刚好有一个老板，他就问我爸爸怎么这么小就出来工作了，从哪里来的啊？我爸爸就说我是福建福清过来的。那个老板一听他说是福清人，激动地握住他的手，说自己也是福清人。然后他们就用福清话交流。那个老板看我爸爸比较老实，就对我爸爸说，要不然这样，你别给别人擦皮鞋了，过来帮我看店。后来那个老板看我爸爸老实、勤奋，就拿了一些钱给我爸爸，让他自己去开一个小店。我爸爸一开始不要这笔钱，说我不会经营，亏了怎么办。但是老板说，没事，都是老乡，亏了就亏了，如果你赚钱再慢慢还给我。所以我爸爸就在帝汶岛开了一个食杂店，那个老板真的很好，在印尼那边老乡跟老乡关系很好的，有什么困难大家都会互相帮助。帝汶岛福建人挺多的。

我13岁的时候，印尼已开始排华。我爸爸是当地中华总会的会员，又加上当时我们家有订《人民日报》和中国的画报，我爸爸看了就想带我们回来，那时候刚刚好有印尼排华的消息，但是我那个地方还没有排华。我们跟当地的印尼人还是很友好的，那些印尼人跟我们讲你们不要回国，有什么困难我们可以帮你们，如果吃住有困难就搬到我们家。但是我爸那时候年纪大了想回国，所以就带我们回来了。

我们家在印尼泗水上船，我乘坐的船是"大保安号"。那时候当地有排华，所以他们排华回来的就不用买船票，但是我们自愿回来就要买船票。我们是在汕头上岸，因为我们这个船上是有几户是自己买船票回来的，所以那边的组织就征求我爸他们的意见，是要回老家，还是要到哪里去都可以提出申请。刚好那时候北硿农场有派人带着宣传画册过来，我爸爸跟几户人商量觉得这个农场还不错，所以我们就到这边来了。

我们回来是一家十一口人回来的，我有九个兄弟姐妹，我排老五。我们从汕头坐到农场的车票是不要钱的，但我们的行李托运过来就要钱，所以我们把印尼带来的收音机、照相机等都拿去卖和国家收购了。当时我们也有碰到海外回来的学生，他们跟我们大人讲，说你们不要卖给收购站，国家收购会给低价，如果卖给外面的人价格更高，但我们刚刚回来都不懂，就全部卖给收购站了。我还是记得很清楚，我们海外的收音机电压比较低，拿来卖的时候，他们检查有没有坏掉，结果一连通这边的电路，收音机就烧掉了，然后他们就说这个电器坏掉了卖不了，只能贱卖。我想他们也不懂是两国电压的差异，也不懂怎么调。因为当时电器很少，所以很少有人会用。我们回来这边的时候各方面都不适应。我爸爸过世的时候只有60来岁，他是回到中国才过世的，也算是叶落归根了。我们回国之后，他去过几趟福清。当时交通不便，而且回老家要买车票还需要单位出证明，从老家回来也是需要那边的单位证明，相当不方便。

刚刚回来的时候是9月份，气候已经开始转凉了。当时很好笑，我们在汕头那边上岸，晚上睡觉的时候我们把被子叠在底下睡，国内的工作人员看见说，你们不能这样，那个是棉被，是拿来盖的。因为印尼分雨季和旱季两个季节，雨季的时候，我们最多穿长袖，也不要盖多厚。中国在当时是困难时期，但是对我们归侨还好，我们有特殊照顾，国家对困难的归侨家庭也有一些补助，比如你这家几个人，一年收入多少，按照生活标准给你补多少钱，我们起码的温饱还是有保障的，读书也有补助，冷了国家还给我们发卫生衣、棉衣和棉被，当地人就没有，所以他们就很嫉妒我们，他们说你们吃的有，穿的有，冬天还有棉被。当时真的就是困难时期，农村每两天到三天都有人走。当时我们回来是要求读书的，需要考试，按照我们的文化水平来决定我们读几年级，我还记得当时试卷上面有一道题："什么是华侨最有力的靠山？"我当时没答出来。考完了才知道，答案原来是"祖国是华侨最有力的靠山。"我在印尼读的是中华小学，所以普通话还是会说，但是发音不准。我们跟当地村民比较少接触，因为我们需要去上课，我们也只有在买菜的时候才会跟当地人接触一下。

二

我回来这边读书从六年级开始读，后来我1964年初中毕业了以后我就去工作了，我在农场办的茶果班学习了3年，从茶的栽培开始到初制，再到后面的精制加工等各个流程，后面我又到各个管区实习，学习他们那边的制茶和嫁接、修剪柑橘。我先是在垵口管理区的实验站当茶叶技术员，当时垵口管理区的茶园有一千一百多亩，都是我负责的，我在垵口待了十几年。我是乌龙茶制作的师傅。茶叶从山上采回来到晒青、晾青、摇青这些一整个工序我都了如指掌。我这三十多年都是在跟茶打交道，什么茶都做过。制作乌龙茶需要一些水平，其他茶很快就可以做出来，乌龙茶是最难做的。采茶回来以后晒青要晒到什么程度，水分挥发得怎么样，摇茶青的时候还要看茶叶的状态，多久摇一次，什么时候发酵，要依靠这些微小的变化来决定下一步。当时全场年产量是 5000 多担。当时农场办了一个茶叶精制厂，茶叶出口的唛号是"4"字头。农场产的茶叶很多出口到日本，效益还是很不错的。大概在 1984 年，也就是我 40 多岁的时候，单位又派我去到广州华南农学院那边进修学习，现在叫华南农业大学，我进修了大概半年，当时农场就派了我一个人去，因为国务院侨办委托华南农学院办一个茶叶领导干部培训班。后来我有一点技术了，农场就提拔我当农场的管理人员，因为技术需要传承嘛，后来又当东关管理区的主任，1984 年又调到农场的农业科当科长，三四年后又提到农场的副厂长。90 年代以后茶厂就开始走下坡路了。原来茶厂的厂长跟书记打报告，预测可能 1994 年要亏 60 万元，我们就把这个情况上报到省侨办，省侨办觉得一个企业一年要亏 60 万不行，后面他们就开会并安排一个领导过来，省侨办的意见就是农场的领导兼茶厂的厂长，所以 1994 年他们就叫我过去当书记、厂长，去做了两年。1994 年国家搞市场经济，我们效益就开始下滑。我们那时候是一个劳动力可以分配两斤茶，剩下的茶都是要出口。我去之后情况就好一点了，因为我跟他们的管理理念不一样，原先他们是在茶厂等初制厂的人拿茶叶过来。而我就不同，我是叫驾驶员开茶厂的车直接到茶农家里看质量，我们去收购的时候也是小心翼翼的，因为有些茶农是奸商，你去选茶的时候，他们在一个大袋子里面装不同质量的茶，最上面一种茶，中间一种茶，底下又是另一种茶，如果你就看上面质量好的，那就很容易上当。1994 年我们不但没有亏还赚了一点，1994 年和 1995 年我当了两年，当时我跟组织上说好了让我去我就去两年，因为我又是农场的副场长又是茶厂的厂长，我去茶厂两年因工作量太大，头发都白了，真的很辛苦，因为工人的安排、茶叶的选购都是我负责。前期有广东的客户来买茶厂的茶，欠款欠了三十几万，他们还想要买我们的茶，我就说，茶叶有是有，但你前面的欠款要怎么办，要不然你就先给我几万我给你一点茶叶，所以我就一直追到还剩下十几万。

我不当了之后我就回到农场。接任的厂长又欠账二十几万。市场经济后茶厂就衰落了，最后茶厂经营不下去我们也就给承包了。武夷山有一个农场，本来省侨办要把我调到武夷山去，但是我不想去，原因就是那里气候太冷，如果我去的话，我全家人都会跟着我去，我就说去不了。省侨办说如果不去就推荐一个人，所以我就推荐了一个姓郑的，他去到那边还做得不错，当了茶厂厂长。有一年领导组织管理区的主任去转一圈，他调到那边以后，我们这边农场的厂长带一帮人自己开车去他那个地方，去的时候还下大雨再加上路是土路，车子肯定会打滑，他特地派一部车叫四五个越侨跟在我们后面，车一打滑他们就推，到那边接待真的很好。

1998年茶厂就被承包了，因为1998年农场改制建镇。我们第一个镇长是原来农场的副书记，他是农学院毕业的，但不是归侨，后面的镇长就直接由上面调过来。改制建镇的时候农场场长是调到县里担任科学技术协会的主席，级别是副处级。改制建镇之前我们农场是副处级单位，我们归省侨办管，所以我副场长级别是正科，我拿的是公务员的退休金。我是2007年退休，我之前有去当过镇里面的第一任的人大主席，当了一届后光荣退休。

当时从帝汶岛回来的是一大批人，有一些比较年轻的他们就到厦门集美或者去福州那边读书，当时集美那边有一所华侨补校，他们读完书就回来安排工作了。现在老归侨有的他们好多都去香港了，有的去世了。我1997年的时候我有带我妈妈到印尼玩，我们去了雅加达、巴厘岛，我们在西帝汶岛的古邦住了几天再回来。我去古邦的时候有回去看我出生的地方，都没什么变化。

以前计划经济的时候农场看病是不用钱的，看病就可以直接拿药回家，那个时候农场是从出生到死都是要管的。坡口管理区主要是印尼加里曼丹岛那边的归侨，也有一些本地的老职工。有一次我们侨办主任到云南那边，云南一个农场要求省侨办主任安排到福建的一个茶厂学做乌龙茶，结果云南那边就派人来我们这边看，他们也想要做乌龙茶，邀请我们过去。结果我们去发现云南那边是大叶种。我就跟他们说，不好意思，云南大叶种你不管怎么做，都是做不出好茶，因为茶叶有一个适制性，这个茶叶适合做什么都是有分的。乌龙茶、红茶的茶叶是不一样的，云南大叶茶只能做二级的乌龙茶。他说能做到二级也可以，就邀请我们过去。我们后来也告诉他们怎么制茶，跟我们样品差不多就可以了。我们这边比较擅长做乌龙茶。我退休了以后，就有一个朋友打电话跟我说，厦门大学的一个教授在我们农场承包了一片茶园，想要一个懂管理和制茶的人帮忙。但是我退休了，都差不多忘记了，就去试试看吧，结果一帮就帮了三年。

我有两个小孩，大女儿是1974年出生，小儿子是1976年出生，当时有说要开始搞计划生育，但是还没有这么严。我孙子今年都十九了，现在他们两个都是在县里面，我大女儿现在是在县里面当厂长，我的小儿子原来是在供销社当会计，后来不干了，自己下海做生意了。他本来是属于企业干部的，那个供销社的主任跟我讲，小吴想辞职，小孩头脑发热，就辞掉工作了，现在都不是农场职工身份了。我哥哥和弟弟原本申请回印尼，但是批下来他们是去香港。当时我弟弟去兰州那边参军，我妈妈要跟我弟弟，我就打算等我弟回来再说，结果后面批到东南亚不能出去，所以就全部留下了。我在厦门的竹坝农场有几个朋友，他们现在都退休或者出国了。我兄弟姐妹都是在印尼出生的，现在他们都各自组成了家庭。大哥生一男一女，二哥生一个男的，三哥生了两男一女，四哥生了一个女孩，第六和第七都是生了一个女孩，我大的妹妹生了两个男孩，小的妹妹生了一个女孩。我跟我的妻子当初是一起在垵口管理区工作的时候认识的,她是在生产队劳动。我们 1972 年结婚。因为我是公务员,正科级,现在退休金一个月 7000 块。

张伍安　口述

口述者简介：张伍安，男，1949年生于印尼苏拉威西岛的望加锡，祖籍广东开平。18岁时响应号召参军，1971年加入中国共产党，1974年复员后由农场安排去南安山美水库工作，在山美水库水电站一直工作了36年。退休之后回到农场。

时间：2022年8月21日

地点：北硿华侨茶果场（现永春东关镇）镇侨联办公室

采访者：郑雨来、黄蔡秀、李星颖

华侨属性：印尼归侨

南洋物：无

整理者：郑雨来

一

我父亲名叫张权怀，他在1900年出生，年纪轻轻十八九岁的时候他就从中国广东开平到了印尼，当时去的时候就是做苦力，具体做过什么我不太清楚。后来就做点小生意，开个食杂店。在印尼呆了二三十年，并在印尼找了我的妈妈，我的妈妈是印尼人，我妈妈叫张卜义。那一辈的华侨当时都是年纪轻轻就出去讨生活，出去了肯定要找老婆，跟当地人结婚的很多，在那边要成家立业。

我们家六个小孩，男的里面我排老五。老大在苏拉威西省的万鸦老，没有回国，他当时加入了印尼籍。他的头脑比较精，他在19岁的时候就离开家庭出去谋生了，比较了解外面发生的事情。他当时往来中国和印尼做生意，经常去泉州、厦门、福州这些地方，所以懂得那边的情况。他当时就对爸爸说，你不要回中国，中国很苦的，那边的人民吃不饱。老二也劝说过爸爸，但当时我爸爸就是不听，他总是说要死在自己的国家，结果就是老三、老四和我，还有老六跟着他回来。五六十年代的时候，中国的经济确实不如印尼，就是在改革开放以后发展很快。后来老大在83岁的时候过世，老二81岁过世，老三61岁的时候在这边过世，老四现在85岁了还在香港。现在就我和一个弟弟在农场。

苏拉威西岛在整个印尼的中间，也不是很偏僻，排华的时候排得也很严重。在印尼我读了四年书，后来中华学校关闭，我们就回国读书了，如果不排华的话，我就可能一直读到高中。我们那个地方的学校都是华侨子女在里面读书，所以学校一关闭之后，学生就没地方读书了，你要么就去读印尼文，要么就回国，大部分华侨家庭都不会让小孩读印尼文学校，所以他们只能选择回国。

我们要感谢党和国家在印尼排华的时候派船接我们回来，那时正是国家最困难的时候。如果没有毛主席这样做，我们早就不存在了。当时印尼排华有一个条件，你如果加入了印尼国籍，那就不会被排华了。但我们家里的老人家讲，我们是中国人，就算死也要死在自己的国家，一定要回来。结果他就把我们带回来了。回来五年后我父亲就过世了。

回国的时间是 1960 年 2 月份，我们是坐英国船，这个船的名字叫"Jiwagi"（巨万宜）。船上载了两千多人，上面有游泳池，还有篮球场。在船上我们吃的是很好的，因为中国政府特意拨款出来。我们从望加锡的港口上船，坐了半个多月才到香港，中途先到雅加达接一部分人，到了新加坡和马来西亚又停了几次，最后到了香港，从罗湖海关进来，然后再到广州三元里住了大概两三天，在广州三元里吃的也是很不错，应该是住在一个酒店里面，然后国家又派专车送我们到了永春。从广州到永春这个地方大概又走了两三天，那个时候铁路还不通，走的都是土路，坐的就是大卡车，人不能躺也不能坐，夜里都是相互靠着睡觉的。望加锡一共撤了两批，我们就是第二批。印尼一排华，我父亲就申请回国，所以就没有被关过集中营，如果你没有回来，就有可能被关起来，有没有被害我们就不知道了。有些人又不愿意加入印尼籍，赶走又不走，这些人可能就被印尼政府集中起来关押。

二

回来的时候正是中国的困难时期，早上吃的东西都是稀稀的稀饭，就这个还算是特殊照顾，但当时困难时期你看多少人走了。回国后我爸爸在茶厂做木工，专门做那种装茶叶的茶箱，原来我们的茶叶都是供应出口的，出产佛手和水仙，主要是水仙，所以那个时候我们茶厂的效益是很好的，就是后来才慢慢差了。我妈妈是印尼人，回国前就放弃了印尼国籍，当时我们去望加锡的中国领事馆办护照，办了中国护照就等于自动放弃印尼国籍了。我妈妈原本信仰伊斯兰教，每天凌晨要做礼拜，回来后这些也都放弃了。回来后她既不会讲中文，也没有拿过锄头，农场先安排她在生产队除草、施肥。后来她在 1967 年的时候就退休了，她跟我父亲结婚几十年，也慢慢学会这边的方言了，她 1990 年去世，再也没有回过印尼。

回国五年后，1965 年我父亲就过世了，所以我没有亲自回去过家乡。我们回国后先读书，然后年满 18 岁我就去当兵，在部队呆了五年多，快六年了。当时受政策的影响，我们算是"黑六类"，我们入党都是通过当时的一个团政委，他叫张志成，是个山东人。我们有个指导员，一个安徽人，叫赵立盛，他跟团政委反映，因为团政委当时是党委第一书记，他反映说我表现很好，年年都是五好战士。我在部队受表扬五次，但就是因为海外关系一直没有办法入党。那个团政委叫张志成就说，为什么不行？唯成分论不唯成分论重在政治表现！那个山东的领导思想比较开放，他说不能因为人家是归侨就不让入党，应该要看政治表现。因为他的这一句话，我就很快入党了，不然的话很难，因为我们是"黑六类"。我当时还有两个哥哥在印尼，都还活着，所以政审的时候，部队发函到我们单位也就是农场了解情况，农场回函说我们属于"贫侨"，所以我就入党了。虽然我们追求进步，当时也要看环境，那个时候，归侨的成分很不好，现在就吃香了。

我当兵原来是在 1969 年 1 月份，到 1974 年 2 月份回来的。一开始是在江西，后来林彪要发动反革命政变，我们就被调发到厦门守备四师。当时当兵也是很辛苦，每一天要去拉练，从江西的东乡走路走到鄱阳，每天都走八十到一百里，也就是五十公里左右，身上背着四五十斤的东西，有大米、枪、子弹、棉被等。从晚上九十点开始走，一直走到凌晨两三点结束。我们当兵的时候一个月津贴才六块钱，还要写信，买邮票，买牙膏牙刷，还要抽烟，这些东西都要自己买，部队里面只发鞋袜、衣服。我们退伍回来才拿 123 块钱，连买一个上海牌手表都不够。退伍回来，先在茶厂工作了三个月，当时在茶厂按天发工资，一个月工资 19 块钱，算是临时工。本来农场的领导不想让我们走，我就说 19 块钱哪里够生活！后来国家安排去山美水库工作，在山美水库的水电站工作。水库的工资就有 37 块半，我们的编制就转成事业单位。我在水电站一直干了 36 年。退休之后就又回到了农场。1993 年我在山美水库被授予省五一劳动奖章。

我爱人也是印尼归侨，祖籍是广东梅县。当时当兵回来在农场三个月，就有人给我们介绍对象了，我们这一代还能找到归侨，现在就不行了，我们都被同化了，农村人都进到这个农场了。我们只有一个儿子，1976 年出生，我们当时是计划生育刚刚开始宣传。我们原本考虑等孩子四岁了再生一个，但我爱人工作很辛苦，又要做工种茶又要带孩子，我在山美水库，一个东一个西，我们那个年代又没有幼儿园，可是等到 1979 年上面就不让生了，计划生育开始严格执行，超生一个就要开除，我们单位就有六个人被开除了。

小时候在家里家人们都是讲印尼语，也讲白话。现在我跟我当初回国的嫂嫂还是讲印尼语，她 89 岁了还是不会讲这边的闽南话，普通话他会听但不会讲。现在跟印尼的亲戚都可以聊微信。我还读了几年的印尼书，现在还会讲印尼话、写印尼文。我大哥、二哥还在世的时候，我就用印尼文跟他们通信，他们一句中文都不会讲的。他们没有读过中华学校，直接读的印尼文学校。我还回过印尼两次，过海关的时候，那个印尼海关的人讲中国人过关还要交一点"水果费"，但是他听到我会讲印尼话，就给了五十块，等到下一个地方又有人过来要钱，就又给了五十块，没办法就当花钱消灾了。当时已经晚上十一点半了，我们从厦门坐飞机坐到雅加达。如果不给他们钱，耽误到一两点就完蛋了。

朱森华　口述

口述者简介：朱森华，男，1949 年生于印尼廖内省的一个岛，祖籍广东五华。1960 年 3 月份乘坐"芝加连加号"回国。1969 年参军，1971 年 12 月加入中国共产党。在部队曾被评为"五好士兵"。1974 年复员回到农场，在茶厂工作一段时间后又招工去了南安山美水库，在水库当巡警，一直到退休。

时间：2022 年 8 月 21 日
地点：北硿华侨茶果场（现永春东关镇）镇侨联办公室
采访者：郑雨来、黄葵秀、李星颖
华侨属性：印尼归侨
南洋物：印尼归国时使用过的集体护照
整理者：郑雨来

一

我父亲叫朱元，1904 年生于广东五华，他是码头工人，妈妈在家照顾家里。我妈妈祖籍是广东丰顺。我有三个姐姐，一个妹妹，还有我们三兄弟。我在印尼读了中华学校，华侨学校的老师都是穿旗袍的，因为印尼学校有一个规定，男学生要穿白上衣、蓝短裤，女学生穿白衬衣、蓝裙子，在学校里主要学中文，印尼文是辅助的。记得我们当时学校里还有挂刘少奇的画像。小时候我们那儿流行一段歌谣：中国人下南洋，南洋是个好地方，冬天不加衣裳，没有雪来没有霜，树木长得快，水果多又香。

1960 年印尼开始排华，印尼为什么排华呢？主要先是不给华侨读中华学校。我们就读的中华学校就被关闭了，一关闭中华学校，华侨的家长就把子女送到私塾，即使那样印尼政府也要抓你，没有办法，加上我父亲重男轻女思想比较严重，他非要带着我们三兄弟回来读书。主要是印尼政府不让华侨读中华学校，因为中华学校还是主要读中文，以中文为主。我母亲原本不想回来，不知道谁又给她做了工作。我那个大姐是印共，她也劝我父亲回来。

我们当初回国是用的集体护照，是我爸爸办的，他带了我们一家人回来，印尼是未满 16 岁的回国就需要办家庭的集体护照。当时我们坐的这个船是货船，不是客船，那个船就叫"芝加连加"，这个船当时不能停靠在我们的那个小岛，停在离岸还有很远的地方，我们再坐小船过去，就像坐轮渡一样。我们先到新加坡停留一个晚上，但是没有上岸，不准你下船。等船一到南海，船也颠簸再加上晕船，我们都吐得要死。坐了可能有三天三夜，最后在香港九龙上船。

二

1960 年 3 月份我们到广州，先坐火车经过湖南，经过湖南特别寒冷。最后绕了一个圈才到厦门集美，在集美侨校又住了一段时间，最后才送我们到泉州这里。当时我们回来的时候这里很荒凉，只有三栋房子，一个学校还有一个办公楼。我们当时就住在老百姓家里。回国后，我爸妈就分配在农场的生产队工作，我妈妈在农场的绣花厂工作，还在茶厂当过炊事员，在幼儿园也干过。我父亲就搞卫生，打扫厕所，当时大家用的都是公共的厕所，他每天很早起来就开始打扫厕所，因为他当时已经 56 岁了，一个月二十多块工资。那个时候农场都是土木结构的房子，上面给我们这些归侨子女有一个伙食标准，如果家里子女比较多，相应的补助也会多一点，工资如果不够，农场也会补五块十块的生活费。

当时印尼排华，祖国如果不把这些华侨接回来也不行。安置的地已经确定了，但是政府还来不及建，所以就分批次先安置在农民的家里。政府再给农民做工作，农民的房子被征用安置归侨，农民就搬出来。我们回来还看到过很多村里的小脚女人。回来的时候就吃大锅饭，三个月内，早上吃稀饭，中午和晚上有干饭，三个月以后就没有了，只有一份干饭，两份稀饭，到后面就直接吃地瓜干。当时讲老实话，政府对我们的投资是不少，又要搞基建，农场成立了一个由归侨组成的基建队，才开始建住的房子，房子都是土墙，建好一批搬进去一批，然后再建。现在我住过的房子还在。

安置好了以后，我们就开始读小学，小学五年级毕业，然后就去读农业中学。因为我们这个场叫茶果场，要培养下一代技术人员，我就跑到农科去。1965 年到 1968 年底，还下乡到内碧。我和张同一年当的兵，当兵是都在江西。江西当兵的时候我第一次见到下雪，天气很冷，雪融化的时候更冷，我们除了穿棉袄，还要带大衣，不然受不了。

我们归侨当兵是这样，你要去报名，好像有人数限制，比如人家要从五个人里面选一个，你就要去体检，虽然我们陆军不像海空军那么严，但也只有两个人能通过。政审对我们归侨就很严格，我看到我们的档案里写着我们是属于"贫侨"，不是"富侨"，如果是"富侨"就不行了。我们有海外关系也是很麻烦。而且我们当时被调去厦门，厦门又属于侨区，而且离台湾很近，那么你这个归侨身份本身就有疑点。我当时就跟政委讲，我说我们当兵入党是脱着光膀干，满身都是汗！我们现在穿着棉衣都会流汗。我是 1971 年 12 月入党，归侨入党很难的，归侨党员也很少。1969 年爆发了珍宝岛事件，我们就北上到了黑龙江那边，那边很冷的，零下三四十度，后来不知道怎么搞，又把我们调到厦门，跟三十一军九三师换防，原来九三师驻在厦门岛，我们进去后他们出来。当时还要对金门打炮，但打的是不会爆炸的炮，都是宣传炮，每隔单号打，如果今天是双号就不打，等到晚上十二点一过就开始打。我们在前线的时候，每天晚上九点钟睡觉，金门那边的炮弹打过来，弹头在天上飞的时候是有声音的，六七十斤的弹头落在地上不会爆炸，里面装的是宣传的东西，里面放着彩印的宣传单，装饰得很漂亮。我当时看到他们在里面宣传：毛主席坐轿子、解放军抢老百姓的粮食等等，都是这样的。宣传弹里面有时会放罐头、饼干之类。我们见到这样的传单都不会理。我们发过去的传单里面写的什么我就不清楚。那个弹头很值钱，老百姓捡来打剑打刀。金门有三宝，贡糖、菜刀和高粱，菜刀就是用当时的炮弹的钢材做的。1974 年，我当兵结束回到农场，在茶厂做了一段时间的临时工，然后又招工去了山美水库，在水库那边当巡警。当时去水库工作的归侨就两个。因为我们当过兵，在部队表现不错，所以就安排去了水库，那边待遇比农场要好很多。现在我的退休金有五千多。

我在 1976 年结婚，在农场结的，婚礼仪式很简单的，那时候流行送搪瓷脸盆，送牙缸。我两个女儿，大的 1977 年出生，小的 1979 年出生，小的那个生下来还被罚款了 200 块，大女儿嫁到香港已经二十多年了，也是嫁给了一个北硿的归侨子女。

第二部分　长龙华侨农场篇

长龙华侨农场位于福州市连江县境东北部长龙山区炉山山麓、黄岐半岛丘陵盆谷地区，北纬 26°19'14"，东经 119°19'59"，东部面向罗源湾、马鼻海积平原，与马鼻镇、透堡镇、官坂镇毗邻；西部与长龙镇洪峰村、建庄村接壤；北部与罗源县接连，与透堡镇炉峰茶园连理；南部与浦口镇及长龙镇下洋村山地交界。[①]长龙华侨农场距福州市 56 千米，距连江县城 23 千米，陆路可接 104 国道、沈海高速、福温铁路，海路从罗源湾出海，四通八达，快速便捷。2020 年侨场土地总面积 7500 多亩，其中茶山面积约 5000 亩。[②]侨场地貌由连绵不断的山丘组成，海拔约 400 米至 500 米，属亚热带季风气候，冬夏分别具有大陆性的海洋性气候，冬无严寒，夏无酷暑，温暖湿润，雨水充沛，为茶叶等农作物生长提供了有利条件。[③]

自 1962 年安置印尼归侨开始，长龙华侨农场先后 4 次接待安置了印尼、缅甸、越南、泰国、新加坡、柬埔寨、马来西亚、沙捞越以及菲律宾等 8 个国家和地区的归侨和难侨 3000 多人。[④] 20 世纪 70 年代末期，随着改革开放政策的落实，国家放宽出国出境政策，归侨出国政策也随即出现松动，大量归侨、侨眷选择再次出国出境创业，或前往港澳，或出国投靠亲友。在国家对归侨及侨眷再就业政策的扶持下，部分归侨及侨眷到福州、泉州、厦门、广州、深圳等城市就业。1991 年，长龙华侨农场作为连江县最主要的归侨安置点，安置有侨民 1140 人，农场辖区内有 10 个农业工区。到了 2008 年，侨居造福工程后，偏远几个工区集中搬迁至侨区居民点内，现有场部、东风、长征、建红、东方红等五个集中居民点这一规模开始定型。[⑤]根据 2014 年的统计数据，长龙华侨农场归侨来自印尼、缅甸、越南、马来西亚、新加坡、柬埔寨、菲律宾、泰国等东南亚 8 个国家和地区，农场归侨 664 人，其中印尼 219 人、缅甸 73 人、越南 347 人、马来西亚 1 人、新加坡 2 人、柬埔寨 3 人、菲律宾 18 人、泰国 1 人，但随着时间流逝和侨民的不断出走，到 2020 年 12 月，农场共有 327 户，总人口 826 人，其中归侨 401 人，侨眷 375 人，具体

[①] 福州市连江县长龙华侨农场志编纂委员会：《长龙华侨农场志》（二审稿），2022 年，第 26 页。
[②] 连江长龙华侨农场简介展板。
[③]《长龙华侨农场志》（二审稿），第 26 页。
[④] 连江长龙华侨农场简介展板。
[⑤]《长龙华侨农场志》（二审稿），第 62 页。

为印尼 104 人、缅甸 41 人、越南 253 人、柬埔寨 2 人、泰国 1 人，旅居中国港、澳、台地区和在海外定居的达 3000 多人，海外亲属关系 3 万多人，分布于世界 27 个国家和地区。①

长龙华侨农场所在的长龙镇曾名茶陇、长陇，又称茶陇七墩。1958 年 7 月撤区设长龙乡，同年 9 月 "公社化" 时合二为一，成立长龙人民公社，下辖建庄、下洋、岚下、苏山、洪塘、丘祠、真茹等 7 个行政村，其中洪塘、丘祠、真茹等 3 个为畲族村；1962 年国有长龙林场、国有长龙华侨农场在长龙办场，与长龙公社 "三家合一"，仍旧统称 "长龙公社"；1965 年 1 月，长龙华侨农场与长龙公社、长龙林场合并，统称 "国营长龙华侨农场"；1972 年 1 月，长龙公社从 "国营长龙华侨农场" 中析出，同年 3 月，长龙林场又与长龙华侨农场分开；1984 年 6 月撤销长龙公社建制，改称 "长龙乡"；1997 年撤乡建镇。②

1959 年底，连江县人民委员会就开始筹划建设长龙华侨农场，同年设立连江县华侨接待站，1960 年 9 月，长龙华侨农场筹建工作正式启动。1961 年 3 月成立筹建领导小组，为解决办场用地，经国务院侨办同意，福建省华侨事务委员会发文批准及连江县人民政府发文批复，同意以 1960 年行政区划图界线为基础，先是征用长龙人民公社岚下大队岚下宫以东的 20 亩土地，建归侨住房，首创 "长征工区"，同年 10 月，成立 "国营连江长龙华侨农场"，隶属省侨委管辖。1962 年长龙华侨农场开始接收安置从闽侯上街华侨农场撤销后搬迁过来的归侨，后又陆续安置从印尼、缅甸等 8 个国家的难贫侨和归侨学生，同年 5 月，长龙华侨农场正式挂牌，由福建省侨务办公室和连江县双重领导。1965 年 1 月，国营长龙林场并入长龙华侨农场，直接受省侨委领导。1968 年 3 月，国营连江长龙华侨农场更名 "长龙农场"，同年 4 月，成立 "连江长龙农场革命委员会"。1972 年 3 月，"长龙农场" 分设长龙公社、国营长龙华侨农场和长龙国营林场，是年 8 月 26 日，成立 "国营长龙华侨农场革委会"。1973 年 6 月，成立连江长龙华侨农场党委会。1979 年 10 月，撤销华侨农场革委会，恢复 "福建省连江长龙华侨农场党委会" 名称。1983 年 7 月 1 日，长龙华侨农场从宁德地区侨办复归福州市侨委管辖。1997 年 4 月 28 日，长龙华侨农场划归福州市人民政府侨务办公室主管。1999 年 12 月 14 日，经福州市人民政府批准，成立福州市长龙华侨农场经济开发区，增挂长龙华侨经济开发区牌子，执行一套人马、两块牌子，并设立管委会。2007 年，国家针对华侨农场体制改革长期难以突破困境的背景下，提出 "体制融入地方、管理融入社会、经济融入市场" 目标，推动华侨农场成为地方经济发展的有机组成部分。2014 年 11 月 1 日，长龙华侨农场划归连江县人民政府管理，为正科级事业单位编制。③

---

① 《长龙华侨农场志》（二审稿），第 27 页。
② 《长龙华侨农场志》（二审稿），第 37 页。
③ 《长龙华侨农场志》（二审稿），第 38 页。

陈民安　口述

口述者简介：陈民安，男，于 1956 年 12 月出生在缅甸绕彬玖，籍贯福建厦门，1965 年随父母回国安置在长龙华侨农场，1977 年高中毕业后回到厦门家乡做了两年农业，1979 年 3 月份左右回农场报了劳力，工作换了很多种，看茶山、无线电电子厂、拖鞋厂、场部打字员等，最后在场部人事部门一直干到退休。

时间：2022 年 8 月 17 日
地点：长龙华侨农场侨胞之家
采访者：陈燕梅、郑一省、周妹仔、苏木兰
华侨属性：缅甸归侨
南洋物：无
整理者：苏木兰

一

我叫陈民安，我于 1956 年 12 月出生在缅甸绕彬玖，籍贯福建厦门。1965 年随父母回国安置在长龙华侨农场，一同回国的还有 7 个兄弟姐妹，我最小的妹妹是到农场以后出生的。我的父亲名叫陈朝曲，母亲叫黄玉莲，他们是在缅甸相识并生下了我们几个子女。我的大姐名叫陈丁珍，大哥名叫陈民忠，二姐名叫陈丁花，二哥名叫陈民国，我的大弟弟名叫陈民生，二弟弟叫作陈民源，小妹妹名叫陈丁水。我家中是父亲先去到缅甸，当时害怕抓壮丁。到缅甸时开始是先学厨艺，后来自己开了餐馆，规模有七八桌，可以维持家庭生活。缅甸没排华之前的早些时候，我父亲就已经想回国了，因为他抱着"叶落归根"的想法，但福建同会告知国内有三年自然灾害，回来了生活恐怕很艰难，于是没回国，后来三年自然灾害过后，缅甸大城市开始排华时我们才回国。

二

回国的时候，我们从仰光坐飞机到昆明，待了不知道多久。昆明负责接侨的工作人员一般都是问我们老家在哪里，然后给我们分配安排到福建这里来，每一站都有人接待。刚来长龙的时候，晚上是没有电的，而且我们又是晚上才到农场，一片黑漆漆的。农场主干道那里有个凹陷的水沟都没有建桥，下雨涨水的时候车都开不过来，我们就被安排在东方红工区。刚开始住的是兵营式房子，一溜房子过去，一家安置一间两间，条件很差。十几岁我身体还很好，能挑一百多斤的担子，后来不久得了风湿性关节炎，到现在老了驼背都驼得厉害。我们家到农场以后，就是大姐、大哥和母亲做工，我父亲身体不怎么好所以就留在家里照顾我们这些孩子。当时这里什么设施也没有，学校都是后来才开的。其余全部都是山林，都要我们自己开荒，老一辈确实很苦。我们这些小孩就上上学。回国之前我在缅甸就读了两年书了，都是缅文，回国后就在农场读书。当时东方红工区隔壁的畲族村落名叫鹿池，里面有些民房被改成类似小学的地方，我们就在那里上学，后来农场自己的小学（共产主义小学）建成了，我们就在这个小学上课，另外长征工区也有小学（红旗小学），属于哪一片就去哪个小学。后来上了初中，就来场部这里的农业中学（简称"农中"）上学，上了两个月我就回老家厦门岛外，当时大概是1972年。因为生活条件实在很艰苦，我父亲又很想回到家乡，觉得厦门再怎么样都比长龙好，所以我们就举家回厦门集美区。由于非常匆忙，小孩的转学手续和户口都没有办理，也没等"农中"发放下一年的课本，我们就回厦门了。但我们也没有全家都回厦门，比如说像我二姐跟农场的人结婚了就没跟我们一起走。王位经是我的姐夫，郑华珍是我的二嫂，此外也有一些亲人在香港，比如我大姐和我妹妹。

　　回厦门以后，我家年长的就做农，我则是继续读书。但是，我刚回去没有办转学手续，我只好休学一年先劳动。一年以后，我进入当地小学读小学五年级。读了一学期，之后参加小学升初中的统考，考上了所在集美区灌口中学（现在的厦门一中集美分校）读初中和高中。我于1977年高中毕业，参加了两次高考，但都失败了。我们回来的时候很多都是不懂中文的，所以很多兄弟姐妹都是同一个年级的。高中毕业以后，我回到厦门家乡做了两年农业，主要种水稻、甘蔗、地瓜、花生、豌豆这些主要经济作物。因为家里旱地多水田少，所以花生、地瓜种得比较多。那个年代吃食都是分配的，米饭很珍贵，尽量留给家里的劳动力吃，我们都是吃杂粮。后来公社跟农场分开了，拨款都拨到农场里来，我们就想着还是搬回长龙吧，因为回长龙做工是有工资有退休金的，做农民就没有工资，因而我们于1979年搬回农场。也没料到隔年，厦门成了经济特区，至此迎来飞速发展。1979年3月份左右，我回农场报了劳力，5月份得批。刚回来时有六个月的实习期，每个月20块的工资，转正后进行工资定级，每个月能有26块。我的工作换了很多种，刚回长龙时是春天，就安排看茶山，防止人家来偷采茶叶，之后转去看顾柑橘，后来我去了无线电电子厂。这个电子厂生产对讲机，招聘的时候还需要考试，之后这个电子厂搬到泉州，动员我也去泉州，但我最终没去，因为我母亲怕我身体不好不懂得照顾自己。电子厂搬走后，我又转到拖鞋厂。在进入拖鞋厂工作之前，我们这批人得先去到福州市华侨塑料厂培训两个月，培训完后农场开办拖鞋厂，实际上也是帮华塑做代加工，后来放开了才自己做。我就进入厂里当管理人员，主要是管技术这方面的，也叫技术员，负责生产和安排人员。1980年到1987年都是做这个工作。当时我们拖鞋厂生产的坡跟鞋非常畅销，有很多订单，北京、天津、哈尔滨都有，都是走空运。拖鞋厂也经历了三起三落，曾经我还差点被辞退，因为鞋子做出来质量不行，老板以为是我们技术员的问题，结果其实是胶水的问题，这个胶水不能太干也不能太湿，厚薄也有规定的，我掌握了这个技术，于是老板只好还是请我来把关。1987年7月到1994年1月，我在场部这里做干事，最早是当打字员。这个打字机跟现在的电脑打字不一样，有个小小的台面，上面的字全是倒着的，得用蜡纸打，需要死记硬背记得那两千多个字。1994 年 1 月我转到场部的人事部门，就一直干到退休，退休金每个月 4800 元，是按干部身份待遇计发的。

我的爱人名叫陈秀蕊，是缅甸侨眷的身份，家乡在厦门，她的父亲比我们更早回国，是单独回来的，并非国家安排。我们从初中到高中毕业我俩都是同一个班。我当班长，她当副班长，但是我们没有谈恋爱，那个年代不敢这么早谈恋爱的，而且我们农场内的未婚青年大多数都是想出国的，男的想出去就得闯荡，女的大部分都是以婚嫁的形式到境外的，即便有夫妻关系都要排队等公安出入境那边审批名额，所以很少考虑本农场内部的人。到后来，我们想着是知根知底的同学，就开始谈恋爱。确定关系以后，我就到厦门跟她打结婚证。厦门的习俗最简单的要新人家给亲戚朋友包喜糖分享的，所以我拿了 200 元和 100 斤粮票去给女方家买喜糖喜饼，但 200 元根本不够，我妻子到现在还调侃说她们家"倒贴"了。回到农场以后，我们就请了亲戚好友吃席，很简单。我们结婚以后赶上计划生育，只能生一胎，所以我们夫妻只生育了一个儿子，现在在福州打工，现在的年轻人基本都不留在农场了。

我爱人原先在厦门当代课老师，跟我结婚来农场后先是劳动，后来农场有位老师要去香港了，刚好空缺出一个职位。当时很多人报名想当老师，大概有两个班级的人报名了，农场就组织考试，我爱人考了第一名，因此就在农场当老师了。录取当老师以后，农场有名额就选送我爱人到泉州师范学院教师进修培训，脱产带薪学习了两年。她是小学的高级教师，退休金大概每个月有六千多元。大概在 1989 年的时候农场就不招收职工了，在这之前像我爱人这样户口从农场外迁过来的需要报到侨办的人事劳工科去申请获批职工。农场的职工当时是香饽饽，一整套社保的体系都安排得很好，但是 1989 年以后来的社保医保都要自己缴费。很多人这些保障的费用从一百多块渐渐加到七八千块，今年可能还涨，得交满 15 年，到年龄了（男 60 岁，女 55 岁）但还没交满 15 年的也要接着交才能够领到退休金，这也出了很多反对的声音，但是没有用。到 2011 年，场长发了通知说灵活就业的人可以帮忙代缴社保，我负责做这个填表申报的工作，这个才算是真正意义上开始交社保，职工身份的话农场单位可以缴纳一部分，落到个人缴交的金额就少一点，所以职工的反应不是很大，但灵活就业的人每年缴纳的金额都是自己缴纳，这样负担还是挺大的，所以大家反应比较激烈。

我母亲还在世时，我们更多地使用缅甸话和闽南话交流，跟我父亲则使用闽南话，因为我父亲不会说普通话。退休以后，我和我爱人每天早上就是跟农场里面的朋友喝茶聊天，中午吃过午饭搞搞我的小菜地，晚上我爱人遛弯，我就打乒乓球。因为我早几年得了肩周炎，手都抬不起来，打乒乓球会好些。平时吃饭很随便，不会刻意做什么菜。农场很多人都自己种菜，蔬菜几乎都是邻里共享，孙子回来的话我们就多炒几个菜。我跟海外的亲人也没有联系了，因为经历"文革"的时候，与海外通信也许会被判定为叛国，所以就断了联系。

陈训兵　口述

口述者简介：陈训兵，男，1948年8月29日出生于印尼东爪哇的莱芬市，祖籍福建省福清市阳下镇北西亭，儿时在印尼读新侨中小学，1960年8月3日回国，1965年11月搬到长龙华侨农场，当时是强劳力，19岁时当了生产队的队长，后调到茶厂做管理，再被调到场部生产股，1978年当了茶厂的副厂长，60岁时退休，退休后曾回印尼当过翻译。

时间：2022年8月16日
地点：长龙华侨农场侨胞之家
采访者：周妹仔、郑一省、苏木兰、陈燕梅
华侨属性：印度尼西亚归侨
南洋物：无
整理者：苏木兰

一

我叫陈训兵，1948年8月29日出生于印尼东爪哇的一个农村，祖籍福建省福清市阳下镇北西亭。我1960年8月3日回到国内，当时大约13岁。我家里是父亲陈祖棋先去的印尼，因为当时福建抓壮丁，我父亲就在上世纪30年代去印尼，后来我父亲在我14岁时去世了。我父亲在福清就已经跟我的大妈结婚了，这是他的第一任妻子，他们生了一个儿子，也就是我的异母哥哥，名叫陈训基。后来我父亲去印尼又娶了我的母亲刘春娘，我母亲是在印尼出生的莆田人。我10岁以前，我父亲在印尼卖布，后来我大概12岁时，我们家孩子多了，我父亲就经营杂货店，地方大概有一排屋子大，像小超市的规模。同时父亲也加入了"玉融公会"，是公会里的小头目。我父母养育了六个小孩，我排行第二，姐姐现在在福清，三弟在福州，三弟已过世，五妹在香港，六妹是我母亲在回国的船上分娩的，分娩后在湛江医院住院，回到福清后吃食太差，我母亲吃不下东西，没有东西给六妹吃，她就走了。在印尼时，我们家的生活还是比较不错的，当时国内很困难所以对比之下我们的生活水平还比较高，吃食都能比较好些。刚回国时我们在武鸣华侨农场待过一阵子，国家给发的吃食那时候也是不错的。我父亲回国刚一年就过世了，母亲是来农场后过世的，至今约有十年了。

我小时候在印尼读的是华文学校，我们莱芬市有两个华文学校，一个叫中华中小学，一个叫新侨中小学。我上的是新侨中小学，学的是中文课程，读语文、算数、历史、地理等，基本是上半天的课，周六日放假，一天有一节印尼语的课，读到小学毕业就遇到排华。1960年遭遇印尼排华，印尼政府下了政策说可以加入印尼国籍，这样可以继续在印尼做生意，中华总会的人就问我父亲想不想回国，我父亲本身就是很爱国的，虽然知道国内没有产业，回来了也是难侨，但我父亲坚持要中国国籍。那个时候我们还小，也不知道印尼国籍和中国国籍到底有什么象征和意义，就是跟着父亲的抉择。

二

回国前，我们家的店铺还有很多东西，都送给了当地的印尼人。排华的时候人心惶惶，我们家的杂货店店铺跟住家是连在一起的，当时有很多抢劫案件和华人被杀案件，但中国人很团结。我记得有天晚上有人敲门，我父亲以为是抢劫，吓得晕倒了，最后是我母亲和住家佣人去开门，门一打开还好是中华总会的人，他们带了很多很大的木箱子，将我们要带回国内的东西装好放到大卡车里拉走，整整装了三大车。我们回国的时候，该带的东西都由中华总会的人帮忙运走了。我们这一帮人也是总会的人开车接我们，先从印尼居住地的村里到泗水，整个码头都是中国人，当时很团结，大家高唱"一条大河波浪宽……"。国家租借了"俄罗斯号"来接我们，因此我们之后坐船坐了七天七夜到达湛江，再从湛江坐公共汽车到南宁待了三天。公共汽车坐了很久，人都昏昏沉沉的，然后从南宁坐车到武鸣住了四个月，当时我们这批两千多人都暂时被接到武鸣住了四个多月，最后坐火车到福州。我在广西的时候还有读书，在罗西学校读了四个月，从那以后我就没读过书了。

我们一家来福建，是因为父亲老家在福清，想家了，且在福清有大老婆（我称呼她为大妈），也跟我大妈生育了一个异母哥哥，就想把一家子都集中在一起，所以回来的时候给我的异母哥哥写了信，我哥哥就到武鸣接我们，这时候我哥哥已经30多岁。我们到家乡的时候大概1960年底，祖国在危难之中，没有远洋的船只，还租船接我们回国实属不易。我们刚回国的时候三辆解放牌卡车（一辆承载4吨）装着满满当当的物资财产，但回来后村里都是亲戚，很多人拿了线面、鸡蛋来拜访，我哥哥当时是村里的书记，为了充面子就把这些东西都送人了，送的对象主要是村里人，我们回国时村里都说来了个华侨，纷纷带着线面、鸡蛋来拜访，我哥哥管着带回来的这些物资权力很大，整整三天三夜都在回礼，就这样带回来的所有物资都被送人了，连我穿的皮鞋都送人了，最后我只好穿着从印尼带回来的拖鞋。回来时还带了两部自行车，其中一部是我专门在用的，主要用途是在武鸣华侨农场的时候从家骑到罗西学校去上学，但因为要回福清老家没有路费就把它卖掉了。我的姐姐那时才刚好18岁，因为实在太穷了，父母就拿了300元的聘礼把她嫁到福清隔壁镇了，我母亲说迫不得已像把她"卖掉了"。

我们回到福清老家以后，就看到两间房，用三合土造成的，上面有瓦片，我父亲都觉得很奇怪，总是寄钱回家乡给大妈，想不通为什么住这样破烂的房子，钱哪里去了没人知道。我们一家就住在这个房子里，我大妈他们另外租了一处地方住，两个住处离得很近，走路大概几分钟。回福清后的第一餐我们还吃线面，第二餐就吃米糠跟包菜的青叶了，再加点盐巴当调味，这样一餐就解决了，我们根本吃不下，想咽下去就卡在喉咙里，我母亲吃不下，也没有奶水，因而我最小的妹妹还在襁褓中就走了。我们一大家子回来后，我的大妈就经常哭骂我父亲没有良心，带了我们这一大家子回来。父亲在两个妻子之间左右为难，而且有一大帮孩子要养，生活条件又贫困寒酸，因而得了肺病。我弟弟当时帮着生产队放羊，放羊的钱给父亲治病，但只用了一周的药，人就过世了，当时是 1961 年 6 月。父亲重病到过世后亲戚们都没人来探望，我们没有钱买棺材，我就哭着到侨务局去要钱来补贴家里，至少要把父亲先埋葬了，侨务局一个姓魏的工作人员也懂印尼话，就告诉我，因我异母哥哥已经成家立业，得找哥哥要钱，我们将来读书或者做其他事情都由哥哥负责，但我哥哥说已经分家了根本不管我们的死活，于是侨务局算好给了我 80 元，我买棺材用去 75 元，租班车用去 3 元，剩下 2 元给了我母亲。我父亲过世后，我的异母哥哥带着会计拿着算盘来家里算账，还缺什么就卖掉家里的东西，还想卖我舅舅给我母亲的毛毯和父母结婚时父亲送给母亲的手摇缝纫机，想将这些东西卖掉办后事酒席，我母亲又悲又苦，抱着缝纫机直哭才没被拿走，我哥哥还把我们的包都拿走了，里面有我的证件之类的，所以现在我家里没有留存印尼带回来的东西了。办完后事以后，我哥又带着算盘来家里了，就开始算办完后事还缺多少钱，继续卖东西，他在村里是当书记的，算是老大，在家里也是老大，只能由他管理分配，我们从海外回来的被当作"番仔"（意思是南洋猪，只会吃不会做，什么都不懂的人），我跟我母亲也是一直哭，东西只好都让他拿走。我父亲的丧事办了三天，我、我弟弟妹妹和母亲也整整三天没有吃过东西，后来叔伯兄弟拿了五个地瓜片让我们煮了吃，之后我们到处借米煮来吃，后面有收成了才一点一点还给别人。

当时的年代连东西都没得吃，更别说读书了，所以我们就帮生产队放牛，一共是两头，主要职责就是喂牛以及看着牛让它不要吃稻谷，我弟弟则是放羊。我在第二年，大概 15 岁时就参加生产队的集体劳动了，要挑肥料、插秧种田等等，因此我 18 岁到农场时就是最强的一级劳力，可以挑两百斤的担子。那时候天天肚子饿，刚回国也不了解情况，只知道很苦。1961 年初到 1965 年，我都是在福清度过的。这期间侨务局都有到各个乡村去了解归侨的生活情况，看我们是否有参加劳动，并把钱给生产队，由生产队发给归侨，但看到我们贫穷的局面，侨务局也有些头痛，于是就问我们是否愿意到农场，以及愿不愿意到东阁华侨农场。我觉得东阁华侨农场太近了不想去，因此选择了较远的长龙华侨农场，心想再也不想回到福清家乡了，福清的住处卖掉也就两三万块，兄弟这么多个根本分不了，现在墙体都开裂了，变成异母哥哥在住了。

三

刚到长龙时是 11 月，我们被安排住在红卫工区。于是我们相同情况的各个家庭就被聚到一起，一帮人坐着班车到长龙，一路都是黄土。我当时已经 18 岁成年了，就帮着开荒种茶，弟弟还没到 18 岁所以可以继续读书，母亲也是劳动。1965

年，我是强劳力，要犁田、耙田、做农活等，每个月工资很低，只有三十块的工资。我 19 岁时当了生产队的队长，肚子能吃饱了干活就积极起来，后调到茶厂做管理，再被调到场部生产股，一直到 1978 年当了茶厂的副厂长，这一干就是七八年。1966 年 3 月，我偷偷跑回福清老家一次，因为当时有在老家劳动过记了工分，还有两百多块可拿。当时正值"文革"，我的异母哥哥带着众人在村里练兵，马上叫会计过来，说我父亲曾经还欠大队什么钱没有还，我说我哥哥讲明了分家剩下的东西他拿走卖掉这些就勾销了，但会计狡辩说我哥哥没钱，当时农场有人陪我同去，急忙让我把钱留下还债，不然恐怕我哥哥要叫人打我。

"文化大革命"我也经历了，当时局面比较乱，部队有一个排的人还驻扎在农场。我们家虽然是难侨，但也被当作资本家，为求自保都是小心翼翼的。厕所里经常有反动标语，是谁写的不清楚，所以很多人就会盘问，谁来过厕所等等。总之，气氛很紧张，但因为我是主管生产的，部队不敢轻易抓人，抓了就没办法促生产了。当时要跟反革命分子划清界限，很多人都被抓了关起来，有的老婆怀孕了还要逼迫她打胎。农场的人跟本地人不太一样，本地人都是贫下中农，他们受到的冲击不是很大。我们农场内有知识分子很会辩论，所以就比较激烈。一直到"文化大革命"结束后，我们清明节回了一次福清老家，我和我异母哥哥的关系才破冰，渐渐恢复往来。现在我哥哥的身体还很硬朗，每天都能够骑车到福清市里，路程大约有十多公里。70 年代那会儿，我们连江县的茶叶就是长龙最好，效益也好，生产队归农场管辖，喷药、采摘等工序都是农场下达，所以比较规范，品质也比较好，后来改成承包就有很多不规范的行为，品质也随之下降了。

我的爱人唐肖莲是柬埔寨归侨，1960 年柬埔寨打仗才回国到厦门集美侨校读书，之后"上山下乡"到长龙红卫工区，因为我的政治面貌是共青团员，比较先进，劳动又很积极，所以我爱人崇拜我，我们才谈起了恋爱。恋爱谈了两三年我们才结婚，因为当时比较提倡晚婚，所以我结婚的时候大概是 21 岁。结婚的时候什么都没有，也没有什么习俗，就只有一块床板、蚊帐、一床棉被，发几颗喜糖热闹一下。我和我爱人生育了两个女儿，现在都在福州。回国之后，很多人都偷跑出洋，也有很多人申请出境。如果是自己回来的还好说，但像我们这样一家子回来的比较不好走。我们搬到农场以后，大概在 2013 年，我的姨丈和舅舅、表哥还来福清找过我们，到家乡的地址，发现我们已经搬走，就让孙辈联系我福清的一个表舅，拿着我父亲的名字出来打听，刚好打听到我的异母哥哥，我哥哥就马上打电话让我去见他们，我飞快回到老家找我哥哥想一起去见远道而来的亲人，但他们已经回印尼了，只留下照片和电话，我回家以后马上拨通他们的电话，约好晚上七点让母亲跟他们打电话，就这样总算又恢复了联系，没有疫情之前，我的表妹也经常来长龙看望我。

我大概在 60 岁退休，当时应该是 2018 年，从开始干活到退休，我的工龄有 43 年，现在退休金有三千五百多。退休后我女儿不让我做工了，所以我就不工作了，我家楼下有一块菜地，我闲来无事就种种菜。疫情没开始之前我也经常回到印尼去探亲小住，我印尼的表弟送了我一些巴迪衫，我就拿来穿了，反正不穿也是坏掉，正宗的巴迪衫质量不错，花纹也好看精致一些，我回过印尼五六次，第一次回到印尼是 2000 年的时候，当时我母亲还在，我们一起回了茉莉芬市，我回去看时发现并没有什么变化，连我上学的新侨中小学都还在原地，我上学的路还是那副老样子，唯一不同的是它变成专门教授印尼课程的学校了。另外就是从雅加达到万隆开通了高铁，除此之外恐怕再也没有别的变化了。早几年还没有疫情的时候我回印尼还当了翻译，因为我的表妹在印尼的铁矿公司，他们水稻田下有很厚的铁矿，资源很丰富，我们中国的河北五矿公司在那边收购，我刚好去探亲，我表妹就急忙让我帮忙翻译。

虽然我们和我异母哥哥闹过这样多的不愉快，但我们的后代关系却很不错，我的侄儿对我女儿不错，他们堂兄妹感情很好。我很想回到广西那个农场看一看玩一玩，因为我在那里有很多同学，他们都对我很好。我在家的时候也有时候会跟女儿们说印尼话，她们也能听得懂一些。回来的时候有带回来一些印尼的习惯，比如印尼菜什么的，但我的女儿们都不学了，因为她们跟本地人交流比较多，而且都定居在福州了，我的口味还是比较偏向印尼的习惯，比如辣椒、咖喱等，但不会做印尼菜，因为做起来不正宗也没有调料，我们农场会做印尼菜的都年老了，会做的也不是很正宗。

范贤丰　口述

口述者简介：范贤丰，男，1970 年出生于越南广宁，祖籍广东，1979 年跟随父母回国，初二辍学帮衬家里，16 岁后进入社会工作，曾经到过厦门、福州、广州等地做过十几种工作，疫情开始前回到农场，现在在家里面种茶叶做农活。

时间：2022 年 8 月 14 日

地点：长龙华侨农场侨胞之家

采访者：郑一省、周妹仔、苏木兰、陈燕梅

华侨属性：越南归侨

南洋物：无

整理者：苏木兰

一

我叫范贤丰，1970 年出生于越南广宁，祖籍是广东，因为没回过老家，所以不清楚具体的地方。我们是 1979 年因为越南排华回国的，大概是第二批回来的，我回国时大约七岁半。我家一共有八个兄弟姐妹，我排行第六，五男三女都是在越南出生的。我家是曾祖父那时到越南，他有可能是因为战乱或者家庭困苦，但真实情况因为年代久远，父辈也不曾提起，所以我也不知道具体的情况。在越南时，我的父亲范光宁先是在工厂做一些工作，之后又开了一家修理自行车的店，但是因为太多人开这种店了，市场太小，这种生意也不好做，所以就接着断断续续地做了其他的工作。因为家里有很多的孩子，我的母亲就是在家里面照顾家庭。我的母亲也是华人，但是祖籍在哪里她并未对我提起过，所以我也并不清楚。

在我们回国的时候，我的大哥范贤龙已经是成年人，他跟着他的朋友出去闯，并不愿意跟随我们回国。我们回国后托人找关系寻找他的消息，才知道他在我们回国的第二年就已经跟着他的朋友去到了香港，后来又出国去了瑞士在钟表厂工作。后来他有假期的时候，曾经回过国探望家人。我的二姐范广妹在越南时已经结婚，排华时跟随姐夫一家回到广东之后，又跟着姐夫他们一家去往加拿大。三姐范金莲，回到长龙农场后，工作了几年，后来经人介绍和她现在的爱人认识结婚，后来就去了瑞士。四哥范贤平和我一样留在了长龙，而且在长龙工作了许多年。他前几年在福州买了房子，把户口迁去福州定居了。五哥范贤振也在福州打工，但他也是农场的职工。他的爱人是福建南平人，是经人介绍认识的，他现在有一个女儿。七弟范贤勇回国后，经过劳务朋友的介绍去了美国工作。八妹范金秋已经结婚了。

我和我的爱人是在福州打工的时候认识的，她是广西宁明人。我们大约是在 2001 年结的婚，那时候我们是自由恋爱，结婚的时候岳父岳母他们并没有提起要彩礼，那时候也比较困苦，也没有办酒席，就只是在县里的民政局领了结婚证。一

直到我的大儿子两岁的时候，我随她回到广西跟岳父岳母见了面。我现在有两个儿子，大儿子20岁，在读大专，小儿子10岁，在读小学。

我的父母都会说越南语，我也会说越南语，只是不会写越南字。我也会说广东白话和广西白话，我的大儿子和小儿子都不会说越南话，但是我的大儿子曾经想要学习越南语。好我有一个认识的朋友，他也是归侨，后来他到越南去留学，回国后在教书，他答应我帮我教我的儿子学习越南语，但是后来因为疫情我的儿子并没有能够去到广东学习。现在我和兄弟姐妹都保持有联系，偶尔会补贴我一点。父母还在世的时候，他们都回过农场看望父母。

我在越南一直生活到七岁多一点。那时候，我们都是住在村子里的，父亲的工作也并不稳定，我们住的地方也并不稳定，家里有时还会搬去其他的地方，父亲做一些其他的活计养活家里。当时我们会租别人的地，然后盖一个简单的房子住，遇到好心人就会不要租金。我印象深刻的是，因为排华有一次被地主赶走过，因为地主怕受到连累，我们就没有地方住。另一个印象深刻的是，我们在越南的生活并不算好，有一些艰苦。

二

我们是1979年回国的，我们是第二批回来的归侨，先是从越南坐火车回到广西凭祥，在凭祥住了大半年的时间，等待分配后来就直接坐客车到了长龙直到现在。当时有很多个农场可以选，因为有一些宣传的因素，我的父辈选择了长龙。父亲为人比较随和，对刚回国时的情况，也是既来之则安之的心态。父母回来的时候吃的还是大锅饭，集中的时候敲的还是轮毂，那时候并没有钟可以敲。实行承包到户的时候，生产队平分田地，按户划分，我的父亲分到了11亩左右的土地。当时我们还是属于难民的身份，联合国难民署还有一些补助会给我们。回来以后我也是在这里读的小学和初中，但是我初二就辍学帮衬家里做一点事情，也到处游玩，那时候也是因为年轻叛逆，也有不爱学习的原因。但是那时候并没有打过架，农场里面长大的越南归侨，都不曾打过架，只是偶尔与本地人有过争吵。

我16岁的时候就到厦门打工。当时厦门的城市建设并不到位，城市里面比较的脏乱差，环境很糟糕。我在工厂里面打杂两年，后因为年轻，喜欢到处走动，之后又回到福州。刚开始有老板让我做电焊的学徒，让我捡了十几天的焊尾之后，我感觉并不像在做学徒就离开了。之后在福州陆陆续续做了十几种工作。后来也曾经去过其他的地方打工，在疫情的前两年就去到广州。疫情开始前就回到了农场，现在在家里面种茶叶做农活。我19岁的时候，曾经回到农场帮父亲做一些农活。但那时农场办理职工，我是最后一批，轮到我的时候已经不办理职工了，所以我是属于灵活就业的，交的社保也是新农合。现在我们一家都是新农合，社保交起来大约一万。个人社保要交满15年，今年我已经交了第11年。我在农场里，主要是种茶叶，现在我有九亩土地的茶叶，但我只卖青叶，也就是采摘了之后就会直接卖给茶厂加工，主要是因为我的土地并不算多，再一个就是买机器花费很高。现在茶叶的价格上不去，春茶一天价格一变，赶时间雇人摘，一天一个人 200 块钱，有时候还雇不到人，所以我现在种茶的年收入 8 万到 9 万左右，只是保本而已，并没有赚什么钱，生活也不上不下的。但是只做茶叶的话，交社保和维持家用会很吃力，所以我一年中从 11 月份到来年的 2 月不收茶叶的时期，就会和妻子一起出去打工补贴家用。打工的地点并不固定，有时在广东、武汉，有时在福州，也有时候会有人介绍，具体是看哪个地方的工资比较高就会选择去哪里。政府也会给我们归侨一些方方面面的补贴和福利政策，比如我大儿子考试时有归侨子女减四分录取的政策。种植茶叶的地方交通不便，政府也会做好修路和水利等基础设施建设，每年都会有人慰问归侨的退休人员。

早几年的时候，农场划归地方，但是也没有想过农场的未来会不会是解散。因为我在外工作很多年，想得最多的就是照顾家庭，只要家庭和睦，生活比上不足比下有余就可以了。但是近几年我的生活效益还可以，就又觉得农场是不会解散的，农场是我们归侨的一个老基地，所以我也是不希望它走向解散。回到国内这么多年，我对当地人的印象还可以，我在外拼搏多年，也和他们蛮合得来的，矛盾大多聚焦在土地上，当地的农民以地为根，把土地看作生命，借用当地人的地做路，有损坏是需要修补的，但是当地人也在使用我们那时候开的路，所以也许这是当地人的一些缺点。

回国这么多年我没想过回到越南，只是老人家想要以旅游性质回去看看而已，没想过回去定居。

何深强　口述

口述者简介：何深强，男，1971年出生于越南广宁省横普县寸良寨懂马村（音译），祖籍广西防城港，于1978年6月排华中期跟随父母回到国内，回国时适龄入学，之后在农场读书，1992年6月，从福建华侨高级职业中学毕业，同年8月回到华侨农场工作，曾在财务科、茶厂任职，现任侨联主席。

时间：2022年8月13日

地点：长龙华侨农场侨胞之家

采访者：苏木兰、郑一省、周妹仔、陈燕梅

华侨属性：越南归侨

南洋物：无

整理者：苏木兰

一

我叫何深强，1971年出生于越南广宁省横普县寸良寨懂马村（音译），祖籍广西防城港，我有四个姐姐、两个弟弟。我于1978年6月排华中期跟随父母回到国内，当时只有七岁，于是跟最小的姐姐一起进入一年级读书。比较年长的三个姐姐则就读扫盲班。听我的母亲讲述，当时确有国界这种说法，但在民间的概念里两国之间的边界并不明显，也鲜有严厉的政策阻碍民众跨越边境，不像现在需要护照、签证等一系列手续，因而民众的进出是比较自由的。我父亲的爷爷为求生计，大概在清末时期去到越南。他开始在华人聚居区从事华文教育行业，因家中还有某位县令赠予的象牙筷，所以推测当时应该是秀才的身份。后来我爷爷在越南也做些小买卖，譬如越南村落之间或者国内跟越南的买卖贸易，具体经营情况我并不了解，但我们回国时在越南是有些产业的，因为越南的土地与国内不同，所以我们向越南人买了几十亩土地。在越南的住房也是自家建的，这些就是当时遗留在越南的产业了。爷爷共育有八个孩子，五男三女，我的父亲何喜源排行老二，在男丁中排行老大。

排华前，越南民间对华人的态度是比较友好的。华人的日常生活和生产生活与国内并无太大差别，随着1977年越南政府当局对华态度的变化，排华的苗头开始出现，越南政府发布了一些煽动性的言论，以此激发越南人和华人的矛盾。另外，排华还体现在越南政府对华人生产生活的制约上，譬如华人原先能够享受的一些政策上的分配逐步被取消，又或者华人在村落的贸易或经商不允许进行等等。到排华后期，越南政府则有入户等行为，经过越南政府这一系列排华政策，许多华人都选择回到国内，留在越南的基本是少数。比如我的舅舅最后就是留在越南了，他年轻时在越南是军官，排华时我们全家要回到国内有给他写信知会，但他没有收到，等到他获知排华信息回到家乡时，我们都已经回国了。当时越南对华政策比较高压，他怕被抓住，只好逃到山上住了三年，有个老人经常帮他送盐巴等生活必需品，最后把女儿嫁给他了，最后他也在越南终老。

回国时，越南边境有士兵把守，态度相对不好，有驱赶行为。大部分人跟我们一样，从友谊关进来，也不是一下子就返回国内，都是陆陆续续到友谊关，但友谊关太小了，不可能容纳几十万人，因此我们开始在友谊关边上比较大型的工厂待。像我们家就去了崇左，但也有人在回国中途停下试图返回越南的家，像我亲戚就又返回越南的家，但回去已经无济于事了，前脚我们离开越南，后脚家里就被越南政府贴上封条了，这些产业最后就充公了。后来，国内的七个省份就开始着手接侨工作，我们在去到各省华侨农场定居时，主要是听从家中父母或者族中带队人的意见。这位带队人相对比较年长，头脑灵活，对发展前景比较敏锐，而且对国内有一定的了解程度，知道国内大概哪个位置对发展比较好。回国的路程都是采用陆路交通，比如像我们来到福建，福建的领班会接了我们从越南带的东西，我们也坐火车来到福州（选择福建的归侨回国时都在福州集散），然后分配到福建的各县。福建各县的华侨农场在接侨时也同各省接侨一样，会介绍自己县的情况，由归侨们各自选择是否跟随该领班到该县定居。就我们这个家族来说，我爷爷是和老三、老四、老五一起先回国的。老二当时结婚了，回国的时间稍微靠后些，我父母带我们回国的时间则更晚一点。当时带的几乎都是生活用品，比如自行车、摩托车、木箱等。我父亲带的自行车是法国的，比较便携，别人家也有带，现在这些东西很多也都捐给农场的侨史馆了。回国后，我们想过在友谊关跟爷爷他们会合，但友谊关人太多了要会合很是困难。至于不一起回国的原因其实也简单，因为我父亲当时并不想走，在越南还有很多东西舍不得丢下，所以耽误了跟爷爷他们一起回国，因而我们就没有安排在同一个华侨农场。爷爷他们去了广东的华侨农场，二叔一家去了广西来宾华侨农场，我们则在父亲的带领下来到福建。父亲选择来到福建是因为当时跟着一个姓何的本家老头，当时这些领头的人一般都懂得一些中文，逃难的时候大家都选择抱团，就由他来决定去到哪个省份。当然如果意见相左，你也可以选择不听他的。当时大家对国内的情况都不熟悉，更多的是看地图，认为这里靠海，海鲜多，原先在越南时也是海洋性的生活习惯，另外就是福建对岸就是台湾，他们认为今后也许还能有机会偷渡出去，因此就来到福建。国内在接侨方面的工作做得很完善很全面，华侨农场承担了归侨的一切生产生活的需求，回到国内后国家进行了妥善的安置，可以有地方落脚，有食物供应，在国内生存是可以保证的。

我们跟印尼归侨的回国历程并不相似，印尼排华时，国内的应对还不充分，因而归侨的回国经历较为匆忙。而越南排华时，风声早已传到国内，国内对此做了充分准备。再有就是越南跟我国接壤，我们回国很简单，只需要用车把想带的东西拉到边境，政府就有专人来处理这些东西。回国的这些人也是一样的，以一个领头的人为标杆，政府派人把领头人带着的这些人带到各个地方的工厂。比如我们就是跟着这个姓何的老头，在政府的安排下，到崇左的工厂打地铺，住了大概一个月，有的人住了两个月。在崇左那边的工厂我们吃住都是由国家安排的，虽然条件艰苦，但是基本生活可以保障。

二

　　回国时我适龄入学一年级，就读于共产主义小学（现已被拆），就这样一直学习。到初中时，我念的学校是长龙中学。当时华侨农场内部有一整套完善的教育体系，可以供应我们上学、就医。在长龙念完初中以后，我又到福建华侨高级职业中学求学，因而我的学历是到中专。福建华侨高级职业中学是省侨办所创办的，位置就在省侨办办公的地方，专门培养做华侨工作的后备干部。这个学校的招生也只针对华侨农场的归侨和侨眷，当时我们的同学就是来自省内各华侨农场的学生，因此现在每个华侨农场都有我的同学。1992年6月，我从福建华侨高级职业中学毕业，同年8月，我回到华侨农场工作，因为我们是华侨农场送到学校培养的人才，所以我们在毕业以后也应该回到农场，为农场和归侨侨眷服务。我刚参加工作时是没有编制的，1997年华侨农场是事业单位性质，实行企业化管理，省侨办的人事处专门管理华侨农场在职职工的工资调整，真正有编制是从2014年开始。长龙华侨农场从福州市下放到连江县管辖时才有十个编制，在没编制之前，我们大家包括场长这个职位都是企业职工。

　　刚回到农场参加工作时，我是在财务科工作。当时财务科有十个人，分为农业会计、商业会计、机建会计，还有专门服务医院和学校的会计等等。这些会计分管各自的领域，当时农场还有实体经济，因而需要有这么多的会计来维持财务科的工作。财务科的科长于1993年退休，以前任命科长都是以经验来任命，有实践操作的优势但没有系统的知识理论的支撑，但我们这批人有过系统的学习。我是读会计专业的，因此我们一到财务科工作就承担起财务科的主持工作，包括汇编、结算、报表、项目预算等等。其他的会计不是正规的财务相关专业毕业的，他们只懂得用以前习惯的方式做财务工作，没有改变，因而财务整体的工作都是我在做。第一年每个月是120元的工资，第二年每个月是154元。省侨办对工资的构成是有管控的，根据农牧技工的等级定额核算。1995年左右，省侨办就不再管理工资构成了，变成华侨农场自己根据效益发放工资，但是到后期就没人管工资了。大体发放标准参照省侨办的管理，如果效益多点就多发放，效益少就少发一点。我在财务科做到1998年，之后就改为挂靠，后被派到茶厂。当时茶厂已经倒闭，茶叶没地方销售，变为全民股份经营，相当于把茶厂的股份集中起来，但华侨农场不参与经营。当时我被派做茶叶销售，主要销往浙江，更多的是走量，这个工作一直干到2008年。2009年华侨农场还是市侨办管辖，侨办给了我副场长的待遇，一直到2014年华侨农场下放到连江县管辖，就不再任命我为副场长，我转为在侨联做为侨服务的工作。这两年随着业务的增多，又加了一个工作人员陈炳文来侨联帮忙。

在这期间我没有过其他工作，仅有我弟弟在广西做生意的时候我参与投资了一点，但随着他做生意失败，这个投资也收回了。另外就是我爱人林正红做的茶厂这个生意，我也有些支持。她在 2015 年开始做茶厂，我主要负责茶叶加工这块，我在茶厂做销售的那十年积累了一些经验，对红茶、白茶、绿茶有一定的了解。

我和我爱人林正红是自由恋爱，于 1997 年结的婚。她是我回长龙参加工作后才认识的，当时我在财务科工作，她在雨衣厂上班。我们并不是同个管区的人，当时农场的归侨和侨眷还很多，也很热闹。我们周末会骑摩托在各个管区玩，因此有些接触。结婚的时候我们也有看八字这个说法，合适了就能选个日子结婚，也是叫一个懂这些传统习俗的师傅帮着看日子，如果八字不相合那么就需要师傅做些改动，或者当天需要什么人回避一下。刚回国时我们虽说不太习惯日常起居，但国家有安排分配所以也不是非常难适应。住房的话我们回来的时候已经建好了，包括棉被这类生活必需品也都安排好了。后期的劳动生产比如说采茶、耕作等等是拿工分的形式。饥饿这类的问题也不会有，因为当时华侨农场有国家专门的经费来保障饮食。当地人吃地瓜米的时候，我们都是吃大米饭。有食堂供应统一开放，如果生病了也有专门的车送到福州的医院帮忙看病。像我父亲当时生病就是农场安排看病，所以吃住的问题都不大。90 年代中期以前，长龙华侨农场跟当地人的生活是分得很开的，很少跟当地人有接触。华侨农场内部有一整套完整的系统，可以给归侨和侨眷提供医疗、教育等需求，因而我们到目前为止很少有会讲当地话的侨民。那个时候也少有通婚的现象，侨民一般都不选择在当地通婚，大概有 70%的女性选择嫁到香港或者国外，这就造成农场的男性没有配偶。很快到了 90 年代末期，这种没有配偶的情况持续下去是不行的，这些男性就找当地人通婚或者娶广西老家的女性，一直到这个时候我们才零星有侨民与当地人通婚。不通婚主要有两个原因，一是刚回国时，我们受国家照料，生活水平比当地人要好很多，因此我们华侨农场内部的侨民就有一种优越感，加上这些人大部分都没有想过会留在国内一辈子，所以这是内部因素导致鲜有通婚的原因。二是外部的因素，当时很多当地人都没想过我们会留在国内，怕我们又要到国外去，所以他们也不敢有通婚的意愿。一直到 2000 年以后，农场这些人住久了，大概不会再出去了，才渐渐跟当地人有通婚。上世纪 60 年代印尼归侨回国时，长龙设有三个工区，也有的地方叫作"作业区"，所有侨民被一一安排到各自的作业区耕作，也在各自的作业区生活，后来回国侨民数量增加，三个工区显然不足以支撑生产生活，侨民也慢慢开垦其他地方，逐步演变成十个工区。但随着社会的发展，很多归侨和侨眷离开农场，这些工区也有些已经没有人住了，我们就慢慢把剩下的这些侨民聚集到一起，到现在还剩 5 个工区是有住人的。

我于 1996 年 7 月入党，当时我已经在农场参加工作，想向组织靠拢，递交了入党申请书，组织也找过我谈话，因此顺利成为共产党员。平时在家，我家没有很强烈的宗教氛围，也没有设置神龛之类的宗教用品，但是我父亲家有神龛。过年过节时我们一般都是聚在父母亲家，在父母亲家开展祭拜等活动。至于农场内有宗教传统的家庭，虽然说生老病死也有一系列仪式，但随着社会的发展这些仪式是受到了简化。比如丧葬习俗里，我们需要请师公来做法事，以前需要持续三天，但现在简化为一天，这些做法事的师公团队在较大的华侨农场也是有的，比如东阁华侨农场，主要遵循广西的习俗。

住房方面大致可以分为三个时期，第一个时期是国内最开始接侨时建的房子。第二个时期是90年代省侨办在华侨农场推行的"造福工程"建的房子，省政府补贴八千每户。第三个时期是中央在2006年开始推行的全国华侨农场"侨居造福工程"，只有最后这个时期的房子才有拿到"两证"，其他的两个时期的房子产权属于农场，侨民只有居住权。大概在1989年或1990年时，华侨农场实行"房改"的政策，将房子的使用权卖给了侨民，但没有任何证明，因此到目前为止，华侨农场内只有111户人家是有证件的，还有两三百户是没有证件的，但现在很多社会化的问题跟房产证是挂钩的。比如上学或离婚等等，像农场归侨因性格不合想离婚，但离婚后户口没地方靠，一旦托在集体户口，就不算是农场归侨了。如果没有房产证，就很难解决这些问题。这些房子，个人也没有资格或者有多余的财力可以推掉重建。随着时间的流逝，农场在1986年建的两栋楼（每栋原计划三层，但人太多了增加了两层，一共五层），下面是毛石砌的，没有圈梁，台湾地震的时候晃得很厉害。经济比较宽裕的人搬出去了，留着住的都是比较没办法的，因为不可能推倒重建，并且大家的意愿也比较难协调。比如我想建，别人不一定愿意。我家住的是1999年省里推行"造福工程"时盖的房子，也是没有证件的，我们只能是一直住着，不能作为财产，因此我们在福州置办了一套房产，我小孩的户口就迁出去了。

保险方面，因为我是事业单位，我拿的是城镇职工保险，但是由于华侨农场有一段时间游离在体制之外，在进入体制内后我们也只能拿比较低档的保障，我的爱人交的是新农合。另外每年都要自行缴纳社保，但社保近几年也一直在涨，像去年就已经涨到八九千块了，农场内没有职工身份的都入了新农合，在保险这块农民什么待遇他们就是什么待遇，本来还享受不了这个待遇，但没办法，如果不缴纳新农合的话其他的什么居民保险费用很高，不是所有人都能买得起的。

理想情况下，我大概在2031年退休，目前没有设想过将来再做什么。如果农场还需要我的话肯定是会回到农场为侨办事。像我在这几年任职期间还是为侨民做了一些事情的。第一个是我牵头成立了一个"启祥基金会"，基金会的名字来源于万隆公始祖各支嗣孙的名序，这是由何祥文与其父何启松的字辈组成。基金成员有何祥文（越南归侨，已出资24万）、郭晓霞（侨眷）、王红（马来西亚侨眷）、黄德宁（越南归侨）、林永健（印尼侨眷）、郑友民（印尼归侨）、何祥胜（越南归侨）、何深强（越南归侨），基金会汇聚了从农场走出去的乡贤的力量和资金，这些乡贤本着造福乡梓的信念参与到公益事业中来，每位乡贤各出一点，如果不够的话由一位何姓乡贤作为兜底，由他来补缺，奖励人群涵盖考上大专及以上的新生代侨民，不拘于是否还在农场居住，凡是在农场安置过的，都可以给予奖励，这样可以为新生代侨民的求学路添砖加瓦。奖励金额安排是：考上大专的学生奖励两千元，考上专升本的学生奖励三千元，考上本科的学生奖励五千元，考上985或者211的学校给予八千元奖励，研究生及以上给予一万元的奖励。现在这个基金已经做到第四届了，户头上还有十一万多，今年估计要花六万元左右。这个基金我们每年都有做公示，收支都是银行流水非常透明。至于奖励的消息，一般是已离开农场的侨民可通过在场的侨民得知奖励的信息及颁奖事宜。而侨身份的确定上有两种渠道：一是农场档案；二是如果档案无法查找到，需要由农场的三位老人签字确认。获得奖励的学生需要到农场认领，如果没到农场认领，视为放弃，其目的是让获奖者引起他对侨的记忆，加强其对农场的认识或认可。第二个是我这么多年来我一直在做呼吁的工作，无论是省领导还是市领导或者来这里调研的老师学生，我都有在宣传长龙的发展，指出华侨农场存在的问题，现在华侨农场主要存在发展问题，发展问题的核心其实就是土地问题。侨民在这块土地上仅仅是安置，没有土地长期的经营权是比较不稳定的，又或者按照租赁的形式来使用土地也是行不通的。因为租赁毕竟有期限，很多人关心的问题在于前期投资大把钱下去，购买了价格高昂的设备，等到刚要创造收益时租赁日期已经到了，这就造成了经营的不稳定性。

随着改革进程的开展和乡村振兴的进程，华侨农场也遇到了一些发展和传承上的问题，2020年农场书记刘国香提议建一个侨史馆，保留住归侨和侨眷的历史记忆，得到了许多侨民的响应，也征集到许多老物件，现在也已建成。

何志传　口述

口述者简介：何志传，男，1945 年生于越南谅山省陆平县，从小学习中文，1962 年从谅山省中华中学初中毕业，在陆平县念越文高中，1966 年在谅山省邮电局参加工作，1978 年 6 月回国，1979 年正月参加对越自卫反击战，到军区司令部、俘管所担任翻译，1985 年成为中共正式党员，1989 年到 1993 年在农场担任宣传工作和保卫科工作，50 岁时内退，于 1994 年 3 月移交工作，到深圳一家无纺布公司打工，之后受外甥女的委托帮忙寻找货源，也被厦门紫金矿业公司聘任到越南当翻译。

时间：2022 年 8 月 15 日
地点：长龙华侨农场侨胞之家
采访者：苏木兰、郑一省、周妹仔、陈燕梅
华侨属性：越南归侨
南洋物：无
整理者：苏木兰

一

我叫何志传，1945 年 6 月 18 日在越南谅山省陆平县出生。我的父亲叫何作成，祖籍广东廉江。我的母亲叫曾土妹，也是华侨。我的祖辈去到越南，具体从事什么我不清楚。我的父亲在越南也开荒种地，也做点小买卖当小商贩。我从小学习中文，我身边百分之六七十都是华人，学校里面规定不能讲方言，只能讲普通话和越语，1962 年从谅山省中华中学初中毕业，在陆平县念越文高中。我少年时代就因踢足球小有名气了，都是小学的时候自己乱踢才有的技术，等到中学被选到省少年足球队，边训练边比赛，才比较规范，后到省青年队，17 岁时就被选到省代表队了。青年时期我比较活跃，华侨选我当华侨代表参加地方政府民兵活动，在陆平镇当团委书记，主要做政府文书的工作。后来 1966 年我申请参加工作，越南足球非常普及，谅山省邮电局看中我能踢球，于是我就到邮电局工作了。当时我的工作主要是搞外线，比较轻松，这个工作一直做到 1978 年 6 月回国。我的妻子郑细妹原名叫郑兰芳，农场统计名字的时候我在对越自卫反击战当翻译。她当时不会讲普通话，只会讲涯话，只懂得自己的小名音译叫作"细妹"于是登记错了。我和我爱人在越南是包办婚姻，但当时我是有初恋的，名叫颜艳才，我跟她谈了三年。她姐姐叫颜丽才，也很看得上我，但我母亲不同意，因为这个我的初恋做生意，我母亲就觉得她是投机倒把的，有些看不上她，觉得她不会做工，比较喜欢我现在的妻子会干农活。我当时才 20 岁，根本不想结婚，非常反对，家里一直催促结婚的事情。我都说让他们自己去结，一直到家里安排好结婚的事情亲戚朋友都来了，我还哭闹不同意，媒人和姐姐都做我的思想工作，第二天我迫不得已去接亲了。以前的越盾一百块能买很多东西，可以买六十斤肉、二十斤米和饼、酒等等都能买到，结婚的时候就买这些东西。

二

1978 年 6 月从越南回到宁明，待了一个月。宁明也有华侨农场，但我不想待在广西。我的朋友当时在爱店派出所，我和首长等上级都有来往。他告诉我，可以帮我安排调到县里工作，但那时刚好他到省里开会去了。难民营的站长天天给我们这些人做思想工作，叫我们离开，我实在受不了就走了。我一直想等首长朋友安排工作，但实在等不了了。起初我登记到漳州丰田华侨农场，但我们那批人不跟着我。准备装车上路时，有个姓黄的归侨是凭祥到崇左登记到福建的，说还是去长龙吧，长龙是种茶的地方有柴烧，去丰田就种水稻了，于是我就改到长龙。从宁明转登记到长龙，坐汽车到火车站，接着坐火车到福州，7 月份到福建，刚来的时候看到在山沟沟。心想：完了来劳改了。来了以后，革委会开始倡议征召懂越语会越文的人去对越自卫反击战当翻译，农场有十几个人报名，最后筛选留下了十个，现在健在的包括我、郑成兰、周益生、梁建发，条件是会讲越语和普通话就可以了。我当时 34 岁也在名单内。我们在 1979 年正月初五就出发坐火车去昆明，坐了两天两夜的火车，到昆明军区以后就直接送我们到昆明部队的五七干校，去到这个五七干校坐车要两天两夜。去了以后有考核，上级拿了一张报纸让我们翻译，然后打分，分优秀、良好、差几个等级，我拿的是"优秀"。我们到那边以后要训练也要听讲形势政策，训练的内容是拿枪射击等等，但我在越南当过民兵，这些我早就已经会了。2 月 17 日，部队首长讲话，说我们边防部队前线对越南开炮，我们大家都很激动，我们就慢慢被安排到各个具体的岗位，我就回到昆明军区司令部工作当翻译，写翻译材料，每天的战况都有通报，内容需要保密。在这个岗位做了两个月，我就被调到曲靖第四俘管所。这个俘管所专门拘留越南军官，但我在这个地方待了一个月都没有遇到一个越南军官。再过一个月我又被调到一个羊街（Yangjie）临时俘管所待了两三个月，这里就关了很多俘虏，每天就是翻译口供。后面战争结束，我们撤兵了，俘虏也交还完了，我们可以选择回到农场也可以选择留在云南服兵役，但我年纪已经比较大了，又有家庭孩子，就没有留下服役。回来以后，领导也夸奖我们是有功劳的，我们的待遇跟正常服役退役的军人一样，现在主管退伍事宜的部门说我们不是退伍军人，我多少也有点失望。

从对越自卫反击战回来以后，农场安排我当电工。我当了四年，后面领导安排我到漳州市的党校培训，参加培训的基本都是农场书记委员等等，都是党员身份，但当时我的身份还不是党员，结束后回到农场我就干的宣传的工作。在农场我先到炉峰工区当排长，当时的排长共有三个，一个总负责，一个负责生产，一个负责生活，我是管理生活这块的。在那里我有些威信，因为有文化也会讲话。当时我们工区是最热闹的，因为我们这帮人大多是越南城市里回国的，文化水平比较高，也比较懂得放松玩耍。回国后我们也经常组织打球等活动，没有足球场我们就打篮球，或者在篮球场练足球。1980年我们农场还归属宁德管辖，宁德组织青年足球比赛，我带我们农场也参加，但没有获得名次。当时宁德地区注意到我踢球比较规范，就选拔我参加省比赛踢后卫，当时我已经36岁了，教练可惜我年龄大了，不然还能推荐我到省队再踢几年。回农场以后，农场小学的校长让我当小学生足球队的教练，我当电工太忙了就给拒绝了。那一年的比赛成绩很不好，学生还打架，第二年校长又来找我当教练，跟农场打过招呼，因此我就帮着操练学生的足球比赛。宁德下辖的很多学校都有校队，一共八个队分组比赛，第一场我们对阵东湖塘，他们太轻敌了因此我们3比0胜利了，他们教练猛摇头。其他队伍我们也一一胜过，拿了小组第一，东湖塘在他们小组也是第一。我们在决赛对上了也放出风声要报仇，上半场没几分钟我们先拿下一分，下半场他们中场吊球，我让守门员接下，但前锋有些胆怯了，所以1比1平局，没有加时赛，最后我们也是第一，上面通知下来让我们练球去省里参加比赛。1982年福建省向阳小学足球赛一共十个队，一个地区一队，我们代表宁德参加比赛，采用循环赛的形式，第一场对上南平队，我部署队员最起码保平绝不能输，就这样一直比，战绩不是胜就是平，我们拿到了全省比赛第一名，总分第二名，总分第一名是常山的足球队，当时我们农场没有场地可以训练，能够拿到这样的名次已经很好了。比赛结束以后我们在连江县城下了馆子，农场派车去接我们回来，校长非常满意。我每场比赛都会部署战术，也跟学生一再强调输球不能输人，我们输在战术或者策略都没关系还可以练，但千万不要输不起搞打架那一套。后面农场的小学生足球队也到福州比赛，我没有带队了，但在之前训练的基础上名次也都不错。福建17个华侨农场都有自己的足球队，1982年的时候省里还举办过"侨谊杯"足球赛，很多老归侨都有参加。

1984年我写入党申请书申请入党，1985年转为正式党员。1989年农场安排我干宣传工作，当时的工作主要是秘密地拿文件来学习、宣传，再后来就调我到保卫科当科长，一直干到1993年左右，侨办通知50岁就可以内退了。我当时在农场一个月才一百多，想着能多挣一点钱，就于1994年3月移交工作，到深圳一家无纺布公司打工。这家公司是香港老板投资的，我在那边一个月七百多，还包吃住。刚开始我在公司当干事，试用期两年，但还没到两年老板就升我为主任了。在这个公司工作了五年，我就辞职回农场了，辞职的时候老板很惋惜，以为我爱人自己在家不方便，让我爱人也来定居。

其实我从无纺布公司辞职的原因是想去越南，我广西的外甥让我去温州眼镜公司，专门做对越出口的业务，在这个公司干了一年我就没再做了，因为有些无聊。后来我外甥让我回到福建帮他找货源，当时都是用传真的方式，让老板帮忙配货，具体数量多少就是我外甥去谈，因为我是舅舅不可能赚他的差价。后面厦门紫金矿业找到省侨办，需要找一个有基层干部经验懂越文的，我有个朋友原来在农场当财会，后来到侨联工作，跟这个矿业公司有业务对接，朋友打电话问我身体情况怎么样能不能胜任愿不愿意出差，我告诉他身体状况比他好，但家里有两个孙子还小，我爱人可能顾不过来。又跟连江环卫所工作的儿子商量，把孙子接回去，我一个月补贴他五百。他原本是因为生活紧张，才把孙子托管给我们，但我反而拿钱补贴他养孙子，并且我当时外表看起来还很硬朗，不像 64 岁的人。就这样我进入这家公司，让我回家收拾一下，隔一天安排我飞到昆明跟公司的总工程师一起到越南。我们从昆明又到麻栗坡，因为麻栗坡有分公司的人送我们到越南宣光省，后又把我们送到越南中南部的富安省。因为公司要开金矿，在开矿的地方待了 4 年。公司花费了七百多万，这个金矿也没有开采成功，因为这是金矿，越南政府以环评等理由拒绝让我们开采，且拿走我们所有的环评资料，于是我又回到宣光省的铁矿公司工作了 2 年后回国，当时翻译的工资并不高，一个月三千块左右，2011 年底我就不再做这个工作，回国了。

回国后，我每年都有回到越南去探亲上坟，但这几年疫情没办法去了。我曾经也想过要跑去香港，但舅舅年老残疾，我们没办法走，1981 年舅舅去世了。我有一个姐姐名叫何土妹，今年 88 岁了，在越南已有家庭，我的姐夫在陆平县担任交通局局长，他们生育了七女一男，因此排华时她并没有回来，战争开始的时候姐姐带着女儿躲在草丛里，遇到解放军，等到战争结束了跟着国家的部队一起回到国内，住在宁明海晏华侨农场，但住不习惯转而到宁明县城做点生意，现在定居在南宁青秀山，因为我的外甥们在南宁置业。我的大外甥吴毓金有文化，开始时在宁明罐头厂工作，后随着她母亲做边贸，后来又搞发电机生意，让我帮忙在福安电机厂找货源，十几年前去了美国，建了别墅在青秀山。另外两个外甥女也都出国了，其他外甥分别在翡翠园和南湖都有置业。我在战争结束后到宁明探望过我姐姐，我的首长朋友知道了也开车来看我，大骂我为什么不等他回来安排我去对外广播站工作，我就告诉他难民营的站长总是动员，这也是他们的职责所在。我爱人在农场的雨衣厂工作，因为她不识字，所以她的主要职责是验收。她一个月几十块的工资到 40 岁退休的时候大概有百来块，现在她的退休金是两千八百块，我的退休金是两千九百块。

三

我和我爱人生育了三男一女，他们都是归侨，大儿子叫何保，1967 年出生，回来时 11 岁。女儿叫何献梅，回国时 9 岁。二儿子叫何勇，回国时 7 岁。三儿子叫何康，回国时 4 岁。回国时全家六口人，从爱店口岸上岸。回国后，我调到办公室，何保接任我电工的工作，但后来改革开放以后电工组解散了，电站归地方管辖，他就失业了，农场就保留职工让他自谋职业，他的妻子是我结拜兄弟的女儿，安置在宁德东湖塘华侨农场的，现在他们一家在宁德。东湖塘华侨农场的条件比我们长龙好很多，他们另外设立了华侨新村，环境很不错，何保就在这里打临时工，关系还是放在长龙，每年交九千多的社保。老二何献梅在香港，因为在深圳打工时认识了香港人，于是嫁到香港了。老三何勇自谋职业，在福州华润公司做合同工，负责修理工作，现在儿子已经上了大学。老四何康于1992年入伍，后在县里环卫所开环卫车，跟他同批的士兵有后台的都安排了好一点的单位，剩下包括何康在内的二十几个小伙子就被安排去当环卫。街上有些无赖还讽刺他们当兵有什么用，何康他们一气之下就跟混混打了群架，后来上级就安排他们去开车。我们在家都讲普通话，原先我爱人是讲涯话。我和我母亲、舅舅都讲白话，她如果不学白话或普通话那我母亲和舅舅都听不懂，所以慢慢地她也学了白话，家里也更多地使用普通话，才能都听得懂。

2007年中央下发了文件要对部分参战退役人员进行核查认定、数据统计，做好在农村的和城镇无工作单位且生活困难的参战退役人员生活补助发放工作。我们这些参加对越自卫反击战的人里面很多都有参加后勤、翻译等，但都没有获得核定，也就享受不到什么补贴，这一点比较让人伤心。当年县民政局在我们参战身份界定认定时，我们都有提供参战证明（部队对个人的参战鉴定书，这些个人档案都有记载），给我们填表、申报审查，最后批给我们能够享受参战待遇，美誉标准100元。我们非常高兴，党和人民不会忘记我们这些人。一直到2019年10月退伍军人服务局突然叫停我们的待遇，我们去请问，他们都说我们没有退伍证不算，这样就否定了我们参战的身份资格，我们非常痛心，认为我们是被骗去参战的，很不理解这种事情的出现。

我们农场在改革开放以后变化太大了，以前条件很好，效益也好，是县里的创汇大户，后来就走了下坡路了，未来肯定就是归地方管了，我们现在就像政府的"包袱"，上级重视一点我们就好过些，上级不重视的话我们只好是认命。

江武民　口述

口述者简介：江武民，男，大概 1952 年出生于印尼，祖籍福建福清，回国前在印尼清华小学读到四年级，1960 年跟随父母回国，1964 年到福州读书，参加工作后在连江县广播站当播音员直到 1979 年结婚后，调到长龙广播电视站工作直到退休。

时间：2022 年 8 月 15 日

地点：长龙华侨农场侨胞之家

采访者：陈燕梅、郑一省、苏木兰、周妹仔

华侨属性：印度尼西亚归侨

南洋物：无

整理者：苏木兰

一

我叫江武民，祖籍福清，在印尼出生，今年 70 岁，家中排行第五。父亲在越洋前，家里有童养媳，他们之间养了一男一女。后来父亲从福清独自越洋到了印尼，在三宝垄结识了我母亲。我母亲是印尼人，两人就在印尼结婚。那时父亲在印尼做点小生意，养家糊口。因为出生时，父母亲没有很准确地告知我们具体的出生年月，依据大姐的说法，就按照姐姐的年龄往前推两岁，大姐今年 84 岁左右，我大概是 70 岁。父亲在 1974 年逝世。直到现在，我们还会问大姐，到底父亲会不会写字，在印尼具体是做些什么的，大姐也不甚清楚，只清楚是做些小生意。我们一家七口，1960 年一起回国到福清。在福清，我们小孩子之间有时候都是讲的家乡话，1965 年就搬过来农场。在这里就没有听过闽南话，所以基本上闽南话只能听懂几句，并不太熟悉。印尼话也不会说了，只有母亲在家里会说些印尼话。以前虽然有搞乐队的，但更多接触的是乐谱，很多词都不会唱。对于很多印尼歌曲，也只是识谱不识词，很多都不会唱。只有在印尼，会跟家里人讲一些简单常用的印尼话。而且随时间推移，很多以前的印尼话都发生了改变，少了很多以前不斯文的表述，变得柔和许多。所以真正的印尼话已经不会讲了。就像普通话一样，虽然国人都会讲普通话，但真正跟北京人用普通话沟通起来，还是有困难。大家讲的词不一样，语音语调也不一样，有时也很难听懂。

家里一共有 7 个兄弟姐妹，大姐江兰妹，在印尼，出生年月不详，今年大致 84 岁。二姐江金妹，1962 年跟福州人姐夫结婚，当时姐夫还在福州开车，二姐跟姐夫如何相识我并不清楚，只记得那个时候每天都会带果糖给我们吃，当时母亲说姐姐有了男朋友，我才明白为什么会有果糖吃。现在二姐在香港，1979 年时农场大开放，二姐便跟随姐夫一起去香港。三哥江良，已过世，生前在澳门。1979 年农场大开放后申请去澳门。当时小弟也申请了去澳门，通行证也批了，大哥便从澳门打电话过来说，就算通行证批了也不要过来，他现在正在睡公园，一眼望去，都是荒野，还没有建设起来，都是水稻田。所以大哥当时工作在哪里，家在哪里，我都不清楚，只知道当时大哥生活很苦。过渡时期时，大哥曾做过洗衣工，洗牛仔裤的。后来很长一段时间，大哥都在酒店从事翻译工作。因为大哥很勤奋，非常认真学习英文，后来被一个酒店老板看中了，就把他招聘到酒店里当翻译，同时因为大哥开朗的性格，在酒店圣诞节的时候会帮着举办一些圣诞活动。四姐江月娘，原来在农场供销社工作，后来从农场跟姐夫一起搬去广东，有两三个小孩。以前我经常去广东看望四姐，但广东太热，渐渐就去得少了。我在家中排行第五。小弟是江武昌，原先搞农业，种植茶山，现在在建红工区。小妹江美兰，目前在香港打工。

我爱人潘厚壁在长龙做幼师直至退休，她是缅甸归侨，我跟她差7岁左右。我第一次遇到她时，我才十七八岁，正在连江。那时我看到有个小女孩自己孤身一人在路上走着，我一眼就认出她是农场里的小孩。因为当时小学有出节目，经常到各个生产队去演出，我看她跳舞蛮好的，渐渐也就认识了这个女孩子。她当时也认识我，知道我是谁的弟弟。我看她一个小女孩独自在路上走着，询问后才得知她从长龙走路来连江要去找父亲。我看她孤身一人，便带她去菜馆，请她吃了份饭和荔枝肉，饭后便托长龙拖拉机师傅将她送回家去。她回家后将当天的起因经过都告诉了她爸爸。若干年后，我与爱人再一次相遇。当时她在农场里捡茶叶，下班后跟她同坐一辆解放牌的车。当时大家都没有椅子，她就站在我的旁边。那时我还没有结婚对象，虽然也有人介绍，但我都拒绝了。哥哥看我还单身便有点着急，我就跟哥哥指了指她，告诉哥哥：如果是这个人的话，我会满意。后来便托嫂嫂去联系我爱人的父母说亲。直到后来我才知道，原来当年帮助过的小女孩就是她。爱人还记得我，也记得当年的事，曾调侃说：如果知道是你，我就不跟你了。有时我也会和爱人开玩笑，如果当时没有站在我旁边，离我远一点，我可能就看不到你。后来跟爱人生了一个男孩，目前在福州从事修理电脑的工作。我岳父潘霖，在缅甸是侨领，文化程度比较高，缅甸华侨有什么事情都会找他，所以他手头上有很多文件与档案，也能经手一些国内的事。国家也知道我岳父在缅甸为华侨做的很多好事，所以归国时，原计划将我岳父一家安排在福州。紧接着"文革"开始，很多领导被批斗，这件事就没有人再接手。后来便让我岳父在长龙华侨农场暂居，时间久了，也就定居在农场。在农场时，归侨与本地人发生冲突，我岳父都会出面调解。岳父有多个小孩，美国一个，澳门三个，台湾一个，我爱人在家中排行第三。

二

回国前，我在华侨办的印尼清华小学读书，那时在读四年级，学的中文，但我印尼文的成绩也不错。在印尼时，父亲总在家里墙上挂一顶白帽子和一根棍子。小时候太调皮，棍子是用来教育我们几个子女的。父亲每一天吃完饭后便戴起帽子，骑上脚踏车出门，直到晚上才回来。有一天我还在上课，突然有个人来通知我赶快到校门口去合影，我看见父母亲、兄弟姐妹都在校门口，还摆着凳子，才得知原来是要拍全家照。当时才 9 岁，很多事并不清楚，拍全家照做什么也不知道，每天看着父亲钉木头、钉箱子也不明白是在做什么，甚至连那晚要离家去大姐家过夜，也不知道什么原因，第二天市政府会安排我们离开也不知道。直到后来才明白，原来我们是要回国了。回国的行李装箱邮寄（当时从印尼回来带了一个箱子，但现在已经遗失，里头放了些饼干，我总会跑去偷吃，还有 6 张褥子），我们则从印尼雅加达港口上船，坐了 7 天，在香港上岸。然后换承小船到对岸。到了对岸以后没有专车，便在香港沿着铁路走到深圳。当时还是小孩子，只觉得好玩，不知道走了多少天。到深圳以后，就去了广州三元里华侨旅社，在那里住了 20 多天。按国家安排，我们这一批人原先是要安排到海南岛去，但是很多老人都在抗议，大家都想回到自己家乡。最后要回家乡的人做了登记，大约一列车的人。我们离开广州后，就到厦门住了 10 天。后来又去了福清县，在福清县城的一个旅馆住了十几二十天，最后才落脚到自己的家乡。回到家乡以后的生活就比较辛苦了，不堪设想。当时我十分不解，便问父亲为何要带我们来这么远的地方。1960 年 6 月发大水，当时家乡有一条小溪，我们没法蹚河过去，后来就绕了一个小山包。绕过去以后，发现没有房子。后来家乡的人说房子早在 40 年代被台风夷为平地了，没有家了。后来遇到一个亲戚，那个亲戚认识我父亲，便问我父亲怎么会选择在这个时候回来，现在家里苦得很，我父亲也无言以对。后来亲戚知道我们还没吃饭，就招呼我们一起回去吃。我们回到家乡的第一顿饭是包菜配饭，三分之二的包菜，只有一点点是米饭。当时连晚上住哪里都不知道，最后还是亲戚可怜我们，腾出一两间房间给我们住，后来就一直住在亲戚家中，一住就是五年。回到家乡后，非常尴尬，因为跟家乡人只能讲国语、讲普通话，总觉得十分别扭。当时家乡人很多都没有文化，家里的亲戚都已年迈，跟他们用普通话很难交流。所以我想回家乡，又怕回家乡，就是因为家乡话不会说。

  我还算幸运，大概 1964 年的时候就到福州去念书。后来跟着生产队，偶尔帮着采些茶叶，但因为我们不会劳动，口粮总是被扣押下来。当时发口粮发的是稻谷，根据人口数量、你的收入以及是否有上缴等等来决定发多少稻谷。因为不会劳动，只能眼巴巴地看着别人发口粮。即使回到家乡，很多人也没有把我们当成是一家人。当时家里小孩子多，我父亲是家里唯一的顶梁柱，有时口粮发不出来，我父亲就跑当地侨联去诉苦寻求帮助。侨联便会拨款到宣传队，宣传队得到拨款后，才会把口粮发给我们。年年如此，侨联也烦了，便提议让我们到长龙华侨农场去，由国家统一管理。当时政府考虑到说分散的归侨众多，不好管理（几千名归侨分散在福清的各个县市），便成立了华侨农场，由国家统一管理归侨，有什么事可以就地解决。同时侨联也表明如果实在不愿意去农场，就给我们盖一间房子。当时拉了一板车木头回来，却没有地可以盖房子。这之间的困难太多了，就还是决定到长龙华侨农场去。

　　一开始我父亲不愿意到华侨农场，我很生气，一开始骗我们回国，现在国家安排到华侨农场去，他又不愿意。最后经过我们劝说，才最终同意。话虽这么说，但我也清楚回国以后遇到的这些困难，没有办法全部去指责父亲，父亲也只是听上头的安排。如果一直不回国，在印尼也危险，当时的政府军队杀了不少人。有些印尼人来这以后语言不通，生活也不习惯，便跑到印尼大使馆去，要求回到印尼。当时我妈妈原本也要去大使馆申请，最后却不了了之，具体原因也不清楚。后来我们就服从国家分配。

　　在1965年6月，我们就从福清搬到长龙华侨农场。搬到华侨农场时，我还在福州念书，我姐夫还在开车。他会带我去农场看望父母。姐夫卸完货以后，便从小公路上一直开，山上两边都是芦苇，我当时在疑惑怎么会安排在这样的地方。后来车到长龙有一个人来接待我们，我告诉他来这里的目的，他便告诉我们这里刚刚好有知青在开会，那些知青正好就住在我父母住的那个地方，等会开完以后便叫人给我们带路。等知青会开完了，便跟着我们的车，一起去找我父母。当时我家人住在红卫工区，一家七口人，还有我姐夫，都挤在一间房间里头，就像沙丁鱼一样穿插着住。而且当时也没有工资，总体来说觉得特别糟糕。但父亲是一个家乡观念很强的人。当时兄弟姐妹之间也没有多的钱给他，他只能靠自己手艺，去割芦苇草做成扫把，然后拿到供销社去卖，赚的钱就用作回家乡的路费，家乡的人也很欢迎他回去。母亲在农场也讲的印尼话，她信仰基督教，总是在门口角落里坐着用手抓饭吃。她非常善良，刚刚回国时，她有去做工做绳子。每次礼拜六都会叫我过去她工厂那边吃干饭。她是个很会吃辣的人，印象中母亲没有做过印尼菜。她每天都会磨些辣椒，然后加入红糖盐巴一起，将生地瓜切片蘸来吃。母亲不喝咖啡，但父亲会喝。母亲是在1978年去世，差不多50多岁。那一次我正好跟朋友出去玩，途中接到母亲逝世的消息。

　　在福州念书时，初中还没毕业，"文化大革命"就来了。当时我在福州念书，虽然一家人都在农场，但是我还有回到家乡去，在家乡玩了一个月，我姐夫便把我接回福州。我刚到福州的时候，福州所有的百货商店都刷上了红色油漆，中央《关于无产阶级文化大革命的决定》十六条下发了以后，就开始造反游行，从此以后我便没有再上课，跟着他们在社会上搞"文化大革命"，斗老师、抄家之类的都有做过。于我而言，"文化大革命"给了我很多启发，在很多方面也培养了自己的爱好，比如拉手风琴。"文化大革命"时，经常去街头上演出，宣传毛泽东思想，手风琴一背，就出去演出了。后来就去卖战报，那个更有意思。当时各个造反派都有自己的报纸。比如说，福建有两大"文革"组织，一个是革命造反组织总司令部（简称"革造会"），另外一个是"八二九"革命造反组织。这是当时两个最大的组织，底下有很多分部，当时每个人都面临着倾向于哪个组织的选择。这两个组织都会出自己的报纸，类似于《革命造反组织战报》《八二九战报》。他们每个星期一都会出版一张报纸，我们就拿着他们的报纸到处散发，当时我更倾向于"八二九"革命造反组织，相对应的也就卖他们家的报纸。在侨史馆有一张我戴着军帽的照片，背一个小挎包，那就是我卖战报时的样子。我卖过战报，也武斗过，去丢石头，有时三更半夜跑到福州交界处，听说有敌情，让我们赶快走。当时我姐夫在运输部门，车辆对他来说十分方便。一听说有敌情，我们马上坐上车就直接出发了。当时我住的地方一共有四个小学生战斗小组，"八二九"派、革命造反组织总司令部、工人造反总部，还有一个忘了，每一天都斗来斗去。那时福州有一个华侨大厦，"八二九"总部被其对手直接用炮弹进行轰炸，炸出了一个大洞，我还钻了进去。当时整个华侨大厦都瘫痪了，也没法接待人。那个时候我在农场跟外地学生组成小学生战斗小组，一共七个人。我们几个还比较老实，也不站队，只号召大家应该联合团结，而不是互相争斗。偶尔也会去搜家。"文革"期间，一切都乌烟瘴气的。从厦门集美那过来了80多个知青到农场，后来他们内部出了问题，就开始闹派性，互相贴大字报。有的人在总部有关系，还把枪带回来，把车开回来等等，搞得一团糟。"文革"期间每天杀来杀去，最后在批斗的时候也很惨。真正惨的时候，是在1970年或1971年的时候，有部队进驻这里，部队会派人调查了解，当时抓了很多人，我姐夫在单位被打成反革命。父亲"文革"时并没有参加任何活动，每天都只背着一把镰刀到山上去割芦苇。当时父母年龄也都比较大，所以并没有受到"文革"的冲击。到后期"文化大革命"慢慢淡化，在1969年1月份时，我便回到了长龙华侨农场，在农场劳动了两年。

在农场时的生活虽然辛苦，但在红卫工区有一点好的地方是，当时有知识青年刚从厦门过来插队，他们带来的文化生活非常丰富，如果没有他们，在这里的生活就跟监狱差不多。当时知青们在农场成立了一个轻骑兵，男男女女80多人，都是厦门集美侨校过来的，他们每天晚上都围着篝火唱歌跳舞。后来有一个女知青，从事幼师职业，会拉手风琴。当时我看她拉手风琴的样子，觉得特别新奇，我便想向她借拉一下。一开始那位女知青不愿意，后来她向我提出要求，让我帮她照看小孩，才愿意将手风琴借给我。我每次帮她照看那些幼儿园的小孩，就才有机会拉她的手风琴。当时条件有限，有时看她手风琴就在宿舍里，没人时也会偷偷跑过去拉。长此以往，也就渐渐学会了手风琴。学会手风琴以后，会跟着农场一起到少数民族（畲族）去教他们唱样板戏，《红灯记》《智取威虎山》等等，他们在唱戏，我则在一旁拉着手风琴伴奏。当时的我手风琴只能拉伴奏，独奏对我来说难度太高，需要五个手指头都用。当时我们很多节目都是歌舞类，可是大家不会编曲，我就找来一个会编曲的人，我帮他养猪，他帮我编曲。当时我为了一个节目，帮他养猪养了五天。兴趣是第一老师，因为有兴趣，所以我做什么都愿意，也愿意学，当时我在轻骑兵里也是一个活跃分子。

后来我们在县城表演的时候，连江县文艺宣传队的人发现我，觉得我手风琴拉得不错。有一次我演出的时候，连江县文艺宣传队的人找到我，想让我演出结束以后不要回家，留下来跟他们一起演出。当时我觉得十分莫名其妙，我也不认识他们，一开始本想拒绝他们的邀约，但那人"诱惑"我去看了他们新买的东方红牌手风琴，那手风琴十分漂亮，虽然有点心动，但始终没做好跟他们演出的思想准备。他们也看出了我的顾虑，便表明会打个电话告知我的父母。后来，我便答应了他们，那个晚上跟着他们一起去演出。当时有点感冒，都是戴着口罩演出。他们却要求说不可以戴口罩，于是我就把口罩摘下来。演出结束第二天我就回去了，听到很多小伙伴在议论，认为我要是被调走了，这里的手风琴没有人拉了，以后就惨了。当时我左听一句右听一句，觉得大家说的也有道理，如果自己离开了，这里的手风琴就没有人拉了。而且我也更喜欢和农场的轻骑兵们在一起，所以后来我便拒绝了那个团体的邀约。后来我才知道他们应该是专业团体，专门收一批小孩子，而当时我也被选中了。

那时的我特别喜欢播音，因为在"文革"时期经常听中央发表社论，其中那个播音员所展示出来的气魄，十分吸引我。同时我希望可以通过播音学到一点播音知识，提高自己的汉语水平。当时我姐夫在乡镇办的广播电视站工作，负责转播县广播站的节目。那一天正好站长到我姐夫那了解工作，我姐夫知道我喜欢播音，便让我去找站长。当时我年龄还小，20 岁左右，独自找站长心里还是很紧张，但实在是喜欢播音，所以还是鼓足勇气去了。我告诉站长我想当播音员，站长说前几天刚招了一批，都是搞外线的，需要爬杆的。但是我不会爬杆，只懂一点播音。站长看我喜欢播音，便告诉我可能会招收两个播音员，一男一女，如果有机会的话，会打电话通知我。不久之后，有人扛着一台录音机，到全县转了一圈，说要招收播音员。于是我便去报名考试，当时报名登记的人很多。我报名以后，有电话打到我们场部来找我，让我第二天过去一趟。到那以后，站长站在那边，也没多说，只让我试播了两三天。当时领导听完我的播音后，觉得虽然有不足的地方，但可以慢慢提高。当时播了一个多月没有消息，心里有些担忧，便跑到站长家里去，希望能得到答案。站长部队出身，人非常爽快，直截了当地告诉我最重要的是看领导的处理方式。如果任人唯亲，那我就没有机会，如果任人唯贤，我就可以录取。后来就在广播站做了八九年。当时连江县广播站自办许多栏目，对民兵广播、对工人广播、对军人广播等等，同时也负责各个乡镇的生产报道。直到我结婚（1989 年），小孩出生以后，家庭任务越来越多，工作与家庭不好协调，1986 年我便向上级申请调岗，最后派我回长龙广播电视站（县下属单位）。后来便在长龙广播电视站一直工作到退休为止，大约二十多年时间（1986 年至 2010 年左右）。我很喜欢文学作品，偶有投稿，以前在连江工作的时候，看过很多杂志。在农场时还给省电视台当过反馈员，类似于对电视台或主持人提一些问题看法、不足之处、改进意见等等，待遇就是每个礼拜送你一份电视报。退休以后偶尔帮农场搞一些文艺活动，或者练练字消磨时间。（做县播音员时，太太在农场做幼师）

三

后来我回过印尼两次，觉得印尼那也是有点变化。以前六七十年代的印尼女孩子，不管是大人还是小孩都很黑，不像现在比较白。印尼人很有礼貌，同学朋友见面时都会互相摸对方的手，已示招呼。他们信仰伊斯兰教，全部都戴头巾。那时在印尼，每天早上四点播音喇叭就响了，我经常被吓到。当时我住的地方后面就是伊斯兰的教堂，教堂上面有四台播音喇叭，一响就不得了。我当时还特地询问我大姐这么吵要怎么睡觉，我大姐说习惯就好。这个播音喇叭是有固定时间的，有时喇叭一响，所有的小孩子都会回家去，巷子里便不会再有小孩逗留。

在印尼时，我还特地去了趟三宝垄，从万隆开车差不多一个半钟头的路程。大姐告诉我妈妈的兄弟还在世，便带我过去，想让我了解一下母亲的家乡是什么样子。以前母亲告诉我，她家的旁边有一口小池塘，里头养着鱼。到了那以后，我还特地去看了一眼母亲所说的小池塘，发现那小池塘还在。我到那以后，母亲的家人非常高兴，立刻爬上椰子树砍椰子来招待我们。中午在那吃了顿印尼菜，可惜有些吃不习惯（他们抓了鱼，加点佐料，放在芭蕉叶上烤，配上些生蔬菜叶）。在印尼时，有两个印象最深刻的地方。一是苍蝇太多，尤其是绿头苍蝇。当时在印尼吃饭的时候，一直在赶苍蝇，我大姐还跟我说苍蝇是我们的朋友。那时在印尼街上，虽然有很多美食，但都不敢吃东西。只有华人酒店那边饮食会比较干净。二是印尼公共建筑改变很少，还是 60 年代的样子。印象最深刻的是当时在印尼去了两个地方，一个是儿时读的小学，另一个是桥下火车。去了以后发现跟 60 年代那会还是一模一样，没有变化。公路上坑坑洼洼，政府也没有修路。当时我亲戚告诉我，不管到哪里都不要惹事，如果有事，也只能是华人吃亏。如果你出了交通事故，即使是对方的错误，也只能忍一忍，吃下这个哑巴亏。但是当地的警察不错，办事雷厉风行，出警非常快速。如果家里出现小偷，发现东西被偷走，一通电话，警察便会立刻赶来处理。

家乡中有一个亲戚不喜欢家里有印尼人，当时我跟我母亲的弟弟还有来往，他每年都会拉一大马车的香蕉、土特产送往我家。大姐的二女婿就警告过不可以让女孩子去找一个印尼人，不能留有印尼血统。所以我们去看望母亲的家人，也有一点偷偷摸摸的，就是因为家里有人不喜欢印尼人。

现在在农场，日子过得都挺不错，至少退休金有了，每个月的退休金五千多元，爱人两三千左右，生活安定。经常听到有人说长龙华侨农场这里不好，那里不好，但我觉得一切都挺好的，空气也好，水也好。大城市虽然热闹，但过于喧嚣，肯定也有它不足的地方。现在在农场，想买什么东西都买得到，时不时可以到山上呼吸新鲜空气。我去香港去过很多次，觉得香港也不过如此。

林正红　口述

口述者简介：林正红，女，1974年出生于越南，1979年跟随父母回到国内，适龄入学一路上到职高，读农业技术方面的专业，毕业后回到农场雨衣厂工作，曾开过养鸡场，后到福建农林大学进修，学习庄稼医生的相关知识，现经营庄稼医生店铺和茶厂。

时间：2022年8月14日

地点：长龙华侨农场红卫茶厂

采访者：郑一省、周妹仔、苏木兰、陈燕梅

华侨属性：越南归侨

南洋物：无

整理者：苏木兰

一

我叫林正红，祖籍广西防城港市，1974年出生，1979年跟随父母回到国内。"正"字是我们的辈分，本来女孩子是不排辈分的，但我父亲心想也许回了国内还会分开，就把女孩子也排上辈分，以后如果分开到别的地方才能有个联系，"红"字则是我父亲在回国之后重新学普通话取的。我们几个兄弟姐妹分别取"花红富贵"作为名字的最后一个字，也是表达了一个美好的寓意，因而我姐姐叫作林正花，我两个弟弟分别叫作林正富、林正贵。

我的曾祖父原本姓华，听父亲说曾祖母为了躲避战乱，用扁担挑着一双儿女，决定扁担断在哪一家就跟哪一家的姓，结果在姓林的这户人家门口扁担断掉了，刚好这户人家也没有娶媳妇，就结合成一个家庭一起养育子女，子女也跟这家人一起姓林，从此碑上的"华"字就用盖头盖起来。我们猜这户姓林的人家应该也是华人。当时除非穷困得不得了，华人才会与当地人通婚。曾祖父大概在清朝时去到越南，我是在越南出生的第三代。有块牌坊写着"钦州界地"这样的字眼。越南河内有很多中国的繁体字，古寺庙对中国的瓷器也很珍视，瓷器破了也贴在墙壁保存。我们家中现在还有一副象牙筷，写着"钦赐"这样的字眼，说明祖上有当过秀才，被派到越南支教，现在这副象牙筷被婆婆放在广西了，因为最小的小叔子定居在广西。

我的爷爷名叫林洪辉，在越南时参加过法国兵种，帮法国搞点后勤做饭的工作。到了公公这代人跟法国开战，我父亲这一代跟美国开战。父亲下过南方部队当侦察兵，因为入了越南籍需要服兵役。我爷爷生育了父亲和伯伯共五人，姑姑一人。父亲原先从越南回来时叫作林十一，正名叫作林树伟，因为在所有兄弟中排行第十一，现在老一辈的伯伯很多都已经去世了。我的六伯伯（即爷爷的大儿子）林

树英有些文化，在 92 岁时过世，育有 10 个子女。八伯伯林树豪有两位太太，与大老婆育有 8 个子女，与小老婆在越南育有的子女数不清楚。九伯伯林树宏在宁化泉上华侨农场，育有子女八个。十伯伯林树杰也懂文化，育有 7 个子女。我的父亲则养育了我们兄弟姐妹 4 人，其中我的小弟弟是回国后两个月出生的。后来国家倡导计划生育，我的父母就没有再生育了。姑姑定居在广东，名字我并不清楚，只因为计划生育时她躲到过长龙生小孩，我才知道原来还有个姑姑存在。姑姑她因为晕车的缘故极少来长龙探亲，姑丈有来过几回。父亲和伯伯这一代人在越南除了在部队就是在经商，比如我的父亲没在部队里就出来骑着自行车东贩西走，比方说把南方的棉被运到北方去卖，什么都卖，回国以后就拿电子表、计算机出去贩卖，用黄金跟当地人做生意，因此我们在回国之后生活还是不错的，父亲在当地的知名度也比较高。

　　林正经是我的堂兄，他的父亲跟我父亲是亲兄弟，他父亲（即我的六伯伯）有文化，排华的时候先带着家里的爷爷和一帮亲人跑回国内，爷爷回到国内后病重，想念父亲，于是发电报给父亲让他也回国。我父亲当时在越南当兵，当兵后做些小买卖，知道排华的时候已经晚了，加上他八九岁时我奶奶过世家里经济不好，成年以后娶得越南人阮二妹当妻子，即我的母亲，这在越南有家了就不想走了，但回来一看人都走光了，而且当时货币贬值，在银行存的钱不管存了多少，政府统统给换成五百块的新币，于是我父亲跟我外婆商议带走我的母亲回到中国，越南的财产都留给外婆，越南的土地是私有的，也可以给她傍身，我外婆就答应了，当时想着可能这辈子都见不到了。没想到 12 年后中越关系又有了缓和，我父母就有回去看望过我外公外婆，每年的清明或者重阳我父母都会回越南看看老人家或者扫墓，一直到疫情开始就没再回去过了。说到父母的结合还有一段较为浪漫的故事，因我奶奶在我父亲十来岁时就过世了，所以我父亲十来岁就要放牛砍柴养家。我外公外婆育有大姨、母亲、舅舅三个孩子，一家住在越南翻译过来叫作"海洋"的地方，年年发大水，只好居家搬迁到广宁，刚好就在父亲放牛的地方附近，由此遭到父亲多次驱赶，我外婆气得直说"你这么坏将来娶不到老婆"。另外，我爷爷为人很好，常在河边捞鱼到街上卖，见外祖家孩子多，生活困难，经常将卖不完的鱼送给外公外婆，后来随着时间的流逝我母亲渐渐长大，相貌姣好人又勤劳，就说定结婚了。越南的结婚风俗到现在变化都不大，只要新人共同愿意，以三公斤香蕉六公斤肉为定，宴请亲朋好友。水果也不拘要香蕉，家里有什么水果都可以用，接亲时新郎拜过新娘的祖宗就当相识，新娘进门时也同样拜过新郎的祖宗。越南的宴席也简单，人们喜欢吃白灼菜，因此宴席上就有白灼肉、白灼菜和比较讲究的香料混合搭配进柠檬酱汁里，这些食物用浅浅的大铁盘盛放，铁盘置于地上，人们席地而坐。另外越南人还喜欢吃母鸡孵了十天左右的蛋，国内叫作"毛蛋"，据说这个毛蛋可以治疗偏头痛，有些人神经末梢非常敏感，风一吹就会头痛，吃了这个就会使神经末梢稍微迟钝一点，不会那么敏感头痛。

二

父亲回国一个月后，爷爷就过世了。国内的生活让父亲非常不习惯，见过世面的人也不甘于在长龙，因为长龙实在有些偏僻，一家老小安置在山间，我父亲认为很不可行，然后就组织了多次偷渡，包拖拉机到福州，坐火车到广东，再在广东买船偷渡到公海，碰运气看有没有外籍的轮船可以到其他国家，当时很多人偷渡的方式都是这样的。我的父亲组织偷渡，但还没到公海就被发现了，拖家带口的也不敢说是难民，当作是去旅游，东西吃完只好又回来了。回农场后草已经又长得很高了，组织几次都没有成功，也看过别人偷渡整船翻到海里，全船覆没。偷渡的高峰期是在 1980 年到 1983 年，大家跑出去后可以由已经在境外的亲友发电报证明担保，这样就可以离境了，如果没有人担保可以作为难民入户到澳门、香港或者其他国家比如日本。转眼间时间来到 1985 年左右，我父亲年纪也有 35 岁了，就放弃了去海外的想法，有想过回城或者去广西其他地方，但都有种种不理想，比如我们这些孩子太小了，不舍得这样拖家带口颠沛流离，加上我的母亲是越南人，因此父亲就放弃了走的想法，转而专心培养下一代，自己则开荒，改良土地。常常讲一句客家话"今年不讲它，来年买马骑"鼓励我们，大意是今年先不管它，明年可以买马来骑。父亲在农场开荒，大概开了 20 多亩，那会儿实行承包到户，土地质量不好，是有性繁殖，即茶油果种植出来的，产量比较低，我父亲采用无性繁殖的方法，种植扦插苗，提高产量。后来政策好了，我们的生活也跟着好了。我们承包到户也需要交租的，现在一亩地是两百块，当时就没有这么多。我们几个兄弟姐妹在父亲的培养下都比较优秀突出，现在人到中年也在县城或者福州有安家置业，只是工作还在农场。我的姐姐在 1990 年初通过了考试去了澳门，并在澳门工作了五年，后来在农场谈恋爱，又选择回到农场。她培养的下一代也很优秀，她的女儿是厦门大学的研究生。我的小孩是本科毕业，我们夫妻在福州为他置业买房了。我大弟弟在县城有两套房产，在农场做点茶山、钩机生意。小弟弟在连江开公司，主要负责电器维修这方面。

我回国时刚 5 岁，刚好赶上在国内上幼儿园，我一路上到职高。当时职高是在福州上，类似何深强他们由农场委培读财会专业，我是读农业技术这方面的，读完职高后回到农场雨衣厂工作。刚回来工作时我是杂工，每个部门我都做过，花了五年做到管理层，管着五六十个小姑娘，但我认为这份工作的上限也就到这里了，一个月几百块钱不太够开支。后来结了婚抚养儿子大概一年，我的生活就是买菜做饭，这样的生活显然不是我的理想状态，于是我又做起了养鸡的活计。当时在红卫生产队租了个很大的场地，开了养鸡场，养了几万只鸡，一天能生好多蛋，蛋价 4 块多一斤，我想应该够在农村生活得比较好了。我爱人负责卖蛋，开拓市场，但他负责卖蛋总收不回来钱，因为经销商总是以蛋还没卖完来搪塞赊账，当时我怀着孕于是就改变策略，由我来押送鸡蛋到商店，这些老板也觉得我一个孕妇送蛋过去很不容易，破的蛋也原价买走。大概到 1999 年我儿子出生，这时候遇到了禽流感，鸡蛋卖不出去，鸡又要吃饲料，就这样亏了 6 万多元，对我们来说是天文数字。我爱人当时在农场做财会工作，一个月五百块左右，总是三百块还债两百块家里生活，那时候别人的孩子都能吃到伊利、蒙牛这些牌子的奶粉，我儿子就吃太子乐，一瓶二十几块。孩子出生以后我们必须要维持生活，于是我又回到雨衣厂工作，一个月几百块也要做，总得把孩子先养一下，养到我儿子 3 岁左右能上幼儿园了。这时国家开始着手培养大批懂得农业技术的人才，以期共同维护绿色农业、安全食品和人民的身体健康，因而我又受农场委培，到福建农林大学进修，选择学习庄稼医生的相关知识，刚学的时候化学名词非常拗口，我们培训的时候做了很多笔记，什么成分治疗什么病、什么天气建议用什么药等等我们都记得很详细，老师在课上讲的重点都一一记下，再到地里进行实践，因而有许多经验总结。我们这帮学习庄稼医生的人也组了群聊互相交流，这个群里有专门研究西瓜的、水稻的以及茶叶等等，遇到疑难杂病也拍下来发到群里请教同群的朋友，我们最开始没有微信的时候是买了书本彩图来交流，后面转而用 QQ，再到现在就用微信联系。同时我们也经常需要培训，比如遇到新的成分没有抗性我们也需要试验，看看不同时长不同变量下有什么变化。我从 2000 年开始开这个庄稼医院，到现在也小有名气，服务的范围很广，并不局限于长龙，经常有人将病害植物拍照用微信发给我，从我这里配药快递给过去。我不局限于医治某种具体的作物，只要有机会我就什么都学一点。总的来说，只要心在这份事业上就容易学，学好了能帮到人就能挣点名气，如果心不在治理植物病害上就很难把这些深奥的东西学好。后来我还承包了土地种芹菜、西瓜、甜瓜等七种经济作物，当时生意还不错，每天顾客都排到门外去，但随着 50 后的已经退休了，60 后的老了，70 后的也渐渐少了，没有那么强的劳动力，加上长龙消耗不了那么多蔬菜，离市中心又远交通不是很便利，所以这个生意就收起来不做了，改做茶园。从小我父亲就带着我们几个兄弟姐妹在山上采茶，下午五六点时将茶叶送到茶厂，由工人炒茶，后面茶厂倒闭了就落到私人手里经营。所谓的明前茶就是清明节以前的茶，这个时候的茶叶刚刚冒芽，比较嫩，炒出来的品质也更好些，谷雨茶就是从清明到谷雨这段时间采的茶，一天不同时候适合喝不同类型的茶，早上是适合喝淡淡的茶，不太适合喝岩茶，不然容易冒虚汗，午后吃过饭比较油腻，这时候就适合喝一点浓茶，解解腻。基于对茶叶的熟悉，我大概在 2010 年的时候接下茶园，种奇兰、金牡丹、金观音等品种。当时农科院研制出来一种新的树种叫作金牡丹，是用铁观音和黄旦（黄棪）嫁接出来的高香型新品种，没有人知道这种树的市场好不好，也就没有人敢尝试种植这个品种，我就带头尝试。这个树种种了三年开始有收一点叶子了，五年开始有收成，我们才开始办茶厂。我刚开始卖金牡丹的时候不知道能够卖多少钱，有个跑市场的人问我的心理价位，我开了一百五十块一斤，后来他带茶商来谈价格以八百块一斤成交，我就知道这个品种的茶可以挣到钱，于是我就大面积地开始种植这个品种，现在基地有两百亩茶。我主要种春茶，其他季节就交给我弟弟他们种，等到来年开春我再拿回来重新管理种茶。每个工区种的茶都不一样，芦山山脚种的绿茶，红卫工区这片种的红茶，东方红工区大多种的白茶，红旗工区则根据我的需求来种。我现在注册了"四角丘"这个商标，做的方向是高端品种。我现在负责的工作也比较繁杂，包括包装设计、发货、管理等等，财会、顾问、政策、交接这类的工作是我爱人在做，技术活就让姐夫来做。我的茶叶不仅在福州销售，还卖到广西、广东、安徽、甘肃、辽宁、北京等等地方。我目前也做一些花茶，比如茉莉花茶、桂花红茶等等，就是将茶叶和花一起放在机器里，等茶窨上花香了，再用机器进行花和茶叶的分离，制作的时候桂花红茶会容易一点，因为采摘桂花的时候只需要拿个塑料布放在桂花树下，然后摇晃它，桂花就能飘落下来，但茉莉花需要人工一朵朵去采摘，这个人工费用还是比较高的，三十块钱一斤。

我跟我爱人何深强的结合也不是偶然，我读的小学是红旗小学，那时候就知道他了，因为他乒乓球打得好，人很聪明但比较调皮，老师经常提到他。六一儿童节时经常听到大家说何深强又来挑战我红小的乒乓球了，后来他成为我们这些人的标杆，因为他虽然常被叫到操场罚站，但可以一个月学完三年的知识，老师拿他来激励我们不要放弃学习。我的性格也比较要强，从小也有气魄，我们这半边的男孩子都被我打得服服帖帖，剩下这半边的男孩子就是何深强，他是标杆，多少也有些互相吸引吧。我跟深强结婚的时候是 1997 年，我们遵循的大多是客家的传统，虽然我的母亲是越南人，但父亲是客家人，因而我们都是客家习俗。我父亲是很开明的，别人家的父亲可能就会希望女儿嫁给外国华侨或是嫁到国外，但我父亲对我们子女的嫁娶人选和嫁娶习俗不太干预，如有习俗都说"入乡随俗"。我姐姐嫁给了缅甸归侨，我爱人是越南归侨，我大弟弟娶江西姑娘，小弟弟娶黄岐海边的姑娘。我结婚时拿了六千块钱的聘金，当时这个数目还算是比较高的，因为我比较优秀，我父亲也比较重视，买了"三金"即耳环、项链、戒指，也买了猪头、鸡和猪脚来拜祖宗，猪头是比较高规格的礼仪，象征着娶到这么优秀的女娘，礼仪就要到位。当时没有请媒人，因为我们是自由恋爱，所以就跟双方父母商量好，选个日子举行结婚就可以了，结婚时需要互相拜祖宗，寓意着认祖归宗。农场内有些归侨家里的传统文化比较浓厚，有些就简化了很多。比如印尼归侨的结婚习俗和丧葬习俗都非常简单甚至没有，但我们越南归侨的殡葬就需要三天两夜，要请道公来做道场，道公一般是祖上就从事这个行业，道公在过世之前会选择好继承人以便承接衣钵，代替他管好自己的"兵马"，不然就会出现"兵马踩踏"有可能会发生人命事件，有的道场做下来需要十几万元，现在则简化成一夜。

我们双方的性格都比较强势，家庭里就不太存在谁居于主导管理地位，一般来说都是我们各自打定主意做完事情再告诉对方。现在我的小孩也是比较强势的性格，但总的来说我们一家三口的目标只有一个，那就是把事情做好。我工作这么多年，总结出来的经验就是事情要下放，自己才能抽手，才能及时发现问题，听到市场和顾客的声音。

　　我因为做庄稼医生的缘故，经常跟当地人有交流，应该算是农场里面比较经常接触当地人的。当地老人也都非常友善，自家种了地瓜或者什么作物也经常分享给我，我也少少拿一点。门口"姐妹乡伴"的牌子是连江县侨联给我颁的，就是为了能让我们在经济或者其他方面遇到困难时能够去找侨联或者妇联寻求帮助，同时也在农场乃至农场外的姐妹群众里面发挥一点作用的，比如疫情期间，我们这些小姐妹就一起听听宣传，回去注重搞搞家里的卫生工作，或者妇联来宣讲妇女权益，我们也作为一种宣传的纽带，又或者如果遇到一些妇科疾病，有些容易害羞不好意思对别人讲，那么我们这个小团体就能发挥一点作用，会以朋友的名义帮她匿名问问别人应该怎么解决，再比如我们会召集聚餐，这个聚餐的范围就只在农场内部了，因为当地人吃不惯我们的饮食，但如果有当地的姐妹提出跟我们一起聚餐的话我们也非常欢迎。这个牌子的由来是我和我姐姐两个从一开始就有意识地在做这些关于女性的工作，后逐渐被侨联、妇联发现并询问我们是否需要帮助，才挂牌上去的，总体来说我们做这个事情是在维护团结，也在某种程度上促成归侨融入当地，因为刚开始归侨跟当地人是不通婚的，后面随着我们工作的深入，互相了解得多了，就有比较多通婚的例子了，比如我的两个外甥女都嫁到这里来了，表妹嫁给了当地人，华侨农场也有很多男性娶了当地的姑娘。

林正经　口述

口述者简介：林正经，男，1967年出生于越南，祖籍广西防城港，1978年回国，回国后继续读书，1987年毕业后在农场雨衣厂工作，后担任农场工区主任，于2000年成为共产党员，2006年参加了福州市党代，获得"福州市先进工作者""连江县平安家庭"的称号，2011年到2016年连续参加了两届省党代。

时间：2022年8月13日
地点：长龙华侨农场侨胞之家
采访者：郑一省、周妹仔、陈燕梅、苏木兰
华侨属性：越南归侨
南洋物：无
整理者：苏木兰

一

我叫林正经，1967年出生，属"正"字辈，曾有想过要改名，但名字是由当道士的二爷爷取的，所以没有轻易改变。我的祖籍是广西壮族自治区防城港市，但家中早前几代人是从福建闽侯洪塘一个叫猪粪街的地方去到广西的，接着爷爷林洪辉和奶奶李氏带着大伯从家乡去到越南芒街，在越南又生育了五个孩子，因此共育有六子，五男一女，我的父亲名叫林树杰，在越南出生，排行第四。

爷爷和奶奶早前在越南并没有优质的田地，就种一点甘蔗、地瓜，在叔伯们大概十岁时搬到越南北江市。父亲在越南就读的是华文学校，兼修越文，因为他成绩优异，也爱读书，爷爷当时家境尚可，就让他专心学习，上午读中文，下午读越文，因此他文化水平高，一直到22岁与母亲严莲章结婚了还在读书，后来我奶奶因心脏病去世，父亲就没有心情继续念书了。本来调他到河内，他不愿去，回家后就被任命为村主任，一直担任到1978年越南排华的时候。越南的村主任并不好当，有多个副主任。当时我父亲手下还管着民兵队长，有一个越南人担任他的副手，协助管理华侨村和越南村的人，一共管辖着几万民众。排华时，越南的上级领导挽留我父亲留越不要回国，允诺如果我父亲待在越南包管他继续任职不受影响，但他拒绝，因好几代人没有回过中国，就毅然回国。回国前，越南家里还有二三十亩地，种有木薯、地瓜、甘蔗等。回国时，家里人口很多，爷爷带着几个伯伯和我父亲，我的叔叔（即林正红的父亲）因为生意做得很大，有宅子还未卖出，因而迟几个月回国。

二

我的父亲育有七子，五男两女，我们兄弟以"纲纪经纶"为序，我排行第三，回国时11岁。我们于1978年五月初二回国，在凭祥友谊关入境，属于第二批归

侨。回国时我并不害怕，因为我的父亲经常听中文收音，并且告诉我"中国是我们的祖国"，我当时也能听得懂一些普通话，所以觉得亲切，并不抗拒，到越南边境的时候也一切正常，没有冲突。我们坐客车从越南北江省陆安县到北江市，再坐火车到凉山，随后坐解放牌的客车进入友谊关，在友谊关打过疫苗后再坐客车到凭祥，待了一个月后对越自卫反击战即将爆发，安排的人告知我们，到内部一点更安全，就又被安排到崇左住了一个月，由国家提供吃食，生活得比较踏实，因为祖国有很多东西吃。当时我的父亲登记决定来到福建，因为对岸就是台湾，而且靠海，会有很多海鲜可以吃，来到长龙以后，父亲选择去到炉峰山脚下的试验站，直到2008年侨居造福工程建了新的房子，我才搬到场部附近。我父亲回国后并没有参加劳动，因为他有文化，普通话也优异，所以被任命为工区主任，一直在该岗位工作，直到1990年去世。工作期间，他的调停能力很强，同时管理炉峰工区跟试验站，工区里的归侨由于从越南的不同城市回来，难免有矛盾，均由我父亲来调解。

回国初期并没有田地可种植，我们都是听队长的安排，或种甘蔗，或养猪，当时有几十上百头猪要养，一个月杀两头猪。联合国难民署有牛奶供给，家庭人口如有五六个就给一包，约一百斤，如果人口多就给两包，没工作的人都在供给范围之内。在工区住了一个月左右实在太无聊了，就自己拿着锄头随便挖地瓜地，后来队里问要不要干活，慢慢就开始真正干活领取工分，一个月下来有的人拿了26块8毛，这是最高的了，有的人拿23块、24块等等。这个工资的标准大体上是按照工人级别划分的，有二级工人、三级工人等，其中三级工人是最厉害的。我当时11岁念一年级，大家都很奇怪为什么这么大了才一年级。其实我在越南已经读到越文学校的三年级了，但刚回国不懂中文，只能从一年级开始念起，一直读到20多岁初中毕业。1987年我毕业后，就在农场的雨衣厂上班，这个雨衣厂有对外出口的订单，效益还不错，一直办到如今。1989年4月，我父亲得了红斑狼疮，当时他50多岁，我只得请假三个月带他去省立医院和福州市医院看病，后来1990年他的病复发，10月1日过世，享年51岁。我在家中料理丧事一段时间后，农场领导到家中商议工区主任一职，后投票大会上大家都把票投给我，因为我当时读到初中毕业有些文化，做事比较有魄力，加上我在父亲身边耳濡目染，能处理一些事情，这个职务就一直做到现在，也是跟父亲一样，做传达上级文件精神的工作和调解工作，遇到矛盾我就自己掏钱请矛盾双方喝酒，这样一次两次就基本能够摆平。除了当工区主任以外，我还承包了大概17亩茶山，但茶叶投入多，现在物价也高，肥料从一百多元涨到二百多元，因此一年下来可能收入4万到5万元。我其实已经打过报告申请退居二线或退职，让年轻人担任该职务，但年轻人暂时还没有挑起担子的能力，因而还没能退休。在我任职的这些年里，我也获得过一些荣誉，2006年参加了福州市党代，获得"福州市先进工作者""连江县平安家庭"的称号，2011年到2016年连续参加了两届省党代，我于2000年成为共产党员，之前也有领导推荐我当省优秀共产党员，但我自认为并无非常大的贡献，自请组织部审查。

其实回国后也有一些人住不惯，又通过亲戚等途径跑到国外或香港，其中去香港的人数是最多的，但我父亲的观念是回来了就安心在祖国，他自己不离家了，也不愿意我们离家。当时有一位老人要前往美国，但生育的都是女儿，与我父亲商议看能否给出一个儿子（即我的大哥）也去往美国，被我父亲拒绝了，因而我的兄弟姐妹都在长龙，只有妹妹林正莲嫁往宁德东湖塘华侨农场。我于 1993 年结婚，这时跟爱人已自由恋爱七年，最开始就是上学时看对眼了，因而谈起恋爱。我爱人是越南广宁省的归侨，比我小一岁，我们小学上扫盲班时就谈恋爱，结婚时也需要看八字，敬祖宗，彩礼只要几千元，仪式简化了很多，3600 元聘礼就全部包办了，也不买饼或者猪蹄。岳父也让我不要找媒人，认为我们年轻人跟父母谈好就可行。当地也有很多人想要跟归侨通婚，一来是因为以前华侨农场效益不错，二来是归侨不像当地人有诸多复杂礼俗，这些因素加持下，一个工区可能有一两户是跟当地通婚的。婚后因计划生育政策的施行以及我们职工身份的缘故，仅生育一个儿子，现在已经 29 岁，未婚，在四川成都与朋友合作开手机配件店，生意不错，但近几年疫情也多少受到影响。至今我们家也保持不少广西传统习俗，别人在家门口一看就能知道我们是广西人，比如门口有贴对联，大门贴五字门须，侧门贴三字门须，这点区别于越南，另外也做广西特色的长粽子，包有五花肉和绿豆，也做扣肉、白斩鸡这类家乡美食。我回国后也多次回过广西，1992 年到过柳州凤凰华侨农场看望嫂子，1997 年到过侨港镇、企沙镇游玩。

纵观农场的发展历程，刚回来时可以说非常困难，仅有一个篮球场，一个长龙中学，后来经过归侨的努力才慢慢改善，稳定下来后，农场建设有七八个工厂，比如雨衣厂、拖鞋厂、风衣厂、手套厂、汽水厂、茶厂，在 1983 年到 1992 年出口效益很好，福州提供了大量的外贸订单，我们就雇用当地人来采茶，这些当地人非常羡慕这些工厂的效益，也羡慕我们的生活。我们平时就带采茶工出去，示范采茶，然后回来休息喝茶，八九点钟时再把他们带回来，将茶叶过秤。因为他们采茶几分钱一斤，但我们卖茶叶一斤有时可以达到 11 元，但随着社会的发展，这些工厂管理不善，且外界需求不那么大了，外贸停止，工厂随之倒闭。回顾农场的发展轨迹，我认为中国加入世界贸易组织后，归侨的生活改变极大，农场的每一任领导都认真履行职责，每一届场长都至少做了一件好事来改善归侨和侨眷的生活。发展至今，虽然地理位置仍然是劣势，但我们的基础设施已经完善，环境改造也比较成功，但是不可否认农场也存在一些问题亟待解决，譬如我们积极招商，吸引了德国的公司，带走了长龙的水去化验，想在这里做葡萄酒厂，但当时路还不是很好，仅有 7 米，因此没能成功引资，现在路已经扩宽为 9 米，且都硬化了。再如现在的职工要么在雨衣厂工作，要么承包茶山，仅能维持生活，以至于农场的整体观感比较老旧，跟归侨以往给人干净整洁的印象大不相符。又如我们现在有几千亩茶山，但却几乎没有年轻人留在家乡，现在农场里最年轻的常住人员也有 47 岁，有精力有技术的人大多选择到外面谋生，归侨又渐渐年老，难以做工，当地人也是有人口老龄化的现象，人工采茶一人一天工作八小时，报酬两百块，也没多少人愿意干这个活，茶厂面对年纪这么大的老人也并不敢用，害怕老人跌倒或者遇到其他突发情况，危及健康，因此将来茶山有可能会出现无人经营的现象。

  回国初期的住房是瓦房，一户一两间，人口多的住大些的，人口少的住小些的，大约 20 多平方米，1984 年国家拨钱建了 2 层的平顶房，后 2006 年中央拨款，建设侨居造福工程，每户自行出资 1.92 万元，新房大概 66 平方米，这一住房的入住标准并不高，只要是归侨就可以入住，年限为 70 年，有房产证，可上市，与商品房基本一致。现在的退休工资大体上是按照工龄来算，我和我太太 1987 年毕业参加工作，我太太 2019 年退休，现在的退休金大概 2200 元，我还没退休，我们因为是职工身份，因而缴纳的保险是城镇医疗，但我儿子缴纳的医保是新农合。1989 年受理最后一批职工申请，在这一年未满 18 周岁无法参加工作的就不能做职工认定，之后就改为灵活就业，按照国家下发的文件自行缴纳社保，据说今年要缴纳 9500 元，退休后每月可以领到 1000 元左右，他们缴纳的医保也是新农合。

  我还有很多亲人留在越南没有回国，大舅舅严成章在越南县委办公室当主任，二舅舅严权章当越南的供销社主任，他们职位比较高因此没回国。排华正式开始时，越南当局不让华人继续当官，让我大舅舅回家休息，别去上班，我舅舅郁结于心于 1992 年去世了。大舅的儿子小名严阿石，也没回国内，现在在胡志明市下的一个镇当派出所副所长。总之有诸多亲戚没有回国，也都在越南担任过政府职务。从前我们靠电话联系，现在都是微信联系，这些亲人到过东兴、凭祥等地，没来过福建。后来我还有回过越南，但越南的警察不像回国初期那么友善，他们会敲诈中国人，并且不允许探亲，只能以旅游的名义进入以前住过的村庄，住进酒店里需要登记，但警察也时常到酒店敲诈，一般都要被敲诈掉两三百块。

  在越南，如果不早些独立懂事就会被越南人欺负，因为他们比较懒惰，做一分花一分，华人拼命挣钱，就会受到嫉妒。回国后，虽然有过一段艰苦岁月，但是随着国家的强盛，我们的生活也渐渐得到改善，现在农场内大家的生活也比较安定。

王位经　口述

口述者简介：王位经，男，1946 年于印度尼西亚东爪哇玛琅出生，祖籍福建省福清县下华村，1965 年在生产队参加工作，先做茶叶后做粮食，当时是生产队长，对种田比较精通，后来持续做了 20 年的生产队长，之后到鞋厂当了五年厂长，鞋厂倒闭之后又到雨衣厂当了七八年的厂长，退休后还被返聘了几年。

时间：2022 年 8 月 17 日

地点：长龙华侨农场侨胞之家

采访者：苏木兰、郑一省、陈燕梅、周妹仔

华侨属性：印度尼西亚归侨

南洋物：无

整理者：苏木兰

一

我叫王位经，1946 年于印度尼西亚玛琅出生，祖籍是福建省福清县下华村。我的父亲叫王和长，母亲叫张华娘，我有三个哥哥、两个弟弟和两个妹妹。我父亲的第一任妻子生了两个哥哥。剩下的孩子是父亲在印尼的时候与我的母亲生的。印尼排华的时候父亲带着我们回国。

我的父亲有个弟弟，但他没有去印尼。当时家里困难，没有大船，父亲是坐小船慢慢一个港口转一个港口去到印尼的，不是卖猪仔。我的母亲是侨生，她的父母都是印尼华人，在印尼生下了我的母亲，她的祖籍是长乐。我出生后父亲已经把大哥二哥接到印尼了。

我的大哥王位水，在国内结了婚之后才去了印尼，在印尼的时候，因为性情懒惰不做事，父亲的性格比较温和，不爱吵架，因此大哥被父亲赶回到老家。大哥回到老家之后，也没有改变懒惰不做事的性格，还喜欢赌博，家里都是靠嫂子做事支撑。大哥与嫂子生有三个女儿，虽然大哥懒，但他非常的能说会道，精通历史故事，也喜欢讲故事，他现在已过世了。

二哥王位焕，当时并没有跟我们回国，他在印尼结婚定居，也在印尼过世。当时印尼排华的时候，只要当地的华人华侨入了印尼的国籍，就可以在那里继续生存。我的二哥入了印尼的国籍，所以想要留在那里的话也可以留在那里。我的二哥二嫂过世后，我的侄子在印尼那里拿他们的遗产去赌博，把杂货店和房子也卖掉了。我去那里找他的时候都吓了一跳，连家都没有。他没有钱赌了，家也没有了，他遇见印尼的好心人给他一套房子住，他就做一些手工活。后来我和他同样是华侨的媳妇聊天后，觉得她很不错。我就和侄子说不要再赌了，要听媳妇的话，搞好家庭，不然连命都没有了，后来他真的就慢慢变好了。另一个侄子把珠宝拿去赌，败家，后来就去开车卖水果了。我第二次去雅加达的时候，侄子开了超市和鞋店，还买了别墅。所以我觉得中国人只要勤劳，都能够致富，而且支出不多时都会把钱存起来。我也去过泰国清迈和芭提雅，本来前几天决定去缅甸，但是因为疫情突然加重，只能取消计划。在我看来，东南亚国家的人民是比较随遇而安的，挣钱只是为了维持生活。

三哥王位淡，是厦门大学毕业的，三嫂是师范大学毕业的，现在已经过世了。他们的女儿女婿都是教师，生了一对双胞胎女儿，也都是教师。侄子是体育老师，和他媳妇在日本做了几年生意后就回福清做了。三哥现在一个人在福清，不爱和子女在一块。他快 90 岁了还能走动，在自己家生活。我的六妹王香妹，和七妹王香琳，已经过世了，五弟王胜丁和八弟王明述现在也在农场。

二

回国的时候，我的父亲的第一任妻子还在老家这里，我叫她大妈，她人挺好的，也会照顾我们，但她嫁给我父亲之后，后来有时会跟着我的大哥或者三哥住，在家里也没有什么权利，也没有多余的房子，因为父亲寄钱回来做的房子被大哥和叔叔占了之后，她也没有办法帮我们。

我的爱人是缅甸归侨，我和她认识是因为我们是在同一个农场同一个生产队的。当时条件很困难，父母也老了，结婚的时候新的东西都没有买，只是朋友买了当时一包五斤的糖分给了亲戚朋友。我和爱人是 70 年代结的婚，生了一男一女，女儿嫁到了海边，靠近马祖的地方，她生了一个女儿。儿子在福州，是雨衣厂技修工，他也生了一个女儿。我家里做饭，会做印尼菜，我爱人有语言天赋，她会说印尼话和爪哇话，我也会说爪哇话，和孩子讲普通话，和爱人说印尼语。我的女儿听得懂简单的印尼话和缅甸话，但是不想学，和父母亲交流会讲福清话。

在雅加达有一个很好的朋友叫马金寿，以前也在玛琅，在东方红当知青教师，他妻子也是知青。我对他很照顾，有一次他病重的时候带到福州看病，我照顾他的生活两个月，把他从五楼背下来推车车去医院做理疗，回来再把他背回家。当时我也困难，也没有讲钱的问题。后来他去香港后去了印尼，偶然间有一年春节在传达室看见他找我，我们就见面了。后来带他的孩子在东方红看他的老家。他给了我他的地址。他在雅加达开了物流公司，规模挺大的，有十几个卡车。我去雅加达的时候他去飞机场接我。现在他过世了，他太太和孩子都叫我们过去玩，我们打算去，但也因为疫情没能去，等以后如果还能走的话也会去的。

回国之前父亲在印尼是做小本生意的。那时候，玛琅那里的华人大多是福清人。我读的大众学校就是福清人办的，有钱的福清人在当地就是带头的人。福清人有一个自己的社团组织叫日荣公会，一个最大的集中了所有的在玛琅的闽南人公会叫中华公会。刚开始我在住的地方读的学校，叫中华小学，后来，县政府不允许开办华人学校，这个学校就被取消了。我就在玛琅的大众学校读小学，中学就在玛琅中学读到初二，13 岁的时候跟随父亲回国。

1960 年因为印尼排华，父亲决定回国，我们就从玛琅坐火车去到印尼的首都雅加达，在雅加达一个学校免费供吃住，集中了一个礼拜，组织休息唱歌，比如社会主义好之类的。

回国前，父亲看人民日报宣传社会主义共产主义，宣传大丰收，父亲相信了，于是我们坐船回国。当时是中国最困难的时候，后来我觉得回国可能是一个错误，第二个错误是从柳城回福清。有一个原因是身份落差大，从老板变农民。二是印尼气候温暖适宜。三是种茶比种地辛苦。有时候还要义务劳动，晚上建猪栏。每个月都要义务劳动。不过当时是革命思想建设祖国，和现在不太一样。

当时国家租了一艘英国的船，叫作"海皇号"，免费把我们接回国内。当时"海皇号"上差不多有 500 多个人，我们从雅加达坐了十几天的船，从印尼回到广东湛江，90%的人都晕船了。在湛江集中了两三天后，我们就直接被分配到了广西的柳城华侨农场，当时都是印尼归侨，现在还有人留在那里。我和父母亲在广西柳城住了半年左右，父亲因为年纪大了，三哥大学毕业后来到广西接我们回福清老家。

1960 年 12 月，回到福清的时候，家里只有我一个人跟着生产队劳动，父亲母亲已经没有办法劳动，弟弟妹妹要去上学。我已经 13 岁，但是也没有再读书了。我白天在生产队劳动，晚上退潮后会去海边找小鱼贝壳之类的海产给家里补充吃食，生活条件很艰苦。在福清劳动五年后，我觉得情况不对，我父亲之前寄钱回来做的房子被大哥和叔叔占了，像四合院一样的房子，我们一家人七八个人就只能住一间二十几平方米的房子，所以我每个月就给福建省侨务办公室写相关的报告，连续写了一两年才有人来了解实际情况。侨联也看了，问我们要不要到东阁华侨农场种水田，我觉得辛苦就没有去，最后安置到东方红工区的长龙华侨农场，当时住的房子是五十几平方米的房间，比较小。我们一家七个人住一间房子，后来孩子回来住的旧的房子叫将军楼，因为一排里面都是当官的，就在场部，现在没有人了，以前很热闹。当时来的时候，可以说这个镇是我们开发的，路是解放军开的山路。当时本地人的房子矮矮的，这里是山区，当时只有长龙有两辆解放牌汽车，还有吉普车和拖拉机。这里不算荒，但也没有公共交通。我们要出去到连江要走路四个小时。走小路先到虎口再到连江。到东方红工区的时候，也只有我当时是属于强劳力，也暂时只有我在劳动，我父母拿补助维持生活。当时六个人加起来的补助，加上我每天的工分换算成的钱不够每个人八块的话，国家会补助给我们。按人头计算，我们家一个月可以拿 56 块，才算有了生活保障。有人当兵的话还会发临时补助。

当时到了福清之后，有侨联的照顾。比如春节的时候，侨联会来看一下该怎么补助和解决困难，但是和农场的补助照顾是天差地别的。农场的口粮和劳动粮不成问题，当时还有一个固定补助给劳动力。作为生活保障，一个劳动力一个月八块，不够的话农场会补。我一天的工分可以到 8 到 10 分。我的祖籍在福清县高山镇江夏大队下华村，只有我家是归侨，隔壁村也有归侨。当时国家有困难，哪个地方比较穷比较困难每个村都会派人去做义务劳动。我在江镜华侨农场义务劳动过两个月。宁德地区的东湖塘华侨农场，我以前也去过，是围起来的海垦农场，以前很穷，现在不一样了，富裕起来了。

1965 年我 19 岁在生产队参加工作。这里的农场以前是部队的地方，部队在这里开的荒，然后我们在农场种茶叶。后来推行以粮食为主的时候，省侨办和县政府拿一点田地出来让我们种粮食。我们生产队有 130 多个劳动力，我当时是生产队长，对种田比较精通，后来持续做了 20 年的生产队长。之后，我就到鞋厂当了五年厂长，鞋厂倒闭之后又到雨衣厂当了七八年的厂长，退休了还被返聘了几年。51 岁因病提前退休了。我来到农场的时候是骨干，以前是在办公室工作的，后来属于科级干部，一个月的工资可以拿 350 块，但是还没有转正。我的爱人转正之后教幼儿园，一个月拿 120 块，人家当校长也才拿 100 多。我想找场长转正，但当时的场长不让我转，场长当时也是归侨还是朋友，但是他说转不转都是一样的。说我没有转正一个月拿这么多工资，还不满意吗？我问别人能转，我不能吗？结果后来转到县里的社保，因为没有转正，只能是职工待遇，而不是事业单位，差别就出来了。所以现在的退休金，我就只能拿 3000 多，我的爱人可以拿到 4000 多。我当生产队长的时候，和当时农场一半的领导关系都还不错，当时党委书记动员我入党，但是我并没有入党，一是因为觉得我本身文化程度不高，二是因为我喜欢讲话，怕我自己说错话，所以当时就没有入党，也就不是党员。

"文革"的时候，我们家没有受到什么冲击，因为我们不参加什么活动和组织。当时有两个组织，一个叫工人组织红色先锋团，一个叫工人赤卫军，我都没有参加过，但偏向赤卫军。只不过当时第一任姓王的党委书记，我有见过他被游街批斗，但是他人也挺好的。

我们那时也有申请出国的。可以申请出去的时候，是考虑去香港。三哥委托宁德地区的干部朋友办，但没办成。当时的党委书记说要帮我，但是我说已经让朋友办，后来也没办成。1985 年在香港打过三个月工，爱人的姐姐在香港可以担保有住的地方，当时一个月除了日常支出，还有八千多港币，约合人民币一万多。我女婿是做生意的，他们会给我们买很多日常生活用品，所以现在没什么支出，不过城区里的房子也买不起。

王长敏　口述

口述者简介：王长敏，男，祖籍福建福清，1943 年出生于印度尼西亚东爪哇的喜腊拉椰（音译），1960 年回国安置在广东英德华侨农场，先读了半年的农业中学，之后工作了三年才回到福建，1965 年 7 月到长龙华侨农场，1966 年到省农科院培训半年的水稻技术后就在生产队当水稻技术员，1969 年当东风生产队的队长，到 1982 年也当采购员，1993 年退休后到深圳纺织纤维厂打工，当技术车间的主任助理、厂服保管员和采购员，一直到 2016 年，坐摩托车摔倒带薪休假 2 年后就彻底退休。

时间：2022 年 8 月 17 日

地点：长龙华侨农场侨胞之家

采访者：郑一省、周妹仔、苏木兰、陈燕梅

华侨属性：印度尼西亚归侨

南洋物：无

整理者：苏木兰

一

我叫王长敏，祖籍福建福清，1943 年出生于印度尼西亚东爪哇的喜腊拉椰，这个地方是个小农村。我的父亲名叫王命金，母亲是印尼人，我从小就没见过她。父亲在我 9 岁时找了第二任妻子（即我的后娘），名叫薛莉梅，是个福清人。我父亲是因为逃避抓壮丁才去的印尼，刚开始在雅加达做下厨的帮工，后来当小贩，再后来开过一个米粉厂，但倒闭了，接着又买修脚车店直到回国。我的父母是在普罗加多认识并结婚的，后来才搬到农村。我在印尼上学上到初三毕业，一周最多上一节印尼语课程，其他都是中文课，中途转学多次。小学我读的是喜腊拉椰中华小学，后面去到芝拉扎侨民中小学读到初二，最后到普罗加多中华学校读初三。当时我们周边的华人读的学校几乎都是华文学校。因为父辈很爱国，像我父亲还专门订阅了《讯报》来看祖国的消息。我们回国的时候，我父亲带了五个小孩，我排行老大，弟弟妹妹皆是后娘所生。我的二弟名叫王长扬，1978 年到福州华侨塑料厂工作一直到退休。三弟王长恩于 1979 年调到厦门当厨师。四弟王长信一直在农场，现在在当保安。大妹妹王美英，现在也在农场。二妹妹王美娟在农场出生，现在定居在澳门。

印尼苏加诺总统颁布了"十号法令"后，华人就不被允许在乡村做生意了，只能前往县城以上做生意，可是我们华人的生活也不是很好，并没有那么多钱可以支撑去县城做生意，况且当时我父亲一个人要养活一家好几口人，根本没多余的钱到县城做生意。

二

1960年11月国家派船到印尼接我们回国，我们已经是第十批了，从农村集中到普罗加多，之后坐汽车到三宝垄的客家公会，之后才坐"俄罗斯号"，坐了十来天，靠岸后我们从黄埔港上岸，待了十多天，本来要安排我们到花县，但我们这批有700多人，国家又换地方，安排我们到广东英德华侨农场，我在英德华侨农场读了半年的"农中"，之后工作了三年，我们家才到福建来的。

因为在英德华侨农场的生活太苦了，况且我们的老家在福清，我父亲很思念家乡，于是1963年4月我父亲就到省侨办去申请重新分配华侨农场，省侨办也同意了，因而我们就从福清的港头镇玉田村出发，坐汽车到福州。回了福清老家以后，老家没有房子，我叔叔就把房子给我们住了，侨务局每月分120斤的粮食给我们当作吃食（家里每人二十来斤），但没钱，因此我父亲就写信到侨委请求帮助，侨委的工作人员遂安排我们有类似情况的家庭坐公共汽车到长龙华侨农场。一路上山到长龙，山路非常陡峭，绕来绕去的，情形看着很糟糕，车上好多人都哭了。1965年7月到长龙华侨农场，我们被安置在东方红工区，住的是兵营式的瓦房，我们一家人挤着像沙丁鱼一样。父母一来就是开荒种茶，很辛苦。1966年我到省农科院培训了半年，因为农场想培养我成为水稻技术员，因而就在1966年3月把我一个人从东方红工区调到东风工区，所以我就一个人在东风工区生产队当水稻技术员。到了1969年，农场让我当东风生产队的队长，做了很多年，大概到1982年也当采购员，后来还在农场生产部里当过成员，之后1993年我就退休了。当时农场的人员很多，需要精简，场长就动员我们退休，当时我大概50岁。我在家待了半年左右，我以前老爸的朋友在深圳开了工厂，就邀请我到深圳打工。那个工厂是做纺织纤维的，我在厂里当机电部的主任助理，新的主任上任以后我就当厂服保管员，后来还当过采购员，主要采购机器配件。在这个工厂我待了很多年，一直到2016年，我坐摩托车摔倒就没再干了。因为这家公司的老板是我们相识的朋友，我们没好要赔偿，带薪休假了2年就彻底退休了。

我的爱人也是印尼归侨，名叫许绸春，比我小一岁，祖籍福建省南安市石井镇，是从井里汶出生的，坐"美上美"轮船比我迟一年回到国内，先在闽侯上街华侨农场安置，后来上街被水淹了，才到长龙安置。1968年我看上了我爱人，并且跟她谈了恋爱，1970年7月1日，我和我爱人结婚，是我向她求的婚，由生产队队长在礼堂宣布。当时除我们之外还有另一对新人也结婚，所以是一起举办的。当时我父亲在东方红工区的供销社，拿了一把喜糖和一些烟来帮着热闹了一下。我跟我爱人生育了两个女儿，1971年大女儿出生，长大以后她去深圳打工认识了宁德东湖塘华侨农场的廖家才，因而现在定居在宁德了。她和我女婿廖家才生育了一个女儿，现在在武汉读研二。我的二女儿王艳，她先在集美华侨补校学习会计的相关知识，后来到深圳打工，在工厂里做会计，因为认识的人少，交友圈比较固定，所以比较晚婚，36 岁才结婚，2015 年移居香港，生了一个儿子现在上二年级。

退休后，我就在家清闲玩耍，每个月退休金 3394.66 元。我后娘在世的时候，我还有跟后娘印尼的亲人写过信，后娘过世以后就没有联系了，也没有回过印尼。因为我摔断了一条腿，毛病多也不方便。我爱人回过两次印尼。未回国前，我们全家人都是讲印尼话，回国后在农场里我才讲普通话，但也是印尼普通话，别人听起来比较吃力。跟女儿们也是普通话交流，现在女儿都不在身边。我和我爱人就都是印尼话交流。我穿的衣服是在深圳买的"巴迪"，平时偶尔会穿。巴迪也分很多种，质量好的话缝线很细，不会粗糙。我到现在还是很喜欢吃印尼菜，宁德东湖塘华侨农场附近有很多家印尼餐馆很正宗。

许万强　口述

口述者简介：许万强，男，祖籍厦门同安。于 1955 年出生在缅甸一个叫作班德罗的农村，回国后继续念书，高中毕业后回到农场工作，先后在茶山、拖鞋厂、雨衣厂工作过，曾任茶厂副厂长、财务科科长、场长助理兼办公室主任和副书记兼纪委书记。

时间：2022 年 8 月 16 日
地点：长龙华侨农场侨胞之家
采访者：苏木兰、郑一省、周妹仔、陈燕梅
华侨属性：缅甸归侨
南洋物：无
整理者：苏木兰

一

我叫许万强，祖籍厦门同安。我于 1955 年出生在缅甸一个农村，这个农村音译为班德罗，后来我父亲去世了，我们才搬到仰光。最早是爷爷奶奶从老家去缅甸，何时去的我并不清楚。当时很多人去缅甸，中国太苦了，要是能过好，肯定也不会去国外。听我母亲的描述，我祖父那一代人是穿着一条短裤就出洋了。缅甸人不像我们中国人那么勤劳，他们的土地很肥沃，不用施肥浇水，一年两季就够吃了。我的祖父刚到缅甸是在乡下种田，他是很典型的中国人，比较勤劳，会累积一些个人储蓄。缅甸人比较懒，没钱了就会向中国人借，因为我们是生活在别人的地盘，不可能不借给他，但问题是借完了他又没钱还，他们就只好割地赔给我祖父，慢慢地，家里就积累了一些土地，每年种水稻，谷子就拿去市场卖，也搞些生意。

我已经记不得爷爷奶奶的名字。我父亲许天宝在我三岁时就过世了，他的模样我都记不住了。母亲叫陈琴养，88 岁于农场过世。早些年在缅甸的时候，我父亲跟我爷爷在乡下种一些水稻、果树，收成了加工拿去卖，母亲在家里照顾小孩。我们兄弟姐妹有七个，我排行老七。我母亲先是生育了两个姐姐，后生育了两个哥哥，之后又生了我两个姐姐，我是老幺。我父亲去世以后，那些地都是我伯母和堂哥他们在经营，因为我们这些小孩还太小了。伯母和堂哥们经营了有收益，就每个月供应我们大米，我的两个大姐姐就去做工赚点买菜钱。同时，两个小的姐姐们读夜校。我和两个哥哥读全日制，该校是华侨办的，只收学杂费，比较便宜，不然家里负担太大了。我在缅甸读的是进步学校，叫作中正中学。仰光街有三道，两道中间是一条宽大的街。我三岁时从乡下搬到仰光，住在姨夫家的木屋房，没水没电，就住在中心街 20 条。因为乡下那里有很多土匪，经常回到村落抓人、抢东西，所以就搬到仰光。在缅甸时，我们学校讲普通话，在家里讲闽南话，在外面碰到华人讲国语，不讲缅甸话是因为在仰光基本碰不到缅甸人，市中心都是华人，郊区住的基本上是缅甸人，但是回来之后我有自学缅语。

缅甸排华不像印尼排华，当时主要是缅甸经济危机，钞票都集中在老百姓手上，其中老百姓中又属华人最有钱。缅甸政府为了挽回这个局面，就想学习我们中国的社会主义，但他们政府又歪曲了社会主义，因而行为上对华人的侵害就很大。政府一夜之间就把华人的资产比如店铺等等全部封掉，老板变成政府职员或者工人。另外，没收华人学校，不让教中文，全部教缅文。我当时上三年级，在这之前，老师基本上教普通话，缅文只是上缅文课用缅甸话讲，一般我们也听不懂。政府排华之后，学校就全部用缅文讲课，不能上国语，我们也不习惯，所以我就不读书了。后来老师又偷偷组织原来的学生补课，原来上几年级就接着补几年级的课，我就去上四年级，上半学期上完，生活越发艰难，我们就回国了。回来的时候本来是有带点东西的，但缅甸人说你们中国人到我们缅甸都是穿一条短裤出来，现在回去却有这么多东西可以带，这样不行，于是就规定项链这些不能多带。比如说一个人多少克，行李一个人 60 磅不给多带。缅甸人还有一招，钱都在老百姓手上，他就印新钞，原来旧钞票必须在某月某日之前花完，而且他不给你全部换，每天只给你换一点。当时我姐姐她们还去帮有钱人换钞票，比如说你帮我换，我给你多少钱，因为换钞票要排队，缅甸政府就这样把老百姓的钱掏空。

二

我的两个哥哥先回国，在昆明华侨补校读书。我母亲和奶奶就带着我和其他五个兄弟姐妹迟一点回国，我们回国的时候大概是 9 月。另外二姐和她爱人回来到云南的华侨农场，后来因姐夫父母在双第华侨农场，他们就到那里去了。我们从缅甸回到祖国，先是到昆明，国家安排一批一批地接送，我们在昆明待了一个礼拜，按照祖籍地分配安置，比如福建人送到福建去。轮到我们的时候是从昆明坐飞机到南宁，再转火车到福州，接着到福州华侨大厦等另外一批人，人齐了以后我们就被安排到长龙华侨农场。

刚到农场的时候，什么都没有，只有一间空房子，没有电，没有水，我们拿三个砖头，锅放上去，再到田里拿稻草柴火，就这样煮南瓜吃。吃的食物自己找，自己煮，也没有桌子，当地的林业工人很好，给了一些地瓜的，随便吃都吃不完。农场后面陆续又盖了几栋，1967 年刮台风的时候，我们住的木屋也倒掉了，又重新盖。我母亲、外婆和我姐姐回来以后就在农场参加劳动，我的两个姐姐在这里的小学读书。当时国家有补助，一个人每月能拿十块钱，也发棉被、卫生衣、卫生裤，一年以后变成一个人补助八块，几年之后就没有补助了。之后变成家里有劳动力一人负责养一个非劳动力的，比如像我姐姐一天能够赚七毛钱，她就要养家里没参加劳动的。我妈妈也养一个，包括外婆也是自己家里养，剩下两个人再给每人每月补八块。另外，粮食就是满 12 岁补 24 斤，布票一个人是 12 尺，油票一个人是三两，按年龄档次，当时国家也困难。

华侨农场当时有配备小学、卫生院、银行、供销社等等。1965年的下半年，农场建了所中学叫"农中"，半天学习半天参加劳动。1966年"文革"，五六年级我就没读了。之后在1969年上初一，一直读到高中。我在连江三中毕业，也没办法考大学就回来华侨农场，成为一名正式的职工。最早我们回来时，我们住的地方叫试验站，有种茶叶、种梨、种水蜜桃的，也有养猪和牛。1966年农场茶业可以生产成干茶，茶厂就建在我们回来住的试验站，因茶厂上班要三班倒的工作时间，需要有工人，但工人没地方住，就把试验站生产队解散，其地方作为了茶厂工人宿舍，后来茶厂也盖了宿舍，就把农中迁到这里。原来生产队基地就作为学生实践基地，种蔬菜水果。我们在农中读书的时候，半天读书半天做工，一天三餐学校提供菜，这段时间虽然说没有像现在的学生学那么多知识，但也锻炼了我们的意志和体魄。之后我就到丹阳镇上高中，我们这一届分到第三中学。我们回到农场后，我母亲和姐姐作为农场职工，就先种果树，挖一个坑五毛，一个人一天还挖不到两个坑，挖完就种果树。以前这座山专门种桃树，后来桃子一整筐分配到家里，吃不完我们还拿去做果酱吃。地瓜也是几百斤，吃不完都塞在床铺下烂掉了，当时一斤地瓜一分半钱。我们回来不久，"文化大革命"就开始了。"文革"开始就没有米吃了，百分之十的大米、百分之十面粉，还有一些地瓜米、麻豆，地瓜米拿去炒，放一点糖精就拿去蒸。地瓜米一直吃到1981年，后来改革开放搞承包，粮食就多了。

华侨农场属于城镇户口，但没有享受到城镇居民的待遇，上不上下不下。当地人种水稻，我们也种，搞茶叶我们也搞，但名头上又不是农民。我因为是农场干部，参加的是城镇医保，但很多人都是灵活就业，参加的是新农合。最开始我们农场是省侨办管辖，地址也不在这里，是在闽侯上街，但那个地方发生了水灾，人又多，没办法安置，于是把原来安置的印尼归侨往这边靠，把原先的农场跟当地的农民合在一起，称为连江县长龙华侨农场，属省侨委管。"文革"开始后就全部乱了，又归到连江县政府管。到1976年"文革"结束，农场又跟地方分开，我们农场一个单位，地方一个单位。1986年中央发了一个关于华侨农场体制改革的文件，指示华侨农场管理体制要下到地方去，提倡三融入。到了90年代，福建省17个农场基本上已经融入到地方。本来华侨农场属于福建省侨办，三融入就规定了华侨农场在什么地方就往什么地方去靠。原来华侨农场有学校有卫生院，现在就把学校、医院等等社会功能分到地方去管理。另外像原来华侨农场搞茶叶，我们茶叶由省外贸包销，改革以后，企业的产品不是由政府包销，农场得自己找市场。1998年省侨办就下文把长龙、东阁、江镜三个华侨农场分到福州市。省侨办为了把这三个农场划到福州市去管，就拨了一笔钱让原来农场的职工参加地方社会保障，在职的以前的职工视同缴费，比如说我参加社保，工作单位帮我交社医保，个人部分自己缴费，这样我就可以享受待遇。1998年开始社会保障这一块就跟着地方走。但管理还没有真正融入，还挂在福州市。到了2014年11月，我们农场正式划入连江县政府管。执行过程比较不一样，像厦门的农场就很好，他们农场跟厦门的政策就一样，同样的职工人家退休拿 6000 元，我才拿 3800 元。从长远看，华侨农场必须融入，三个融入有利于归侨。如果不融入的话，像地方搞乡村振兴、美丽乡村，农场就没有份，老师、医生、电工等职工就享受不到工资调整的好处，政府对当地茶产业也没有补贴，所以从大局考虑融入是好的。

我高中毕业后回来在农场工作，以前种茶，茶叶管理。当时农场除了种茶，还有一个综合厂、车队、机械加工等等，还有雨衣加工厂，鞋厂加工凉拖，还有手套厂，专门做工人手套，其中茶厂是我们的支柱产业，一年给地方缴好几百万税，包括我们雨衣厂等也给地方缴税三百多万，创汇创了几千万，这么多厂后来都倒闭了，原因在于管理体制机制问题。

我开始工作时，在茶山做了六年（1974 年至 1980 年 5 月），后来去天津学做海绵 1 年，回来自己摸索做。海绵原料设备要进口，没办法做就停下来了，那我就把技术交给泉州双阳华侨农场（因为他们有设备）。当时（1981 年至 1983 年）我就在鞋厂做凉拖，主要负责冲床，但后来产品款式没更新，鞋厂倒了我也就没有做了。之后，在雨衣厂打扣，打了半年以后，原本的保管去香港定居了，我才去当农场的保管员。当时农场有小型拖拉机十几部，大的拖拉机有一台，也有日本货车、解放牌卡车，还有福建牌大卡车，很多零件在仓库，我就负责保管。保管的主要工作还比较繁琐，原来财务有一二三记账。一记账是配件多少钱进出多少，二记账是配件里面详细的部分，三记账更细。我需要做账，每个月给农场出报表，哪些零件要买哪些零件够了，领导对我印象就很好，后来有个财务出国了，加上我每个月报表都很清楚，就被调到农场财务做账本汇总记账，当时是 1984 年 1 月。做了半年后，省侨办为了培养华侨农场的经营管理人才就抽人员到福建省农学院农经系去学习，农场就推荐我和另一个归侨到农大脱产学了两年。当时学的是农业经济管理，但入学没考试，也没拿到毕业证，但学习课程跟他们正规的考生一模一样。我们去了 36 个人去考试，都没有毕业证。

学习回来后，我被安排在茶厂做副厂长。这个工作从 1986 年做到 1994 年，主要管理生产。当时的工作主要是年初搞年终奖惩制度、平时安全生产、生产过程的监督等等。主要看职工们的安全生产有没有搞到位，是否按要求去做粗制和精制。比如毛茶的胚加工成后的茶叶要达到要求，如果制成的达到我要求以上，比我要求的高，就给职工发奖。再比如生产有没有浪费，安全生产有没有到位。还有生产结束后年底要进行机器设备维修、炉灶维修、茶筐维修，坏了就要重新做。因为当时全国茶业走下坡，1990 年开始低谷，到了 1992 年左右一路滑下去，我们卖的茶叶钱收不回来，到年底都拖欠钱，几百万的钱拿不回来，茶厂就倒闭了。后来我到场部当财务科长，年初要计划预算农场一整年的流动资金，统筹工人的工资收入，作为养老统筹金发给已经退休的人，然后医保搞互助金，一个人出一百块，作为场内职工医疗统筹金。职工住院可以从医疗互助金报销 3000 元。当时农场职工劳动报酬，一级劳力一天一块钱，二级九毛钱，三级拿七毛钱。后面没有了，就搞定额，包工。这样就提高职工积极性，体现多劳多得。我做财务科长从1994年做到1996年的上半年，办公室主任退休了，就把我调过去任场办主任。1997年提升到场长助理兼办公室主任，干到2004年刚好农场党委换届，经过党员大会推荐，我就当了副书记兼农场纪委书记。当时华侨农场上面没有给机关干部配工资，下放的时候我去跟福州市争取了十个编制和两百万的办公费工资。当时华侨农场是事业单位实行企业化管理，我们机关干部能减尽量减，一人多岗，像我同时管着党务、纪委、计生等等，平时要写材料，还要为茶厂服务。我干副书记兼纪委书记一直到2014年7月场长退休，换我主持到11月，农场下到地方，之后我就退休了。

我1987年结婚，结婚的时候已经32岁了。爱人名叫洪华英，也是缅甸归侨，比我小6岁，1961年出生。晚婚的原因也简单，就是很多人要到香港、澳门定居，看不上我们，男男女女都没对象，我们不好找对象。尤祖泽是我爱人的舅舅，我们当时在一个生产队，1969年我爱人一家回到家乡（厦门），在大队劳动，一天才五毛钱。到了1969年，省里下来一个文件，回乡的归侨可以重新回农场安置，我爱人他们才回来安置在农场。我们本来也认识，后来是我爱人的舅妈介绍我们的。我是有点害羞的，不好意思找对象，虽然我和我爱人从小就认识。经过介绍，我们谈恋爱谈了一年多，她回农场的时候，先跟她哥哥包茶山，做了一两年，后来雨衣厂做了几年又到茶厂去做，因为那个时候我们生育了个儿子，孩子没人照看。在茶厂她可以休息半年，看小孩，平时我母亲帮着照看，但她年纪大了眼睛也不好。适逢农场搞计划生育，不能多生，我爱人在坐月子时，她的舅母在农场当妇女主任，管计划生育，来动员我们要带头搞计划生育，所以我们也就响应号召。我儿子现在还没结婚，他在闽江大学毕业后当复读班老师。我们结婚时也没有聘金，只是按照闽南习俗，买点猪头肉，也没宴请，就是旅行结婚，去鼓浪屿兜了一圈就回来。现在长龙聘金要20万，甚至30万。

我现在退休工资调整到5700元，我爱人的大概3000元。我跟当地人比较有打交道，当地人都不错。华侨农场对当地人其实有很大好处，虽然国家来这里办农场，当地人给了我们土地，但土地也不是那么好，都是山坡地。我们来以后开荒种茶，加上国家照顾才好起来的。如果没有这个农场，当地不可能发展这么快，水电路、卫生院、医院、公交各个方面包括网络信息当地都不会有，只能等到2000年扶贫开发。当地人比较朴实，当时我们茶厂每年可以安排当地一百多个拣工来拣茶叶，还有搞基建等都为当地人提供就业，虽然是给归侨，但当地人也受益。我们雨衣厂、茶厂给连江提供几百万外汇税收，这是相辅相成的。

三

三融入的过程中也出现很多问题，像企业融入市场，有个阵痛过程。以前茶叶有外贸包销，现在没有了要自己去找市场，并不是说华侨农场职工不会经营。国家当时特殊条件下给集中起来，吃住穿都给你保证，到了改革开放以后大家就适应不了，这是一个痛点，需要有一个适应过程。现在农场领导用党建带动经济发展，通过侨文化、旅游来带动，这也很好。我的想法是首先发展经济，现在农场还是卖粗产品原料，我们农场的归侨侨眷不像当地人敢闯，因为他们在这里比较安逸稳定，但这是比较消极的，应该有个敢闯的精神。现在政府搞一个合作社，可以搞一些产品拿去卖，通过直播，领导也鼓励职工去做，职工不敢，地方的人就敢闯。

灵活就业这个问题也是农场归侨侨眷存在的争议。当时规定归侨和侨眷读完书可以回到农场成为一名职工，但到了 80 年代末，省侨办取消了自然增员，不再接收归侨子女（年龄比较小回来，在这边出生的归侨子女），这就形成灵活就业。好处当然也有，就是这些人可以去外面闯，但有的归侨子女享受到国家红利，有一部分就没有了，80 年代末取消之后的就没有了。另外就是独生子女的奖励，据我了解，广东独生子女孩子一百块，父母亲各一百块，福建福州只要是父母有一个就业，孩子可以拿一百。计划生育的时候我们农场非常认真执行这项工作，百分百全部到位，因为我当时也管计生，我们认真执行。现在连江给农场如果夫妻两个都是自谋就业，可以给奖励，夫妻两个都是职工就没有。

华侨农场最开始的住房是兵营式瓦房，下面就一间房间，上面盖着瓦片，没有厨房，宽度大概 3.3 米，长度大概 6.5 米，根据人口安排房间，六个人及以下就给小房间，六个人以上安排大房间，厨房是后面加的，两户共用，一户一半。第二阶段是 70 年代，盖的是套房，一共三层楼，没有所有权，只有使用权，后面盖的这些房子规格不一样，有的五十几平方米，两房一厅一卫，基本上每个工区（十个工区）都有一栋，也存在一些走后门的现象，领导干部可以优先给。到了 80 年代，中央和省拨款搞侨居工程，有大概 70 平方米的，两房一厅，客厅很大，大概 20 平方米，每户补 8000 元，剩下的每家自己出。当时这种房子一平方米大概 1200 元，当时省侨办说可以做房产证，我们没有去办，当时没有这个概念，所以就没有产权。到了第三阶段，可以自己盖，但必须在建设用地盖，中央、省、市和县，每户补贴 2.1 万，省侨办配套政策跟地方对接，做产权挺难的。我们农场盖了十栋，每栋 6 户，不包括个人自建，大概 60 平方米建筑面积。2006 年开始盖，2008 年结束，六户只能搞一本产权。六户一本产权这个事情，很多人说容易引起邻里纠纷，但我觉得不会，因为性质完全不一样。第一，我们符合国家要求；第二，国家有这个政策，可以做产权，土地证和房产证，一户一套，因地制宜，每一套单独一户，跟地方不一样，这个政策是国家定的。这样下来，农场就要出一个保证，保证六户居民拿到房产证不会去争。因此，我们就通过人大主任去协调，头尾搞了八年，首先要建设局画红线，要搞土地证、施工许可证等等，要个人跟房地产签订盖房协议，还要去房管所报备搞房产证。连住房盖了五栋平房，给五保户住的，比较高级的有防水层，实际面积大概 45 平方米。国家就这么一个政策，一个户一套，建筑用地必须在农场规划下，统一设计，统一施工，就只有一户自己盖，盖了一层。

尤祖泽　口述

口述者简介：尤祖泽，男，1957 年 4 月出生，1965 年从缅甸回到国内，祖籍福建省南安市溪美山仔尾。回国前就读缅甸的华文学校，回国后在长龙华侨农场小学念到初中毕业，高一到浦口中学（现连江五中）读，17 岁时因为很想出国就没继续读书，转而参加工作，做过茶山、水稻田、农场拖鞋厂和雨衣厂的流水线，也到福州打过工，后来年纪大了身体也差了就退休不做工了。

时间：2022 年 8 月 15 日
地点：长龙华侨农场侨胞之家
采访者：周妹仔、郑一省、苏木兰、陈燕梅
华侨属性：缅甸归侨
南洋物：无
整理者：苏木兰

一

我叫尤祖泽，1957 年 4 月出生，1965 年从缅甸回到国内，祖籍福建省南安市溪美山仔尾。我的父亲尤芳茅十几岁时跟着家里的长辈从厦门坐船经过马六甲去到缅甸，前后来回了两次。第一次去的时候日本侵略了缅甸，把他们赶回来了。后面退兵了，他们才又跑到缅甸。到缅甸以后，我父亲就到处走，当小贩，直到我出生，就在东墩枝定居。父母在缅甸是开杂货店的，卖米卖面，什么都卖。我的母亲是客家人，是个中缅混血，名叫马瑞英，这个名字是根据缅甸语音译的。"ma"这个音在缅语里是姐的意思，"dou"是姑的意思。我父母一共生育了 10 个子女，六男四女。我在兄弟中排行第四。我的大哥 1941 年出生，名叫尤祖能。二哥 1944 年出生，名叫尤维新。三哥 1950 年出生，名叫尤祖勇。大弟弟名叫尤祖斌，1960 年出生。二弟弟尤祖吉，1963 年出生。大姐名叫尤玉兰。二姐没有去过缅甸，留在溪美老家陪奶奶，已经过世了。三姐名叫尤珍妹，四姐名叫尤金玉，我们全家交流时都说的缅语。

我们在缅甸的住所周边华人很多，所以我就读的是华文学校。一直到 1965 年缅甸排华，缅甸政府就不让我们就读华文学校了。排华时，政府规定如果要继续在缅做生意就要加入缅籍。我母亲是中缅混血，她是愿意入籍的，但我父亲并不愿意入缅籍，因为他是中国人很爱国，并告诉我们不学中文不行。我们回国时是坐火车到仰光，然后从仰光坐飞机到昆明，到昆明的时候是 1965 年 9 月，再从昆明坐火车到广州，接着再到福州，1965 年 10 月 2 日到达长龙。这途中在昆明、广州都有停留过一些时间，回来的时候我年纪还小，就觉得好玩，心里有很多期待。

二

　　回国初期，我母亲有发牢骚，因为在长龙开门见山，在缅甸没有这种情形，而且回来也没想到要开荒种地。缅甸就算是穷人的吃食，也不用地瓜配米。回国前我们都是吃大米，回国初期我们却吃地瓜配米。那段时间国家很困难，所以我们的生活也比较艰难。回国初期，长龙当地都是没有电的，农场内部有柴油发电机可以发电，但到晚上 9 点就没电了。刚到农场的时候，我父亲就做茶山，母亲在托儿所当保姆，我们这些孩子就是上学。二哥比我们全家都早回来，大概在 1963 年回国到北京华侨补校读书，读完回农场找父母。三姐在集美读华侨补校，读完以后去永定"上山下乡"，其他的都在农场上学。

　　我回来后，就在长龙华侨农场小学念书，初中也是在农场念书，高一到浦口中学（现连江五中）读，之后就没有心思念书了。当时 17 岁很想出国，因为那个时候 70 年代"出国风"盛行。没读书以后我就做茶山，每个月 8 元钱，半年后再评级。也种点茶叶和水稻田，也在农场的拖鞋厂干过几年，都是干流水线的活。我主要负责打包，工资大概是五六十块每个月，后面也在雨衣厂干过，干到 2007 年，工资从一百多干到六七百，也在茶厂做过。因为农场的工厂倒闭了，我们农场的灵活就业人员缴纳的社保金额很高。我从 1993 年开始缴纳社保，一年年从一百多增加到现在要交上万块。我在 50 岁的时候下岗了，到福州马尾区的亭江去打工当武警部队的门卫，每个月八百块，包吃住，这个工作干了一年半，后回农场受朋友委托帮忙做茶厂，但工作环境不是很好，年纪大了身体也差了也就不想做了，就一直吃老本。

　　"文革"的时候我只有十来岁，并不懂什么，有见过他们游行批斗，但并没有参与。我家里没有很浓厚的宗教氛围，我母亲有拜佛，但也不是很刻意的。节日也都是按照中国的风俗来过，但也过缅甸的泼水节、点灯节等等。缅甸的节日很多，我也搞不清楚。缅甸的吃食我们也做，但料太多了我记不住，就只记得鱼粉。我的交友一般都在农场内部，跟当地人的交流比较少，因为我们归侨跟当地人有些矛盾，比如我们种水果他们会来偷偷采摘，种茶叶他们也会来偷采。这也难怪，因为他们当地人以前比较穷。从缅甸带回来的南洋的证件，基本都交给侨办了，我家里没有存放。

　　回国后我们还有回到过溪美老家一次。老家的亲戚，就剩下堂兄弟。我们去的时候，在那里"做功德"（民间一种超度亡魂的宗教仪式），请了和尚和道士来念经做法。当时我还在农场小学里代课英文，耽误不了那么长时间，就回农场了。我从缅甸回来时才上一二年级，英文也只学了 26 个字母，后来回国后自学的。中央台有个节目叫《Follow Me》，我就是跟着这个学的。

　　"出国风"盛行的时候，我父母、大哥、四姐和二弟弟一起去了香港。他们去了香港也是做工，主要做玩具、电器配件等等，现在生活都还不错。我们还有保持联系，因为疫情我没办法去看望他们。三姐和大弟弟去了加拿大，三姐出去是因为她在泰国集中营待了很长时间等联合国安排，她和我的姐夫是在集美补校认识的，毕业后都在永定插队结婚，再后来就去了加拿大。我当时是跟父母兄弟他们一起申请到香港的，当时可以以大哥的关系申请到香港，但领导没有同意，只获批了一半的人出去，比如我父母、姐姐。因为如果都出去的话，农场就没有人干活了。只批了老的和小的，我们这些年轻力壮的只能继续等待，就这样一直等到 90 年代，政策越来越严格，不容易出去了，因为出去的要求很高，要求未成年和父子关系，这根本是不可能实现的。我也想过申请到加拿大，都已经递交材料到大使馆面谈了，但因为没有经验不会说话，被抓住把柄了。大使馆的工作人员问我姐姐有没有回来看过我，我撒谎说了没有，对方说既然她没回来看过我，那还有什么感情，我就被拒签了。零几年的时候我父母回到农场看过，2009 年的时候我母亲过世，第二年我父亲也过世了。

我现在住的房子是农场的第一代房子，当时花了五百多块买的居住权，房子像营房一样，就一间厨房。早些时候没有卫生间，后来用厨房隔了一个出来。没有搬到第二代、第三代房子是因为当时僧多粥少，而且我也没那么多钱可以搬到第二代住房或第三代住房去住。我现在退休工资每月三千多元，够自己花销，生活也还可以，一直都没有结婚成家，因为 70 年代的时候想出国，以至于错过年纪，不好找对象了，所以就一直没结婚。2019 年我跟着旅行团去过一次缅甸，但旅行团的路线没有安排到我儿时在缅甸住的城市。去看了这一趟，发现缅甸其实没有什么变化，跟我小时候印象里的一模一样。原先计划第二年再自己回到出生的城市看一看，但遇到疫情也没办法成行了。

我没工作以后就没有收入了，其实也有些不开心。虽然跟香港和海外的亲人都还保持联系，但我并没有告诉他们，因为他们生活也不容易。

郑华珍　口述

口述者简介：郑华珍，女，1962 年出生于缅甸仰光，祖籍是厦门同安，1965 年跟随父母回国，小学就读于东方红工区的共产主义小学，初学就读于长龙中学。初中毕业后没有再读书，因为家里穷想要早点开始工作，1978 年在茶厂做了两三年，后来到制衣厂、手套厂、鞋厂等等做缝纫工、保管员、验收员之类的小时工的工作，也在农场的供销店做了一年多销售员，后来自谋职业，断断续续工作了几年后就回归家庭带小孩，以及照顾老人了。

时间：2022 年 8 月 17 日

地点：长龙华侨农场侨胞之家

采访者：苏木兰、郑一省、陈燕梅、周妹仔

华侨属性：缅甸归侨

南洋物：无

整理者：苏木兰

一

我叫郑华珍，1962 年出生于缅甸仰光，祖籍是厦门同安。母亲陈秀英，父亲郑德前。我家里有三女一男，大姐郑华珠，二姐郑华宝，三哥郑卫基，我最小排在第四。我的爱人叫陈民国，他也是缅甸归侨。我家是爷爷那辈开始去缅甸。父母在缅甸做的是小生意或者是打工，具体是做什么我也不清楚。1965 年我们家回国，我小学就读于东方红工区的共产主义小学，初学就读于长龙中学。七八岁的时候我跟我的母亲回过一次老家，不过那时候老家基本都没有认识的人了。我母亲和外公外婆也是华侨。

缅甸排华的时候，我父亲主张搬回国。他在缅甸坐车的时候出意外腿断了，没办法工作，加上听到广播宣传祖国，父亲的爱国之心加上家里的窘境，我们家就回国了。我的奶奶大姑姑（已过世）、表哥、表嫂表侄女也从缅甸一起回来。她们那时候分在红卫工区，现在表嫂姑姑侄女在香港。那时候只要有亲戚，就可以申请出去，他们几年后通过了申请。如果是父母关系夫妻关系就可以比较快可以申请出去。那时候我们想去比较方便申请的澳门，但是妈妈害怕我们还小，女孩子危险，不同意，后来想通了，想去的时候政策已经不允许了。

二

父亲回国第二年（1966 年）因为肝癌过世，那时最多只能到公社卫生院看病，我们连县医院都没有去过，因为路是小石子路，路不好也没什么车。父亲过世后，母亲变沉默了很多，也很想回缅甸看看舅舅，但是很遗憾的是一直都不能去。父亲过世那时候，大姐才 8 岁还不能工作，母亲独自照顾我们四个孩子长大。后来

我在长龙照顾因为年老跌倒不能自理的母亲6年多，母亲在大前年就过世了。大姐初中毕业，就因为要供弟弟妹妹读书和补贴家里不再读书在雨衣厂做工，最高时做到了主任的职位。大姐夫是孤儿，当兵退役了在红卫工区，现在退休了，但在这里还做收水费看水表的工作。大姐现在退休了，她在福州照顾孙女。二姐刚开始工作是在小学教幼儿园，后来调回农场做机关干部，退休后也在福州看两个孙子。三哥小时候身体不好，但是写字很好，成绩也好，被保送到华侨大学，毕业后被分配到福州的省建筑设计院，毕业后一直在福州，过年过节才回长龙陪母亲。我初中毕业没有再读书，因为家里穷，想要早点开始工作，没有心思读就开始出社会来工作。1978年我在茶厂做了两三年，后来就到制衣厂、手套厂、鞋厂（香港那边提供样板给我们做）等等做一些缝纫工、保管员、验收员之类的小时工的工作。后来也在农场的供销店做了一年多销售员，主要卖米、布和其他日用品。那时候还要用粮票布票。这个供销店以前是公家管的，后来是给私人承包的人管。刚开始还没有承包制的时候工作算的是工分，一天几分。计算工分的时候我一天通常都是五六分。有了承包制之后才有月工资，在农场的供销店一个月的工资大约就是几百块，后来我出来自谋职业。有政策后开始交社保，一开始一个月交六十几，最多的时候一个月交过六千多，一直交到50岁退休。断断续续工作了几年后，我就回归家庭带小孩照顾老人了。我做茶叶时间最长，做了两三年，在农场卫生院给别人打针也做了三个月，结婚后就没有再做。

我爱人也是缅甸归侨，比我大8岁，以前住一个工区。我们是一个家乡的，所以经常一起聊天，后来他姐姐和我妈妈介绍我们俩相亲结婚。他们家搬回厦门灌口几年后又搬回来了，我爱人也在厦门当了六年的消防兵。我们家当时也能搬回厦门，但是只有我母亲想要搬，我们几个孩子都不想，因为在那边没有认识的人，也不熟悉。1982年我和我爱人到厦门旅行结婚，也没什么特别的风俗，以前结婚很简单。我们回家也没办酒席，只是家里人吃了饭，但是给亲戚朋友发了喜糖。我在东方红工区住的是瓦房，结婚后和爱人住在农场的场部这里的一层平房。房子是政府分配的，也不大，后来结婚两年后不够住了，才慢慢加建成两层。我们在那里住了很久，九几年因为要照顾母亲才和我的爱人搬来这里。我和我的爱人谈了一年恋爱就结婚了，那时候我们谈恋爱就是约着出门走走，玩一下而已，看电影也很少。当兵退役后，政府安排他开小车接送干部开会。自谋职业后，他和他弟弟合资买了货车给雨衣厂送货到福州，然后又在货运公司开中巴，一直开到60岁的时候退休，现在退休金也有三千多。

从缅甸回来的时候，是国家分配回到福建。到这地方的时候，觉得这里很偏僻，我们住的地方叫东方红工区。那时候的沙土地面坑坑洼洼，房子是瓦片的一层平房，还没有灯。那时候这里靠近台湾，好像也在打仗，有很多防空洞。我们一家人住一小间房子，几个兄弟姐妹挤在一起住，回来的时候全部人看到条件都哭了。但是我们小孩子也很快就开始钻进防空洞一起玩。过年的时候，我们还没有能力发红包，但是会发面粉之类的东西，每家就都会做一些糕点，比如用面粉炸的面点，烤饼，还有红糖年糕。少数民族家里有磨米的工具，我们就会一起去借用。孩子们会每家每户地去拜年，会去场部的商场买新年的衣服，想去福州的话会凌晨三点就起床，一群人坐农场里的拖拉机去福州的商场里买东西，逛街。凌晨天黑的时候出发，到地方的时候天都大亮了，回到家里也凌晨了。同一个工区的小孩会一起玩，一起上学。回国的时候带了一点手表之类值钱的东西，但是需要用钱都变卖得差不多了，只有小时候穿过缅甸的裙子，现在也不知道放到哪里了。用过的缅甸锅，我们也捐到这里的侨史馆了。这里的条件一直都不太好，直到我们长大工作了才慢慢好起来。我们家的劳力比较少，比其他人家要苦一点。我母亲当时在工区的托儿所里做保育员，每个月工资也很少，几毛钱。我们几个孩子慢慢大了，分的粮食都不够吃，只能自己种一点菜加上分配的地瓜才够。那时候吃地瓜吃到怕，就着一点点米饭配地瓜吃。我们也没有保留很多缅甸的饮食习惯，只是母亲有时候会给我们做缅甸的鱼汤米粉吃，正宗的是用黄鳝鱼放柠檬汁做，但我们条件有限，只能用鲫鱼和醋。母亲也会教我们做一些咖喱鸡之类的菜。有时候在香港澳门的朋友回来的时候，会给我们带一些缅甸人在香港澳门开的店卖的食物或者配料。

1995年的时候我爱人先回缅甸仰光，我后面一点去的，想要看望亲戚朋友。他也打算在那里发展，和在缅甸的朋友做传呼机、BB机之类的电子生意，但是因为华人华侨的身份和当地政策不允许，最终都没有能做，我们也就回国了。两个留在缅甸的舅舅陈国琛和陈国伟也是做一些小生意，卖口红、鲜花、服装等等各种各样的东西。缅甸华人的经济对比其他国家的要差一点。现在我们和舅舅家的人逐渐不联系了，缅甸的电话不好打，也可能是他们换了号码。和香港朋友的联系也不多，用微信比较多，电话都不打了。

自谋职业的时候，我自己找工作，但是可以交钱保持农场的职工工龄，自己交社保。我在长龙华侨农场的工龄是33年，因为是做农活的，所以50岁就要退休。我交的是城镇医疗保险。说是自谋职业，但后来我一直为开车的爱人做饭，照顾和我一起住的母亲。"文革"那时候我还小，还在读书，我家里条件很差也是被评为贫下中农，所以没有受到冲击。我有看到过有人被批斗，那时候一天被批斗好几次，大家都要出来喊口号，我也跟着去喊过，但也不知道什么意思。不喊也会被打成资产阶级，现在当时被批斗的那个人也已经过世了。

我刚退休的时候，一个月退休金一千多，现在三千多。退休后我平时喜欢跳广场舞，也很喜欢唱歌。平时我们五六个人每天晚上都会跳。后来因为疫情也没有保持这个频率了。有跳舞的习惯和爱好，是因为以前有一个姓刘的厂长组织我们跳，干部也要跳，统一7点的时候要来跳广场舞。搞全民健身的时候，还请了福州的老师教我们跳，不跳不行。本地人也会来看，多的时候有二三十个人跳，很热闹。这几年推行以侨为主的时候，鼓励我们宣传，所以偶尔也会跳一点缅甸舞和印尼舞。农场有时候想让我们跳就会排练。公社在采茶季的时候搞最美茶商的活动，也请我们去跳过。最近这里在弄美食节，会有很多缅甸、越南和印尼的特色美食。缅甸粽子主要是三角肉粽，越南主要是越南粽，印尼就会用香蕉叶包粽子而不是用粽叶。

我的独子是在计划生育的时候生的，现在在福州开咖啡店。我也比较喜欢喝黑咖啡，但是喝绿茶比较多。他喜欢咖啡，是受他奶奶的影响。他小时候奶奶会给他做咖啡和奶茶喝，他就渐渐喜欢上了。现在他的咖啡店的生意也一般，也有去教别人做泡咖啡。家里交流用普通话。我大姐会讲缅甸话，我的闽南话是跟我婆婆学的，我爱人家里人都会用缅甸话，但也很少和孩子讲以前在缅甸的事，因为他初中就在外面读了。儿子想去缅甸，本来今年要去的，但是因为疫情没去。

第三部分　常山华侨农场篇

　　常山华侨农场地处福建省漳州市南部，与云霄县、诏安县毗邻，厦深高铁、沈海高速、314 国道穿境而过，交通便利快捷。常山华侨农场是全国第二大、福建省第一大华侨农场，现有土地面积 115 平方千米，其中国有土地面积 64 平方千米，山地 11.7 万亩，林地 10.11 万亩，耕地 0.47 万亩，茶果园 3.18 万亩。[1]常山华侨农场前身为福建省归国华侨常山集体农场，基于云霄县大水崛村劳改队的基础上建立而来。1952 年 12 月初，劳改队转场内迁，其后马来西亚和新加坡归侨于 12 月 25 日安置于此，并由 147 位青少年对这一地界进行拓荒。1953 年 1 月 1 日，福建省归国华侨常山集体农场正式成立。在此后的 2 月到 4 月期间，又先后安置这两个国家的归侨共 350 人。后因支持海外侨胞的反排华斗争，妥善安置归侨，中侨办决定扩建农场。1959 年 1 月，农场更名为国营福建省云霄常山华侨农场。1960 年 3 月至 1961 年，常山华侨农场先后安置三批印尼归侨共 3801 人。1963 年 10 月，又安置集美归侨学生 108 人。而后在 1978 年至 1979 年其间，农场又安置四批次越南难侨共 1359 人。此外，常山华侨农场建立之后，长期接受中侨办的安置归侨任务，除上述 3 大归侨群体外，又先后安置来自美国、日本、菲律宾、缅甸、泰国等国家归侨共 89 人。建场以来，常山华侨农场共安置来自 13 个国家的归难侨 5595 人。截至 2020 年的数据，常山华侨农场共有归侨 1688 人，侨眷 3168 人。[2]

　　1953 年至 1958 年 6 年间是常山华侨农场的艰苦创业期。常山华侨农场初建时，从原来劳改队接受的固定资产只有三座土房、12 个粪坑、200 亩地、1 头牛。在此一穷二白的境遇之下，最先来到农场的马来西亚归侨凭借着满腔的爱国热情和参加祖国建设的强烈愿望努力开荒扩土，筑坝修水，造林防风，为常山华侨农场此后的发展奠定坚实的基础。至 1957 年，农场财政实现第一个盈利年份，粮食保证自给自足，各项基本设施建设有了一定基础，经营管理日趋完善。1959 年，为接收印尼归侨，在原有集体农场的基础之上国营福建省云霄常山华侨农场正式成立，在此后的 8 年间，常山华侨农场不断发展壮大。1960 年至 1962 年间，在"以粮为纲，多种经营，因地制宜，全面发展"的经营方针下，农场实行以生产队为基本核算单位的大包干责任制，粮食生产实现超产，农林、水利获得一定发展。1962

---

[1] 董中原：《中国华侨农场史（福建卷）》，北京：中国社会科学出版社，2017 年，第 866 页。

[2] 数据由常山华侨农场侨务办公室提供。

年，常山华侨农场改变以往单一的农业生产模式，兴办罐头、米粉、酿酒、棕油、副食加工、缝纫 6 个新厂，其中罐头厂利润可观，解决大批职工住房问题。1966 年至 1967 年是常山华侨农场发展停滞期。受"文化大革命"的影响，农场的农工业发展一度遭受挫折。至 1978 年改革开放后，常山华侨农场迎来复苏期。1978 年，农场大量接收印支难侨，尤以越南难侨为主，因而农场为安置大量归难侨开始谋求新的发展。1980 年后，农场贯彻农工贸联合发展的模式，新办了一批外向型工厂企业。至此，常山华侨农场依靠工业企业的发展迎来了发展的黄金时期。以罐头厂为例，至 1982 年底，罐头厂成为福建省侨务系统最大的外向型企业之一，产值 6379.6 万元，盈利 838.2 万元，缴税 231 万元。[①] 1991 年后，常山华侨农场迈入 8 年体制改革的时期，对农业管理区经营管理、工贸企业管理、住房等多个方面进行改革。直至 1999 年，常山华侨农场转至为华侨经济开发区。1999 年 7 月 1 日，"漳州市常山华侨经济开发区"正式揭牌成立，实行"两块牌子，一套人马"的发展模式，常山华侨农场作为华侨经济开发区的下属企业运作。至此，常山华侨农场迎来新的发展期，社会经济、社会文化事业、教育事业、卫生事业、城建、交通等各方面获得长足发展。至今，常山华侨农场依旧保留农场和开发区两块牌子，各项事业发展欣欣向荣。

---

① 《中国华侨农场史（福建卷）》，第 877 页。

陈梅花　口述

口述者简介：陈梅花，女，中国共产党党员。1962年生于印尼三宝垄，祖籍福建厦门，1967年回国。回国后，陈梅花毕业于龙溪师范学校大专班，参加工作后，先后任常山华侨农场妇联主席、常山华侨农场粮食局局长、常山华侨农场交通局局长、常山华侨农场行政服务中心主任、漳州市龙文区经贸办副主任等职务。1997年，陈梅花加入中国共产党。

时间：2022年8月23日
地点：常山华侨农场卓学托管中心
采访者：罗赞
华侨属性：印尼归侨
南洋物：归国证明、护照、归侨证
整理者：罗赞

一

我叫陈梅花，1962年9月出生于印尼三宝垄，祖籍福建厦门，1967年回国。我父亲的祖父叫陈忠，是他最先从厦门去印尼的。在鼓浪屿出发，坐一个舢板船漂洋过海到印尼的三宝垄。他到印尼以后就生下一个儿子叫作陈良丰，陈良丰就是我祖父，我父亲陈顺庆是在印尼出生的。父亲在印尼是开米店的，然后家里有几部卡车，属于小康生活了。因为家里属于小康的，就有机会接触到中国领事馆的人。所以1960年排华的时候，还没有冲击到我们家，因为我们算中产的，冲击得比较大的是底层的那些华侨。1960年排华我还没出生，好多华侨都被赶回来了。我是1962年出生，到了1967年的时候，我到了读幼儿园的年龄，当时印尼和中国关系交恶，所有的中华学校都关闭了。这个时候印尼发生了41位爱国华侨青少年维护祖国荣誉被遣送回国的事件，我父亲毅然申请回国护照，和他们一起回国，在1967年5月到了广州华侨接待站。我们当时是坐飞机回来的，那个飞机不是直接飞到中国，而是先到柬埔寨然后再到广东。1967年我当时才5岁，印象中下了飞机之后，就是一群红卫兵来接我们。在广州住了两个月，然后就开始按照计划分流，我们就到祖籍地福建了。到了福建，刚好是"文化大革命"，到处号召"上山下乡"，我们家就来到了常山华侨农场最艰苦的地方柘林。当时柘林有一个开荒队，开荒队下边有一个小山村叫九溪，我们就是去到了那边。我们来到的时候那个村子的人家不超过9户，我的童年就是在那个小山村长大的。

刚回来的时候，家里人落差是很大的。因为在印尼的时候基本就是小康生活了，家里什么都有，回来之后一下子受不了，落差太大了。我兄弟姐妹5个，1个大哥，2个姐姐，还有1个妹妹。母亲要带那么多小孩，刚回来什么都没有，回国之后两地生活落差太大了，母亲就郁郁寡欢了。她不久就生病了，什么病也不知道，可能心理上的更多一些，带去漳州医院看病。但不幸的是，回国半年，6月十几号回来到12月19号母亲就过世了，也就是我5岁的时候。由于我母亲去世早，所以我对母亲的印象没有那么深刻，包括对在印尼那些亲戚的印象也不多。我们回国后，由于生活很困难，都是印尼的阿姨他们在接济我们，经常给我们寄钱。当时我父亲走的时候把米店、车辆这些财产都送给了我舅舅，所以他们就把赚的钱寄来给我们一些。这些钱都是通过侨汇寄给我们的，因为我们住的那个地方是小山村，虽然那时候是"文革"期间，但我们那个地方好像对政治没有那么敏感。我记得当时寄信去国外的邮费是比较贵的，要5毛钱，当时国内寄信就要8分钱左右。刚回来的时候生活可以说是很困难的了，但是国家对归侨有照顾，就是归侨的口粮是公家分配的。归侨在整个常山华侨农场能够生存下来，比本地人能够更好生存下来。有一点好的地方就是口粮是公家按照你的人口分配的，比如说一个小孩吃7斤、12斤、14斤，可以到大队里面去拿米回家。在农村，我们从小就参加劳动，到生产队挣工分。

到1968年的时候我要上学了，就到另外一个小山村去上小学。小学教育阶段是非常不规范的，有时候到这里去学一下，有时候去那边学一下。到了1974年小学毕业了，我就到海峰中学去读书。因为我父亲有一个执着的教育理念：他会印尼文，但是他不懂得中文，就希望他的孩子一定要学中文。1976年打倒四人帮的时候，我刚好读高一，1978年读高二的时候就恢复高考了，我刚刚好是那一年参加高考。1978年参加高考的时候，国家划定了一个归侨分数线，到达这个分数线就可以读华侨大学和暨南大学。我读文科的，我应该是去读暨南大学，但是我们那个时候因为档案资料不齐全，我的校长也就是海峰中学的校长，他就认定说所有印尼归侨的都是1960年回国，我是1967年回国的，所以就不认可我是归侨，不能享受待遇。那一年高考，暨南大学260分上线，我当时考了320分还上不了。高考考不上以后，就回去务农了一个月到9月份。9月份的时候常山农场招考小学教师，我就去报名，结果考了第二名。我当时才16岁，就通知我这个16岁的孩子去报到，那我就去小学当了一个小学老师。那个时候也很幸运，学校领导让我去当少先队辅导员，发了一本证书，这本证书对我起了一个非常大的作用，到今年我工资要定编，因为档案都没有了，只有那一本证书作为佐证认定，我是1978年9月入编。在小学教书两年，我觉得当小学老师太委屈自己了，开始自己读书，自己参加高考。然后1979年的时候没地方报考高考，我就去到集美华侨补校补了一个月然后参加高考，结果差13分没上线。1980年心有不甘，我回到我原来的学校去。那个时候往届生也可以参加高考，我就再回到海峰中学报名。这一次就考上了龙溪师范大专班，就是现在的闽师大。我到那边去读中文，读了两年，20岁就毕业出来工作。按照从哪里来到哪里去的原则分配回常山中学，在常山中学一待就是8年。

1990年的时候搞社教活动，要找一个读中文的，搞宣传报道的，农场就到中学去调。就我一个是科班出身的，所以那个时候就调到农场机关去工作了。

　　1990 年到 1992 年我一直在文教办，专门搞宣传报道。正是因为在文教办工作，90 年代的时候能够接触到关于农场的一些资料。那时候资料保存工作是不到位的，在职时我尽可能抢救农场很多珍贵的资料，现在看到的农场老照片都得以保存，好多都是当时抢救保存下来的。1992 年的时候妇联开始进行改革，明确要求需要引进大专以上的学历的人，于是我按照这个政策就调到妇联当副主席。那我先在妇联当副主席，后来又当了主席，前前后后在妇联工作了差不多 12 年。因为工作需要我又调到经贸搞招商引资。那我这一年就调到经贸办公室当副主任。当时我调过去的时候刚好很多部门都在改革，需要先去整顿粮食系统，所以我到经贸办公室的时候先挂的是粮食局长的职位。那我就先从粮食局这边进行改革，成立了一个粮管中心，也就是现在常山的粮管中心。后边农村水泥路建设，又让我去组建交通局，担任交通局的局长。当时就是让我去省交通厅把农村水泥项目拿下来，我就到省里面去，在福州做了两年工作，到处去求人家拿项目。现在常山华侨农场内山柘林到白竹的那条水泥路就是在我手上做成的。以前那边都是泥路，所以当你走在自己建设出来的道路上还是很有自豪感的。所以里面那些村里面的人都知道说这么一个女局长就把项目拿下来了。我一个学中文的后边变成搞工程的，因为角色的转换，我也为自己考了一个二级建造师证。大概 2003 年或者 2004 年的时候，常山华侨农场为了改革组建了行政服务中心，把公安、工商、地税、国税、土地整合到一起，让我担任行政服务中心主任，来协调这些单位。最辉煌的时候，我是手上管着 8 个印章。

二

　　2007 年的时候，我调离了常山。调离的原因是早在前一年的时候，我的同学就先调走了，他调走之后就有一件事情触动了我。我们常山把干部所有的待遇在分流改革的时候全部挂到职工社保，所以你退休的时候你就是两本"簿子"，一本是职工养老金退休本，一本是开发区给你的补充养老金。一旦开发区没钱了，干部的补充养老金就没办法按时发放。这个也是农场历史遗留问题了，到现在也没办法解决。见到这种情况，我就申请调动，调到漳州市里。这一年刚好龙文区人大换届了以后还有职位缺额，我就到漳州市龙文区环委当副主任（正科级主任科员），然后 53 岁那一年，内退到一家学历培训机构。2017 年正式退休后我就回常山华侨农场办了一个培训中心。我现在退休了，享受四级调研员的退休待遇。这是常山没有的待遇，在其他区县，只要是 15 年以上的正科级干部就可以享受这个待遇。也是因为这个原因，我的退休金不像他们一样是两本"簿子"。常山华侨农场干部退休金的两本"簿子"问题，是历史遗留的一直萦绕在常山人心头的解决不了的问题。

　　农场的文化建设也存在一定的问题。很多外边调来的领导，他不了解侨情，很多项目很多工程都是面子工程，对常山发展没有实际意义。好比说找一个水库，然后搞一个景点，周边也没有配套设施，投资回报率不高，对农场发展没有太多实质性的意义。常山华侨农场就那么大，历史底蕴说白了就是归侨文化。只有发展归侨文化，常山才能在发展中占有一席之地。常山那么多东南亚小吃开发不起来，原因何在？就是因为政府没有牵头，如果政府牵头做起来我觉得会比沙县做得更好。像现在农场的东南亚美食节办得也是很好，但是有一个存在的问题就是功利性太强了，以挣钱为主要目的，而且没有形成一个强有力的品牌，就只能局限于我们这边这个地区不能很好推荐出去。像好几家做千层糕的店，农场对这几个对象其实应该扶持的，让他们壮大，然后形成他自己的品牌，而不是说只在常山这里内部销售，这样子格局就太小了。从我的角度来说，我觉得这种领导的选调制度是存在一定问题的，这个就涉及到我们的体制改革。我觉得常山华侨农场的体制改革在一定程度上来说不算成功。农场 1997 年下放地方管理，但是没有做好调研工作，实际上是很仓促的、很被动的。下放地方管理，根本没有了解到这个地方还有多少归侨，归侨里面还有多少是精英的，这些精英他有没有能力领导这些归侨农场的发展，做成一个很好的继承。常山华侨农场是一个地方挂两个牌子，一个是常山华侨农场，一个是常山华侨经济开发区，农场的牌子是省侨办的，开发区的牌子是漳州的，然后这两块牌子一直协调不起来。改制的弊端在于没有改彻底，所以导致很多关系理不顺。再有一个就是从组织人事关系上来讲，华侨农场的管理干部要求有一定的归侨身份的比例，然后女性也占一定比例，但实际上却是归侨干部一直在流失，拥有侨身份的干部已经没有多少了。还有就是在归侨当中有一个很大的特点，就是受教育程度的影响，不同的归侨群体之间包容性不够，就是说会形成自己的小团体，就导致了不同国家回来的归侨产生一些隔阂。虽然不是很大的问题，但是多多少少也会有一些影响。

我是 1985 年结婚的，我爱人也是印尼归侨，1960 年从印尼万隆回到中国。我爱人的爷爷从福清去的万隆。他老人家去海外还有一段故事，他们家为了去海外把他的一个姑婆卖掉换了三个铜板，然后拿三个铜板让我爱人的爷爷还有两个叔公三个人从福清漂洋过海到印尼。后来 1960 年的时候他们一家都回来了，也是分配到常山。回来到了这里以后，那一段时间这里也是很苦，他爷爷就带着他和他爸爸回福清老家，没想到福清老家更苦，然后又再回到常山。我先生高中毕业了直接去当兵，当时部队叫北空 24 师。他复员后就到派出所工作。我们现有一个独生女儿，我女儿高中大学毕业。

我原来也一直在收集我们家的历史资料，因为我觉得我父亲很不容易。虽然他是一个没有文化的人，而且还是海外出生的，但是他很热爱自己的祖国。在印尼的时候父亲听他的祖父讲述厦门的历史，他很向往，以前领事馆的跟他说你现在不要回去，国内还很困难，我爸爸都是一直坚持要回来。回来以后父亲就要我们全部都要读书。我们家 5 个孩子，我大姐是华大土木建筑系的，我二姐是华大汉语言文学的，我是龙溪师专读中文的，我妹妹是读中专的，就我哥没有参加高考。所以一家

5个孩子当中有3个成为大学生,那时候在村里也是很少见的。我爸爸有一个特点,他不允许别人说中国坏话,这个是他的最大的特点。很多回来的人就讲中国怎么不好,然后就一直讲印尼怎么样。我就曾见我爸爸和一个老人说,我在印尼的生活不比你差,我在这里的生活现在比你还差,但是我都没有讲中国的不是。我爸爸60多岁的时候,也就是我要入党的时候,他对我们几个孩子说他自始至终没有后悔把你们带回来。所以后来我写了一篇文章《九溪的小河》,其中写到:这条小河的坚韧,就像父亲的背一样,扛起了全家的重担。我和我的姐姐,一直都在想着将我们这段成长史记录下来,所以我们都自己写了一些文章,收集了一些资料。

关李文　口述

口述者简介：关李文，女，1941年出生在印尼龙目岛，祖籍广东开平。因其父的哥哥在巴厘岛，从而过去印尼谋生，19岁时因"十号法令"排华回国，家庭基本上都是以农业为主。

时间：2022年8月21日

地点：关李文家中

采访者：邵思民、罗赞、邓洪娇

华侨属性：印尼归侨

南洋物：缝衣车

整理者：邵思民

一

我叫关李文，我的侨居地是在印尼龙目岛，中国的老家是在广东开平市，我在1941年出生。我的爸爸很早就已经去了印尼谋生，他就是要去印尼巴厘岛，因为他的哥哥在巴厘岛，到后来我母亲又去印尼找我爸爸。因为我爸爸的哥哥在巴厘岛那边开饭馆，他就让我爸爸过去帮忙，我爸爸当时属于打工人。

我的爸爸跟妈妈很早就在中国结婚了，那时候他们还没有生孩子，爸爸说过几年稳定了再回来带妈妈去印尼。那个年代我们村里都有很多人过去印尼谋生，大家都不是偷渡过去，就是出去谋生，听说印尼的资源非常的好，而我们家里非常的穷，所以只能出去找事干。

后来因为排华，印尼政府不让华人做生意，处处限制我们的自由，还抢我们的东西，本地人还经常骂我们，反正当年发生了很多不好的事情，非常严重的就是不让做生意，不让我爸爸的饭店开张，不让顾客进来吃饭。我爸爸在印尼开了一间服装店卖服装给印尼人，自己的手艺非常好，印尼人喜欢过来定做衣服，印尼政府强制我爸爸关店。再加上我爸爸没有其他的职业，导致我们家没有了经济来源，都快饿死了，然后就这样一直耗着，直到排华被赶回来。

我是1960年12月17号上船到雅加达，1961年元旦到广州大沙头。排华回来的时候，我爸爸带了家里唯一值钱的手表和金子回来，大件的话就带了一个缝衣车，其他都是衣服。我们一家人起初是从巴厘岛出发的，后来我外公叫我爸爸去龙目岛那边，去那里应该是方便一点吧。回来的路线比较简单，四个岛的华侨就从龙目岛坐苏联船，苏联船那个船号好像是叫"格格力"，"十号法令"排华的时候有些船是要船票的，但我们没有船票，我们是难侨。我们是在1961年的元旦到了广州，那段时间坐了半个月的船，坐得我头都快晕死了，安排我们在广州又住了半个月。第一批是在湛江那边，我们是第二批的，政府人员就跟我爸爸说要把我们安排来常山，因为这边很缺人，哪里需要人就去哪里。我们在广州住的房子好像就是宾馆，住了半个月就被分来常山农场。

当初听说那时候有越南的文工团上飞机要去北京，我们又从广州坐火车去了汕头过了一个晚上，最后下了火车又坐大巴过来农场，农场是这边去到漳州火车站用客车接我们过来，连续好几天都在坐车和赶车的。我觉得汕头住宿的那一个晚上环境还可以，如果现在过去汕头玩的话两个小时就能到，旧时候那就要半天到一天的路程。

那时候我们那一批回来的人很多，很多都是同一批同一个船回来的印尼归侨，但是我们这一批回来的跟其他人不一样，别人都是直接从广州那里坐到漳州，我们是先到汕头再到常山。回来的时候我是19岁，之前在印尼的时候有读书，读的是中文学校，学校里讲的是普通话，我读到小学六年级还没有毕业，排华就强制把学校关闭了。"十号法令"出来之后，我父亲说要带我们回来，当地环境非常糟糕，我父亲因为做生意的事情被针对了很多次，同时也不可以在县底下做生意，我们当时一大家子的人都快生活不下去了。条件好的人会入印尼的国籍，然后留在印尼，但是我的父亲非常爱国，他不想入籍就说我们一家全回去。当时回来是一家九口人，我的父亲母亲和兄弟姐妹七人，到后来1962—1963年排华暴乱的时候，十多万华人在印尼遇害，我觉得回来比较好。

二

回到常山农场之后就被分到六队做农业，每天就是挖地瓜和其他的瓜果，大家挖得最多的就是番薯。挖地瓜的时候不知道是算工分还是算工钱，因为我不太了解工分是什么意思，我只知道我一个月赚多少钱。我一直在搞农业并且种了很久的地，我没有在工厂上班过，但我的邻居在罐头厂做过。60年代是非常苦的，过了60年代到80年代就好一点了，我们有的还在开荒，有的在水库工作，我就是1965年去了双山水库，水库做好了安排去柘林，后面开始给农场到处开荒种茶，我们华侨没有承包土地的，大家都是给农场做，然后修公路。我种茶叶的工作时间比较久，后来我就选择在柘林定居下来开荒种茶，因为柘林有茶厂，茶长高了就采茶卖给公家，那时候没有说一年要卖多少茶，也不是我们自己卖的，我们采好了就交给公家。到了1986年搬去了六队的时候，我还在采茶一直采到1988年退休。

我1967年就结婚了，我老公卓金田是新加坡归侨，农场里好多都是印尼归侨找印尼归侨，因为风俗习惯比较相近，而且吃的东西都比较接近，但我找了我的新加坡归侨老公。

我家里还有三个兄弟姐妹。三兄妹回来了之后也是干农业的，我和我老公也是做工认识的，他在柘林种种红茶。我们经常一起种云南大叶种、水仙种，还种乌龙茶、红茶等，红茶属于萃茶。然后1986年大部分归侨搬出，因为大家的条件都变好了就一起搬出来了。退休的年龄就是男的61，女的就51，我申请提早三年退休，但是我的工龄不够就受到了影响，现在补来补去我的退休工资就 3000 块，我们农场很多归侨退休有些都还没到 3000 元。

我刚出来的时候跟我妈妈住在六队，当时的房子都是瓦房，后来不久就刮台风，然后怕有危险，全部集中在队委会居住，台风走后又搬回来。1965 年搬去柘林。后面把我们安排在侨居工厂建的房子里面住，不懂房子是哪一年开始建的，反正我们是最早就搬到那一排的商品房里，也就是 1985 年从柘林搬到六队的商品房，当时价格也比较便宜，每个人想要买房的话，有 5100 元就可以买到 60 平方米左右。

我老公叫卓树根，他是福建南安人，我老公是在 1986 年退休的，他以前也是一直在茶厂种茶，在茶厂之前没有做其他的工。他是 1954 年回来的，回来的时间比我们印尼归侨回来得更早，因为他回来的背景不同，他是在新加坡参加了马共，然后被遣返回中国。我老公在新加坡的时候家境还不错，自己开了一家咖啡厅，但参加了马共。我老公之前跟我讲他年轻的时候被日本兵打了半死，就是因为送东西给山上的马共，他送了药品，带吃的、带钱等，然后被人举报了。他总共被抓到过三次，前面被抓的两次都没有什么，第三次是他们回国的时候中间有华人叛徒出卖了他们，然后我老公被抓进去在新加坡关了三年，导致我老公有案底了。而且我老公身体不好，风湿病很严重导致他腿全部都是肿的，那时候我们都还很年轻，但他走路就很困难，他说是因为当年被打得很惨。他们家里当时还有文件和保护共产党的证据，马来西亚的归侨回来农场基本都是因为马共的原因回来的，那时候叫马来亚共产党，回来的还包括了新加坡的归侨。他怎么参加马共的不太清楚，但是那时候马共 90% 以上都是华人，华人做出很大的贡献，抗击日本的时候华人都被日本搞得半死。

我们现在去新加坡要坐 4 个小时左右的飞机，我回去过一次，因为我外公去世了。我老公到中国后再也没有回到过新加坡，他有案底入不了境，但是他那边的亲人有回来看他，1996 年的时候大嫂来看了他两次，1975 年，我叔婆跟我爱人的叔母也来过一次，并在这边住了半个月。我老公在印尼还有亲戚和三位阿姨，他的阿姨在印尼还有地，地里还种了很多地瓜藤，地瓜藤在我们那边叫红薯藤。我的亲阿姨后面嫁过去了台湾，当时嫁香港、台湾，以及新加坡、美国的较多，阿姨经人介绍认识了台湾的老公，正好她老公又过来这边做生意就结婚了。

越南难侨很多偷渡去美国的，我还听说他们越侨偷渡的时候，有些老归侨也参加越侨的组织一起偷渡去外面，但是我们印尼归侨很少偷渡的。

我老公年轻的时候长得非常帅，穿着西装非常绅士。我和我老公在农场还吃印尼的东西和印尼菜，我们每天都要吃辣椒酱的。以前小时候我们的口味特别重，很喜欢吃辣椒酱，而且必须得是小辣椒做的酱，咖喱这些都还有吃。

我 2000 年回过一次中国的老家开平市，我是回去看亲戚的，顺便到处走一走，上次回去发现改变非常大，开平现在发展很好。

距离 1988 年退休已经有 30 多年了，后面我就一直在照顾我老公，因为他的身体不大好，也离不开人。我记忆中我觉得最美好的那一年就是我刚退休的 1988 年，那时候我孙女还很小，我们家的条件也好起来了，不会缺吃少喝的，家里刚买了第一台日本的彩色电视机，是我老公的哥哥从新加坡背着电视回来的，我现在年纪大了，只要一回想我就觉得 1988 年是我记忆中最美好的那一年。然后 1996 年的时候我家里已经有音响和 CD，这种东西在当时卖得很贵，但是我家里的条件好起来了，我老公给我买了很多 CD，我们印尼归侨喜欢跳舞，一听到音乐我们就会不自觉地跟着跳起来，那时候生活还算可以。

我们非常关心国家大事，比如新中国成立，苏联援建了一批项目给中国，我们国家还欠苏联的债，我们也想为国家做点贡献。我们原来在农场比较苦的时候后辈都不知道，他们后辈只是听说很多人在田里做工就经常睡稻草上导致患有风湿。虽然刚回来觉得很苦，但现在我觉得生活非常的幸福。

郭其笃　口述

口述者简介：郭其笃，男，中共党员，1948年生于马来西亚怡保，祖籍福建永春。家中最先是爷爷带着父亲迁往马来西亚，父亲为马来西亚共产党外围成员，为马来西亚共产党提供革命物资。1952年回国，郭其笃曾任常山华侨农场场长、中国人民政治协商会议福建省第六届委员会委员、中国侨联第七届和第八届委员会委员，1999年荣获全国华侨农场优秀归侨侨眷科技工作者称号，1979年获"五一劳动奖章"。

时间：2022年8月19日
地点：常山华侨农场旧场部大楼办公室
采访者：罗赞
华侨属性：马来西亚归侨
南洋物：无
整理者：罗赞

一

我叫郭其笃，1948年出生于马来西亚怡保，我的老家是在福建永春。我们家是父亲跟我爷爷去的马来西亚，当时是爷爷先去马来西亚打拼，当时家乡很穷，后边就索性把父亲带过去做一些生意。爷爷什么时候去的马来西亚我不清楚，但是我记得父亲是十几岁的时候跟着爷爷过去的。我父亲叫郭隆梘，1921年出生，所以父亲应该是30年代的时候去的马来西亚。当时爷爷和父亲就住在怡保下面的村子里。父亲刚过去的时候年龄不大，就只是帮爷爷做一些农活。慢慢地，父亲就积累了一些资金，开了个小小的商铺。在马来西亚的时候，父亲和母亲结婚了。母亲叫邓英宽，和父亲一样也是华侨，广东新会人。父母亲生了我们三兄妹，当时因家里比较困难，有一个妹妹就送给亲戚养了。后边这个妹妹也没有回中国，不过我现在跟她还有联系。当时马来亚共产党跟中国共产党有联系，正因为父亲开了小商铺，华人又比较懂得经营，有一点钱了，那中国的共产党就来山下这边，陪山上的游击队下来的人就找我爸爸向他募捐一点革命物资。几年以后，游击队里面出了叛徒，因为我父亲曾给游击队捐过物资，所以父亲就被那个叛徒出卖了。1949年的时候，父亲和叔叔都被出卖了，并被抓进去关了三年。母亲没有被抓，因为她还没参加革命，而且当时就是说父亲是老板，那就只抓老板进去。其实当时父亲并不属于马共的成员，他应该算是马共的外围组织，等于是说群众组织，参加支援革命的。当时马来西亚还是属于英国管的，那马共要推翻政府的，你去支援马共就全都抓起来。父亲和叔叔被关了三年，一直到1952年的时候才放出来，之后就是把我们驱逐回来，因为只要你是支援马共革命的，对当地政治产生一些影响的，就是不受欢迎的，就要把这些人全部驱逐。我的奶奶爷爷就没回中国，我奶奶因为两个孩子被抓了，每天都想着孩子伤心过度过世了。我爷爷是到1957年的时候才过世。

我刚刚4岁的时候，也就是1952年底我就从马来亚回中国了。当时我们是坐船回来的，国家安排好船一批一批把我们从马来亚接到中国，但是具体是怎么安排、在什么港口上船、坐的什么船、什么路线、什么地方上岸我就不太清楚了，那时候我还小，也不清楚这些。我们农场有一位年纪比较大的，以前和我同一条船的，每次我们谈到回国的事情都能听他讲我们两兄弟很调皮，在船上跳来跳去的。我记得的就是回来后我们就先安置在漳州的华侨服务社，在漳州华侨服务社住了差不多一年以后，常山这边说要建立一个农场，就征求我们这些归侨的意见。所以我们当时这一大批的马来西亚的难侨就来到这边建新的农场了。当时农场这边还是一个劳改场，旧场部这边以前就是一个小仓库，然后有几个房子，算是比较像模像样的地方，所以就把那里当作场部建立起来。刚开始的时候还不叫华侨农场，是叫集体农场，我们现在的这个大楼就是以前的旧场部，也写了场部建立的时间和以前集体农场的名字。1952年底的时候先安排了147位马来西亚年轻的难侨来这边开发、安顿，当时我父亲也是147位年轻人之一。当时这个地方是147个年轻人先来打拼，打探路，建房子，住大水库那边，然后渐渐地建起来六队、四队、二队。这147位都是中青年，都是马来亚回来的，有的结婚了有的没结婚，像我爸爸就结婚了。到了1953年，大批的马来西亚归侨就来到常山这边了。

二

刚来到常山的时候，房子不够住，就建了两排用稻草搭建的房子，然后在另一边建一排稻草的厕所。那1953年冬天的时候，刚好有一个归侨，他也是个比较勤劳的大叔，那时他去烧草木灰，结果没有把火熄灭，冬天风大一直吹，后边火又燃起来就把整栋草棚烧掉了。那时候我妈妈叫我在这个草棚里休息，我说好，我就在那里睡觉，幸亏我自己比较调皮，没有睡就跑出来了，跑出来看一个年轻人剪头发，不然后边草棚烧了我也要遭殃。但是还好，这次火灾没有人被烧死，可所有带回来的财产全部都烧掉了。回的时候带回来一些皮箱、衣服、金链子、缝纫机。我记忆特别深刻的是我妈妈带回来的金链因为房子都烧掉了找不到，后来隔壁的阿婆找到了才还给我妈妈。还有就是我妈妈带了个手摇的缝纫机回来，以前我妈是好心人，很多单身的妇女没有缝纫机裁衣服，所以就借给她们用了，所以也就没有烧掉。我当时年纪也还很小，但是印象特别深刻，看到大火烧起来就像火烧天一样。

来到农场以后，我爸爸妈妈都是农场的职工，在农场做工。我妈妈在食堂煮饭，那时候吃的大锅饭，妈妈就专门在食堂煮饭给职工吃。我爸爸因为有做生意的经验，所以当了农场的采购员，就是我们农场那些干部职工吃的、喝的、用具全都由他采购，包括骑的单车也是。他经常到云霄县采购，早上去晚上回来，带了一大车东西，大米也是这样带过来，父亲做采购员做了大概20年。当时也是很辛苦，那时候路不像现在那么好,都是沙土路来的,赶路跌倒是常有的事情。职工都是按劳取酬的,就是记工分,一个月先发一点钱,然后年底再结账。我记得当时一个工分是五六毛钱,一个月大概就是 10 来块钱。后来农场的食堂没有再办了,我妈妈就去做农业,也有参加割水稻、剥甘蔗叶。我小时候还帮我妈妈去剪甘蔗,因为要留种等来年种。当时农场主要种甘蔗、香茅这些,因为当时一个福州农学院毕业的科长下来这边,知道我们农场种什么作物。不过,那时候我们没经验,甘蔗还不到一米高的高度就砍了。那时候种地也是很苦,没有肥料,也没有拖拉机,什么都没有,做工都靠人来做的。刚回来时候基本上都是很不习惯的,本来我父亲是想回家乡,他自己也算是比较聪明一点、灵活一点的,1952 年在来常山之前父亲就自己骑单车回到老家,想去探探路对比一下回老家好还是来常山比较好,回去一看老家更穷,因为他讲我老家那边的人跟猪住在一起的,下面养猪,人在楼上睡觉,觉得还是非常苦,还是回来这边更好。1960 年印尼归侨回来之后这边就开始大规模建设,国家开始拨款建设农场了。房子这些都比较规范,但是也不是现在的砖头,用的是泥砖,就是用木材做模具,然后放入泥浆,稻草压在中间,压成一个模型,晒个四五天就成一块砖了。瓦片也是简单的瓦片,就在当地的瓦片厂去买。一个房子就是十几平方米,一个礼拜可以建两排房子。

1956 年的时候,我开始读小学,是 6 年制的。学校就是农场开办的常山小学,是专门给归侨上学的学校。那时候学校没有个像样的校舍,经常都是搬来搬去的。比如说暂时这边租一个礼堂,然后就在礼堂里面办一阵子,或者就在临时接待归侨的房子拿两间出来做校舍,因为学生不多,基本上都是十几个。一直到 1960 年以后,常山小学才有了固定、标准的校舍。一开始学校的老师也是聘用归侨当中比较有文化的那一些人,也不要求说要什么学校毕业才能当老师,就是有一些文化就给我们这些孩子们教课的。刚开始学校很简陋,也都是农场自己搞的,我们读书自己带凳子,在树底下读书,还是比较艰苦的。到了 1960 年以后,印尼归侨来到农场,他们的人数规模比较大,农场就在常山小学的基础上继续修建学校,修了一个可以容纳五六百人的学校。这时候学校就比较系统化了,有分班级,老师数量也多了起来。但是老师那时候也没有外地来的,都是归侨,谁在海外当老师的,回来就让他当老师。

小学毕业以后,就到常山中学读书,当时我们算是第一届常山中学的学生。但是那年中秋节以后办不下去,因为中学的师资很差,当时是日本归侨教的,教得很差,所以我们那年刚收第一届的学生就散伙了。后来我就转到云霄二中读书,是跟当地人一起读的。因为原来的基础差,又从初一重新读起,按道理在这边读初一到了那边之后应该继续读初二的,基础差,我就留级了一年。在我们之后不久,农场重新又办了一个中学,也叫常山中学,一开始只是初中的学校,后来慢慢地才扩大。我 1965 年的时候初中毕业了,就转到云霄一中读高中。当时是成绩比较好就到一中读高中,成绩比较差的就到师范学校,因为读师范学校不用钱。结果后边反而是他们师范的好,他们一出来就有工资了。我高中毕业后就回乡了,回来第一年在常山的一个农村待了半年多,我们所有云霄一中毕业的都安排在那边劳动。那半年多我们受不了,那边很苦,最后我们跟农场申请一起回来。后边我们就回到老虎山,那里成立了一个生产队,就在那边做工。1973年的时候有工农兵考试,那时候表现比较好的生产队就推荐去参加考试,因为我当时在生产队是团员,我读中学的时候就入团了,表现也比较好,大队就跟我说让我去参加考试。常山一共18个年轻人去考,我就考第一名。结果当时也不叫填志愿的,只分给了常山几个名额,一名大学生,一名是师范生,还有一些中专、卫校等等,根据分数好坏去录取。我当时第一名录取的是福建农学院。1973年考试录取以后,当时学校还没有建好,就让我们推迟入学。当时我想完蛋了,这样子搞没希望了,结果1974年10月份的时候又通知我们入学。那时候学校在沙县,不在福州,福建所有的农学院和农林大学在那个年代都是放到农村去了。我在福建农学院学习了两年半,是带薪读书的,因为我下乡了5年,当时有规定说5年就可以带薪读书。毕业以后我们这种只学习了两年半的算大专文凭,不算本科的。因为读书的时候是带薪读书,一个月能有28块钱,当时我觉得不能辜负常山对我的培养,所以我就回来了。

可我毕业回来以后,不知道因为什么原因常山不收我,那我只能到县人社局报到了。县人社局就叫我去云霄县的另一个农场和平农场报到。1977年1月份的时候我就到和平农场去了,分配到作业区待了两年,种果树、种橡胶。那边没水没电,天天跟农民在一起吃着,一起跟农民煮饭,他们煮的是大锅饭,那是很苦的时候。但是我们去那边也发挥了很大的作用,我原来是念果茶专业的,在管理茶叶这一方面比较懂,我就培养他们育茶苗、种茶,最后他们也赚到一大笔钱。到1978年底要回来的时候,他们很舍不得我回来,因为之前好几个先去的没待多久就跑了,我能够待在那里快两年已经算很长的了。回来以后,我刚好碰到当时的党委书记,他后来调到省委党校去了,我就问他常山需要不需要人。恰好这个时候常山正在大力改造茶园,缺技术干部,于是就让我申请回来。我1978年底就重新回到常山,然后做技术员做到1984年。工作就是管农场的那些茶园,生产科、年终验收都是我们来做的。到了1984年,我已经提到了副场长。然后当时的场长要走了,他准备去香港成立一个公司叫侨裕公司,是省侨办开办的一个公司。那他就推荐我来当头,到1985年底他要走了,他一走农场就宣布我接任,那我1986年就当场长了。那时候也是没办法,农场找不到合适的人接任,只能是矮中选高个,是归侨然后也是大学生,就火速接任了。1986年我当场长的时候也兼任华侨罐头厂的厂长。当时常山的罐头厂规模很大,做蘑菇、芦笋、水果这些水果罐头。那时候我们罐头厂的代号是Q11,我们产品在外贸方面很有名气,人家外购的产品都指定要我们Q11代号的产品。我前面两任的场长他们都有好好发展这个罐头厂。那时候常山没有地,就到东山去搞芦笋这些,东山沙地的很适合种植,所以种出来芦笋就给我们常山收购,在罐头厂这里做原料。冬天做蘑菇,就到平和县、龙海县、云霄乡镇发展蘑菇种植，然后再收购回来做原料。所以当时效益很好，年产量一年可以达到 1 万吨以上，基本都是销往国外的。罐头厂的利润很高，所以常山那时候就是以工养农，用罐头厂上缴利润给农场，然后再给到职工。去到罐头厂做工的归侨子女工资都很高，大家都争着往那边去。那除了罐头厂之外，我当场长的时候农场还有几家企业比如中旅社、商业公司、电力公司都慢慢建立起来了，当时可以说是很兴旺了。当时还没有引进外资企业，还是农场自己筹建成立商业公司。其实我前任场长很厉害，他自己会发明，做那种比较大的水管，请我们归侨焊工，在海外就已经是高级焊工，焊的质量很高，检测一下就过关，做成高压水管 100 多米下的水都不会漏水。商业公司、中旅社这几个公司一年都五六百万的利润，那罐头厂一年也是整千万利润，非常好过，真的是常山鼎盛时期。所以那时候有钱了就开始改造归侨住房，建成三层楼的房子，一排排三层楼的房子，就是我们罐头厂赚到的利润来建的，建好后就分配给职工了。1986 年开始就已经在着手做这个事情了，是分期建造的，包括学校的扩建、道路设施的建设，都是那个时候开始建起来的。省侨办也提供了很大的帮助，除了拨一些资金以外，钢筋水泥这些建筑用材也是按照内部价提供给我们。这些房子都是不同国家回来的归侨混在一起住的，就是你是常山职工只要你申请了就会给你安排，只是相对而言越侨会住得相对集中一点。1978 年的时候越侨开始来到农场了，当时他们有一部分安置到柘林那边，联合国难民署给他们建了一部分房子，农场也建了一些给他们住。后来曾住在柘林的那批越侨不愿意住在山区，就全部搬出来住了，农场还特地建立两栋楼给他们住。当时也算是比较团结的，归侨之间还是很团结的，不会闹不开心。大约 1989 年的时候农场就开始引进外资了。十年动乱以后，罐头厂也走下坡路了。然后到 1990 年的时候，省侨办一个干部来常山当场长，我那时候就下来，因为我那时候我提出辞职报告。当时省侨办把原来的班子都换掉了，有的就当一般的副场长，我就退下当调研员，还有一个书记申请到香港去了。从 1990 年以后省侨办引进了一些台资企业，进来有七八家左右，这些台资企业相对稳定，它没有太大发展但能够稳定发展。这些台资企业找的职工都是常山归侨职工。这些企业都是和农场买地建厂房的，当时也简单，就是用招投标的方法，一亩地按多少价格卖给你。职工都是以归侨为主，好多归侨都是直接做到了退休。像我们整个农场确实退休的那些养老金社保都覆盖完了。是什么？就是说全部退休都能有养老金这些的。现在农场退休职工的退休金都是漳州市发的。

农场的发展现在还是存在一些问题的。之前很多上面领导来这里调研很多次，说常山华侨农场作为一个华侨农场就要培养一些归侨做干部，就好比说处级领导你培养不起来，科级干部也要培养一些。现在农场的科级干部，基本都是外地来的。现在虽然还有两三个干部是归侨，可再过两三年也退休了。在很多次会上我都提这个问题，依旧没有解决。这些外来的干部不了解侨情，所以他不能为归侨讲话。就好像之前有一个场长要把农场两个公园卖掉，因为我是调研员，我就说不同意卖，我说这两个公园是常山现在 1000 多个退休职工每天早上晚上锻炼身体用的。当时的儿童乐园是香港归侨捐资 300 万建造的，我说这些都是人家捐献的，你个人就卖了。那最后还是不敢卖掉，现在还保留外面。然后在我们现在新开发区一片地，我跟一个姓沈的书记开发建了一栋楼，但还没建好的时候我就退休了。2008 年我就退休了，我们当时开了一条路，从开发区一直延伸到这边，结果我们一走，另外一个书记他就把那路砍掉，搞个大平台，现在你们也看到开发区前面的大广场，花了 1700 万，我们那三栋楼建的时候才 1400 万。那个书记也是外面调来的书记。所以我讲常山领导要常山人，他才能够为归侨发声。

我现在也是一名党员。1976 年还在福建农学院的时候我就入党了，当时整个学校都是提倡向党靠拢，那我当时也积极入党了。然后我是中国人民政治协商会议福建省第六届委员会委员、中国侨联第七届和第八届委员会委员，在 1999 年的时候获得全国华侨农场优秀归侨侨眷科技工作者称号。

我们回来常山以后再也没有回去过马来西亚，本来我退休的时候想回去看看的，但是因为当时规定处级领导要退休三年以后才能出去，退休刚好三年以后，我爱人病了，我就没去马来西亚看看了。

黄盛泉　口述

口述者简介：黄盛泉，男，中共党员，1945 年生于马来西亚霹雳州金宝县，祖籍福州古田县，1953 年回国。其父亲与母亲在马来西亚时均参与马来亚共产党的活动，后母亲因叛徒出卖被捕。黄盛泉回国后，于 1966 年加入中国共产党，曾任常山华侨农场五队生产队长、制衣厂厂长，2005 年退休。

时间：2022 年 8 月 20 日
地点：常山华侨农场五队土地庙
采访者：罗赞
华侨属性：马来西亚归侨
南洋物：无
整理者：罗赞

一

我叫黄盛泉，1945 年出生于马来西亚霹雳州金宝县，祖籍福州古田县。我父亲叫黄开武，1910 年出生，他 10 岁的时候也就是 1920 年我伯伯就带他去马来亚了。因为当时家乡非常苦，那时候估计也是兵荒马乱了，上世纪 20 年代国内也是很乱的，当时就是下南洋去谋生。以前下南洋谋生都是这样的，一代代带过去的，就是说哥哥带弟弟或者父亲带子女这样子。当时父亲的兄弟姐妹先去的马来亚，父亲年纪比较小所以去得比较迟，但是家中亲戚谁先去的马来西亚，什么时候去的我就不太清楚了，就记得是伯伯带着父亲出去的。像我父亲以前在马来亚就是割橡胶的。当时大部分华人都是割橡胶、挖锡矿，马来亚的橡胶和锡矿非常多。那我父亲跟着我伯伯就到了马来西亚霹雳州金宝，那个地方离首府怡保很近。父亲到马来西亚的时候年龄算是还比较小的，但是也没有再读书，都是跟着伯伯做一些农活，后来慢慢长大了就去割橡胶了。等到日本侵略东南亚的时候，那些橡胶厂还有其他的一些工厂都没有了，就只能自谋生路，所以父亲就搞了一点地种地，还有在家里养猪。后边开发锡矿的时候，父亲又到矿上打一些零工，比如说那个锡矿厂需要工人了就到那边去做工，都是不固定的。以前马来西亚的橡胶园大部分都是华侨老板，锡矿有部分也是华侨老板。像我们国内到马来西亚的，基本都是搞橡胶和锡矿的，也有一些打散工的和从事别的行业的，当时还是以橡胶和锡矿为主。我有一个伯伯在马来亚就是开出租车的，就像国内那种出租车司机一样。日本侵略的时候，家里的生活十分艰难，父亲就是做点农活维持生计，等到 1945 年日本投降之后，橡胶厂这些又重新做起来了，那我父母亲又重新去割橡胶了。父母亲大概是在 30 年代结婚的，具体时间我也不太清楚。我母亲也是华侨，祖籍广东梅县，马来亚的华侨都是来自五湖四海的，福建、广东来得比较多。

我们这一批回来的马来西亚归侨是比较特别的，因为很多归侨都参加了当年的抗日战争，后来又参与抗英。可能当初马来西亚是跟我们中国有点联系的，特别是与共产国际的联系，所以大部分的华侨都去参加马来亚共产党的活动。我父母亲当时没有直接拿枪打日本，他们就是专门给马共游击队带一些物资。就好比说我们家住在县城，马共游击队住在山区。那我父母亲每天早上三四点就上山割橡胶了，他们割橡胶都有带桶的，然后帮游击队带一点药品，当时医药很缺乏，还有食品、日用品这些，装在桶里带上山。然后除了物资之外，当时也号召做生意的捐一些钱给马共，那我父母亲有时候也带一些别人捐的钱上山。我父母亲都参加这些活动了，算是马共游击队的外围成员。日本投降以后，马共的游击队就转到抗英，日本投降后就由英国统治马来西亚了，原本马共和英国之间还是合作的，后来内部对彼此都不满了，当时马共就反对当地政府，这些马来西亚政府是以英国为首的。像我们这些华侨，好比我父母亲，大部分都是比较同情马来亚共产党的，就参加外围活动。因为当时我的父母亲都是思想比较进步，可以说是爱国，马共和中国共产党的关系以前还是很好的。抗英的时候和以前一样，父母亲就是带一些药品、食品、日用品还有做生意的商人每个月捐给游击队的钱，装在割橡胶的桶里带上山给游击队。到抗英的时候就比较严格了，当时我们进出都是设置了封锁线，比如说我们现在去割橡胶都有设关卡，有铁丝网围着，只留个门进出山里，这个门是必经之路，进出都要检查的。之后一起搞这些活动的人内部出现了叛徒，出卖给政府那边说某某人经常给马共带东西。很多人都被捕了，我母亲就被抓了，但是我父亲没有。母亲被抓了以后，因为她也不是当干部或者是马共的正式成员，加上我母亲说她是帮人家带的，也不知道干什么用的，所以也没有怎么样。后来我记得他们就叫我母亲写一个悔过书，类似于自首一样的，保证脱离共产党。那我母亲一听就不愿意了，所以就一直被政府抓着。当时很多被抓住的华侨都是不愿意写这个悔过书的，不愿意脱离共产党，那没办法，被抓住之后就是驱逐了。当时是 1950 年，那时候新中国已经成立了，就到马来西亚去做工作，马来西亚政府把我们驱逐，然后政府再接我们回来。当时因为我母亲被抓了，所以我们一家人都要驱逐回来。在马来西亚的时候，我们这个身份叫"政治犯"，只要参加了马共活动的都是"政治犯"。

二

1953 年的时候我们一家人就回国了。当时我们是要被驱逐回来的嘛，然后在驱逐之前马来西亚政府就全部把我们关起来，包括他们说的"政治犯"的家属，关到了巴生港口的一个集中营，关了好几个月。然后就是在集中营里面等船，船一来就上船走人，因为我们是被关在集中营里面的，所以什么行李也没带回来，我一家人就是一个皮箱，装了几件衣服。我们是分批回来的，一批大概一百至两百人，我们是第 26 批，所以可能就比较晚一些。然后中国就派船接我们，应该是苏联的船，具体我也不是很清楚。我们家是一家 5 口人回来的，我父母加上我和我哥哥还有妹妹,然后还带了一个保姆一起回来。以前在马来西亚的时候,我父母亲去割橡胶,他们没时间看我们这些小鬼,所以就请了一个保姆。保姆也是华侨,广东人,回来的时候我们一家5口人也带着他回来了。只不过回来以后我们就分开了,他回他老家那边去了,之后就一直没有再联系了。我记得7月份的时候我们就到达广州了,在广州黄埔上岸,就被安排到了石牌招待所。大概住了两个月,10月份的时候我们就来到常山了。当时的情况是我们一共二十几批回来,一批差不多要两百人,人太多了不能集中安排在一个地方,当时就是海南岛和福建农场比较多一些,那海南岛安排满了就把我们安排到福建了。然后找来找去就找到常山这边,就让我们过来了。我是1953年10月份才到的,在我前面已经有很多人过来了。像147位马来西亚青少年归侨开发农场的事迹,他们那才是第一批回来的,回来得比较早。当时回来这边基本还什么都没有,就是那个1953年建的场部大楼还有旁边4栋房子。然后也建了一排排的草房给归侨住。我们回来的时候就是住的那些草房子,一个家庭一户。

来到常山以后,这边已经建好了养猪场,每一个生产队都是要建一个养猪场的,因为我父母亲以前在马来西亚的时候养过猪,所以回来后就是在农场的养猪场养猪。那时候常山还不是华侨农场,是叫常山集体农场,等到印尼归侨回来以后才改成国营华侨农场。我父亲在养猪场养猪直到退休,我母亲在1959年的时候,可能是身体不太好的原因吧,在河边洗衣服的时候不小心栽倒在河里,就过世了。我自己的话来到这边的时候是8岁,回来后就是开始读书了。农场建了一个专门给归侨子女读书的小学,叫常山小学,校长和老师都是马来西亚回来的归侨。读完小学以后,就到云霄县的云霄二中读初中。初中毕业以后我就念中专去了,当时是考了漳州的农校,读的果蔬专业。在农校也是学习了三年,1964年的时候毕业就安排回常山华侨农场了。那时候场部成立了一个试验站,搞农业的,就是每一个品种要拿来实验,看看这些种植物适不适合在常山这边栽培种植,我们叫常山试验站。这个实验站设立在五队这边,那我回来之后就是在试验站了,不过我不是技术员,技术员都是大专学历的,试验站是归我们五队管的。到了1971年的时候,我又去了老虎山当生产队长。在老虎山的时候主要就是做农业,种水田、龙眼、荔枝还有养猪。过来两年以后,我又回到了五队这边。重新回来这边以后,就是什么都做过了,像民兵队长。团支部书记都是做过的。我很早的时候就入团了,然后在试验站的时候,大概1966年就入党了。当时就是说你在生产队表现好了,就会动员你入党。那我是队长,表现肯定是比较积极的,所以就入党了。还有就是以前农场都是有民兵组织的,一直到改革开放的时候才解散,所以我就也做过民兵队长。等到1986年的时候,又建立了一个制衣厂,我又当了差不多4年的制衣厂的厂长。后来有一段时间我停薪留职回去承包土地搞农业,种一些果树。当时我们承包土地是这么算的,因为当时我们的地是公家的地,所以就和农场签承包合同,合同是20年一签,然后土地收取一定的管理费,当时具体多少钱我记不清了。当时常山的山地是种香蕉，后来又改种龙眼，龙眼价钱很好，我们觉得可以发展龙眼种植，就跟公家承包了10来亩去种。一直种到2005年之后就退休了。

我现在退休工资是由两部分组成的，一部分是漳州社保发的，另一部分的话就是农场这边发的。漳州社保发的话就是每个月正常发给我们，当时农场发的那一部分经常都是不及时的。农场发的这一部分算是退休金的补贴部分，是以前在农场当过干部的人才有的，职工的话就是由漳州社保发的，像我们这种的我们自己叫退休金"两本簿子"。刚开始改制的时候这个问题应该是可以避免的，原来漳州市里面说我们农场拿几百万交到市财政，后续的这些就是市里一起发放，但是农场并没有一次拿出这么多钱，就遗留下了这个问题，农场这边收支不平衡没钱了，就变成现在我这样工资发放困难。当时的领导是本地人，不是归侨，虽然是本地的，但是他也不懂我们归侨，没有做好长期打算。

我是1971年结婚的，我爱人叫温晓心，印尼归侨，祖籍在广东梅县。当时我们是在试验站的时候认识的，都是在一起做工的。我一共有3个子女，两女一男，男的是老三。有一个女儿嫁去了香港，改革开放之后，大概80年代的时候，我们这里的很多人要出去，全部要往香港去，形成了一股风气，因为当时香港好赚钱，我们这里工资一天才几块钱，香港一天一两百块。当时申请也很难批，因为申请的人很多。所以很多人就做假夫妻，比如说在香港那边找一个女的或者男的，给对方三五万左右和他假结婚，然后出去以后就脱离关系。越侨回来的时候他们有很多偷偷跑出去的，像我们老归侨和印尼归侨就比较少，基本都没有。因为我们老归侨和印尼归侨对于其他地方不熟，海外的亲戚也没有那么多。越侨就不一样了，越南战争的时候有很多越南归侨跑到欧洲和美国那边，所以相当于说他们在海外有很多亲戚，所以很多偷跑出去的都去了这些国家投靠亲戚。当时农场建制衣厂的时候也是联合国难民署给的钱，给了大概30万美金来建厂解决越南归侨就业问题。还有农场的罐头厂也是联合国给钱建的，解决了很多归侨的就业问题，那个罐头厂的效益可以说是非常好了，一年的利润都是几百万往上的。

我现在就住在五队这边，住的房子是自己建的。原来的房子是公家的，和全国的华侨农场一样，一开始都是公家给我建了一排排的房子给我们住。那我自己建的房子就是在公家的房子基础上建的。农场房改的时候规定了房子的面积是按照家庭人口来算的，一个人大概是17平方米，时间太久具体数字我也记不太清了。那这一部分你要买地的话就很便宜，因为是公家提供给你住的那一部分，大概就十几块钱一平方米。那如果你要扩建了，超出了这一部分，就一平方米加30块钱左右。地都是农场统一来进行规划的。当时是我们自己建的房子，所以没有补贴，后来国家搞侨居工程，后边那些建的就有补贴，一户21000元。常山这边的房子很多都是自己建的，因为原来的时候公家就给我们安排了住宅地，我们建房子买地也不贵，所以很多归侨都是自己建的。

黄再意　口述

口述者简介：黄再意，男，中国共产党党员，1952年11月25日出生于印度尼西亚棉兰，第三代华侨，父亲名字为黄娘抱，在印尼出生，是华人和印尼人的混血儿，母亲名字为孙玉珠。祖籍为广东陆丰市，在印尼时居住地为苏门答腊岛的棉兰市。回国后于1970年进入云霄县的文宣队，曾在农场的老年体育协会担任会长。

时间：2022年8月22日

地点：常山华侨农场黄再意家中

采访者：罗赞、邵思民、邓洪娇

华侨属性：印尼归侨

南洋物：缝衣车、收音机

整理者：邓洪娇

一

我叫黄再意，1952年出生于印尼苏门答腊岛的棉兰市，祖籍是广东陆丰市。我是爷爷那一辈去的印尼，我奶奶在印尼出生的，是正宗的印尼人。我爷爷是从陆丰去印尼的，应该是因为当时的中国很苦，同时又在闹革命，那是比国民党的时候还要更早一点的时间。我爷爷他们当时坐船到广东汕尾，从我家乡陆丰到汕尾大概有九十公里的距离，到汕尾了之后要跟船，跟着那些卖猪仔的船到印尼。我爷爷跟着他的那些兄弟到印尼后，就都是自谋出路喽，反正全部都这样。去到印尼那边没有亲戚，爷爷就先到了印尼的其他地方，后来才到的棉兰。他先到的那个地方是在棉兰里的一个小镇，印尼叫老武汉，离港口很近。我虽然是出生在印尼，但是不太会讲印尼话，我住在的地方都是闽南人，都讲闽南话。

我爷爷当时在印尼是打鱼的，我爷爷抓鱼，我父亲也是抓鱼的。爷爷去印尼的时候可能是三四十岁，在陆丰这里结婚了才过去。大奶奶没有去过印尼，后来爷爷在印尼娶了小奶奶，我们回国的时候叫她一起回来。爷爷打鱼，小奶奶就在家里专门给人家熨烫衣服啊，洗衣服。她当时还是很年轻的姑娘，嫁给我爷爷，我爷爷他也不是很大，他到印尼没多久就跟小奶奶结婚了。我父亲就是我印尼的奶奶生的，所以我们的皮肤都是黑黑的。我父亲叫黄娘抱，有一个兄弟，如果算上家乡的兄弟姐妹的话，就还有更多兄弟了。我父亲跟我母亲结婚了以后，我们住在外祖父家的附近，在老武汉开了一间杂货店。那个杂货店就是我外祖父跟印尼人承包过来的，跟他们借的，还要交租金。食杂店里卖米卖糖，什么都有卖。我的母亲是华人，名字叫孙玉珠，正宗的中国人，出生在印尼的棉兰市，中国的老家是在陆丰的博美镇。我祖父跟我外公比较熟悉，我们家乡在西南镇下的青塘村，距离很远，在陆丰的山内里面。博美是在外面的，离它大概有二三十公里，我父亲和我母亲后面经人家介绍成了夫妻。

1952年11月25日我在印尼出生，现在70周岁了。我们刚回国的时候，当时农场这里一片都是荒的，草很高。我在印尼才读了一年级，就发生了印尼排华事件。我们当时没有幼儿园，我是直接读小学的，其他住在印尼的大城市里面的华人才有幼儿园上。那时候我读的学校是中华学校，原先上的是中文，讲的是普通话，到最后印尼大排华的时候，就慢慢演变成要学习印尼文。那时候上中华小学，要穿校服，颜色有白色和蓝色，但是白色的比较多。我在印尼才读到一年级就回国了，我们就回到中国了。当时农场这边已经办小学了，我们农场这里原来的小学就是现在常山小学的前身。

当时印尼总统苏加诺签署"十号法令"，开始排华的时候，我们家已经陆续买船票了，我父亲对老人家讲，我们准备回我们祖国去了，不要在这里住了，这里不是我们的家，中国才是我们自己真正的家。当时在印尼，我们看《人民画报》，以前也叫《苏联画报》，本子很大很厚，也很宽，就跟我们现在的《人民日报》报纸一模一样，里面有宣传中国的内容，讲了很多关于中国的事情，说在中国吃饭不用钱。我们这样讲，当时我们中国是中央人民广播电台，也没有进入到印尼，印尼又是反动的政府，他不会给我们占领他的地盘，替我们进行宣传。我的父亲回来讲他听到的东西，我们就要回中国了，反正中国比较好了。

二

我们1960年新历4月28日到常山，我们从港口坐船坐了一个多礼拜到中国，其实不止一个礼拜，大概算起来要很长时间了，我们到港口乘坐大轮船。小时候我们每个人都有一张照片，但是后来搬家次数多了，就不小心弄丢了。我们在家里坐上客车，那个客车专门是先载走我们的行李，我们把日常的用品就放在车上载走，然后为坐船坐那个车去。当时有中华总会组织我们去勿拉湾港口上船，苏门答腊岛的最前端。我们当时坐的是荷兰船，在海上漂了一个礼拜。那个船很大，里面还有游泳池，是客轮。我们这一批是自费的，我们是用自自己的钱包拿钱出来买的，不是中国去接的。我们差不多是最早的那一批了，他们一排华我们就立即买船票了。因为我的外祖父的兄弟里面有一个堂兄很有钱，他是做生意的商人，他回国的时候就分配在广州，后来就到香港去。我们全家大大小小的船票都是他包的，当时一个人的船票差不多是一二十万印尼盾。我们的船一上岸，接我们的人就把我们带到广州的三元里，在三元里住了两三个月。常山农场这里的房子还没有盖好，要等到房子的墙壁硬掉了以后，再把我们接来常山。当时我们一上船，他们就喊"欢迎！欢迎"，还有《歌唱祖国》《社会主义好》等这些歌都有唱的。然后政府就把我们接到三元里，那时候住在招待所，现在来讲的话是像中旅社一样，也是个接待外宾的了。到六七月，我们刚回来的那个时候，讲不好听的，你都不能够去哪里，就在那里等消息，就等我们农场这里的消息，那时候吃住都是政府给的。当时也不知道后面要去哪里，等到差不多的要回来的时候，他来跟我们讲这一批人到常山的，你到海南岛的，有的到广西的、云南的。后来我们从广州三元里坐火车坐到鹰潭，鹰潭就是最大的中转站，到那边后才把我们往北边这里送，送我们到常山。

刚回来的时候分配到第六生产队，住的房子还好一点。住的瓦房，吃饭不用钱，吃大锅饭。我家里有九个人回来，爸爸妈妈，两个姐姐还有四个妹妹，我排行第三。家里刚回来时，都是做农业的。常山组织了渔业队，因为以前有打鱼的经验，我父亲就在生产队里做打鱼的工作，后来 1961 年左右就调过去到东山抓鱼，抓了一两年，就调回来了。他当时回来的时候，我们常山都没有什么海洋，就东山才有海，后来常山渔业队亏损了，就叫他回来。渔船是公家的，收获的鱼也都是公家的。母亲那时候在生产队里种水稻、种果树、种菜。当时我最大的姐姐 15 岁了，1945 年出生的，还没有做工，回来的时候被分配到常山小学去读书，两个姐姐都一样，包括我在内。刚回来的时候生活补贴给的是钱，当时一个劳力的话有 30 斤大米，不是劳力的则是 25 斤或者 18 斤，随着年龄慢慢增长。像我大姐当时就有二十几斤，八岁的我大概是差不多二十几斤。大米需要粮票去换，其实这个就算是补贴了。那时候算工分，父亲这种劳力，给的不多，一天最多给一个工，一个工就是十几分，有的是像比较年轻一点的，比较小的就是给几分工。那时候是 1966 年，我在内双山，去挑粪土，才几分工，不算一个工，肚子又饿，轻得一下子就能飘起来。我那个时候飘得比电影里面演的还要更惨的，摇来摇去，讲不好听点的，还是我比较好命。为什么这么说嘞？因为在 1966 年的时候，我还没做几天工，就被云霄县挑中，把我调到县里的文宣队去了。

当时我在常山小学读完六年级，一毕业不久，就被调到云霄县里面去了。云霄县的文宣队选人的标准是要求有原来学校文宣队的基础，那我当时是被县革委会抽调上去的。1968 年我进农场组织的文宣队里的时候是 16 岁，到 1970 年才正式进入云霄县的文宣队。1970 年的 10 月 5 日就把我们调出来，就上了一次福州。我去县里面待了整整十年，从 1970 年到 1980 年。十年来我在云霄的文宣队里是吃饱就跳舞的状态，吃饱就跳舞，反复这样。我们是专业跳舞的，没有搞其他东西。我们原来的单位是云霄县革命委员会文宣队，当时就是代表福建省春节慰问团，我们有一个牌子这样带着走，每年春节期间我们都是到海边慰问部队，到改革开放以后去展演的次数就比较少了。

1966 年开始"文革"的时候，如果我们还没有去县里面的话，基本的影响还是有的，武斗啊，但是我们这个都不参加人家派别的。那时候农场也分很多派，反正今天打倒这个明天打倒那一个，就这样打来打去了。那我们的父母亲都怕我们了，怕我们出事情，年纪还小，不要出去。我们农场当时很可怜，成立革委会的时候，我们常山讲是全国第二大华侨农场，但是穷到我们银行抵单的票据拿出来算一下，才剩了两毛八。钱不够，农场的领导就向上面要钱，侨办的领导就批多一点钱给我们。

1980 年的时候我就回来了，当时我母亲讲回来，不要听外面人一直这样跑了，不是演出就是这样，不要去，太累了。我就跟县长申请，当时我们的县长对我们还是很关心的，我跟他讲我年纪这样大了，我从十几岁来到云霄，现在已经二十几岁了，应该回去准备结婚了。因为我们文宣队里面当时有规定，男的在 28 岁以后可以谈恋爱，可以结婚，就在那个时候我就到这个年龄，刚好到 29 岁。我爱人名字叫吴金环，是本地的，当时我们互不认识，因为她跟我妹妹她们关系很好，然后妹妹就介绍我们认识了，我们在 1980 年成婚。1980 年回到农场后，我先到宣教科当干事，1992 年的时候我又调离了，到计生办担任主任，待了几年后，到 1996 年我又调回广播电视，担任主任，直到 2012 年退休。1994 年在计生办工作的期间，我成为了党员，当时思想上比较进步，就入党了。我们家现在住的房子是近期的，自己盖的，没有补贴。我们靠我们的双手，我们两公婆。我出去探亲就三个月，我们一去三个月就拿回 3 万块钱，去香港，我妹妹在香港。我很早之前去的香港，应该是 1981 年，那时候是三个月一次探亲，后边就慢慢少了。以前是两年只去趟三个月，后来就一年去一次三个月，后来就去两个月，最后就去一个月，到最后就去半个月。半个月去厦门，厦门工资也高。我去了很多次香港，1981 年开始出去，我夫人是 1994 年去的香港。那时候就是通过探亲，县里面的外事科批准后就去。我们在香港做了很多工，扛包也有，那个布做好了，出来了以后，刚刚那个包是软软的，那是最累的。不是在码头，而是在工厂，有的是去那个没有电梯的，没有电梯要走六七层，背一包东西下来很辛苦。除了这个，什么工都做。常山的归侨子弟很多都是去外面打工，那时候一个月我们最少有整万块钱，扣除人家放假没有做工以外，去一趟三个月回来就能有好多了。那时候我们在农场工作，没有事做的时候可以请假，要分管领导签名。现在我的一个女儿在农场这边生活，她是 1981 年出生的，跟一个祖籍是海南的印尼归侨结婚了。我和我夫人在 1980 年结婚，以前的人都有订婚，我们当时先订婚，过几天女方家里就请客，三天前女方就请客，三天后女方就嫁出去。我们要结婚的时候，以前有大队的，公家买有那些鸭养着，我妈妈就买几十只小的来养，养到我们结婚可以杀。我岳母还送给我们一头猪，七八十斤这样，给我们养了，新婚的时候拿来杀。可以先简单，买一大单的酒就可以请很多人了，当时摆了很多桌，三四十桌。我们结婚那天是农历十月初二，我夫人穿着新娘服，穿一件衬衣，红色的外套，绿色的裤子，还有红色的袜子，我穿的西装，西装是我自己的，但是裤子是借的，借我妹夫的。

我们家从印尼回来的时候有带自行车、收音机、缝纫机，缝纫机还在家里，是荷兰牌的，标志是一个人。那个收音机是我们家在 1952 年的时候买回来的，刚好是我出生的时候。我们大队有一个好像是搜集那些老物件的博物馆，那时候他们很多人去捐，给人家参观，我们没有捐，我妈妈说那个收音机是我出生的时候买的。我们刚回来的时候，太苦了，就卖掉了从印尼带回来的黄金，我妹妹有一次生病，拉肚子，我们就卖掉了带回来的一个戒指。

李安妙　口述

口述者简介：李安妙，男，1944 年出生于印尼东爪哇省泗水，客家人，祖籍广东梅县。1960 年回国，曾任常山中学英语老师。

时间：2022 年 8 月 19 日

地点：常山华侨农场李安妙家中

采访者：罗赞、邵思民、邓洪娇

华侨属性：印尼归侨

南洋物：自行车

整理者：邓洪娇

一

我叫李安妙，是从印度尼西亚回来的，侨居印尼东爪哇泗水仁抹县。我出生于 1944 年，中国的老家是广东梅县。我父亲名字叫李远太。我家是我爷爷与父亲那一辈过去的印尼，他是 30 年代左右过去的。那个时候就是一批人跑到印尼的小乡小村做生意，从梅县出发，过了韩江，有一个客轮坐到汕头海港。那时候我们岭东这一批人，30 年代就是从韩江那边出去的，汕头一般是广东那一带归侨出南洋的一个地点。

我们国内在 19 世纪末 20 世纪初，很多广东、福建的华侨下南洋。当时候我父亲很年轻，还是个小伙子，大概是 16 岁，是广东梅县东山中学的学生。很多客家人注重读书，一定要读得好，搞什么事才能成功。我爷爷带着我父亲，还有爷爷的弟弟，他也带一个孩子，他们两兄弟带着各自的孩子就下南洋谋生，他们的老婆就留守在广东梅县的家里。客家人不一定全部都出去，有人留守在家里，赚到钱了，富了他们才回来。兄弟姐妹要探亲回乡也有一个地方好去啦。我的爷爷他们先出去，出去了几年，在印尼稳了以后就带我奶奶过去了，但是我没有见过我奶奶，后来听说我奶奶在印尼那边住了不到一年，可能是因为人地生疏，住不惯就说要回来了，家里也没有什么人，她就回来看家。爷爷当时出去在印尼做的是小生意，开的是杂货店，当时华人也没有很大的资本，从小经营的，卖那些油盐酱醋、柴火、咖啡、香料、大米、木薯干，还有一些日用品等，刚开始没有卖中国的东西，都是印尼的土特产，印尼的物质比国内的丰富得多，后来才有卖中国的东西，比如说长城牌铅笔。很多华人都是经营杂货店的。我们在那边开的店，不是租的，开个店铺很容易，我们跟印尼人买一间店，那个店铺不是像那些需要花费好几万的钢筋水泥一样，而是用木头做的房子，很简易的。我的爷爷和他的弟弟各自开着食杂店，但是他们很友好，互相接洽。为什么我们华侨从四面八方来能够做成一个生意，然后慢慢由小到大，得到大发展？因为到了外地的华侨很团结，他们一条心，乡下里有合作的，再到大一点的，到一个县里，有华人什么合作什么的，反正就是搞一个社团。

  我父亲跟着我爷爷一起做生意，在外地，父带子，子跟着父亲创业，自然是这样子啦。我父亲念到初中毕业就出去了，还带着《武林外史》《红楼梦》《三国演义》这些书籍，他还年轻，喜好看书，客家人注重学习。我听他说他带了四部经典小说，说明华侨出去，也不忘祖国的文化。客家人有一个性格是注重文化，特别是对他的子女，要求一定要读书。用客家话说就是，再苦再穷都要叫子女去读书。我爸爸在印尼除了搞食杂的生意之外，由于印尼有很多土特产，很多印尼人种稻子、种大米，还有咖啡，还有其他的农作物，然后我父亲收购这些东西，卖出去。我母亲是华人，家乡在广东大埔县，她们家的店跟我爸爸的店，也就是我的外祖父跟我的爷爷的店面在一条街上，相邻的，他们就互相认识了。我们出去的华人当时找对象是要找自己的华人，也比较少找外族的人。有的人没有办法，一直跟人家打工，做小生意，只能维持吃饭了，娶不到老婆，就娶印尼婆。我是 1944 年出生的，当时国内还处于抗日战争时期，日本还没有投降，当时读书要到城里来的。我在1951 年的时候，去县里的华人办的中小学校读书。我们有个组织叫作中华总会，所谓总会，就是说几万个华人凝结在一起，成立了一个自己管理自己的组织。我读的中小学校就是中华总会办的中华中小学。

  由于印尼 60 年代的排华政策，实行"十号法令"，禁止华人在县以下经营商业，不可以做生意，按照我们的印尼归侨的状况，也不可能再找其他的事业来做了，也不给华人买地种地，把华人的生计斩断了，我们不得不另找出路。后来我们的中央、国务院发出接应我们归侨回国的指示。当时国家的接侨任务口号是这个——"海外的孤儿有了娘"。他们组织归侨回来，回来的时候花了很大的气力，60 年代很艰苦。根据资料，当时约有 38 万归侨回国。当时常山安置了好几千人，广西、云南、广东、海南、吉林也安置了许多归侨。

二

  我是 1960 年 8 月 1 日回来的，当时我还在上初中三年级上学期，全家七口人一起回国，父母亲和我们六个兄弟姐妹，带着一辆自行车，从印尼泗水上船，坐香港的"大宝安"，那时候一张船票价值三千二百印尼盾。我们先到新加坡，再北上到广东汕头，坐了一个星期的船，上岸后汕头的旅行社去接我们。我们在汕头住了十多天，我夫人一家则是 1960 年 3 月份回的国。来到常山华侨农场后，家人在农场务农，一个月十五块，我母亲则是在环卫队里工作，我则是被分到集美补校，上高中预备班，去了一个学期，第二年，也就是 1961 年的时候，我中考考到了南安国光中学，1964 年高中毕业，到 1966 年参加了"上山下乡"。

  1966 年 4 月初，我参加了"上山下乡"，下到柘林的知青点，成为了青年垦荒队劳动的知青。我下乡的青年垦荒队有近百人是来自集美侨校和集美中学的高中毕业生知青。其中有十几个是来自别的中学的青年学生，分别是福州、泉州、南安、漳州、汕头等，和我同一个学校下来的共有五位。我们一百多人集中在一个陌生的、道路偏僻又落后的知青点，那是我们即将去大开发的地方。我们傍晚劳动回来后，在闲暇时间里会聚集在一起下象棋、打扑克牌、唱歌、弹奏吉他、弹琴。也有好些人不忘英语，对英语很感兴趣，他们参加福建省广播电台的英语课程学习班，在艰苦的环境中相信有一天英语会有用的。其中我的一位师兄，名叫陈其才，他学英语很用功又用心，学得特别好，后来在1978年被调到常中、二中教英语课程。

我们在垦荒队劳动的时候，第一天就上茶山，在老队员的带领下，给二龄茶树杀虫喷药。有些集美学校的老大哥和老大姐们，他们在1963年的时候已经下乡来当知青了。他们很负责，用心地指导我们如何用量杯配制农药，叮嘱我们一定要严格按照比例配置农药，同时告诉我们如何使用打气喷雾器、出故障了又如何排除等农业知识，告诫我们打药时要均匀地喷雾杀虫，不得有余漏，不得马虎，老实地说他们给我们上了生动的一课。我所在的柘林青年垦荒队，它是由省侨办经营的，是新开发的、供出口的红茶种植基地。百来个知青分散到各个生产队参加劳动生产，他们能把在学校里学到的知识运用到生产实践中去。垦荒队的茶苗是在别省派来的技术员邓枝生同志的指导下培育出来的，他是湖南农业大学茶叶专业的毕业生。我们的茶籽是云南大叶种，是制作优质出口红茶的好原料，深受西方人，特别是英国人的喜爱。我们很珍惜这种茶籽。在技术员的指导下，植茶队员们学习了如何催芽、种籽、下基肥、回土等工序，而后浇上适当的水、搭棚等措施，每天上下午都要浇适量的水。隔了一段时间幼苗长成后，要根外追肥，打药防治嫩叶被虫吃掉。此外，还要经常开蓬加强光照，促进其苗壮成长，好像当宝贝一样来关照。等到苗子长到筷子一样粗时，要剪枝条，取枝叶剪穗，当扦插苗穗，再供建新苗圃地，扩大再育新苗。这样通过反复的培育才足够百万多株合格的茶苗子，供种上一千多亩地的茶园。每亩有800个穴，每穴种2至3棵苗。育苗组只有连续不断地供苗以扩大种植茶树的株数。

通过多年的努力，在大队的领导下，我们的茶叶生产达到了顶峰，产量达到一千多担，我们通过福州外贸向欧洲的许多国家，特别是英国，出口优质的粉碎红茶。当时我们的茶叶基地为国家挣到了近百万美元的外汇，这在70年代是个天文数字，青年垦荒队队员也包括多数知青为国家作出了可喜的贡献。此外，我们也支援了和平农场茶叶基地六七百斤的云南大叶优质茶籽，用于扩大生产红茶，据说在闽南地区只有我们才有这个品种。我本人也直接参与了这个支援工作。我本人在垦荒队十多年都是勤勤恳恳地劳动工作着，能吃苦耐劳、任劳任怨。当小队头头能关心群众的生活疾苦，能与群众打成一片，学习他们的优良品质，在队里博得好评，经常被评上五好职工。

1977年10月，我由于一贯表现好又有文化底子，很快就被农场的教育部门调到常山华侨中学教英语课程，教了27年半，一直到2004年退休。我从初中教到高中，也教过参加高考的学生，在此过程中有四五位高中毕业生参加高考的英语单科成绩较好，达到了录取大学的分数线。我担任过英语教研组组长。当时才两三个人，也不是什么组长，我们合作的，反正一起研究。到了正规以后，校长就把各个教研组订立一个正式的某某人当组长，我当组长的时候只有三个人，管初中到高中的英语。三个人分，你教初中部，我教高中部。高中部又分为教高一、高二、高三。因为老师比较少，科目多，教学的课程比较多，所以一个老师可能兼任各科目，一个星期教十二节课或是十六节课。刚开始的时候，我教初中也兼任高中。

被安排到常山华侨学校去教学，学校里百分之七八十的学生都是归侨子弟，个别三五个是当地附近农民的孩子。学校里的老师大部分是归侨的，也有国内大学毕业生，是本科的，有五个六个。他们是真正的有文凭的，我呢是赤脚老师，没有进大学也没有进英语系学习，自学成才的。但是学校、教育局有时候举办英语培训班，英语进修班，英语教材学习班，英语什么研究会，我都有参加，都有学习的，才能够跟上学校英语教育的这个步伐。平常教学过后的晚上，我在煤油灯下学习，我自己自学了六本大学英语教材，继续提高英语水平。

由于我没有读大学，没有大学文凭，所以按照教师评级的标准我的工资是偏低的，我的职称是中学二级教师。我的起步点是高中毕业生，是"文革"之前出来的，所以这个有点不公平。教学的话，在我旁边的是本科毕业的老师，他是一级，跟我是同事，他也是华侨，我是那个土八路的。我是初级职称，他是高级职称，他的工资比我高得多。我的退休工资现在将近5000，大概4600还是4700。我教龄是27年半，"上山下乡"是11年半，但是我的退休工资就只能算27年半的，教龄不到30年的，只能按照级数算工资，所以现在是有点不公平。

我和我妻子是1977年结婚的，当时我妻子下乡刚回来。我们是在农场认识的，她是我们农业中学的学生，农业中学也就是常山中学的前身。我的妻子名字叫刘梅华。我们有一个女儿在农场读完高中后，先在企业工作，后面企业搬走了，现在她留在了农场这里。我们对她的教育很自由。是这样子的，自己的儿女应该有自己的想法，他们跟我们是不一样的。她有自己的生活，也有自己的学习，她关心时事，也不是说是没有读书的人。她有文化有知识，是有一定认识能力的。我们经常在家谈论关于国际政治这方面的内容，她是年轻人，会用手机获取国家、国际的消息。我女儿是有作为的，不是普普通通的，她自己读自己的书，我们是不干预的。她也曾经在华侨大学的英语专修班学习过两年，可是没有文凭的，只能给一个结业证书。

林国贤　口述

口述者简介：林国贤，男，1956 年 2 月 28 日出生于印尼东爪哇省泗水市，祖籍福建仙游，混血儿，母亲为印尼人。

时间：2022 年 8 月 20 日

地点：常山华侨农场林国贤家中

采访者：罗赞、邵思民、邓洪娇

华侨属性：印尼归侨

南洋物：船票、缝纫机、自行车

整理者：邓洪娇

一

我叫林国贤，1956 年 2 月 28 日出生于印尼东爪哇省泗水市，我爸爸是福建仙游人。我爸爸有五个孩子。我爸爸是 1914 年出生的，1931 年，跟我妈妈结婚的那年应该是 17 岁的时候的，我爸爸如果现在还在都 106 岁了。我妈妈 13 岁的时候生我大哥。我爸爸文学素养很高，他是大学生，读过文言文，在中国和印尼都有读书。我爸爸是中华总会主席，里面大部分是福清人，当了几年不当了，因为他讲超龄了就不能当了。我爸爸当初是自己出去的，17 岁的时候自己出去的。我爸爸在印尼是专门卖布的，以前没有车就用船运货，后来就找到我妈妈了，就跟我妈妈定居在印尼了，开一个卖布的店，谁买布要做衣服，我妈妈就直接做衣服。我不知道父亲哪一年去的印尼，只知道他是去印尼做生意，因为我是最小的孩子，那我大哥他就知道。我父亲在中国跟印尼那里做生意来来去去，后来就没有了，直接就变成他久久一次去拿货，就回来印尼，是这样子的。我爸爸和妈妈是做生意的时候认识的，我妈妈是真的印尼人，到后来她也不会说普通话，但是会比较听得懂了。在印尼钱用不完，虽然面额小，但是抽屉都是满满的印尼盾。因为我爸爸做生意，我妈妈裁缝，又收到钱嘛，是这样子的。1962 年我们刚回来的时候是有八个兄妹，1962 年在农场这边死了两个，一男一女。后来在这里要找五分钱，一毛钱都很难。我妈妈一直流眼泪，一直想要返回印尼，因为不习惯，在印尼钱多嘛，虽然面额小，但是有钱，不怕，也一样的，比例是跟中国这里的一样。我们从印尼回来的时候，一块床板就是一张桌子，一家人就这样子睡。那个家还没有装修，还是土墙。

我父亲为了养活我们一家人也是辛苦，刚回来的时候很辛苦。我爸爸妈妈一直吵架，我们全部都是小小的，我们就跟他们讲不要吵架啦，我说随便一点啦没办法。我还有两个哥哥在印尼没有回来，两个人前年 70 岁了，一个属猪的一个属龙的。我妈妈生了四男四女，总共是八个人。我爸爸学问相当高，我家里人全部学问很高，字体漂亮，就我很笨，因为我在农场这里长大，吃的是地瓜，不会读书。我爸爸在印尼一边开店一边读书，后来舞龙舞狮。当时候我爸爸辛辛苦苦从印尼带回来了一些武术的书籍，"文化大革命"的时候，红卫兵就很大声地说，破除迷信，我爸爸说糟糕，我们从印度尼西亚好不容易带过来的那些东西。我爸爸在这里会翻跟头，武术比赛很厉害的，武功很厉害的，他有些文言文的书籍，他爱看《三国演义》，边看边唱歌，唱的就是以前的古文。那本书是在印尼买的，是中文版本的，我爸爸也会讲普通话的。我爸爸他有两个名字，一个叫林德祥，一个叫林世结，"世"和"結"字都是繁体字，因为一个是在印尼要用到的，在中国用林德祥这个名字，那林世结就是在印尼用的名字。我母亲叫吴爱志，名字的最后一个字有两个，一个是同志的志，一个是指挥的指。一般来讲，在印尼的话用的是志。我哥哥在这里的名字是叫林国辉，但是在印尼的名字是林中山。我大姐在印尼的名字叫林名华，在中国这里的名字叫林仲美。我二姐的名字叫林仲丽，三姐名字叫林丽华，三姐是属羊的，从她之后就一个名字了，我也就是一个名字。因为我们在印尼全部人家都是这样子，回来就有两个名字。普查人口的时候改来改去，我本来出生的时候是1956年2月28日，来这里普查人口之后变成4月28日，乱了，差了两个月，我说算了吧，反正也没有几个了。我父亲十多岁的时候，在中国就已经学到了一点武术，然后就去做生意，然后就不管怎么样子，就是一定要在节日的时候、舞龙舞狮的时候，带着个红布，整个球转，那个球很大，会响的。舞龙舞狮开始了，人家去找我爸爸，我爸爸在那边当队长。我就是在我爸爸舞龙舞狮的时候出生的，所以用印尼话，我叫"波悍"（音），打小就叫"波悍"，那个是外号，打小就叫我哥，他们的意思是这样子，因为我在舞龙舞狮里出生的，所以说我是最大的。我妈妈要生我的时候，我爸爸在庙里面拜，到底是男的还是女的，后来就求签看是男的还是女的。我是男孩子中最小的一个，我有三个哥哥，四个姐姐，我排行第八个。我的大哥在印尼，二哥在厦门，三哥现在不在了，老四、老五和老六都是姐姐，反正我是最小的。那时候读书很辛苦，当时去医院挂号才两分钱，我们要得5分钱，很难的。老二在印尼读过书，比较小的就没有，当时读的学校是很高档的，也是华侨学校。

"文革"那时候，我爸爸最反对批斗孔子，当时候我爸爸说，没有孔老二，就没有今天你们学生读书，你们也就不识字，为什么要批他？我读书就是从孔老二的文言文学起的。后来他们讲，有道理喔，没孔老二没有我们今天啦，就不会读书哇。"文革"期间我爸爸参加比赛，写报纸，我爸爸毛笔字很好，写"祖国万岁"，写得很漂亮，很多人看。

二

"十号法令"出来之后，我爸爸组织一批人登船回国，我爸爸很爱国啊，当时跟我妈妈吵架，我妈妈不想回中国，因为她是印尼人，没有文化嘛，她也不知道啊。听到排华的时候，我爸爸高兴得半死，马上就动员了。我们在船上的时候，唱"团结就是力量！团结就是力量！"。后来我们看到前面的一艘载有万人的船沉下去了，看得清清楚楚，那时候浪很大，翻起来把船埋下去了。我们是1960年回的中国，8月10日到中国，乘坐的是大宝安船，坐了大概半个月。我记得我们在广东汕头的港口下了船，但是不知道是在印尼哪个港口上的船，当时我还小，我小的时候就是人家抱着我下来。我们本来是要去海南岛的了，但是因为有一艘船沉下去了，那艘船本来是安排来常山这里的，所以我们就被安排来常山这里了。讲实话，我们这里讲，马来亚的，没什么功劳，没有我们来开荒，这里还是杂草丛生，全部都是杂草丛生，这个是讲实话的，因为由我们的眼里看到了。我们在汕头上岸后，就在华侨大厦那边吃，吃了以后直接就上车，坐火车到常山，花了差不多5个小时、6个小时的时间，慢呐，因为排队很难，路又不好走。原来我们下到大埔的时候，大埔有华侨，差不多2000多人，我们在大埔住了差不多二十、三十年，后来为了工作就慢慢搬到五队这边住了。我们叫常山一队，就是大埔，华侨农场有12个生产队，里面包括本地的全部的队，而真正的我们归侨的有6个队。

刚回来的时候家里是在种田，很辛苦，用手在地里耙，眼泪掉下来，夏天的时候水蒸气"呼呼哇"地掉下来。那个时候我16岁，一个月工资是11块。我当时在大埔的新侨小学，里面都是归侨子弟，读到六年级。到初一的时候，还没有读完就出去做工了。父亲母亲回到农场这边就是做农活，种地瓜啦，种水田啦，一下子种花生啦，一下子种黄豆啦，什么都有种了。我爸爸他是做生意的人，那个手尖尖的，老师的手，那到这里种田就不同啊，我爸爸眼泪也是掉下来，感觉到后悔啊，没办法了。他有时候跟我讲话，讲着讲着眼泪就掉下来了，父亲掉眼泪是很不容易的喔！何况母亲，母亲跟父亲每天吵架，为了养孩子，没有吃的东西。刚回来的时候也没有补贴，一个月3块5块，以前我爸爸一个月3块钱，然后5块钱，养活8个人。为了孩子能够吃饱，我爸爸买10斤的盐巴，以前那种一粒一粒的盐，买10斤，然后买两瓶的酱油，就把十斤的盐巴拿去炒，炒以后拿起来，然后就倒开水，煮了以后就盐巴倒下去，盐巴溶解了以后酱油倒下去，捞起来的时候满满的一桶。我爸爸早早就煮稀饭了，好了，就一个人一个碗，安排了8个，然后就把那桶混合了酱油和盐的就放在中间。以前我们上半年是这样，东边的太阳我们就放在后面，就没有晒到太阳了。我从16岁开始做农活，做到大概差不多45岁，我就没有做了，就在工厂上班，农田已经没有了嘛，已经全部包给工厂了，我们就没有做工了，就在工厂收购芦笋收购什么的。我是在食品厂做米粉的，在食品厂干了十多年。起初两年是临时工，后来就转正式工，因为那个工作单位刚开始的时候还没调令。好像是1972年到1991年的时候，当时农场搞土地承包，我没有承包，不敢搞，如果说承包有赚的话还不要紧，亏的话会亏大本。当时我们割水稻、香蕉给农场加工，后来不搞土地承包后，我就出来干活，做搬运的工作。我在食品厂不干了以后，十队那边成立了罐头厂，我就出来在平和县给罐头厂收购了三年的芦笋和蘑菇，后来罐头厂倒闭之后，我就不做了。后来我去搞基建，做散工，做基建有好也有坏，那时候没有水泥。工资是一天一块七，一个月也差不多有 100 块多一点，因为搞水泥下雨天不能做，加上休息的三四天，就等于才 100 来块。我在大埔那边做了三十年的农活，到 1990 年的时候搬来了农场这边，在食品厂做工，因为做农活太苦了，没有钱赚，也要找老婆要找对象，就出来做工了，在食品厂做工一个月也是 100 来块，相比在生产队里好一些，没有晒太阳了，但是我们需要做夜班。后来农场号召退资，说我们要拿钱的可以去农场拿，填表签字就可以了。农场退资就等于是说我们以后没有补助了，也没有退休金，那时候说 30 多年给的是 5000，本来是要十多万的。我那个时候还没有到退休的年龄，才 50 多岁。后来有人去上访，省侨办知道后，就骂农场，说大家不可以这样子，以后让归侨他们怎么样生存。后来农场就贴广告，告知说可以重新再补工龄，得两万多钱。省侨办又来了，讲不可以这样子，因为我们是国营华侨农场，让农场把原来的退休的钱退回去就可以了，那每个月每年要交多少钱就做另外一回事，后来农场还回来了一万多。

  1983 年，我 28 岁的时候结的婚。我老婆 26 岁，我们是属于晚婚喽，那时候正值计划生育，太严了。我们两个是在食品厂认识的，她也是归侨的，但是不同地方，我是东爪哇的，她是松巴哇的。我们跟越南的归侨合不来，没有什么联系。我们隔壁有两个越南归侨，我都不爱和他们说话，因为我们跟他们的性格不一样。我们比较会做人，是比较温柔的，他们是土里土气的，没有素质的。我老婆叫吴秀莲，是 1958 年 9 月出生的，是福清人。我找老婆一定要找印尼回来的，她的父母亲跟我们语言相通，然后他们看到华侨也很喜欢，所以说我们讲话就讲印尼话。不找其他国家的或者是当地人是因为语言不通，在吃的方面也不相同，如果说找本地的，然后农村的，他就是吃稀饭啦，每天都是这样子吃，所以说我们合不来。如果是其他国家的话就要看自己本身喽，如果你嫁到农场，就会按照农场的风俗去做。我们结婚那时候，我用手扶拖拉机载。有的人就用脚车（自行车）载新娘，以前为了结婚，买一个新的脚车，在脚车的上面绑一个红花就好了，就这样子结婚了，1983 年那时候还是很穷，我们请了七桌。那是我爸爸存的钱，为了我结婚，从 1960 年开始，一毛两毛，存到 1983 年了，有了两千块，我工资就全部给我父亲。后来春节的时候我爸爸就摊开一点给我 20 块买纸炮，因为他是舞龙舞狮的，所以他跟我说，买大一点的纸炮，每一年都买。我有一个女儿，1984 年出生的，在常山中学这边读完初中，毕业后去了广州，她的职业是卖服装卖化妆品的，有韩国的，澳大利亚的，因为她绩效很厉害，很会说话，公司让她管 14 楼和 16 楼。初中毕业后，她先到厦门的酒楼做迎宾小姐，一个月 700 块，然后老板就带她到广东，先试 3 个月，刚开始工资是一个月 2000，然后慢慢增长，没有发生疫情前是一个月 26000 多，做了 8 年了，后来疫情来了，工资变少了，现在才一万零几，没有办法。我现在住的这个房子建了也大概差不多七八年，这边是安置的房子，我原来住在食品厂的那个老家，农场安排的，但是我这个是已经买下地皮来了。邻居的房子就是农场给的，他们不用买，农场出钱装修，我这个是自己建的自己装修的，去年 12 月份整个全部再来，重新装修。刚开始回来住的是平房、瓦房，后面有水泥装的安置楼，但是我们买不起。我是要单独有田有地的，省书记也是支持啦，他讲过些年安排，说有什么问题找他，因为他当时是大队书记，所以说我就可以了算了，随便了。土地证现在还没发给我，我们已经找领导找几次了。现在的领导都是外面调来的，有平和的了，有云霄的了，为什么农场现在还没有发工资，就是这样子了，他们拖欠工资。当时采访我，我是代表，后来他们讲他们是中央下来的，我就把所有的事情告诉他们，结果他们是一条路的，但是我不怕，现实摆在面前。我觉得就是他们农场跟上面的都是挂钩的，然后我们怎么搞他也没有用，而且一到福州也是一样。我认为无论是外面的人还是华侨或者是当地人做农场的领导，都是一样的。因为你如果一直找他，他照顾你，那他的这个位置就给别人干了，他们都是这个想法的。虽然归侨了解归侨，但是总的来说对我们也没有什么好处。我刚刚退休的时候退休工资是 2000 多，后来工资增加了，现在有 3000 多。我有 44 年的工龄，从我 1972 年 3 月 9 日开始参加工作算起。我不认识现在的领导，因为经常调来调去，现在的领导待还不到两年，三年调一次，因为没有钱了也没有地了，留不住人。反正常山的农场的领导，我们归侨都不认识，我们都看不到他的相貌，他们可能对农场关心不够，我们什么东西都是自己出钱的，文艺活动或者是去哪里都是自己出钱的，你不要想要农场的钱，农场没有钱了。单位那边工资没有按时发，2022 年的钱，到现在 8 月了，已经整整四个月没有发了，机关本身自己都还没发工资，那我们就无所谓了。

刘梅华　口述

口述者简介：刘梅华，女，1951年6月出生于印尼万隆市，祖辈过去的印尼。刘梅华擅长制作印尼糕点，在印尼时曾在烹饪学校学习糕点制作。退休以后，加入了老年体育协会，进去跳舞，打昂格隆。

时间：2022年8月21日
地点：常山华侨农场刘梅华家中
采访者：罗赞、邵思民、邓洪娇
华侨属性：印尼归侨
南洋物：缝纫车、自行车
整理者：邓洪娇

一

我叫刘梅华，1951年6月出生于印尼万隆市。我家是祖上四代过去的印尼，我爷爷的爸爸，他是从中国广东大埔去的印尼，到国外去做生意。我爷爷在印尼开了食杂店，根据我自己记得，他是有卖布啊小百货这样一点点啦，还有卖吃的，比如说糖果、冰糖、饼干那些。那我自己的爸爸就自己开面包店，我妈妈就在家里，去荷兰烘焙学校读书，就在家里做一点糕点。我爸妈都有读书，我爸爸读到几年级我不知，有读书，他都有文化的。我妈妈是读到小学，就没有读了。他们读的是华侨学校，跟马来西亚一样。那时候有华校，教的都是普通话，但是人家说很多中学的老师是广西人，都是这个腔调。马来西亚也有很多广西出去的老师，他会把粤语跟白话的腔调结合在一起，他们说白话就跟广东说的粤语意思是一样的，就跟那个客家话掺在一起的那种腔调。我听我妈妈讲，是我妈妈的阿姨介绍我爸妈他们认识的。他们有一张照片，是在印尼的时候，在照相馆照的，到现在有69年了喽，照片的材质是布的，不容易坏。我爸爸叫刘德坤，我妈妈叫陈秀英，他们在1950年结婚，1951年就生了我。他们当时结婚的时候穿了白色的婚纱和皮鞋，他们没有结婚证，但是像我们就有印尼的出生证。后来我们已经教佣人帮忙做面包，佣人学会了，我爸就放掉，就买了部小面包车车，我爸爸就开车载客。我们当时在印尼上学需要交学费和穿校服，一三五是穿白衣，底下是蓝色的校裙，二四六穿白衣，底下则是咖啡色的校裙，两套不同颜色的，那个学校是这样子。我们在印尼一般是上半天的课，早上上课，下午就在家里写作业或者是帮妈妈看店，当时我七八岁，已经懂事了。我在印尼读到了三年级上学期，那么到了农场这里，没有读到三年级，就读到二年级下学期。

印尼发生排华事件后，我们一家六口人回来。爷爷奶奶则是跟着我的姑姑和叔叔还有表姐他们回来，他们几个现在在香港了。我们当时回国之前，要先在连旺的集中营集中了大概一个月的时间，它有政府管的，但是我妈妈说不要，我们出去住，就租了印尼人的房子。1960 年的时候登船，由政府的人接我们从连旺到雅加达上船，坐"美上美"的船，是香港的海运公司，是专门接侨的船。当时是美上美公司或者是大宝安公司，有些人也称大宝康，是英国的船。我们好像是晚上坐船，天亮起来已经在船上喽，在大海中间喽，我们小小的都已经睡觉了，船走了我们都不知。我们在船上坐了十多天后，就到了广州。我们在三元里好像住了一个月，我们是第一批的，好像也是最久的。后面进行分配，有的被分配到海南岛，有的是到这里，那我们刚好是分配到常山这边。我们从漳州过来，坐大巴到常山这里。我们从印尼那边回来的时候没有带什么东西，就是带了个大大的钟，和一些裤子和床垫，没有带自行车和缝衣车那些，带了点金。1960 年很困难，没有钱就把金卖掉，拿来买吃的，买鱼啊买鸡呀这样子，很苦的。我们回来后，在印尼的那些店面不要了，那个也是租的，向印尼人租的，当时有政策说华人不能够买印尼的房产。我们家是从万隆的乡下搬到万隆的县城，原来我妈妈生我的时候，住的是印尼人的房子。三更半夜的时候，有抢钱的人进来我家里，那时候拿不准我还是几个月，我妈妈就抱着我，我们就从后门出去，还好来得及带上奶瓶。家里就是我爸爸我妈妈，我，还有一个表哥，两个小孩，因为我表哥没有爸爸了，就给我爸爸养。那一天晚上，我爸爸我妈妈、我，还有我表哥，三更半夜跑到桥底下，不跑的话，子弹直接"咣咣"往头上砸。我妈讲还好你没有哭，要不然我们全部都死掉了。当时我爸妈刚结婚，住的还是在万隆比较乡下一点的地方，后来遇到入室抢劫这件事，我们就搬家到县城里，然后才开的店。我妈妈是住在比较市区里的，我爸爸住的是比较乡下一点的，但是我妈妈的阿姨讲我爸爸是很好的人，我爸爸 18 岁就自力更生了。他们两个结婚的时候，我妈妈 19 岁，我爸爸 38 岁，因为我妈妈很小的时候就没有妈妈了，八岁的时候就只有爸爸一个，她的阿姨讲就赶紧嫁人了。我妈妈生了六个，我是老大，最小一个孩子是弟弟，其他都是妹妹。老二是 1952 年出生的，我二妹夫是印尼弗洛勒斯岛的归侨。"文化大革命"那时候他们搞宣传，我两个妹妹都是跳舞的，我妹夫是拉手风琴的，以前都是宣传队的，他们就在一起，后面结婚了，生了一个男孩子，那个男孩子现在在公安局工作。1954 年三妹出生，他两公婆也是宣传队的，她老公是主持人，后来她老公做生意失败，欠了人家的债就一家人跑路了。老四也是 1954 年出生的，现在在印尼。当时我们回国的时候她没有回来，因为她过继给我姑姑做女儿了。我姑姑没有孩子，我四妹两岁的时候就给我姑姑养了，过继过去以后我们就回国，后来我姑姑生了五个还是六个孩子。我姑姑的丈夫也是华人，但是他是印尼籍的，跟着印尼籍的就可以留在印尼开店做生意，后来她 1962 年的时候回不了中国，因为她已经入印尼籍了。我五妹是 1957 年出生的，他们俩公婆都是做英语老师，在云霄一中教书，他们是因为一起在函授学校读英语认识的，现在两个人都退休了。我六弟是 1961 年出生的，他是哑巴，不会讲话，因为那时候回到这里很苦，没有什么好吃的，经常发烧，然后打青霉素，一直发烧,没有什么药,打到一岁的时候,耳朵聋掉了,2021年退休,现在在我妹妹这边,他之前在大队的时候是做扫地的工作。

二

我回到农场这边的时候,从二年级开始读书。我在印尼读到了三年级,回来就从二年级下学期读起。我们在印尼的时候,说在印尼读到了几年级,回来就从几年级读起。本来我在印尼读到了三年级上学期,回来到农场这边没有,刚好是二年级下学期,就读二年级下学期了。我二妹妹比我小一岁,在印尼那边读到了二年级,回来的时候读一年级,我读二年级。我在常山小学从二年级读到六年级,六年级毕业以后就在常山中学读了一年就到"文化大革命"了。刚开始回来的时候,我爸爸在第五生产队,后来1962年的时候因为他会做面包,有技术,就调到食品工厂专门做馒头、面包、蛋糕来卖,后来到1975年的时候我爸爸过世了。我妈妈回来的时候在专业队种田,种荔枝、香茅、龙眼,后来做到退休。刚回来的时候生活很苦,我们五个孩子,公家有给我们补助,好像是十多块,因为我们孩子很多,主要劳力少,我妈一个月才做十多块一点,我爸爸在食品厂就有多一点工资。那时候常山小学全部都是华侨,第二、三、四、五、六生产队全部集中在小学。我们刚回国的时候,因为没有教室,我们在树底下上课,下雨天我们就拿黑板到走廊。没有下雨天我们就拿到树底下,就在树底下上课,反正有阴凉的地方。我们没有教室,下雨天就没有办法上课。只是到后来,我们这里有一个礼堂,那个礼堂原先是不给我们随便用的,说是供奉死掉的人,那怎么办呢?后面回国的归侨越来越多,就把那个礼堂用板隔起来做教室,我们就搬到礼堂上课。但是时间很短,后面建起小学了,我们就搬到小学了。我们在农场是早上上课,下午也上课,晚上的时候就回家,晚上我们在家里没有电,就用煤油灯。那时候回来,买肥皂,一个五毛钱,一整块可以八个人用,买糖也是很便宜的,那时候红糖一斤才四毛。

"文化大革命"的时候,没有书读,就在家里开始养猪,帮爸爸妈妈养猪了。那时候已经比较大了嘛,已经差不多15岁了。家里有地就种地瓜,还有养鸡、养鸭、养兔、养白兔,自力更生了嘛。专门搞自留地,搞养殖,猪养到40斤就卖掉了,有陈岱村的村民专门来跟我们买,问一斤多少钱,一头猪卖20多块30多块得了,养到差不多两个月啊,我们就种花苞菜地瓜藤养猪。"文化大革命"的时候在我们常山这边每天都有辩论,有革命派、保守派、中立派,还有观望派。我们听到了就说,有人吵架,就搬个凳子去看辩论,他们讲话很厉害。我家里有参加那些组织,我参加革造总,我爸爸也是参加革造总,但是有时候他也去帮忙新红社。我们有辩论就出去辩论,没有辩论就在家里帮爸爸妈妈种地,种一点菜。有时没有辩论的时候,大概7点半这样子,我们一起读书的人就在晒场打篮球。我家前面就是晒场,我看到有人打篮球我就去加入。"文化大革命"结束之后,学校统一分配做工,早上上班到十一点回来,中午一点多就又上班,下午回来又要搞自留地种菜。

1968 年到 1976 年，我在生产队十小队里面插秧、种水稻、种甘蔗，就是搞农业的，一个月十多块，后来 1976 年调到食品厂做米粉。我怀孕后调到了包装，到 1983 年的时候，我们厂就没有生产了，就做罐头，做芦笋，我们工资都是多劳多得。在罐头厂做了不到一年，又把我调到食品厂的食堂，如果他们上白班，我们就煮饭喂，早上上班，下午回来，如果他们上夜班，我们就也上夜班，做点心。我做到 1992 年就没有上班了，就在家里了，因为我很怕上夜班，晚上不敢回来，半夜一点呐两点回来，从工厂到家里很远，又暗，那些路灯房子都没有建，很暗很荒凉。我 2001 年退休，工龄是 33 年，退休金就是一个月 3000，现在还没得领。我和我丈夫是在"文化大革命"期间认识的，他在栢林，他们经常来我们五队这里，他认识我爸爸，他经常来我家，后来我们在 1977 年结婚。我姐妹当中，我两个姐妹先成家，我是最后，因为我想到我是老大，家里什么都是靠我，搞木材、搞养猪，累得半死，还有弟弟妹妹要安排他们，还有妈妈，家里都是我做啊，所以我不敢那么早成家，一直到我 25 岁才成家。我在食品厂上班，7 月份、8 月份是最忙的时候，太阳还没有出来，已经去做工了，月亮出来我们才回家，要这样的时间才能一天赚一块钱，农忙的时候一个月最多赚 27、28 块钱。有一次我跟我朋友要去割水稻，早上四点钟他就来我的家，我说连路都看不到啊我都怕，我叫他在我的家睡觉，睡到五点钟比较亮了，我们就去。做到八点钟然后回家搞自留地，等下午再去。1977 年我们在农场登记结婚，结婚的那一天，我去我丈夫的家里拜祖先再去敬茶，有个老人家专门帮忙弄这些的，老人家也是印尼归侨的，他教我们怎么样拜，我们就怎么样喂，叫我们跪，我们就跪喂。我们结婚的那个年代没有婚纱穿，我们就是穿长袖长裤，做了五套。我妈妈生我的时候，我外婆买了一条项链给我妈妈，我结婚的时候我妈妈就给我，这条项链有 71 年喂，我 71 岁了，这是传家的纪念宝，意义是不一样的。1978 年 9 月 10 日那天，刚好是教师节，我在家里生了一个女儿，接生员也是华侨，当时一分钱都没用。她是老接生员了，我们才敢叫她来接生，我们很少有人去医院。我们生孩子那个年代实行计划生育政策，一胎，我生完一个女儿到三岁了还不能生，吃公家饭的要开除，我们就不要了，乖乖的，听党的话。

后来我四妹回了两次中国，她是来找我妈的。一次是在 2000 年，第二次是 2008 年，跟着她的老公和孩子，三个人飞来两次。我们当时回国之后，都有通信的，我爷爷奶奶还在的时候，那时候很困难，国外的姑姑经常寄白糖、猪油给我们。我也回过三次印尼，住在我四妹妹家，我 2004 年一次，2017 年，2018 年，近两年又回印尼的老家一次。

我退休以后，加入了老年体育协会，进去跳舞，打昂格隆，每次他们有表演我都有参加。我也打羽毛球，也打篮球，跳舞也参加，但是现在参加什么都有年龄限制，70 岁以上就不能参加了，自由跳舞是可以的。

梁瑞明　口述

口述者简介：梁瑞明，男，1951 年生于印尼东爪哇泗水，祖籍广东新会，1960 年 6 月 1 日乘坐 "大保安号" 回国。回国后安置于现今常山华侨农场双山管区，此前参加过红卫兵，并在广州、北京等地串联；参与过 "上山下乡"；曾任常山华侨农场加油站站长、常山华侨农场美食协会会长。

时间：2022 年 8 月 23 日

地点：常山华侨农场旧场部大楼办公室

采访者：罗赞、邵思民、邓洪娇

华侨属性：印尼归侨

南洋物：收音机、自行车

整理者：罗赞

一

我叫梁瑞明，1951 年出生于印尼东爪哇泗水，祖籍广东新会。1960 年回国，家中 10 个人回来，除父母外还有八兄弟姐妹，有一个在海外过世以后就只有 8 个小孩回来了，三男五女。30 年代的时候我爷爷就已经去到了印尼。当时爷爷在新会是卖菜的，主要是国内的生活比较艰苦，后来他凑到钱以后就漂洋过海去到印尼了。是坐着类似于渔船的木板船出海的，据说是坐了一个月的船才去到印尼。爷爷是先到的雅加达，之后才从雅加达到达泗水。据我爸爸所说，爷爷到印尼以后都是和同乡的这些人一起卖菜、卖香烟，是到处走到处卖的，晚上睡觉都是睡在庙里面。后来慢慢发展起来以后，爷爷就开了一个木工家具店。后来我父亲就继承了爷爷的产业，生意也发展得越来越好，在印尼的时候我们家是很富裕的，像工厂、楼房这些全部都有。我爸爸有一部三菱的车，家里的车库特别长，可以放下两个集装箱。当时家里是很富裕的，回国的时候我们还带了很多黄金回来。我在印尼的时候读的是中华学校，不过学校里面也教印尼文，因为当时印尼有规定如果学校不教印尼文的就要把学校关掉。我读到了二年级，是中文和印尼文一起学的，后来回来中国以后又重新读小学，不过小学没毕业就不读了。

我父亲叫梁荣冀，母亲叫周明娘，父亲是一个十分爱国也十分拥护共产党的人。我们家是自费回国的，是自愿响应党的号召回国的。为什么我说我爸爸爱祖国？当时要回国的时候，我伯伯和叔叔是反对我爸爸回国的，因为伯伯以前到处跑做生意，他知道当时中国很苦，所以很反对爸爸带我们一家人回来。但是我爸爸就是响应党的号召，以前中国在印尼也做了很多宣传，有很多画报宣传国内的生活，叫华侨回国，那我爸爸就是一心要带我们回来。回来之前，我们家就把家里那些财产都变卖了，房子也给了我妈妈最小的妹妹。我 2004 年回印尼的时候那个房子都还在，破破烂烂的没有重新翻修过。我们家是 1960 年 6 月 1 日上船的，是英国船，船号叫"大保安"，当时中华总会组织我们登船，我们家带了好几箱的木工工具，然后还带了自行车和手表、黄金、收音机这些。伯伯那时候也来送我们家上船，但他偷偷把我大姐抱下船，那我爸爸发现之后就打了我伯伯一拳把大姐抢回来。伯伯没有回国，后来伯伯去了澳门。我们家回中国之后爸爸和伯伯断绝了关系，他们两个也没有再联系过。那我们 6 月 1 日上船从印尼出发，我们这一船大概七八百人，6 月 10 日就到达广东汕头了。然后因为台风，就先把我们安排在汕头，在汕头大概住了 9 天以后才出发来到常山。在汕头的时候我们住的地方是旅社，但是叫什么名字记不得了，就记得住的吃的都是不要钱的。6 月 19 日的时候就安排客车把我们送到常山，早上 9 点出发，下午 4 点我们就来到这里了。那时候农场敲锣打鼓地欢迎我们。在我们来之前就已经有一部分归侨先到这边了，像最早来这里的那些马共，还有比较早回来的印尼苏北的归侨，都在欢迎我们。回来以后我们家是被安排在现在的双山管区那边。

二

刚回来住的是瓦房，我们家大概就 30 来平方米，床都是连成一片的。我们家 10 个人，睡觉都是挤在一起排排队睡的。那我们是有生活补贴的，厚衣服、棉衣这些农场都是发给我们的。过年过节的时候农场给每个人发半斤的猪肉，然后每个月也发大米。我是 25 斤一个月，我爸爸 33 斤一个月，我姐姐因为是女孩子，就比较少 20 斤一个月。还有现金补贴，一个月发一次，一个人就是 10 来块钱。我们孩子多，爸爸妈妈养不过来就再多补一点给你。具体补多少钱现在我不太记得了，反正现金的补贴是有的。不过即使这样刚回来那会儿的生活还是很苦，为了让我们吃饱，爸爸把带回来的手表、黄金全都卖光了。因为爸爸在印尼的时候继承了爷爷的木工家具厂，他本身也是懂木工的，所以来到农场以后就安排在农场的木工厂，专门做汽车的车斗。到了 1960 年的 10 月份，又把我爸爸安排去管油库。我爸爸当时有一个同事叫蔡佳角，住在四队的，以前在马来西亚的时候是马共，我爸爸就和他结拜成兄弟。因为他是单身汉，没有孩子，那他就认我们八兄弟姐妹为他的孩子。那看油库的时候，生活很困难，我爸爸就去做"老鼠工"，就是说他有个看油库的工作他没做，他让拜把的兄弟代替他看着油库，然后他偷偷去做木工赚一些外快。我那时候还是学生，爸爸就叫我放学回来去油库那边看着，然后去那个干爸的家里吃饭。

"文革"年代的时候我参加了红卫兵，到处去串联。当时我们都是穿军装、穿解放鞋、戴军帽，手臂上还有一个红袖，然后就是全国到处去串联了。那时候我带了 16 块钱就到广州去串联了，然后再坐火车到福州，从福州转车去北京。大概1967 年的时候，我在天安门广场见到了毛主席和林彪，我串联的时候总共见到过两次毛主席和林彪。串联回来的时候也是买了毛主席像章。"文化大革命"对我们家也是有一定影响的，但是影响不大，我爸爸是一个很红的人，之前为了回国不是还和我伯伯打了一架断绝关系。回国以后，爸爸也是教育我们一定要好好听国家的话。那"文化大革命"的时候我家出现过的一个问题是因为收音机的问题。具体是哪一年我记不清了，就记得当时家里有印尼带回来的收音机，那时候农场有电了就可以听一些广播。我当时在家里帮父亲刨木，农场就有一些领导带人来了，还带着枪，说我父亲的收音机有问题，可能是以为和海外联系里通外敌的。那我爸爸就说要打开给他听，他就不给我爸爸开。后边我姐夫就来了，他是农场司法局的，他听得懂印尼语。他来了以后就说，我打开你们好好听到底有什么。一打开收音机，"中央广播电视台北京对外广播"的声音就出来了，用印尼话讲的。被冤枉之后，我爸爸也没有对他客气，当时差点就要和他打起来了。我 1969 年的时候，也响应"上山下乡"的号召，到农村地区去接受贫下中农再教育。当时这个号召一出来就把我安排到乡下去了。在乡下的时候我就是种地，种花生这些。那时候我也是很能干的，一天可以做到两个工分，一个工分等于两毛钱。后来我又跑到和平农场那边打散工，专门给别人削木头。当时我下乡的工期已经够了，所以我就跑到那边去了。待了不到半年，农场就把我调回了油库工作。1969 年左右我爸爸清洗油罐、油池的时候可能是摄入了太多有毒的气体，所以晕倒在柴油池里，幸好有人发现了把他救起来送去抢救。我爸爸因此受伤了，我 1969 年就回来接班他的工作。等到了 1981 年，农场成立了一个加油站，那场部的领导就把我调上来做加油站的站长，手底下管着 39 个工人。那时候外资企业、运输公司的车队都是在我这个加油站加油。就在这样的情况下农场又聘用我做其他事情，其实说是聘用实际上就是让我帮忙做事情，就好比说让我接待一些领导，做这些都是没有工资的。有一年国侨办的领导下来的时候也是我带他们逛农场，可是我接待领导就是有一个问题解决不了。因为我不吃肉，只吃素的，这是我家族习惯、遗传，所以每次接待的时候一到吃饭的问题我就很头疼。农场是特别喜欢叫我做事情的，像农场庆祝印尼归侨回国 50 周年大庆吃的都是我负责的。当时印尼驻华大使易慕龙先生也来到了常山，然后也是我们接待他们。后来有一年我回印尼的时候，易慕龙先生也邀请我去见面了。等到 2013 年的时候，我又做了常山华侨农场美食协会的会长，那一年也是农场举办第一届美食节的时间。那些东南亚美食都是由我来遴选的，我们是过关了才能到美食节上摆摊。刚开始规模还没有这么大，那美食节发展到现在已经有 186 个摊位了。讲不好听的，后边增加的摊位都是靠我努力才拉来的，第一届美食节的时候我们总共的摊位就 80 家左右，后来慢慢传开了，广西、广东、海南、云南那些地方的华侨农场也来报名参加，最辉煌的时候就是第六届 2018 年的时候，总共 186 家摊位。后边第七届因为疫情的原因一直没办成。

三

我是 1975 年结婚的。我爱人叫赵月嫦，印尼归侨，祖籍广东新会。我们家特别有意思，从爷爷到我这一代娶的老婆都是新会人。我们是跳舞演出的时候认识的，以前我们经常到别的华侨农场演出，然后就有一回我们到诏安那边演出就认识了我爱人的哥哥，然后就是互相介绍认识了。他们家当时也是比较贫困的，她还在念高中，我是已经参加工作了的。等她高中毕业之后我们就结婚了。那个年代结婚也是很简单的，不像现在要 3 万、5 万彩礼的。我们那时候送的是毛主席语录、毛主席像章、洗脸盆、暖水壶。我和我爱人当时结婚的时候是办得比较大的，我们是在六队办的婚礼，不记得请了多少桌的喜酒了，就记得当时借用了学校里两个班的学生的桌子办喜酒。我有两个女儿，现在都在常山这里。在她们结婚之前，两个女儿都是在漳州打工的，在服装店卖服装。我大女儿的对象是本地人，家里也是办公室上班，具体什么部门我忘记了。大女婿是在超市做工的，专门管水电、电焊这些。现在大女儿就是在家看孩子。二女婿的话就是厦门中国银行的保安，二女儿结婚以后也是回到常山这边了。我爱人和我结婚后就搬到常山了，一开始她是做农业的，在橡胶园割橡胶。做了一段时间之后我就把她叫回来管家务了，以后也就没有再去做工了。到 90 年代的时候，我们夫妻开了一个五金店，当时我还是加油站的站长，那中旅社和运输公司的车都是在我这里加油的，那我就利用他们的车从深圳或者全国其他地方调一些货来我的店里。当时生意是非常好的，当时常山就两家五金店，我家是最大的店了。我是 2011 年退休的，退休工龄 40 多年，一个月可以拿 4000 多块钱的退休金。我算是拿"两本簿子"的。我们常山是这样，普通职工退休就只有一本簿子，退休金由市里面发。那如果是退休干部，就是"两本簿子"，就是退休工资分两部分发，一部分和普通职工一样由漳州市发，然后干部补贴的那一部分就是农场自己发给我们。那后来农场发了 5 个月以后，发现我不是干部，所以就没有再发了。退休之后我也是很关心农场的，像常山华侨农场的美食节都是我在退休之后一手操办起来的。从 2013 年开始我一共负责过 6 届的美食节。然后还有很多大型活动我都有参与协助。农场在各个方面对我是很好的，所以我是哪里需要我我就贡献自己的力量。所以说要感谢祖国，让我们现在的生活变得这么好。

　　我回过两次印尼，第一次是 2004 年的时候，第二次是哪一年忘记了。第一次去的时候回泗水看望亲戚，我和我老婆各带了两万块钱。我那个留在泗水的最小的阿姨开了个小卖部卖杂货，但是生活也是很苦，那我们过去之后就给她一点钱救济一下子。还有几个舅舅生活也是比较困难，然后我们又给了他们一些钱，所以几万块钱一下子就花完了。第二次去的时候我就没有回泗水了，是跟着旅游团过去旅游的。我是很喜欢旅游的，整个东南亚、南亚什么的我就差一个印度没有去过，泰国去了三次，欧洲去过 8 个国家。新会老家我也回去过，我还有一个叔叔回来的时候安排到了广州那边。回来了那么久了，很多东西都慢慢改变了，但是家里没变的就是还会吃一些印尼的菜。我老婆是很会做印尼菜的，她做印尼菜绝对是专业的。只不过就是我只吃素，不吃肉。也不是信什么基督教、天主教，就是单纯地不吃肉，特别猪肉是一定不吃的。

林新仟　口述

口述者简介：林新仟，男，1955年12月出生在印尼弗洛勒斯岛，祖籍广东梅县，客家人。其父亲是在抗日战争的时候跟他的堂兄前往南洋。林新仟继承其母亲做糕点的手艺，回到农场后一直从事卖糕点。

时间：2022年8月20日

地点：林新仟经营的千层糕店里

采访者：邵思民

华侨属性：印尼归侨

南洋物：自行车、缝纫车

整理者：邵思民

一

我叫林新仟，我是1955年12月22号出生的。我中国老家在广东梅县，我是客家人。我的侨居地在印尼的弗洛勒斯岛，位置在东帝汶隔壁并且靠近澳大利亚。

我家是我爸爸在抗战的时候出南洋的，我爸爸叫林怡宣。我们家乡就是亲戚带亲戚，比如说一个家族当中在印尼有经营什么项目，需要人手帮忙就拉人过去。那个时候抗战爆发以后，我父亲就跟他的那些堂兄一起出去了，我不清楚路线，但知道以前的旅程都是千辛万苦的，从地图上看太遥远了。我2015年回去印尼的时候就在想我们的老祖宗当时是怎么过去的，那时候运输条件那么差，估计是人货混装坐木船漂过去。我爸爸他到印尼一直在卖杂货，他也会做糕点，但没有像现在那么精致。中国的糕点也做，印尼的糕点也做，用的是荷兰的配方。比如说我们很多中国人到荷兰人家里做家庭工和佣人，外国人就说我要吃什么，就把配方给你并且教你怎么做。所以我爸爸这些配方就是外国人给的，但配方的材料很繁杂，只有中国人才愿意学。战争年代，国内的糕点基本上很少，整个海岸线都被封锁，谁还有办法运营食物材料，手艺一般是华人自己传下来的，中国人很聪明的，不用手把手教，看着看着就会了。

印尼政府几次排华，首先就是欺负会赚钱的中国人。比如说乡镇那些农民想挣钱，但钱都被中国人赚去，所以他们要把中国人赶到城市里面。后面就出台那些法律，中国人不能在乡镇做生意，他们印尼人觉得中国人到城市没有立足点，肯定没办法生存，但中国人就是很团结，比如说我们福建有福建商会，广东有广东商会，商会就会提供场地和设备，没有资金就借给你做，做完了再还给商会。中国人谋生的手法很多，而且特别团结，比如说你过去是潮州人，你饿不到，你到潮州会管，有饭吃，像我们客家梅县的就到梅县会馆。反正有大的厂房，工厂需要劳力就分配过去，要做生意都会支持。华人到那边十个人里面，基本八个人都是做生意的，企业做大是比较困难，但做小生意都没问题的。

二

我刚回来时候才 5 岁。回来那一年在 1961 年 1 月份，那时候用的是苏联船接我们。当时我们国家接侨的船全部是租苏联的，我不记得船多大，但可以坐 1000 多人应该是没问题的。我们坐的船比较慢，从印尼坐船坐了近两个月，从我们弗洛勒斯岛一直走到巴厘岛以及苏门答腊那些地方还要往上走，载满归侨以后就回来。一两个月到一个地方，每到一个地方停几天。按地图走，当时他华人组织的华侨商会，比如说你在什么地方，有几个人，他就租船过去接，就这样就走，走到一半人数够了就回来。回到中国以后，我们就在广州三元里那边住了一段时间。广州三元里是现在很多黑人的地方，我在那里可能应该住了有一个月，政府再来安排，后面到汕头也住了几天等待分配，最后来到了福建，福建有最大的华侨农场。国家把我分配到福建是因为人数不够，哪里缺人都由国家政府安排，不是说你要去哪里就可以去哪里的，我们没有选择的。我不太清楚其他华侨什么时候回来的，反正我是 1961 年到常山的。那时候以镇压共产党为主并且波及到了华人，记得五几年周恩来参加雅加达会议，中国跟印尼关系还是比较好，那时候还是互相学习，有摩擦就是一部分。印尼人还是很温柔的，就是限制你不能做生意，慢慢把你边缘化。再一个要回来的原因是因为我爸爸，我老爸讲中国人的父母亲再穷再丑都是自己家，五星红旗一唱，大家听到眼泪就掉下去了，自己就回来了，那时候华侨是相当爱国和相当爱政府，听到五星红旗的歌时眼泪就掉了。

那时候回来的话就是农场每个人一把锄头开荒，我父亲原来没种过田，他当时不习惯是肯定有的，大家都不会种田，但是指导一下这个田怎么种就懂了。回来大家都感觉到田地不好，因为印尼的天时地利的自然条件太好，每天都是下雨，火山地带，土是黑的，印尼人是好山好地养懒汉，两三天用手搭起来就有东西吃了，印尼种植东西不必去奋斗。我们在印尼住的地方南边就是印度洋，北边是太平洋，鱼类和物产太丰富了，所以说那边的人是缺钱不缺手，东西随便都特别丰富。我们国内就不一样了，国内是我们在村里拼命地翻田都不行，自然条件不允许，气候不一样。印尼每天下午 3 点都下雨，气候太好，海产品也非常多。

我父母都是华人，在印尼那边结的婚，他们是亲戚介绍的，以前婚姻之间都是长辈安排的，没有自由恋爱，广东的跟广东结婚，湖南的跟湖南结婚，按传统的那种婚姻法。我父母是在战争时期没能领到结婚证，世界大战都爆发，还有什么结婚证，打仗打得政府都没了，整个岛屿都被日本人占领。以前结婚都没人去管，生产队长就等于是法院，要给这生产队长证明一下开个证明。

我父母把我们一家九口全部带回来了，我在家排行第七。我家回国时带了很多东西，如床头柜、铁床全部都带了，还带了两台自行车和一台缝纫车，缝纫车不是凤凰的牌子，可能是德国的 Lady，那时候最出名牌子就是 Lady，但是这些在广东的时候全部卖掉了。华侨们把印尼的东西基本上都带走了，我们一到那里我们东西就会登记，因为政府动员我们支援国家建设，所以把黄金首饰都卖了，国家会给我们一点钱，但是我们卖得很便宜，相当于把钱送给国家了。有一个统计员统计我们的货物，就过来问你带了些什么物品，带了几块手表、带了几个戒指、带几个脚车，他们就要统计一下。我家里人全告诉了统计员，因为所有物品明明白白地摆在那边，然后就来说价给钱让我们卖掉。我们华人回来不懂的，反正回到国家都很高兴，卖就卖吧。有个老归侨带了一些白糖，还有一个亲戚还带了肥皂回来，这些没有卖掉。回到农村才知道非常艰苦，一回来我们全部都是搞农业和种凤梨，做到八几年以后包田到户，而且在1985年有工厂招工，但在90年代左右就开始分流经商，后来我自己做小生意卖烟酒。刚开始很多人基本上都是自己经营一个小商铺，因为小商铺里的生意很好。

我1987年开始做生意，到现在已经有三十几年了。1995年，我就开面包店，还卖矿泉水和香皂，以前反正市场需要什么就经营什么，我的商铺都是自己建的房子。当时国家分流大工厂和国营企业，每个人自己去谋生。我们还是农场职工的时候工资大概就十几块钱，这个钱算是很大的了，可以办很多事。我干了很多事情，比如说做农业、养猪，又搞粮食加工大米，什么都搞，原来我们吃的大米是公家的，后面出去承包就自己干了。以前就是劳力不够所以东调西调，大家都很听话的，领导叫你干什么就干什么，农场里养猪的就负责去搅米，米搅好就去养猪。我们职工在这边还是不错，口粮是政府固定的，一个劳力30多斤，我们种的农田就会给仓库，工资一个月就拿20多块。中央领导叫我们干活，我们激情都很高，晚上白天都去干，没有讲多少钱给我们，晚上还要去义务劳动平整土地。1969年跟苏联交恶的时候，毛泽东下发"深挖洞，广积粮"政策的口号。

我是1985年结婚的，我长得人高马大又帅。但那时候不想找老婆，每天就是想着怎么赚钱。当时改革开放，很多女孩子都往外面嫁，我们就光棍了，后来亲戚介绍我老婆给我认识，我们就结婚了。80年代我们国内刚刚改革开放，女孩子长得漂亮的要出香港，长得不漂亮还出香港，所以我们就成为光棍了，找女朋友只能找到本地的。女孩子都去了香港，那时候哪怕嫁个老头子也愿意嫁过去香港，小妹妹说哪怕是八十几岁老头子只要能嫁出去就行。现在国家已经富裕强大了，观念就改变了。

很多海外华人回到我们国内做慈善，华侨是最爱国的，每一次中国重大的运动、重大的改革都少不了华侨。中国的改革开放，海外华人带进来很多外资，孙中山革命得到海外华人支持，七十二烈士很多是海外华人，中国抗日战争真正的支援来自海外华人，我们的常山就很多。从缅甸、新加坡、马来西亚组织了很多的技工，反正就是冒着生命危险支援国家，大家都会冒着炮火前进，因为我们爱国。我当兵没征上，那时候当兵检查了几次都不合格，我家有两个当兵的，我几个兄弟每一次去医院都过了，我就是去不了。

回到农场，我读不到书，我记得 1955 年到 1965 年的时候我才 12 岁，1966 年"文化大革命"，全国老师长征大辩论，课堂关闭，老师串联，四年级和五年级的小学生就在一个课堂里面玩，没有老师给我们上课。我过了三年级基本上都懂得写字了，1969 年以后我开始上初中，ABC 的英文和数理化根本看不懂，但是文科还马马虎虎的，初中那时候只要去了就给毕业证的。我在 1969 年到 1972 年毕业，毕业就出来去做工，那时候毕业证是老师用手写的盖个印，我们初中就出来做工，读高中自己没有兴趣读不下，读书很苦，说 ABC 给我听，我也听不懂，到高中几何数理化可能更不行，我自己从学校出来以后，才知道读书的好。年轻的时候就被放养，经常在河里游泳、抓鱼、抓螃蟹什么的。我父母那时候没有被批斗，因为我父母相当听党的话，我家里基本都是党员。当时常山有一个建筑公司，我们原来也是属于企业单位的，调回来到工程公司去配合农场搞工程，我在里面当经理。我是 1995 年成为党员的，因为当时想进到机关里面就必须要入党，我当经理的话不入党肯定不行的，我后来做工程部经理兼职公司经理，后面机制改变了，我就下岗了，我总共干了 8 年。

下岗后我从头就业，1994 年我就去搞糕点了，我目前开的这家店是 1999 年买的店铺，2000 年才开业卖面包做蛋糕，春节期间很多顾客都会来我店里订千层糕，如果没有提前跟我说，订还订不到。以前的人也不讲究高糖、高油脂。现在的人就很讲究，不要太甜，油的不要太多，现在饮食跟过去有一个差别，现在吃的太丰富，淘宝网购，要吃什么都有，这个糕点现在又萧条了，我们做糕点无非就是这个蛋糕材料有区别，料下得足不足，我们是按原汁原味配方操作，就按我们传统原始的那种做法，软软的，我放二十几天也是这么弹，有的糕点放一两天就硬掉了，里面的空气一放就会发霉。我的糕点放在冰箱里面冻起来凉冰冰的也很好吃，拿到微波炉加温依旧口味差不多，我是跟我家里的母亲学的手艺。

我印象最深刻的就是 1987 年我的人脉和资金，因为我的家人借不了多少钱给我，我就到处东借西凑，当时主要就是卖烟酒、小吃，因为我不喜欢打工，太受到管理，后来我一个月可以赚 2000 多块。现在主要经营面包店，卖一卖面包和蛋糕，我们开这个面包店，是要根据市场的人流量来做的，人流量多，才能多做，因为我们做面包的话，今天做的最多卖到明天，这两天就要卖掉，糕点不能放长的，但我们的地方人流量少，人口少，我就无所谓了。

我的手艺不传给我的小孩，因为我的小孩没有心气学，以前我招了几个工人都跑了，年轻人都去做电脑、空调方面的工程了，现在做的话就是四十几岁的来学做糕点，没办法，我只能慢慢教他们，就慢慢做，以前做糕点的有四五个都跑了。我找过的工人里面有我家里的很多亲戚，有的人做下去他就会感觉到很烦躁，因为做一层糕点的话就要十几分钟，然后转盘要转十分钟，继续下一层又是要八分钟到十分钟，直到做完二十层，反正搅拌很费时间，我们是用牛油，很讲究的，必须要打到它的稠度，打的时候也要打一个多小时，烘烤的时候也要一个多小时，这种工期肯定太繁琐了，很多人都不愿意学了。

我老婆是18岁嫁给我的，我大我老婆10岁。我结婚在家里摆酒的，摆了有二十几桌，那时候我在生产队，我就把我生产队的朋友都叫过来喝喜酒了，我还请了建筑队的过来。那时候是有福同享、有苦同担的年代，我们生产队都是有喜酒大家就一起喝。我向我老丈人家提亲的时候，我就也是一两个朋友过去，那时候很简单。送上几百块钱这样就可以了，100块算是很大的，我提亲是给了我老婆999块。我们客家人基本上都是不用钱的，很多事自己办，有钱能办隆重点，没钱就简单点，因为我老婆那边有风俗，这个钱给岳父岳母，女儿可以带出来的，当时那个年代没有陪嫁，那时候手链、脖子的项链这些都有了，我们这边都是比较讲究的。我们都有香港关系，那时候100克才几百块，一般都200多。男的找不到老婆，大多数女孩子嫁到香港去了。我老婆结婚那天穿戴很简单的，因为我们基本上是被同化了，就按当地的风俗习惯。我们是在农村总部结婚的，选在12月26号这个日子。然后跟自己的同事朋友交代一下什么时候结婚就过来喝酒，不像现在有酒店。

我现在有一个姐姐在香港，还有一个弟弟是在印尼，我们家有八个兄弟，姑姑没有小孩就给她养了一个弟弟，我的兄弟姐们如果都在世，都有80多岁了。在这里当老师退休人在香港，他是老二，他是1947年出生的，他女儿现在在香港，女婿原来是常山人，那时候我们这里有条件的都出去。我们也比较爱国，就没有出去，第四个是1948年出生的，1989年出去香港，她是从山东出去，因为她丈夫是山东人也是归侨，他的兄弟介绍他们认识结婚的。老八是个弟弟，现在在印尼，他是1960年出生的，他出生不久我们就回来了，我姑父没有小孩，弟弟就过继给了他，我们家里太多兄弟，我姑父也是华人。当时很多华人想回来，但不是说你要回来就能回来，像我父母就是申请了很久才回来的。接下来留在印尼必须要加入印尼籍，我姑姑已经加入印尼籍，我姑姑他们的名字要改成印尼文。比如说你姓林的话，你就用印尼文字表示，反正要加入印尼籍，现在那里的华人基本上都转为印尼籍的。1998年印尼再次排华，把这矛头指向华人就煽动社会动乱，改了印尼籍的华人也是一样被抢的。

现在国家强大不一样了，我们的国家现在名正言顺地保护华人，我们可以让大使馆出面，一个国家强大对海外华侨才是真的保护。

我没生二胎，我们到九几年和零几年还不行，要生必须全部推迟，违反者的户口就会变成农村的，条件很苛刻的，那时候也罚款，我们家里那时候不是罚款的问题，重要的是职工是要被开除的。当时计划生育是一票否决的，违反计划生育什么都不要谈，就要回去做农民，我们这边如果有两个孩子的话是不行的，我是干部更不能生。我们也不能跑出去生的，三个月就要做一次B超，农场很有管理方法的。

我只有一个女儿，她是1987年出生的。现在在厦门，当时是在厦门大学的嘉庚学院读书，学金融的，现在在厦门成家了，她有两个小孩。我女儿是2013年结婚的，她老公是本地人，他们在学校认识，自由恋爱。她老公的工作也是自己找的，不是国营企业，是做外贸的。我女儿本来是在银行上班的，后来自己跑去厦门做生意，基本上年轻人一毕业都喜欢往厦门跑。他们结婚没有摆酒，因为他们去了莆田生活，我女婿老家在福建莆田，是湖南怀化商学院的，都是同学介绍同学认识的。其实我们无所谓了找本地人还是华侨，像我们的观念反正是都可以，年轻人不在乎什么东西，让他们自己过吧。

刚来到农场艰苦是肯定艰苦，但现在就感觉很幸福，我们说起来都有成就感了。退休了以后政府还给退休金和医疗保险，按我自己来讲感觉非常可以。至于我对农场的意见，我觉得目前还是可以的，政府的东西我们也不太清楚，农场的风貌还可以，我还挺满意的。

最初是农场的护工，在我们这边基本上就印尼跟越侨两个大类比较多。

吴祥兴　口述

口述者简介：吴祥兴，男，1945年出生于印度尼西亚松巴哇岛松巴哇县，祖籍福建泉州市。吴祥兴为混血儿，母亲是印尼人。曾任常山华侨农场副书记，享受副处级待遇。习近平主席在福建任职期间，曾访问过常山华侨农场，吴祥兴作为接待农场的领导接待了习主席在常山华侨农场的访问活动。

时间：2022年8月23日
地点：常山华侨农场吴祥兴家中
采访者：邓洪娇、邵思民
华侨属性：印尼归侨
南洋物：无
整理者：邓洪娇

一

我叫吴祥兴，1945年出生在印尼一个小岛松巴哇岛的松巴哇县，广西那边也有从松巴哇岛回来的。我家住在农村，靠近海边。我的祖籍是福建泉州的。我爸爸那一代去的印尼，大概二十多岁从中国出去。从广东的汕头出发，先到新加坡，然后到苏拉威西岛的一个点，再到松巴哇岛。苏拉威西岛的这个点，是每一个中国人到印尼的最先落脚点，然后找亲戚，亲戚在什么地方，就到亲戚在的那个地方。我的父亲从广东汕头到新加坡是坐专门的轮船，他事先有专门打听的，他专门打听就等于买船票了，因为是亲戚买船票。比如说，你这个村有几个亲戚要出去，就靠在一起，有钱就自己出一点，没有钱就我们整个村一点点支援，亲亲戚戚帮忙。当时很少有客船，一般就是货船，边载货边载人这种。

我听我爸爸讲有好几个一起出去的，除了我爸爸还有我的堂哥，以及其他的亲亲戚戚，还有带路的。比如说我们这个村要出去，这一批是谁带的，就委托他带这一帮人出去就行了。如果很顺利就没有什么事，那如果遇到大风大浪了，就找不到人了。我有一批我的亲戚，是我堂姐这边的一帮人带出去。据他们讲，一批人不宜太多，大概五六个这样子，太多了不好带，也不能太少，大家都需要互相帮忙。当时那个交通工具是很危险的，因为过去的船也不是很好，大风大浪，经常会遇到台风这些，都是冒着生命风险的。

我爷爷那一辈没有出去，他在家乡泉州。因为当时国民党要抓壮丁、征兵，然后我爸爸和他亲哥两兄弟就跑出去了，加上海外那边也是在动员他们出去，到海外去谋生。我们到海外，要到汕头坐船，去汕头是从泉州走路到汕头的，你看那么远，那个时候没有什么公共汽车，连60年代公共汽车都少的，更不要说解放前。我爸爸是解放前出去的，好像是三几年。

我的母亲是 1900 年出生，我父亲可能也是这个年龄段出生。我父亲先到新加坡，然后再到印尼的一个城市，这个城市印尼话叫马噶山。在马噶山有一个中国最原始的组织，叫中华总会。这个总会做事是很认真的，我父亲过去后，总会就派人来找我爸，问他是从哪里来的？海外有没有亲戚，有他们就联系上了，再把我爸带到那边。我爸爸在马噶山待了不久，就被送到了松巴哇岛，也就定居在松巴哇岛了。我父亲到松巴哇岛之后，住在海边，弄一些打鱼的小船。开始的时候，我爸跟我伯伯一起做工，我伯伯可能大一点。我伯伯比较会做生意，就开商店，收购土产。印尼这个国家土地肥沃，种什么东西一般都不用肥料。当时到了不同的季节，我伯伯就收购不同的土产，集中起来，然后转卖到新加坡。土特产比如绿豆、玉米、大米、海产品、鱼干、虾干等。就是说，把这些土产集中起来到一定的数量，然后用船运到印尼的一个大城市泗水，印尼第二大城市，一般人家叫泗水，那边有一个大的收购商，就把我伯伯他们这些收购的东西集中起来，用大的货运船运到新加坡。当时有些是以物换物，小的东西就用糖等东西换，等于说印尼人不用钱买东西，那中国人收购他的东西也不用钱，以物换物，这个是少的，多的还是用钱。

当时伯伯买下了一家店铺，开了一家杂货店，卖各种各样的用品。他有专门的一个供应商，他有这个商业网络，他说需要糖，他们就给他。如果供货商是亲戚自己人的，那就先拿货，卖完了再给钱。打鱼也有一定的季节，遇上台风的时候，我父亲就跟伯伯看店。有时候租人家的地种东西，叫印尼人去种。像我爸爸有时候租人家的这块地，然后教给印尼人怎么样种，因为他印尼人跟中国人种的不一样，我们种的技术比较高。我们种的地瓜大大的，我小时候就看过，我拿的地瓜很重很大，但是我们现在大了，以后再看就不算大了，是小小的。印尼人种得比较随意，我爸爸种地是用大陆种的那种办法。比如说，印尼人种地瓜，种有一段时间藤很长了，要翻藤，他一点都不会。到一定的时间，我看我爸爸教印尼人，有时候我爸爸亲自去把地瓜苗翻过来，把地瓜苗两边的须根弄断了，不要长太多根，这样弄断，再稍微晒一两天，然后再把地瓜另一边翻过来，吸养分的须根不多，地瓜就长得多和大。所以印尼人看到我爸爸都很敬仰。我们在家乡也有地，在华侨农场这边也有几块地，种地瓜。一般我们中国的农民比较朴素、比较勤劳，擅长农业，但是他们自己很少做，叫印尼人种。

我母亲是当地的印尼人。她原来在我爸爸那边帮工，做帮手，等于保姆这样来的，煮饭煮菜这样，那可能就是我伯伯看她表现很好了，就介绍给我爸爸。她不会讲中文，她讲印尼语。我母亲叫杜列美，她这个"杜列美"中国名字是我们给她起的，她的印尼名字叫哆蜜。根据这个音，我的亲戚就给拼成中文名，杜就是姓杜，中间那个就是列，第三个字就是美，就是这样起的名字。

1945 年我在印尼上学，读印尼文。我小学是在村里面，村里有办小学，办到三年级，然后 1946 年就到镇里面，然后上初中要到 100 公里以外的县城才有中学。一般的中国人，他如有条件，就会把子女送到中文学校去读，他这个是要钱的。如果是读印尼学校则不用钱，义务教育的。那我们当时的条件也比较差了，在乡下，中国人不多，只有我一个人读那个印尼学校。我邻居有几家的中国人，就把子女送到镇里头，有的送到县城，离我们那个地方要 100 公里，像从这里到漳州这样远的地方去读书。因为中文学校不能随便办，一个县只能办一个，它限制你这个中文学校，它不给你发展。后面我到县里面读中学，也是印尼文。学校好像叫松巴哇中学，因为它在松巴哇市，松巴哇县，所以它的中学也叫松巴哇中学。因为那个时候只有一个中学，叫松巴哇第一中学。我 1993 年去印尼探亲的时候，中学有好多所，连高中、大学都有，在我们松巴哇那边，过去只有中学，连高中也没有，1960 年还没有高中就只有初中，高中要到爪哇岛很远的一个地方读，现在那个地方连大学都有了，现在很发达，他们也很进步了。印尼学校里有中国人去读，是比较少的，主要是没有条件读中文的，他就到印尼学校去读，这样他不用钱，属于义务教育，免费，就只用买书，不用交学费。

我去印尼去了三次，最后一次我带我们一个副场长，因为我们的开发需求方给我们两个一起去印尼考察。与我一起去的是姓张的，我就给他看了一样东西。我说老张，你注意看这个印尼这一方面，我说他们在这一方面就比我们做得好。他们全国学生的校服，不同的年龄段，全国是一样。你一看你就知道这个是小学生，你走到这个岛看是这样的校服，走到那个岛也是这样的校服，你看它就很发达，发达到这个程度，人家就懂得这个学生是几年级的。

以前我们的校服，是五花八门的，而且这几年才有校服。印尼的小学，天气热，女孩子一般穿裙子，中式的裙子，全国，整个印尼都是中式的、统一的。如果是初中，是浅蓝色的，男孩子裤子是蓝色的，这个是初中生，高中生又另外一个颜色，这个搞得不错。我中学好像穿的是蓝色的，白衣蓝裤，白衣棕色的裤，衣服是白色的，它这个固定衣服上面是白色的。小学的那个时候我还没有校服，那个时候还是穿我自己的服装。我们早上读书，下午没有读，然后回家，我们离家不远。印尼强调你愿意，到了一定的年龄，你要读几年级，它就强调这个，比如说 7 岁年纪，像我们这边的 7 岁年纪，也是这样，一般愿意读书的，一般都吸收了，它也是普及这个教育。

二

我们离开印尼是 1960 年 12 月，12 月中旬，在海上漂了半个月，1961 年 1 月 1 日到广州，正好元旦，我们在那个地方，习惯讲印尼话，Selamat Tahun Baru（印尼语的新年好）! 新年好! 新年好! 我们在广州互相问候，所以我记得，因为那个时候我回来是 15 岁。

那个时候印尼总统颁布了一个"十号法令"，法令有一个内容，因为内容很多，我们不记得了，反正其中有一个内容——中国人不能在乡下做生意，还要集中到县城。为什么它这样做，封锁，好像是共产党跟印尼人民结合在一起，我分析是这样的，要不然它为什么叫我们集中到县城去做生意？那县城我没有亲，没有戚，没有地方住，不得不要求回国了。

我有看画报，那个时候已经出画报了，中华画报，所以小时候我去我亲戚的家，因为我亲戚有开店，还有收音机，有书刊，有报纸，有画报，我经常去翻看，喜欢听广播。我从小就习惯听广播，有的听不懂，有的中文听不懂，我亲戚就告诉我这个讲什么，他会告诉我们，他们对小孩也很好，我们中国人与人之间非常融洽，非常友好，我们是亲戚就更亲了。

中国那时候刚刚解放也不是很多年，需要建设，需要劳力，特别是需要人才，需要专家。所以为什么有很多人在印尼读书读了一半，回国继续深造，结果没想到他们归来时候是 1960 年，困难时期了，很多人读了几年书都下放到农村，开始也想不通，后面也慢慢地接受了。

父亲带着五口人回来，爸爸妈妈、哥哥妹妹，我排中间，三兄妹。那时候我们家从松巴哇岛的一个港口，那个地方坐船，好像坐的是苏联的船，那个时候是苏联的船，用苏联的语言说是"勾勾力"，中文好像是"科科力"。

印尼到现在不承认排华，他说我们没有把中国人赶走，是你们中国人自己要回去这样的。实际上他刁难我们，等于是赶走，这是一样的道理。你不给我生活在这边，你叫我生活到别的地方，我那边没有生活出路，那我肯定要走。船是中国政府出的钱，借苏联的、英国的这两个国家，因为我们的香港那个时候被英国统治，它那边有很多船，我们政府一般就租那边的，我们跟苏联很友好，我们就叫苏联帮忙派一些船，那个时候我们国家还是比较落后，没有多少船。

我们那里是第二站，我们那一艘船接三个岛的归侨。它先去接松巴哇岛东面的弗洛勒斯岛的归侨，后又到松巴哇岛接我们，然后它再到靠近巴厘岛的龙目岛接第三波人。现在六队那个地方很多就是从龙目岛回来。龙目岛很出名的，有《龙目海峡》报纸，电台经常讲这个报纸。巴厘岛、松巴哇岛和龙目岛，这两个岛一个省，巴厘岛小小的一个省，但很发达，它一年的收入 50 亿美金，整个印尼年收入才 100 多亿美金，单单巴厘岛就 50 亿了。巴厘岛上的人，全部都会讲英语，连扫地都讲英语，像我们中国人的小孩都在一起讲中国话一样。他们也很惊讶我们小孩讲普通话，一样的道理。到弗洛勒斯岛接第三波人，住在我们现在的第四队，那五队这边是松巴哇岛上来的，那六队那边是龙目岛回来的，所以我们这一条船上的人们分别在三个管理区。

我们回来途中没有事做，在游轮上的客厅玩，十几个经常一起玩，经常看船吊东西，要吊龙目岛归侨的行李。还有龙目岛的人给了我们一批种子，他们知道我们搞农业是要种子的嘛，就给了我们好几样种子，有腰果种子、树的种子，给我们带一袋过来，回国拿去种。现在在旧的办公楼前面，一棵印尼语叫格米粒（音）的树，它的种子是我们几十年前带回来的，它是做咖喱用的，过去种了很多，但是他们不懂，都砍掉了，大埔那边也砍掉了很多，很可惜。

我们没有到船舱里面，因为里面很闷，里面那个装货的有一个比较宽的地方，那个大大铺，就一家一家在那边睡。我们小孩因为觉得里面很闷，就跑到上面。船上面那边有一个阅览室，在船的阅览室读书，看书。我们就在那边玩，一天到晚在那边待不下去了，很闷。我记得我小时候半个月就在那边了。阅览室里的书是俄罗斯的，我们的工作人员为了方便给我们看，也搬出了那些中国的画报，因为有我们中国的接侨工作人员，他们都拿了图书给我们小孩看。我们在船上吃的是中餐，中国人煮的，有专门的一帮人做饭。

我们的船到广州要半个月，途中在雅加达停了一下，在那边好像住了三天，接越南文工团，他们要访问中国，就坐我们这条船。我们在广州的黄埔港港口下船，到广州一个专门接侨的地方，叫三元里。三元里专门的接待站接海外回来的，集中在那里，然后各个省就派代表去要人。比如说你这一批是哪一个省要的，就办理手续。我们本来安排在海南，回来很多人都说不要，他说我们在印尼住在岛上，现在回国又叫我们住岛上，不要，我们要住大陆，中国大陆。然后怎么办呢，他们就问我们的大人，你们家乡在哪里？在附近。那要不然你们就到附近去了，但是他们尽量叫我们不要回家乡，因为家乡很苦。那个时候国家顾不了他们，很苦，所以他意思说，你们尽量到华侨农场，华侨农场有房，国家给你们建房子，生活各方面国家给你料理，工作什么的国家给你安排。这样我们就来华侨农场，我们只有个别回家乡，最后一两年很苦，他们又再回来华侨农场。有这样的，那我们就没有了，我爸爸也懂得我们家乡很苦，所以叫我们不要回家乡，先到安置点。到时候去看，看了以后哪个地方好，再决定。

我们一号到黄埔港，二号、三号陆陆续续上岸，在广州待了半个月。一号还在船上过元旦，那个时候我们国家对元旦好像也是很淡，包括到现在也是很淡，对元旦一般不怎么重视，所以那个时候也没有什么，最多知道这个，就互相打个招呼。那些海外的就很重视这个元旦，他们不懂春节。我们很多华人在海外，是大人知道中国的春节，小孩不知道，因为春节是农历新年，很古老的。

我们在广州的接待站，愿意跑的，就走一走逛一逛，但是很难买东西。那个时候要用粮票，买布要用布票，还有很多用票证，我们没有票证，所以买不到，买饼还要粮票。那个时候，1960年买饼、面包、馒头这些还要用粮票。

我们家从印尼回来的时候带了很多家当，连脚车那些我们都带了，我爸爸带了两部脚车。那个时候带回来脚车很稀奇，人家就看，这是什么东西，这个怎么会骑，两个轮会跑，人家很奇怪，我们每家每户基本上都有带。除了带脚车，缝衣车这些比较大的，床也带喂，我们从海外带铁床来。那时候我们这边只有木床没有铁床，他们都很稀罕。反正能打包起来的都打包起来，捆绑起来，反正船不用钱，我爸爸说能拿的都拿。到今天我们家还有一个木箱，这个木箱很宝贝，很多收古董的他们想要。我说在我爸爸那个时候，这个箱子已经30年了，我们回来70年了，这个箱子保存了100多年了。我记得小时候我妈妈开这个箱，家里那些比较值钱的东西，我妈妈就放在箱子里面，我妈妈一开箱子就会有声音，叮咚叮咚响，我就跑过去看。我那个时候五六岁，我的头就比箱子高一点点，你看我这么大的时候就开始去看我妈妈开那个箱子了，到现在那个箱子还在，所以我跟我孩子讲这个箱子不要丢掉，你爸爸这么小的时候，都已经有 30 多年了。我还小一些的时候还不会走路，但是到五六岁的时候，已经可以自己走来走去了，长高了一些，可以看到我妈妈在箱子里放了一些戒指啦，各种各样的金属饰品，还有燕窝也放在里面。我就问这些东西是什么，妈妈就说有的是草药，有当归，一片一片放在那边，也是从中国带过去的。我经常问东问西，小孩子嘛。木箱子是印尼的一种叫油木（音）的树做的，很硬的一种木头，它种了三十年才成材，才可以砍伐。每家每户一般都会做这样的箱子，就跟印尼人买，因为印尼有很多这样的树。妈妈带了很多金首饰回来，很可惜，后面回国卖掉了，我爸爸一回来就生病，当时治疗很贵，国家也没有什么补贴，所以我妈妈就卖掉金首饰了。在农场这边卖掉的，那个时候卖掉也不容易，要偷偷摸摸卖，不可以随便卖金做生意。都带了衣服，那些暂时没有穿的，先处理掉了。

我有一块手表，是我亲戚给我的欧米茄手表，我捐给了这边的博物馆。还有一把刀是我印尼人的亲戚给的，我记得是 1993 年回去的，回去后我讲，你们有什么东西给我做纪念，他想来想去，说我们这个刀很出名，是个代表。那我说你给我一把小的刀，因为坐飞机怕带不了，后来我把那个刀架在拖鞋里过关。

三

我爸爸一回来不久就生病了，他受不了，因为太冷了。那个时候我们 12 月回来，1 月份是我们国内最冷的季节了。加上我们这边吃的跟不上，他就得了水肿病。我记得医生来打证明，叫去买肉羹，因为肉羹有油，对水肿病的人有好处，吃了可以消肿，因为水肿缺营养，缺油缺盐什么的就造成水肿，所以吃肉羹就可以消肿。

我妈妈回来后是做农业工作的，我们到一个生产队，是专门种菜的，在那边做比较轻的活，拔拔草，种种菜。我们在五队这边，那个时候每个队都有田，都有地，都有种粮食，有种蔬菜。那我妈妈这边有一个生产队是专门种菜的，就安排在那边做比较轻工的，那个时候我记得好像最高的是一个劳力有 10 个工分。

我那个时候十五六岁了，读中文一年级呢又太大，没有办法，我就白天去做工，人家讲你这个也不叫童工了，说你还小，也不能拿一头牛去养，就是计工分。我就牵牛到草地喂养，然后晚上再牵回来。看牛看了两年，两年之后，队长叫我去赶牛车，可能是看我比较会跟牛打交道。他就跟我说，你试试看赶牛车行不行。除了赶牛车之外，还有推牛车。原先队长还怕我十五六岁力气不够，试试看还可以，我力气还蛮大，后来他就叫我赶牛车了。我赶牛车赶了三年，到 18 岁了，人就开始健壮了，开始有体力了。那个时候就白天上工，晚上参加扫盲班。专门教字的，好像我们县里面的教育部门有派老师，到现在我们扫盲班的老师还在，当时我们去看我们扫盲班的老师，他讲我们还是很有心的。扫盲班一个班大概有三十几个同学，水平不齐，有的读过一年了，有的读过两年，有的比较会，有的不会，有的从头学，反正什么都有，我们扫盲班的老师教得还是不错的。

就这样到了大概 18 岁的时候，我就参加民兵、突击队。晚上当民兵，站岗放哨，白天要继续带头参加劳动。我们参加民兵的就轮流去"顾"晒场，因为有时候我们割水稻、耙花生、挖地瓜，没有那么多仓库，这些东西就放在露天的晒场上，然后民兵就去"顾"到天亮，去保卫我们的果实。按照生产队分配，轮流去"顾"这些东西，因为那个时候是困难时期，你不"顾"的话会被人家偷，还有旁边的老百姓也会过来拿东西的。那个时候很艰苦，没有东西吃啊，连我们自己有时候都偷偷摸摸地，能吃的就尽量拿来悄悄地吃。1961 年到 1963 年，这个时候刚好我们国家遭受自然灾害，遇到旱灾。我记得我那个时候 18 岁，晚上还去覆水，没有水怎么办？要用那个覆斗，就两个人拿一坨，一个人拿一坨这样。两条绳，那边拿一坨，我这边拿一坨，就这样舀，不会弄的话就舀不了水。自然灾害连续了三年，到 1964、1965 年就好一点了。

民兵组织有一整套的机构，基本上每个小队有一个班的民兵，他这个有组织起来的，为什么呢？因为那个时候蒋介石还闹着要反共反大陆，我们民兵要站岗放哨，要去练兵，要准备打仗啊。那个时候就一直喊这个，喊到我们都听腻了。

自然灾害过后，可能国家有拨款下来，每个地方都要建水库，把水存起来。因为自然灾害以前我们很少有水库，就有个小小的水坝。还没有到下一个礼拜，水坝里的水就全部都干了，后来每个地方都去找地方建水库。五队这边可以建一个，等一下到林那边再建一个，在六队又建一个水库，反正有一个山窝的地方就建水库，保存水源，就这样慢慢地再也没有那么大的旱灾了，因为我们有库存，没有下雨我们就开水库的水。

那个时候我也有参加建水库，我推独轮车很厉害。那个时候我十八九岁，好像是 1964 年开始搭建水库，我参加民兵队，那个独轮车装了满满的土，有四百多斤。做这个很危险的，有时候连车连人都翻下山去，因为我们的土要从山上拿，建水坝要用土去夯实。那个时候建两个水库，我都有参加，一个是我们五队自己这边的水库，还有一个在柏林那边也有建水库，我有参加，但是水库还没建好我就去参军了。

1965 年的时候去参兵，我连续三次体检不合格，肝肿大，因为我们晚上做夜班，做得太辛苦，推土车推得辛苦，一检查肝都会肿，肝肿大就不能参军。后来到第三次体检的时候，武装部长就去找了医生，他就指着我说，他这个连续三次来体检了，都是肝肿，身体很好，就是肝肿，为什么呢？因为他最近出去建水库，做得半死，你们再不给他通过就没有机会了。后来他们通过研究，说本来按照道理，你肝肿就不可以参军，但是你要保证到部队三个月以后，如果这个肿没有消就退回来，怎么样？他们问武装部长好不好，他说好，你们录取他以后，他到部队吃得好了，如果还是肝肿，你再还我。那个时候我身体是甲等，参加海军属于是甲等的身体，所以是很好的。家里的父母亲都支持我参军，一般部队的生活都比我们当地好。我在上海的吴淞口当兵，海军基地吴淞口很出名。

我们在吴淞口的新兵训练团培训了三个月，给我们吃好的啦，三个月以后要分配到部队之前，我们再体检一次，看身体变化，有的从好变差，有的从差变好，还有这样的变化，那我这身体就从差变好，本来的肝肿就消掉了，因为吃得好了，休息好了，生活有规律了，工作不那么辛苦。我被分配到某某部队，属于是海军舰艇部队。

跟我这一批，包括云霄的，一个县有四十个人参军，我们农场有六个人。我们六个人分散了，没有分配在一个单位，有的在这个炮艇，有的在这个军舰，有的在这个船，我们六个人就分散到六个单位，但是我们礼拜天经常走一走，找找老乡聊聊天。

因为我们这个军舰跑来跑去的，今天就停靠在吴淞码头，自行登陆以后，突然间它走掉了，它走回去了，有的到舟山，有的到浙江，有的到山东。那我有时候到大连，从上海到大连，回来了以后一靠在一起，某某人的军舰回来了，去走一走。那如果谁从山东、从大连过来，肯定带满满的苹果，因为便宜嘛。那如果夏天刚好到浙江，你就带满满的西瓜，等一下如果到青岛，你带青岛的特产，有时候到武汉，有一次我们的军舰走长江到武汉，把军舰开到武汉去，那我最远就到福建了，到宁德，往北上最远到大连，经常这样跑来跑去。我们参加过抗灾，有一年，好像是 1968 年，安徽水灾，我们东海舰队叫我们上海这边的，组织多少人，多少快艇到安徽巢湖。安徽有一个巢湖，很大，经常每年都有水灾的，去那边抗灾去救援。我那个时候当班长，我带四个人，一艘快艇。我们的船先开到安徽的安庆，大船在那边停，就把快艇吊下来，我们顺着那个小河，开了一天一夜，很远，从长江到巢湖里面。

我们归侨有一个特点，刚回来的时候不能提拔，不能当官，因为从海外回来社会关系复杂，后来到 1965 年以后就可以提拔，职位最高是班长。1969 年的时候我当上了班长，后来还有两年要退伍了，就批准不当了，部队有人来调查两次我家乡这边的情形。我亲戚讲，你部队派了两次，每一次两个人来调查你的历史，了解我的家里在海外的情况，符不符合入党条件，第二次又再来，调查"文化大革命"有没有牵连到，都没有，就批准入党了。周围的环境、氛围都是积极进步的，我在地方的时候已经入团了，在地方已经参加了民兵组织，加入了团组织，这些都是积极要求进步了。到部队了以后，第一年我们就写入党申请书了。每个人都这样，你不跟着新形势发展，就落伍了，所以应该要求进步。

我从 1965 年当兵到 1971 年 3 月退伍，回到这边的农场。受海外因素的影响，那个时候我们国家有成立远洋公司。接我们华侨回国不是租别人的船吗？现在我们自己会造船呐，1970年我们自己造了很多船，造很多船就需要海员。那怎么办？就找退伍回来的愿意当海员的海军，也有不愿意的。我家前面有一个也是当海员的，他说当海员工资很高，待遇很高，但是很辛苦，因为他这个公司好像是广州的，从广州一直到欧洲，一整个月下来，在海上看不到陆地，吃饭睡觉吃饭再去睡觉，不像我们海军还经常靠码头，远洋公司一走就走半个月，半年休息四五天，也有的做一年休息一个月。1971年我退伍回来后先搞了一两个月农业，到后来要备战要训练，就又安排我到常山中学教授军事体育课，搞后勤啦搞食堂啦，做了五年。到1976年以后，就调我到机关，到常山武装部当干事，三年后升任副部长。在人武部五年后，我于1981年调到常山中国旅行社，担任党支部书记，1986年升任副厂长、副书记了，在中旅的时候是科级，在武装部也是科级，后来升任到副厂长、副书记，就是副处了，2005年退休。

四

我曾经见过习近平主席，那个时候他担任福建省省长，来过两次常山这边，一次是冬天，一次是夏天。入冬的那个时候，天气应该开始凉了，我们都穿秋天的衣服，还有一次是夏天，龙眼都采收了还挂果，满满的，他过来看，当时是内部安排的，所以到现在他夏天来的那个时间段都没有公布，报纸上哪里都没有讲。当时我们一个书记叫高嘉凌，两个副厂长，一个副书记会见他。夏天来的时候，在果园那边照相，我们就有讲话了，他先问我，说你从哪里回来的？我说我从印度尼西亚回来的。他说，我也是爱吃印尼菜。夏天做印尼菜很开胃，它有辣椒酱，有花生酱，味道很香，那个菜是用碳素的，不会油腻。这道菜我觉得还是不错的，我们经常做，我们家里的冰箱里面还有那个调料。我们有拍了两张合照，一次在工厂门口照的，当时快中午了，但是没有安排吃饭，照好以后喝喝茶就走了；一次是在果园照的，现在挂在机关大楼的走廊里。

我1971年从部队退伍回来的时候，认识了我夫人然后就结婚了。我的夫人是缅甸归侨，当时我们都住在一起，一排房子有缅甸归侨、越南归侨、印尼归侨。亲戚介绍我们两个认识，因为我堂姐刚好跟她这一家很好，然后就介绍我们认识了。我26岁那年结婚，跟她差了八岁，我夫人的名字叫庄尔连，她一家有九个兄弟姐妹，家庭人口多。我夫人他们一家回国的情况比较复杂，因为我岳父是缅甸地下党组织的一个头头，他以这个地下党的名义打进日本司令部，后来被叛徒出卖以后暴露，缅甸地下党这个组织就马上解散，有的到台湾，有的到其他地方，那我岳父是头头，中央要接回来，不可以到别的地方去，因为他知的东西太多，别人可以走，你这个主要头头不能，一定要回国，我们用飞机把他接回云南，在云南那边住几天，先把我岳父一个人接回来，然后再把家属接回来，先把主要人物接回来，接回来了没有事了，然后再把家属接回来，我岳母，还有她的孩子这些。后来去了好几个地方才到农场来，他们好几个兄弟，先到北京，我岳父还要做专门组织缅甸青年回国读书的工作,地下党工作,他在做的事情很多,到现在北京有一个缅甸归侨联谊会,还认识我岳父,他知道这个什么人,什么名字。有一次我去北京,他们很客气,他说这个是某某人的女婿,然后就接待我们吃饭,什么的。我岳父的名字庄兴祥,刚好跟我的名字的两个字相反过来,一个祥兴一个兴祥。我岳父比较进步,本来安排在北京,要不然就是福州,他不要,省侨办那边有很多地方好安排,他也不要,他说要到农村去锻炼,他是老革命了,很进步的,后来就到常山来了。

魏震球　口述

口述者简介：魏震球，男，1951 年出生在印尼三马林达，祖籍福建南靖。其外公很早就过去印尼谋生，魏震球是在印尼出生的第三代华侨。

时间：2022 年 8 月 19 日
地点：福建常山华侨经济开发区（旧场部）
采访者：邵思民
华侨属性：印尼归侨
南洋物：无
整理者：邵思民

一

我叫魏震球，1960 年回国前的侨居地在印尼三马林达，我家只有我和我哥哥两个男孩子，剩下的都是姐妹。后来当我哥哥和姐姐到了要上学的年纪，我爸爸就带着我们一家人从印尼三马林达转到印尼泗水，大家就一直住在印尼泗水。我哥哥和姐姐到了读书的年纪，加上我家里人口非常多，所以我爸爸就去咖啡厂里做工赚钱，但是光靠我爸爸挣钱肯定不够养活一家人，正好咖啡厂打工做得多钱就多，他就把咖啡厂的糊纸袋子拿回来糊，糊了以后给工厂装咖啡去卖，然后我妈妈和我姐姐晚上就帮我爸爸一起整理，我礼拜六和礼拜天或者晚上的时候也帮我爸爸整理。我们家里都知道我爸爸一个人在工厂里干活非常的辛苦，我们都想帮我爸爸多做点糊纸箱来填补家用。

我爸说我们的中国老家在福建南靖，他是卖猪仔出去的。我爸爸是在侨居地跟我妈妈结婚，我外公的祖籍地在福建漳州，他也是卖猪仔到印尼的，然后在印尼那边打工了一段时间后跟我外婆结婚生了我妈妈。我父母是哪一年结婚的我就不知道了。

我当时回来的时候才 9 岁，回来的原因主要就是因为印尼排华，中国人不能做生意，对华人有非常多的限制，这样的情况让我们没办法生存了。正好我们国家从中国派船到印尼去接我们，我们就从泗水回来，回来坐了大概半个月的船，那个船好像是叫"大宝安"的货船。回来的时候，我外公死掉了，就我外婆和我爸爸跟我妈妈，我大哥，我大姐，我二姐，我三姐等一家九口人一起回来了，但是我的四姐没有回来，因为她一直没有生育，一个老人家说她有个亲戚结了婚，以后生不出孩子，找亲戚过继一个小孩就会生孩子，所以我的四姐当时领养了一个小孩，现在还在印尼泗水。

我们回来的时候是在广东汕头下船，然后到汕头口岸那边登记，有专门负责接待我们的人员把我们安排在旅馆住了一个礼拜，但是房间不够，我们就打地铺睡，毕竟在困难时期无所谓住宿好不好，只要有地方住就行。来福建农场是政府安排的，哪里的农场去接就去哪里，我们这个农场是1952年成立，1953年建场的。当时还有工作人员跟我们说到一定求学的年龄可以直接分配学校，正好我家里有我大哥、我大姐、我二姐、我三姐都到了可以读中学的年龄，他们在汕头就直接被分配到集美侨校，但是我当时只有9岁，就不能读中学。侨校是陈嘉庚办的，大家就一起在那边补习，最后从侨校考大学。

回到农场就只有我外婆、我爸爸、我妈妈、我和我妹妹五个人一起回来。我们当时回来被分配住在溪埕管区，也就是四队，被分到溪埕安置是因为当时我们都工作了。我这一生做了好几个行业，回来的时候我在农场读到中学又碰上"文化大革命"就"上山下乡"，后来到1972年我就去当兵了，当兵退伍回来后还是住在溪埕，后面就当以工代干的小学老师。

我原来在印尼的时候读过书，读的学校是华文学校，华文学校在本地也叫民强学校，学校里都是华人学生，教书的老师都是华人。我在印尼读了还不到两年就回国，回来以后就继续在农场读书。

二

我爸也是个文化人，他在印尼的时候当过教书老师，但他不是正规在学校里的老师。我们过去住在三马林达归侨集结的地方，他就在本地当启蒙老师，因为我爸爸懂得中文。当时很多华人大部分都是卖猪仔出去的，家里都没钱，但是家里做生意的可能会好过一点。孩子们总是要给他识字，无奈之下我爸爸就在那边给孩子们当老师。在我爸爸做启蒙老师的时候有一个姓林的学生，他后来在印尼当老板，他每一年都寄钱给我爸爸并资助他，有一年他到厦门投资厦门大学并参加厦大的校庆，他就特地从厦大开车来农场拜访我爸爸，他说："我爸爸是他们的启蒙老师，我爸爸使他们从小学到了一些文化知识，再加上他们自己的勤奋，最后掌握了很多的技能才有今天的成就。"而且他从厦门来看我爸爸的时候煮了个鸡蛋，他说本来鸡蛋是要煮面条的给老人家吃，但是因为赶车没有带面条，就把鸡蛋煮熟了带来这里给老师跟师母吃，作为自己的一个心意。但在刚回国的时候，大家都不敢联系，"文革"时海外关系的都不可以联系，八几年以后就开始跟海外联系，大家还会互相写信，写信不一定是印尼文，基本都是中文，因为毕竟是中国人。

那时候农场非常的苦，我小时候像我爸爸妈妈那样一个月做工才五六块的工资，粮食一个月供应才一个人几斤，整个国家都非常苦，不单单只是我们农场。我父母亲以前没有种过田，后来大家一起做，看人家怎么种田我们就知道怎么做了。我妈妈在专业队，她每天就是除草、施肥，如果是在农业队的就要插秧。我爸爸刚刚回来的时候也是当老师，但是当老师每一个星期六都要集体备课，要从四队跑几公里到常山管区的五队，那时候又没有自行车，也没有什么工具，每天都要走路，他年纪大了嫌辛苦就没有做老师了，后面就在生产队里放牛和养牛，每天牵着牛去给它吃草。

三

  1966 年"文化大革命"的时候，我在中学读书。当时流行学生大串联，我们这边叫作批斗走资派，学生运动为了更好地批斗走资派，要进行大串联，看别的地方是怎么样批斗这些走资本主义道路的当权派，我当时年纪小才十多岁，就跟着他们年纪大的同学从我们这里步行走到广州，但是也不是天天走，走一段有接待站，就在那边休息一两天。我们学生都是有接待的，接待的内容就是包我们睡，包我们吃，并且不用给钱。我们一路走到广州市，在广州玩了半个月，每天都串联。学生用学生证坐车也不用钱，看到公共汽车一停就跑上去，司机一看你这个学生是外地人就知道是学生来串联的。

  后来到 1967 年上面的口号就出来了："打回老家去，就地闹革命。"那时候就不提倡串联了，学生要打回老家去就地闹革命。那时候也才 10 多岁，我们就跟着年纪比较大的同学，他带我们往哪里我们就跟着走，在广州玩了一个月就要回家了，打包回府的时候带着学生证去火车站跟他讲自己是学生，现在要回家，售票厅就给我们几个人发车票。我们 10 个人拿了返程票以后就坐上火车走了，那时候火车挤得不得了，都是学生。没有坐票就随便坐，结果我们领队的高中生比较聪明，他说："他查了一下，我们返程票车票是直达北京的这种，他就说我们到点了不要转车，也不要下车，就一直坐车到北京去。"我跟着他们从广州坐到了河南，结果红卫兵来查票，他让我们把票拿出来，大家都是学生，红卫兵也是学生。他说："不对，你们应该在前一站要下车转车怎么现在还在车上？"我们讲忘记了，他说下一站你们就一定要下车，但是下一站他也没有人专门监督我们，我们就装傻坐到北京去了，那个时候我穿棉的衣服还长，回来的时候袖子都短了，衣服也没有几件了，裤子才两条。北京天气冷这一条裤子脏了就把里面的翻出来放在外面穿，在北京整整玩了半个多月。但是那时候我们要下北京站的时候也是要查票，但是我们没有票，他说没有票出不了站，乘务员问我们是哪里的？我们讲福建的，他讲福建的是最吃香的，因为福建是属于前线。乘务员跟我们说，你去找负责人说你们是福建前线的，票遗失掉了，后面就顺利出站了。主要就是北京太冷了受不了，衣服也没有，天天这样穿也受不了。

  1969 年，我毕业分配到生产队就开始在做工、插秧、挑粪。我那时候才 18 岁左右，在生产队干了两年以后成立专业队又去种海南岛的那种橡胶，做树胶的到专业队去，我当时的工作就是专门管橡胶、种橡胶、种凤梨、种荔枝，这些都是我们专业队管的水果。

  我搬来常山管区是因为我在 1972 年去当了两年兵到 1975 年回来，回来了以后就在学校代课十年，我不单单是在溪墘管区当老师，我还调到梧园管区八队那边当了一个学期的老师。后来我调到了常山小学教书，专门教五六年级毕业班的语文。

我们初中的中学是农场自己办的，过去叫作常山农业中学，中学里面又分几个专业，有经济专业还有专门种茶的专业。我们也在常山中学里面学习怎么种茶叶还有些种果树、种凤梨、种香茅等。这十二年里我一边代课一边进行文化进修，因为我们教人家是需要一定的文化基础。1986 年把我调到机关的党务办，在农场管理人事和党务。后来我还参加厦大的经济管理学的函授，函授了以后就考试，考试了以后结业，我的文凭相当于大专学历，后面就转为国家干部。最先在机关工作的 4 年，我一边工作一边函授，后面去参加全省以工代干的考试就转正，省人事局就发一个函，说我们转正为国家干部，那个时候不是公务员，那时候叫录用为国家干部，因为我们是通过考试并通过函授学习去福州省考试。成绩合格后就有省人事厅发函到我们单位来说："魏震球同志通过参加全省统考以工代干人员统考，成绩及格，录用为国家干部。"

我就这样成为了正式的国家干部，不像现在的公务员需要层层考试，我们过去通过考试了就行，我在机关的十年里都在管人事，1996 年以后又下到企业。

农场的企业都是属于农场管的，整个场部都有国家干部，比如说根据农场的发展需要，哪个企业需要什么人才就调出去。我们农场的企业有一个国企常山罐头厂，还有一个就是国企常山中国旅行社，现在这两个地址的房子已经拆掉了，我到中旅社做书记是 1996 年，因为当时在改革，所以中旅社后面的生意不好，我又调到房地产。

我们农场的房地产是自己成立的，房地产当年还没有统一，改革开放了以后，农场为了搞活经济就平整土地，平整土地了以后就卖房子和卖土地，那时候可以卖土地给私人和外商外资企业，所以农场为了赚钱就搞活经济做了房地产，成立房地产后我们所有的工资都是农场发的，但是房地产卖土地的钱和建房子卖出去的钱全部归农场，这样也是相当于一个企业了。但最好的情况就是农场为了搞活经济赚钱把土地填得平平的，过去这些都是坑坑洼洼的水田地，现在我们一路上都非常的平整。

我以工代干的工资是 30 块，我到了机关以后的工资也是 30 块。后面 1987 年开始调资的时候我们开始按级别和按技术来划分工资，开始我们也不懂什么级别，也不知道什么是侨务系统，后来才知道农牧级有农牧一级、农牧二级和三级，这就叫农牧级。改革了以后，我们原来领取 30 块的员工就以工代干转为农牧级又开始有津贴了，大概一个月的工资就是多少级别就多少钱，国家连续调整后就大概是 200 多块，那时候工资也不是很高，后面就稍微多一点，到最后我退休的时候有 2000 多块，到现在退休 4 年了，我每个月有 4000 多块，医保金和养老金都有，日子很幸福。

当兵是每一个公民的义务，我们年轻的时候只要国家征兵就会去报名，但是要通过体检。征兵是整个国家都征的兵，不是农场单独征兵，但是我们农场也有武装部。农场还经常宣传当兵是我们每个公民的义务，是每一位年轻人的义务。在我还没有当兵的时候，我们过去也算是民兵，男民兵和女民兵每一年都要参加军训以及实战演习的，"文化大革命"以后民兵就解散了。当兵的时候我因为年轻身体非常好，所以体检就过了。现在当兵跟过去当兵不一样，现在当兵待遇很好，现在当兵就去部队，家里又给补贴，国家又给补贴，农场也给补贴，而且津贴费高。我们当时当兵第一年津贴费6块钱，第二年7块钱，第三年8块钱。反正除了战备值班都是训练，所以一年到晚在阵地上也没有多少长时间，经常出去训练，在车上我们炮兵坐在炮上吃灰尘，晚上睡在牛棚里面。不像现在的训练，部队都有很好的条件提供，很多地方都有房子给他们。我们当兵没有选择的，部队今年招的是什么兵种就是什么兵种，比如今年是高炮兵招兵就到高炮部队，如果是武警就到武警，海军就到海军。我在阵地上是高炮兵守龙田飞机场，当兵每天都非常的苦，训练完了以后在8月份就要出去跟空军搞空炮合练，飞机起飞需要跟踪瞄准，我们每天的任务就是坐在炮盘上去瞄准飞机。8月的天气坐在炮上面让太阳晒，屁股都是黑的，下午还要去打靶练习打飞机，这个打飞机不是真正的飞机，它飞机在上面飞，后面有一个拖靶，就瞄准射击拖靶。

我当兵的时候还是在福建，我没有参加打仗，因为我要退伍了。但是跟我一起当兵的两个战友在七几年的时候参加过自卫反击战。因为他们是技术兵，他们需要过去开车，所以必须去。回来了以后大家都没有军功章的，但是参加过自卫反击战的兵退休费就多几百块，一个月可以多一千多块钱。

我在1975年当兵回来就结婚了，我夫人是广东梅县人，我夫人的爸爸是华侨，只是她爸爸1940年就从印尼回来了，因为广东人的习俗就是家里男丁不多的话就要回来，她爸爸就很早地回到了广东。我老婆的姑姑也是跟我们在印尼一起回来的，大家都住在溪墘管区，她那一年到她姑姑家里帮忙带小孩，再加上我们住的房子是在同一排，我好像第三间，我老婆的姑姑是住在后面倒数第二间，我们就认识了。

刚回来住的小瓦房里面的地板没有铺好，窗口的门都来不及给我们安装，后面才安装好的。后面就是因为我老婆的姑姑在这里生孩子，我老婆姑姑的两夫妻都是老师导致工作很忙，她的孩子又太小了没人照顾。开始的时候是叫我岳母来照顾，后来我老婆高中毕业了以后，我岳母就叫她过来帮忙照顾家里带孩子，我和我老婆就认识了。过去我们家里自己养两头猪去卖，然后我们还有农场给我们分的那个种菜的自留地，而我的自留地跟我老婆的自留地是在一起，大家每天都在一起干活，有时候看到她浇菜或者做什么还没做完的时候我就帮她干活，久而久之我和我老婆就好上了。

我恋爱也不长，因为她从广东的高中毕业以后来我们农场最多也是两年。当时谈恋爱的时候我还没有当兵，我跟他们家关系非常好。我当兵的那一年，她姑姑就跟我讲等我当兵回来以后让我们结婚，我老婆就一直等我回来。当兵的时候有写信，因为我们当兵很苦，我就经常跟她写信说一些小事，比如说今天过完春节，明天就要开始训练，训练的内容就是打靶等。

我当兵回来就结婚了，他父母同意，我家里也同意。我们农场有民政局，结婚到民政局去登记，民政局发一张结婚证就行了。农场的民政局是专门办这些结婚的事宜，结婚盖的是农场的章。只要父母亲看一下没有意见立马就结婚了，那时候很困难，没有钱买东西，结婚的时候请亲戚朋友随便吃一餐，请客人也没有多少桌，也没有按印尼的习俗。因为入乡随俗，农场习俗怎么样我们就也这样，不会跟现在一样先定亲再给礼金，完了以后还要说你结婚的时候请多少桌什么，我们就非常简单。

我老婆属马，她是 1954 年出生的，我大她三岁，她叫古英爱。她跟我结婚了以后，把户口从家乡迁到我们农场来就属于我们农场的户口，户口过来了以后就在专业队种菠萝、荔枝、树蕉、胡椒这些，她也属于我们这边的正式职工，参加工作后就有工龄和退休金，她在专业队干完了以后，又去到罐头厂去做临时工，临时工唯一一点不好就是专门做夜班，下午 5 点多去上班，做到晚上 9 点多近 10 点回来。我老婆跟我都退休了，她工龄比我短，我工龄是 1968 年开始算的所以我有 43 年工龄，但她从家乡到我们这里了以后才算工龄的，她才 28 年工龄，她的退休工资现在 3000 左右。

我自己的两个男孩相差 6 岁，我大儿子 1976 年 12 月生的，他 2010 年就已经在香港定居了。他老婆是农场归侨的子女，现在一起在香港打工。回来探亲的时候认识他老婆，他们就在 2015 年结婚了。过去还没有疫情的时候，反正香港你什么时候想要去旅游随时都可以去，他老婆和孩子都在香港，他们生了两个女孩。

我小儿子现在是做一年一聘的城管，他老婆是河北的，儿媳妇过去在云霄做事，儿媳妇按照自己讲的话她过去在承德很穷，改革开放就来云霄打工。他们结婚非常早，现在我的孙女已经 12 岁，下个学期要上初中了。我们没有什么风俗的，反正在农场这里，我们党员就是除了参加党建活动和学习，其他都没有什么。

谢绍光　口述

口述者简介：谢绍光，男，1952年出生在广西防城港。早期过继给他大伯，他大伯带他前往越南谋生，1978年5月19日回到农场。

时间：2022年8月22日
地点：福建常山华侨农场旧场部（土地庙对面）
采访者：邵思民
华侨属性：越南归侨
南洋物：手表
整理者：邵思民

一

我叫谢绍光，1952年出生在广西防城港。我中国老家在广西防城港市，原来是叫防城县。我祖上都是种田的。广西离越南很近的，我祖上直接就可以从防城东兴走到那里。我父母当时在中国结婚了，他们生了四个小孩。由于生活困难，我父母就把我过继给伯伯，因为我伯伯没孩子，不过，他待我亲生孩子一样的。我十多岁的时候就跟着伯伯到越南去了。

我在越南的时候已结婚，结婚的日期是1978年，具体好像是2月份，因为算了日子都说这个日子好。我老婆与我结婚的时候，她还正在读高中，她是21岁跟我结婚的。我跟我老婆结婚的习俗还是按照我们中国以前传统的习俗，不过我结婚穿的是西装，皮鞋三百块一双，当时算很高档的。我的结婚习俗差不多跟我们中国一样，要挑担子去提亲的，丈母娘要什么就给什么，老丈人还要求几瓶酒、几十斤的猪肉和几十斤大米。我叫了一个人帮我一起挑了一担东西，然后我老丈人就同意我们在一起了。结婚的时候在家里请了十几桌，亲戚有送大概一两百的红包，还有朋友送我闹钟做礼物，我妈还送了耳环给我老婆。结婚的晚上没有跳舞，但是有唱歌。

我没有读过书，是因为家里没有钱，其实以前中国都很穷。我26岁回国，如果不排华就不回国了。当时我们如不回来的话，越南人就会针对你，并且不让你在那边住。我当时刚结完婚两个半月后就回来了。

二

我是1978年5月19号来到农场的。我们先自己坐车到河内的首都，然后又坐火车上边界到云南河口，中国工作人员就到那边去迎接我们了，中国设点让我们住了一个礼拜，再坐火车一天一夜到福建漳州，我们下车后马上就被分到了常山。我们那时是不能选的，因为我们没得选择。当时一点都不想去广西农场，我觉得广西那边的农场比较苦，我们的农场是属于第二大农场，我当时也不想去第一大的海南岛农场去，因为都很苦，无所谓去哪里。大家都讲福建这个地方最好，是全国第二大农场，靠近台湾，这里有很多的水果、胡椒、橡胶什么都有。刚到农场就登记，我们是五个人一起回来，我夫妻和岳母及两个小舅子，一个是 13 岁，一个 14 岁。我那时候刚刚结婚，还没有小孩。我在越南穿的衣服跟我平常穿的一样，但这里冬天就很冷了，夏天很热，现在气候变化很厉害。我们以前刚回国时候就很冷，国家当时就有发衣服，一个人发两套，家具也是政府给的。我回国带回来了日本 SINKO 精工手表，但是我的手表卖掉了，当时卖了两百多。

我们刚回来的时候很苦，当时中国是很穷的。我们回来的时候大概是 20 多块钱一个月，大米才一毛多钱，猪肉六七毛钱，蔬菜大概两三分钱一斤，还有那时候回来有布票、烟票、肉票等。我们回来的时候道路是沙路，道路很小，以前好像我们去广东就一部车，我回广西要一个礼拜才能回到。这边到汕头就到晚上了，中途需要停下来住宿休息，汕头到广州又很慢。

我回来的时候农场有登记我们的信息，我到农场那时候就做一个生产队队长，专门管了八年的茶叶。当时农场分为农业队和专业队，农业队种水田；专业队种茶叶，种茶叶收入较高。我以前都在内山管理区工作，它离农场 15 公里，是我们农场的小分厂。1986—1989 年我又跑到罐头厂做专门验收材料的人员，每天负责检查各个地方收回来的原料进厂。我每天下午 2 点就要过去上班，因为我不是早上的员工，我就下午去专门验收就行。当时一个月的工资有几百块，做了两年。

我 1979 年偷跑过香港，跑不过去又回来了，因为那时候运气不好。大家最初是凑在一起就买一条船，来自各个农场的人凑钱准备一起跑香港，我们过去的当晚刮台风，吓得赶紧回来了。1989 年我又曾跑去日本，当时常山去了 76 人，我们乘坐打鱼船从霞浦出发，15 天才到日本。我们去日本的时候就住在当地的难民营里，我们在里面的吃穿都是联合国发的。日本当时比中国国内的经济好些，但是我们去日本并不是想呆在日本的，因为我老婆的弟弟到加拿大，我就想到加拿大去。当时是日本在收难民，我们才到了日本。本来要想去韩国的，韩国不给上岸，它的军舰拦着我们，并拉我们到公海，还指这个路说你们到日本去。当时我们一条船上有一百多个人，我孩子那时候才六七岁没有晕船，我老婆就晕船了。我们 4 月份到日本难民营就住那种两层的板房，当时的天气不算很冷，穿的都是薄薄的，冬天的日本就很冷。我们在长崎住了七个月后，又被送去东京住了七个月的难民营，安排大客车载我们去东京的品川区难民营。在长崎那边我们自学日文和一些交通规则。到了东京以后，我们在那里不用劳作的，早上有人送牛奶面包，中午和晚上有快餐，肉类和水果都有，每个人都可以分到吃的东西。七个月后，有记者来调查，我们全部都被发现是被安置过，所以就把我们全部集中到长崎国际收容所中调查，在经过外交谈判后把我们全部都送回中国。

我老婆回来的时候就在小学教书，教的是一年级语文，我老婆拼音很厉害，1985 年超生被开除，我老婆就下岗了。我们生了两女一男。我大女儿是 1979 年出生的，她结婚生了两个孩子，去了新加坡，他们是在旅游认识的，她老公祖籍是广西北流人，我女儿结婚之后就出去外面定居了。二女儿的老公是陈岱镇人，不是华侨，因为她不想出去，本来要她嫁到新加坡，但她不要，她是 1983 年出生的，她和她老公是自由恋爱的，因为都在农场读书，我二女儿当年在南平读的大学，她老公在福州，他们是自己找工作做。我小儿子是 1984 年出生的，我小儿子的老婆也是越南归侨，他老婆早先出去英国，后来就回来跟我孩子结婚又出去，现在在英国，他们的儿子也在英国。

我现在退休了，工龄就 30 多年，只是因那年去日本，农场砍掉我 11 年的工龄，不给我钱。所以我现在只有 23 年的工龄，现在也就两千零十几块的退休金，如果没砍掉工龄，我就有 3000 多。我有写信向侨办反映，但没有收到回答，我在信里写明可以扣掉我两年，但全部扣掉很过分，我对侨办的工作很不满意，因为我们 1978 年到 1989 年的时间全给砍掉了，辛辛苦苦做的 11 年全没了。

我老婆现在在新加坡没有事做，看小孩，她办的是临时的居住证，五年如果你要再延时可以再去办。我去那边住过两个多月，新加坡是比较卫生、比较干净、比较文明的城市，那些人很有礼貌。比如我们去坐地铁，年轻人看到我们老人，马上让位给老人坐，现在我们中国开始慢慢有一些城市也是这样，厦门那边在礼貌方面就非常不错。

现在我还爱吃越南的菜，比如香菜、白斩鸡、越南扣肉等。我也经常出去旅游。现在我一天就回到广西的，我坐动车早上 7 点多，大概 4 点多我就到广西，相当便利。现在我们坐动车就很舒服，又快，你看以前要六七天，现在我一天就到了。但原来的车票很便宜，以前十几块钱就到了，现在 500 多了。

我们大部分都是讲我们的客家话，但跟越南人就讲越南的话，我们这边有 13 个国家的人，现在农场就印尼跟我们越南最多的，不过印尼的归侨少很多了。印尼人很喜欢跳舞，不经常在一起玩。但我帮马来西亚的归侨在土地庙收钱，我收了三个月的钱。土地庙是马来西亚姓黄的负责的，他老家是福建古田上面的。宁德现在这几年房屋都是琉璃瓦，我们福建农村的房子做得很漂亮。

我今年下半年要回去建祠堂祭拜，我没有宗教信仰的，我就只会拜拜我的祖先们，我们还要请很多人回来，那些嫁出去的姑子统统都要回来拜。广西有很多土砖的土瓦片房子，现在当地把我们的老家全部都拆掉了。

现在福建政府有钱，对我们也非常的照顾，前两年就补贴每一家。我建房子就补贴给我 21000，广西老家具体补贴多少，我不大清楚，因为我不是那边的人。我想回去越南看一下，但疫情我也没办法回去了，越南那边还有老婆的亲戚，我老婆本来也想回去看一下，但现在疫情机票很贵，前段时间机票要 8 万多，现在 7000，原来的机票也就 1000 多块，再加上现在好像没有正式航班了，坐飞机我们一般从潮汕或者厦门走，上海也可以走，因为全国到处都有航班。

如果只生了我两个女儿，其实不用罚款，但是女儿总是要嫁出去，男孩才可以传宗接代，没男孩怎么进行香火的延续呢？我二女儿不想嫁出去，她说她舍不得父母。她叫我们去新房子里一起住，我说："我不要，不必去麻烦，他们也是辛苦的年轻人，还要供两个孩子读书。"我儿子出去了以后还是要回来养老的，我这边有五六百平方米的房子交给他。他老婆是加入英国籍的，我儿子还是中国籍，还有中国护照，等于还是华侨。

徐秀伟　口述

口述者简介：徐秀伟，男，1959年生于越南广宁省潭河县，1978年农历四月十八回国，祖籍广西防城港。回国后安置于常山华侨农场柘林生产队，后又搬到第五生产队，从事农业劳动直至退休。在此期间，1979年曾赴香港并在芝麻湾难民营居住约九个月；1989年曾赴日本并在日本长崎难民营居住两年零七个月，1991年4月回国。

时间：2020年8月21日
地点：常山华侨农场五队土地庙
采访者：罗赞、邓洪娇
华侨属性：越南归侨
南洋物：自行车
整理者：罗赞

一

我叫徐秀伟，今年63岁，1959年出生于越南广宁省潭河县，祖籍广西防城港。祖上在清朝嘉庆年间就已经迁到越南去了，所以我们家族在越南生活了将近两百年的时间了，一直到1978年越南排华才回到中国。那时候中国兵荒马乱的，生活也比较困难，我的祖先对当时的清政府也比较不满，就跑到越南去了。去到越南之后，家里几代人都是搞农业的，都是靠种水田生活的。我父亲叫徐国顺，在越南的时候是种水稻的。我母亲也是越南华侨，祖籍也是广西防城港，在越南时父亲和母亲住在一个地方，通过媒人介绍结婚。当时我们结婚都是通过媒人介绍的，以前很少有机会自己去谈恋爱。在1975年之前基本都是做媒。我家中一共八兄弟姐妹，除了3个姐姐之外就是我们五兄弟了，我是最小的那一个。越南排华的时候我们都一起回中国了，现在就只有一个姐姐还在了，另外两个都过世了。在越南的时候，小学是5年制的，我们读书是和越南人同一个学校的，但是在身份上又会将你分为华侨，将我们和越南人区别出来。我们是中文和越南文一起教学的，不过我们教的中文不是现在的普通话，是白话。等到美越战争的时候，我的四哥就去当兵了。但是当时美国已经退到南方了，所以没有仗打了，他也就不用上前线。他是工兵，主要是修路的。我这个哥哥现在已经到美国去了。

我是1978年农历四月十八日回中国的。我应该算是比较早一点回来的了，后边很迟回来的，他们回的时候边境已经封关了。我们住的地方，大概农历三月初就已经开始跑回中国了。当时我们还没有回来，因为那时候我们还没有准备好，也不确定中国会不会接收我们，接收的话又接收到哪种程度，这些我们都很担心。那1978年大概农历三月份的时候，我父亲就过老家东兴那边找我祖上是同一个宗族的亲戚，他当时在东兴做水电局长，后边那个同宗就带我父亲到派出所去问。当时从越南过东兴也是很容易的，那个年代基本没什么人管，直接花 5 毛钱坐船过河就可以到东兴了。所以他们就去派出所问我们这些华侨是不是一定要回来，那派出所的就说我们一定要回中国，我们这批华侨一定要全部回到中国。之后父亲就把这个消息带回去告诉我们，我们家也准备回国了。回来之前把家里的猪杀了，肉吃不完的就卖掉，像缝衣车或者其他带不回来的东西也全都卖了。回来的时候就带一些行李和 4 部自行车，当时我们叫脚车，因为自行车可以骑，方便赶路。我们赶了两天的路才回到中国。我们先是从家乡出发前往广河县住了一个晚上，广河县分为海河县和潭河县，我老家就在潭河县，那休息了一个晚上之后第二天再从广河出发到达东兴。当时我们是一路走回来的，带来自行车的可以骑自行车，小孩子的话就是用手木板车，一路走到了东兴。从边境过来东兴的时候，由于越南人不让过桥，我们都是坐船过河，也是几毛钱一个人，坐人家那种用手摇的小木板船。

二

到了东兴以后，中国这边也安排了人接我们，让我们登记。我们登记好了以后，第二天就可以领饭吃了。登记的时候还会用棉签在我们肛门擦一下，我能估计就是检查我们有没有带什么传染病回来的。我们住的地方都是自己找的，哪家的房子门口有空的地方或者走廊大一些的就住那里，或者晒场有空地方的，比如说晒场的仓库，反正就是哪里能挡雨的就睡哪里了。那时候我们也不知道会被安排到哪里，在东兴住了十几天之后，就有各个华侨农场的来收我们。常山华侨农场的领导和侨联的领导当时有去到东兴，然后我们回来的时候进行了登记，那东兴的领导就安排哪一批去哪个地方。安排好了以后，我们先从东兴坐客车到南宁，在南宁招待所住了一个晚上，然后到第二个晚上的后半夜才开始上火车来漳州。在南宁的时候我们住的是招待所，但是叫什么名字我记不得了。在南宁的第二个晚上八九点钟的时候，他们就开始用车把我们拉到南宁火车站旁边，等到半夜两点半的时候我们就上火车了。我们坐了三天三夜的火车就到漳州了。到了漳州以后就是各个农场用班车把安排好的去各自农场的人拉走。漳州火车站那时候还有敲锣打鼓欢迎我们的。他们安排了一些小学生，大概二年级三年级，拿着红旗欢迎我们，但是他们都是讲的普通话，当时我还听不懂。

来到常山以后，被安排到柏林那边，我们一开始是住在仓库里。仓库很大，用木板隔成一小间一小间的，所有人都是集中住在一起。住了差不多半年以后，安置我们的房子建好了，我们就搬到新房子了。当时我们回来的时候家中的兄弟姐妹年纪都是比较大了，所以都是分开住的。加上我们都是已经成家了，成家了就是自己一个家庭，自己住。我是 1978 年春节后在越南结婚的，我爱人也是华侨，和我们住同一个地方的，但是她的中国老家在哪里我就不清楚了，也没有问过她。当时我们结婚有一个传统，就是开"茶会"，就是年轻人自己组织的聚会见面的联谊，比如说伴郎一方和伴娘一方聚在一起认识一下。回来以后我和我爱人分到了一间一层的小房子，大概二十几个平方米，如果家里人比较多，好比有四五个小孩这样，就可以分到两层的房子。

刚回来的时候我们一开始是种水田的，后来农场开始种植橡胶以后，我们改去种橡胶了。当时我们做农业是算工分的，一工分等于 8 毛钱，月底结算。如果是强劳力的话一个月可以拿到 18 块钱，弱劳力的话就比较少一些，一个月能拿 14 块左右。那时候我们吃的大米也是按家庭人口分配给我们的，强劳力的话一个月可以分到 33 斤大米，那如果是安置到比较偏的山区里面的话，一个月还可以多分几斤，因为条件更艰苦了，要多给一些。而且一个人还会多补贴两块"地差钱"，就好比说农场这边早上有新鲜的鱼卖，那你住在山区里面没有人去那里卖鱼，所以比较艰苦的地方要补贴一些，平衡他们和外边之间的差异。还有一个就是当时如果家里小孩比较多的话农场也会补贴一些钱，因为小孩不是劳力没有办法做工就没收入嘛，那我家的话只有一个小孩就没有补贴了。当时农场这边也是大力发展橡胶产业，还建了一个橡胶厂。但是后面的话我们这里的气候应该不太适合种植橡胶，橡胶树产胶少，像海南、马来西亚一棵树割一下都能有一整碗胶，可我们常山的基本都是半碗左右，有时候半碗都不到。当时橡胶树是农场的，农场跟我们定产量，大队和我们订合同，我们个人去割橡胶回来，农场的橡胶厂以一定的价格收购。农场的橡胶厂以 5 块钱一斤的价格向你收购。多出来的产量农场会继续以一样的价格收购，当然你也可以卖给其他人。但是完不成产量的那你的钱就很少了。橡胶厂收的是干胶，我们割橡胶回来都是湿的，还要制作成干胶，大概 10 来斤湿胶可以做成一斤干胶。橡胶是每天都收的，但是钱是年底才结算的，如果够产量了就以 5 块钱一斤的正常价格给你钱，不够产量的话就以 5 块钱一斤的价格扣你缺的那部分产量的钱。每个月的话大队会先发一点钱给你，算是借给你过生活的，等到了年底结算的时候再把这一部分扣出来。定的产量的话也是不一样的，80 年代的时候不是搞承包了嘛，就是每家承包一片橡胶树，每个山头橡胶树产胶都是不一样的，有的多有的少，如果你承包的那个山头产胶多的，大队定的产量就会比较多一些。橡胶树都是大队一起种的，我们承包只是包产，就是说这一片树包给你，你一年按产量来上交橡胶就行了，也不用什么土地管理费。我大概割了七八年的橡胶，后边农场的橡胶产量实在太少了，加上橡胶的价格比较便宜，就不再继续种了。1997 年左右，农场就逐渐把橡胶树毁掉了，到了 2000 年的时候大部分橡胶树都砍了，农场开始改种果树。我后边也是承包土地种果树，种龙眼、荔枝这些，一直种到了退休。我现在的退休金在 1600 元左右，是按工龄来算的，我的工龄比较少所以退休金就比较少。

我是 1986 年搬到五队这边来的。刚回来的时候我们是被安排在柘林，那边是山区，我们不想住在山区，就和农场申请搬出来了。当时我们搬过来的时候农场还没有新房子给我们住，刚好五队这边之前有一排养牛的房子，就把那一排房子改造好给我们住。我现在住的房子是在原来的地皮上重新建的。我们要建房子的时候地皮是农场进行重新规划的，多还少补，就是说原来你的房子有140平方米，那你重新建房只要120平方米，就把多出来的那一部分还给农场，农场以一定的价格回收，那如果是地皮不够，也可以和农场以一定的价格买地，补足你建房需要的地皮。农场都是给你规划好了建房的地，就按着你原来房子的面积再多还少补，然后建房也是有补贴的，我2010年建房的时候农场就补贴了21000元。像我们常山这边的，基本都是自己建的房子。

　　我有两个儿子，一个现在在常山这边，一个2005年的时候跑到香港去了。80年代的时候常山这边也有很多归侨跑到香港、澳门去的，我本人都有去过。1979年农历七月左右，我们一百多人一起去的，先是去到广东斗门，在斗门海边凑钱找渔民买他们打鱼的船，当时我们人比较多，买了一条长27米、宽7米的渔船。那时候我们一个人大概出了一百多块钱，就把船买下来了。我们是在半夜的时候从斗门出海到香港那边的，到香港的时候还有海警巡逻，就问我们从哪里来的，我们就骗他们说我们是从越南来的。那海警就让我们登记，把我们送到了芝麻湾难民营，那个难民营应该是第一个难民营。在那边住了大概9个月，后边就被送回来了。香港的警察把我们送到深圳的火车站，然后用火车把我们送回漳州，然后农场再去漳州把我们接回来。我们应该是比较晚去的，像我哥哥比较早过去的，就被安排到美国去了，那我们比较后边的就没有国家接收我们，就只能再回到这边了。2013年的时候我还去到芝麻湾难民营看过，现在已经没有再住人了。从香港回来以后，1989年我又跑去了日本。也是和跑去香港一样，我们从福州长乐出发，在海边买船出海，坐了三天两夜才到日本。因为距离比较远，当时有些在海上就因为翻船遇难了。到了日本以后我们就在日本长崎的难民营里住了两年零七个月。后来中国就派了一条从福州到上海的大轮船"松柏号"专门到日本接我们。后来我们就到日本熊本县那边上船回来了。当时回来的船上大概3000多人，各个地方的都有，长乐、福清的都有，常山华侨农场当时是76人跑到了日本。这次回来以后我就没有再出去了。我的退休金比较少就是因为跑出去的这个原因，因为跑出去了前面你的工龄就扣掉了，不算你的工龄了，什么都要从头开始了。

　　现在我们还是保留了一些在越南的风俗习惯，但是渐渐地大多数都改掉了。像我们越侨大多数祖籍都是广西的，广西和越南的风俗比较相近，我们过节一般过农历七月十四，那常山当地人的话是过七月十五，这是不太一样的地方。当时像越南结婚的时候开"茶会"的传统到我们子女那一代就已经没有了。现在我们也还是会吃一些越南的菜，像越南粿条、卷筒粉都是经常吃的。然后就是也有保留有吃广西菜的传统，像扣肉、白斩鸡这些都是广西那边喜欢吃的，以前常山这边都是不会做这些菜的，就是我们越南归侨回来以后才开始做的。我们家还有亲戚在越南，有一个堂兄弟在越南胡志明市，我们经常和他们联系。2009年的时候我回过一次越南，回到越南老家扫墓。2013年的时候，那个亲戚也来过常山看望我们，在农场住了三天。当时他就觉得我们这边比越南好太多了，当时我新房也建好了嘛，他就说我们生活比越南好很多，越南那边都还是很困难的。确实也是这样，现在发展得很快，以前刚回来的时候我们整天整夜做工都还不够一家人吃饱，现在退休金和各种保险都有了，对比以前好太多了。

郑丹莲　口述

口述者简介：郑丹莲，女，1950 年出生于印尼巴厘岛。1959 年 12 月份返回中国，后安置于常山华侨农场。

时间：2022 年 8 月 21 日

地点：常山华侨农场五队土地庙

采访者：邓洪娇

华侨属性：印尼归侨

南洋物：缝纫车、自行车

整理者：邓洪娇

一

我叫郑丹莲，1950 年我出生于巴厘岛。我家是我父亲那一辈过印尼去的，我父亲是 1919 年出生的。当时父亲只有六七岁，就跟着祖父去到印尼。我父亲是从福建南靖去的外国，随着祖父去印尼，坐船过去，从福州那边坐船到巴厘岛的巴塘港口（现在巴塘港口那边有飞机场），然后才定居下来。那时候祖母在福建这边看家，没有跟过去啊，后来祖父在印尼又找了一个老婆。

父亲跟随祖父到印尼那边是为了过更好的生活。那时候他们在南靖，讲外洋很容易挣钱，即做生意，他们从中国这里给印尼本地人带那些东西过去，带那些印尼那边没有的东西，我们这边有像香菇啦、木耳啦、金针菇啦这些都是印尼那边没有的，没有办法生产，那边只有普通的菜，连这个包菜都没有啦，我们都是从南靖这边拿东西到印尼那边去卖。当时他们印尼那边生活是比较好，要不然当时也是很穷，他们自己生产不了，做生意的都是华人。

我的祖父过去之后也是做生意的，他做椰子生意。椰子是好水果，将它从上面拿下来，除了生的椰子汁可以卖来喝，椰子肉都是拿出来做肥皂、做油，椰子肉可以做成椰子肥皂油，还有可以做其他的食品，可以做出很多东西来。我祖父他就是做这个椰子的生意，还有卖花生，还有我们的稻米，在印尼种，然后生产出来又拿回中国这边卖。椰子跟花生那些是我们自己种的，我们在印尼的家后面都是椰树，还有波罗蜜，大部分就是这些东西的，我父亲没有读过多少书，他说因为那时候家里比较穷，他很早就开车，大概 13 岁的时候就去开车，他很厉害也很聪明，他自己开车，开的是别人的货车，比如说人家搬家啦，或者说别人收割稻谷、花生啦，他就帮人家。我们讲不好听，开车就是开那种装东西的大卡车，装了很多东西拿去城市卖，或者拿椰子去炼油。我的母亲跟父亲是在海外认识的，因为我父亲在海外做工，帮人家做事，收割花生什么的，他们就认识了。他就是有一部车，就等于有时候帮人家收货，他就帮人家卖。因为你这一两次过去了，他要帮忙他讲话了，就认识了。

我妈妈祖籍是广东梅县的，我们当时那些老一辈的观念，不喜欢找不同地方的。我父亲是福建人，本来他们如果按照以前老一辈的观念，就是一个广东的就找广东的，福建就要找福建的，应该说福建人是不找广东人的，像我外祖父从广东梅县出去的，我的祖父则是从福建南靖出去的。由于我的外祖父他是做木工的生意，有时候他就需要我爸爸帮忙，再加上我外祖父看我父亲他人老实，就没办法了。福建人和广东人他们吃的方面也不一样，福建人他们是喜欢吃甜的，吃粥的，广东人他不吃粥的，都要吃饭，三餐吃饭，后来我们家吃饭就没有吃粥，如果是跟着我祖父就不要吃粥的，但是我们住在外祖父家。父亲和母亲好像就是在1937年结婚，我母亲跟父亲结婚之后，在那边做印尼的那种糕点，她的手艺是外祖母传授的，生意很好，我们小的时候就要帮忙做，帮忙弄麦芽糖啊什么的。我父亲在印尼时是开车的，妈妈她是在做糕点。

我们在印尼发生排华事件之前回来的，是自己自费回来的，我爸妈看报纸，报纸上宣传我们中国有多好，孩子可以去读书，公家有给你读书的机会。我父亲讲我们孩子这么多，在海外，那时候印尼政府，不给我们华人的孩子读中文，说中华学校不可以开，只能开印尼的学校，单纯就是要读印尼文。后来我们想，既然我们是华人，我们就要回来到自己的国家，就回来到我们中国这里来。后来我们回来也全部有安排读书，也是很好的。如果说在海外，我们家养那么多孩子也是很难，每天做工也确实来不及。当时《中华画报》报纸每天都有登，中国多好多好，孩子可以读书，还有老人家有工作，我父亲他也是很开心。他一回来他就开车。我父亲他很爱国，再吃多少苦，他回来也是很安心，在印尼儿女没有地方读书，我姐姐他们还有中华学校上，到我们这一批没有了，到我要去读的时候，就是印尼学校的，没有中文学校读了，我当时在印尼读了一年级就回来。我们印尼那边要到很大的年纪才可以去上学，七八岁才可以读书的。我在印尼读的小学是没有名称的，就是用印尼文写着印尼小学，那里很简陋。是没有几个人去读了，学了一年的印尼文，对我们讲英语很有帮助，我的英语很好，当时读书，我的英语都不用去问谁，英语跟印尼文差不多，挺相近的，一般我们华侨读英语就可以讲满分了。我们写这个印尼文，是斜的，跟英文一样斜的。

那时候去印尼坐的是商船出去，坐商船出去是很危险的，有时候也是会有风，也有的在海上很难过关。人家去印尼要考虑怎么过那种生活，我们华人是做生意，我们华人到印尼就是做生意。我们那时候是一家，就是我母亲三年前过世了，因为母亲也是有差不多90岁了。从我母亲那时候几岁，大概也是有四五十年没回来这里，我们从印尼回来后有去找在福建看家的祖母，但是因为语言不同，没有办法找到。但后来不久他们有从印尼来的，直接去那边找，他们帮我们找到了。我们那时候不知道，他们那些从印尼回来的比较老一辈的那些人，通过这些亲戚能找到。

有一些种子是从印尼拿来的，我们家后面都是果园，种有椰子啦，花生啦，菠萝蜜啦，榴莲啦，还有各种各样我们中国这边没有的水果，那些种子都是印尼的，有些是从外地，从印度、泰国亚热带地区的种子拿去那边种，我们中国有些地区是属于亚热带的，所以有些种子可以在海南岛种，比如说红毛丹，皮有很多刺，它在南方可以种，但是在我们福建这里种不了，那时候我们带种子来这边种，还是不行，气候不适应。

那时候我们收割花生也是很辛苦的。那边的本地人很勤劳的。那时候中国这边没有木薯，印尼有木薯，木薯可以做很多东西，我们现在也是有用的。小时候我们中国这边好像没有这些木薯的种子，它的种子是一根的，我们福建这边有很多用木薯做的糕点。木薯除了可以做成虾片，它还可以做成粉，还可以做很多种糕，印尼的木薯是黄色的，很香。我父亲一直就是做开车的生意，开了一辈子的车。后来我们到农场这边来，我父亲就拉石头来建房子，因为我们这边是刚刚开拓，1960 年的房子，最后我们政府也是又在叫他们去建这个房子了。我们这边有 1960 年建的房子，现在已经不能住了，后来就进行危房改造了。

那时候工资是很少的，印尼那边的印尼盾也是很小，最多就是挣几十块人民币，我们当时六几年来农场这边，一个月的工资才二十块左右，那我们在海外则是不同，海外是自己做自己的，多劳多得，自己卖了以后自己赚多少钱。我目前也是华侨。

二

我们是 1959 年 12 月份回国。那时候我才七岁左右，我们一家十口人回来，父母，还有我们兄弟姐妹 8 个人。我们从印尼回来的时候只带了几件衣服，我们不知道中国这里很冷，还好在广州的时候他们有给我们发棉衣，回来的时候我们穿裙子没有穿裤子。我们在印尼那边天气那么好，今天早上晒的衣服，下午又可以再穿，我们一家八个人的衣服，都没有到一个皮箱，一人一两套，等下有布再做一套。印尼那边有的人他比较穷，他到河边洗衣服，那衣服就拿来晒在树头，没一会就干了，穿这个衣服回去就可以过到明天了。所以我们一家人的衣服，可能一个人最多带了两套，一个皮箱就可以了，我们回来没有带多少衣服。我们还有带一辆自行车跟一台缝纫机，自行车是德国一个牌子的，我们的缝衣车是德国的牌子。我们在巴塘港口坐苏联船，好像叫作大宝康。那时候我们全家回来，他们全部晕船，就我一个人没有晕船，我每天就去拿饭给他们吃。我们在船上漂了三个星期，我们 1959 年来还不懂几号，到这里已经是月底了，12 月初从印尼出发，好像 21 天后，到广州的港口。当时我们在广州住的是大礼堂，半个月，每天吃的是他们煮的，一天三餐不用买，免费半个月，那个时候小，感觉吃的住的无所谓。

我们的护照那些东西刚到广州就全部上交给他们了，然后我们的名单就放在墙上，我们是在等安排。当时我们归侨可以安排在广西，还有在海南，还有在泉州、惠州，我记得我们被安排到常山，是他们上面安排的，没有选择。我们在广州住了半个月以后，常山这边的领导就过来接我们了。当时，常山来接我们的里面有几个会讲印尼话的，要不然我们就语言不通，我父母亲不会讲中文。所以这边的人去接我们以后，我们就跟到常山来了。我们先坐火车到鹰潭，然后在鹰潭坐大巴到漳州，接着从漳州坐火车到云霄这里，然后农场派大巴去火车站接我们。

刚回国的时候很困难。我有一个妹妹是在1959年9月份生的，我们回来是12月份，当时她才3个月，真的很小就带回来了。带回来那时候在这里也是很苦，没有牛奶，有时候就吃稀饭上面那一层，我们以前养小孩就是用那样的。就是我们煮出来就舀上面的米糊给小孩吃，那我们大人就吃米。那时什么都要票，我们有裙子有棉衣，但没有裤子，需买些裤子但要用票，一家人那么多，所以我们就将从海外带来的那些布拿来做裤子，没办法。因为那时候不是那么容易买一块布的。回来时要去读书，需穿衣服。比如穿那个棉衣，我们姐妹那么多，就说你去读书那就你去穿，我在家里就不要穿了，轮流穿裤子，那男的就是短裤跟棉衣，没有裤子。那时候我们也没有卫生衣（内衣）什么，到最后就慢慢买了。以前就是一条棉衣过冬，再下来是要去中学，但是那么多兄弟姐妹，买裤子也是很困难的，我那时候已经十多岁了，考上了陈岱第二中学读初中，我们当时都没有鞋子，穿拖鞋，有时候穿解放鞋，在家里一双解放鞋是可以两三个姐妹轮流穿，在家里随便穿旧旧的衣服。当时我们去那边读书还要走路的，十多岁，米都是从家里带的，我们吃的是我们家里种的咸菜，萝卜干这些，就是我们自己生产的。一个星期带一个放满米的瓶子，那个要吃一个星期。

我们来这边的时候人很少，大约五十几人。当时这边也很荒凉，大部分都是他们这边的本地人。当时我们住的房子是用木板隔起来的，即一间房屋隔成两半，两家人住，你家在前面，我家在后面。我们一家十个人，住十多平方米，全部睡在一块床板上，隔壁在讲什么话你都听得到。那时候我们要吃饭，就是去食堂吃，一个大人是一碗饭，小的就两个人一碗饭，吃饭用的是土做的那种碗，菜基本上是空心菜那种的，肉一般一个月才吃两次，要杀猪才有肉吃，很难吃到肉。

我父亲回来的时候是40多岁，他来农场这里是开车，做到八几年我父亲就过世了。我大哥1959年的时候是21岁，在印尼的中华学校读到高中就回来。我大哥刚到农场的时候是搞农田，开始学犁田，后面就去开车了。我们回来后，是政府安排我们读小学，我们读的那个小学当时是很简陋的。我姐姐去了云霄县城的卫生学校读了三年书，出来就当医生了，现在八十多岁了。再下来因为我二哥哥刚好在农场二中毕业以后就去云霄一中，读完县一中以后他就被安排去海南岛读农业大学。我三姐务农，因为正好遇到"文化大革命"，就没有办法读书。我排行第五，回来的时候在常山小学读了五年的书，1964年毕业就去云霄二中读书了，小学的时候只有归侨，云霄二中的时候就跟本地人在一起了。以前这个小学的名称是常山华侨小学，很早的时候，最后才改为常山小学，以前我们叫作常山华侨农场，现在没有华侨了，就改为常山经济开发区，以前是农场，现在是开发区。因为遇到"文化大革命",所以我读完初中后没有读高中,那时候就在常山这边的罐头厂做工。1968年我被分配到第二生产队,务农,种田、种花生、种玉米,干了十年,后来有罐头厂后我就去那边做工,从1987年做到1997年,在罐头厂管工厂工人的伙食,一千多人,后来到1997年,就到一个叫弘展公司的外资企业,也是煮饭,做到1999年就退休在家了,照顾孙子照顾到现在,我孙子现在已经去读书了,我最大的孙子19岁,第二个孙子是15岁。我的工龄有31年,退休工资是三千一,我丈夫是三千五,他的工龄是39年。刚回来的时候,我的父母亲是在总厂工作,那时候算工资,刚刚回来好像才三十多块,妈妈才几块钱,九块钱,还是十块钱,妈妈是在农田拔草、种菜这一类,后面工资涨到二十块多,是在放牛,照顾她,因为老了嘛,爸爸是在印尼那边开车,然后回来这边也开车,刚开始是三十多块,到最后,1989年又涨到五十块,他开的是解放牌的农车。

  我是1974年结的婚,两个人都是归侨,生活方式一样。我有一个儿子一个女儿,现在儿子有两个儿子,那个女儿也是两个女儿,她大女儿现在读大学。我丈夫是泰国归侨,他是1953年过来农场的,他比我早,我是1959年回来的。1944年的时候,他父亲带他们三兄弟从广东去的印尼,去那边赚钱做生意,他们的老家在潮州,后来听说我们中国有好转了,现在生活好了,是新中国了,他就回来了。原来他是解放前的时候过印尼去,解放后又再回来。我们是在一个小工作室里认识的,我们恋爱了五年,我从19岁多就跟他到25岁,因为我家里比较多兄弟姐妹,我母亲说你不能太早结婚,弟弟妹妹没有人照顾。我们订婚的时候,我老公的家里人给了我一个金戒指,我现在还戴在手上,我不敢把它放掉。我现在在农场这边的土地庙做义工,每天星期一到星期五去,其他的时间,星期六星期天就在家里,刚好我的孙子当时要考大学,另一个孙子要考高中,我想到他们,加上放假没事干就过来这里当义工,我们轮流工作,我是早晨,每天都来,整理佛像,清理卫生,早上五点来,到七点。

  我2005年有去过泰国,我记得我们住的地方有一个戏台,在一个大庙里,每年都做戏的,大庙前的果树弄得很高。

第四部分　丰田华侨农场篇

丰田华侨农场是福建省第二大华侨农场，辖区面积 58.8 平方千米，土地总面积 8.27 万亩，其中耕地面积 1.24 万亩。[①]丰田华侨农场位于福建省南靖县，地处永丰溪与龙山溪的交汇之处。丰田华侨农场的前身可追溯至 1955 年建立的"地方国营南靖宝林农场"，当年，地方国营南靖大房农场搬迁至丰田乡糖溪并改成地方国营南靖宝林农场，1957 年，在福建省农垦厅、劳动厅的牵头下继续扩张并改成国营福建省丰田农场。1978 年 7 月 10 日，为安置大批从越南归国的越南难侨，在原国营福建省丰田农场的基础之上正式成立国营福建省南靖丰田华侨农场。1998 年 10 月 19 日，农场正式下放移交给南靖县人民政府管辖；1999 年 2 月和 8 月，经省政府和市委、市政府相继批准，组建和成立丰田华侨经济开发区和丰田镇人民政府。并于 2000 年元月 8 日正式揭牌，实行"开发区、华侨农场、建制镇"三块牌子、一套人马、一起运作的新领导体制（开发区于 2004 年被撤销后改称丰田项目区）。自 1978 年 7 月伊始，农场先后五批接收安置越南归难侨 542 户、2622 人（第一批 645 人，第二批 582 人，第三批 436 人，第四批 438 人，第五批 521 人）后，加上后期来场投亲 111 人，共 2733 人。[②]经过 44 年的发展，丰田华侨农场的归侨及侨眷生活发生翻天腹地的变化，截至 2021 年的人口普查数据，丰田华侨农场归侨及侨眷共 1934 人，主要居住于东华、丰华两个社区。[③]

（一）东华社区

东华社区位于丰田镇东侧的"笔架山"脚下。东华社区居民属 1978 年被越南排华回国的越南难侨，社区拥有联合国难民总署为东华社区侨民援建的茶园基地。社区总面积 0.8 平方千米，其中耕地 172.8 亩（水田 172.8 亩），茶园 464 亩。[④]作物主要以经济作物种植为主，香蕉、菠萝蜜、柠檬、芭乐、毛竹等。

东华社区共 1 个自然村，4 个村民小组，226 户 773 人，其中男性 480 人、女性 293 人，人口较多的姓氏有：陈姓、刘姓。[⑤]常住人口 210 人，其中 60 岁及以上

[①] 董中原：《中国华侨农场史（福建卷）》，北京：中国社会科学出版社，2017 年，第 935 页。

[②] 相关数据由丰田镇人民政府统战办公室提供。

[③] 相关数据由丰田镇人民政府统战办公室提供。

[④] 相关数据由丰田镇人民政府统战办公室提供。

[⑤] 相关数据由丰田镇人民政府统战办公室提供。

100 人，占 50%；青壮年劳动力 70 人，占 30%；16 岁及以下 40 人，占 6%。外出流动人口 563 人，占全村人口 73%，主要流向漳州市区、厦门、广东省，以务工为主，现有归侨 404 人，侨眷 333 人，其中旅居海外华侨和港澳台同胞 37 人。[①]

（二）丰华社区

丰华社区位于丰田镇西北方向，地处高山地带，平均海拔高度 30 米。社区现有耕地 15 亩、山林地 700 多亩，主要种植松树、杉树、麻竹等。而其中又以麻竹种植为重，全社区麻竹冬笋、春笋年产量达 200 万斤。

丰华社区共有 4 个自然村（埔头、红灯、蔡仓、过坑），4 个村民小组，398 户 1252 人，其中男性 704 人、女性 548 人，主要以越南归侨为主。[②]常住人口 918 人，其中 60 岁及以上 230 人，占 25.1%；青壮年劳动力 426 人，占 46.4%；16 岁及以下 111 人，占 12.1%。外出流动人口 334 人，占全社区人口 26.6%，主要流向广东、厦门，从事行业主要为经商和务工。[③]全社区现有归侨 643 人，侨眷 554 人，其中部分旅居海外华侨和港澳台同胞 391 人。[④]

---

① 相关数据由丰田镇人民政府统战办公室提供。
② 相关数据由丰田镇人民政府统战办公室提供。
③ 相关数据由丰田镇人民政府统战办公室提供。
④ 相关数据由丰田镇人民政府统战办公室提供。

陈二妹 口述

口述者简介：陈二妹，1950 年出生于越南广宁省广河县，祖籍福建莆田。祖上从莆田一路迁徙至广西龙州县定居，后又迁至越南。母亲为越南人，1979 年回中国时母亲一同回来。陈二妹在越南和回到农场均以务农为生，现已退休。

时间：2022 年 8 月 16 日

地点：丰田华侨农场东华社区居委会办公室

采访者：罗赞

华侨属性：越南归侨

南洋物：无

整理者：罗赞

一

我叫陈二妹，1950 年出生于越南广宁省广河县，今年 72 岁，祖籍福建莆田。我们家是祖上就已经去到了越南，按照家中长辈的说法，我们家在越南已经生活了六代人。我们家是从广西出境到的越南，但是我们家谱上记载我们的祖籍并不是广西，而是福建莆田。我们家祖上最开始是莆田人，后来从莆田途经广东一路迁至广西崇左市龙州县。但是因为这些迁徙的原因和时间都没有记下来，所以我们也只是知道大概的一个路线，这都是家里的老人讲给我们听的。我爸爸叫陈进芹，越南出生；我妈妈叫阮八妹，是越南人。在越南的时候，爸爸妈妈都是做农活，主要种水稻、木薯、地瓜之类的，那时候都是很辛苦的了。爸爸妈妈当时是在越南生了我们六兄弟姐妹，五个女的一个男的。回中国以后，有两个去了广东，有一个去了江西，有一个去了常山，剩下我和我小弟就在丰田了。我是在越南出生的，在回国前也没有读过书，10 岁的时候就开始帮家里做农活了。像犁田、插秧这些都做过的，但是这些都是做得比较少的，做得最多的是砍木材、草。反正在越南就做农活，一直做到回到中国的时候。

我是在越南结婚之后才回到中国的。22 岁的时候我和我的丈夫结婚了，我丈夫叫郑贵兰，他是和我们住在同一个地方的华侨。他的中国老家在哪里，我是不知道，因为我也没有问过他。当时结婚也是有讲究的，和中国的很像，应该就是以前老一辈在中国那样子的。结婚的时候就是我丈夫送衣服给我，然后再送猪肉、大米给我妈妈或者家里人。不过我们越侨回到丰田以后，虽然结婚还是按照在越南时的礼数来，但是规模减小了很多。我结婚之后一共生了 5 个子女，有 3 个女儿是在越南生的，后来来到丰田之后又生了一男一女。

二

我们家是 1979 年才回到中国的。我们家算是最晚回来的了，当时的情况是

1978 年就有人先回来了，但也有一部分像我们一样比较晚才回来的。那会儿越南已经在赶人了，我们是没有办法在越南待下去了才说要回来。我们先是从老家坐汽车到芒街，然后再从芒街走到东兴，从东兴进入中国。回来的时候我们也走得匆匆忙忙的，家里的房子全丢给越南人了，也带了一些行李，像衣服、大米这些必须要用的东西，然后还有自行车，它是用来拉行李，但是过河的时候只能是用箩筐挑着。我爸爸在越南的时候就过世了，回来的时候就是我妈妈还有我和我丈夫以及三个女儿。当时除了大女儿之外，其他两个小的还不能自己走路，所以都要我和我妈妈背着，回来的路上也是很辛苦的。我们回来的时候并不是走的口岸的路，是蹚水过河直接到东兴的，当时边境的路已经封得差不多了，路上都是装了陷阱的。中国与越南边境的河上边是有桥的，但是越南兵不给我们过桥，所以我们只能从河里走。我记得我们过河的地方是东兴的红石沟，时间应该是 1979 年 1 月份。到红石沟以后，有中国的军队在那里接我们，然后我们就先在红石沟住下了，住了大概有三个月。刚到红石沟两三天左右，中国和越南就开始打仗了。早上五六点左右，天还没亮就听到炮弹的声音，我们都很害怕。在红石沟的时候我们住的地方也很差，那会儿根本就没有住的地方，就把我们安排在河边的空地，都是拿一些雨布搭起简易的帐篷。那时候又刚好是东兴多雨的时节，天天下雨，加上 1 月份的时候也很冷，我们过得很艰难，好多越侨都抱在一起哭。当时在越南的时候家里的房子还是挺大的，但是刚到东兴住的地方都没有，连烧火的柴也没有，心里还是很难过的。当时中国这边就是安排了这一块地给我们，哪里平整一点的就随意让我们搭雨棚，然后除了给饭给我们吃外就不管我们了。但是我们也能理解，因为我们人数太多了，不可能一下子安排得了很好的地方给我们住，我们的意思也是能有一个落脚的地方就可以了。然后他们还每天给我们送大米、萝卜干，让我们能吃上东西。

到了 3 月份，我们就开始坐车来丰田了。开始是政府安排了班车把我们从东兴接到南宁，在南宁又住了大概一个礼拜，才安排我们上火车。起初我们也是不知道要到哪里，后边就是说我们这一批人到哪里或者那一批人选择到哪里，然后就登记。当时分配到广西、广东、福建的都有。上了火车之后，给我们吃了一顿饭，又发了新衣服，然后就坐了一天一夜的火车到漳州了。我们到了漳州，农场就安排班车去接我们到丰田，一开始并不是直接到东华的，农场先是把我们安排在宝林，就是现在丰田镇政府旁边。当时房子还没有建好，所以暂时把我们安排在那边。但是在宝林的时候也没有房子住，都是用一些油毡布搭起来遮风挡雨的。其实当时都是这个样子的，回来的越侨太多了，没有一下子能全部安排，我们回来得又比较晚，分给我们的房子还没有建好。我们住在宝林的时候农场这边就已经在建新房子了，只是说这个过程需要些时间，我们就只能在宝林那边将就住着。大概住了半年多一点，11 月份左右新房子建好了，我们就搬到这边了。

刚回来的时候，我们都是做农活。一开始是帮生产队种水田、割水稻，都是他们做不完，然后由我们去帮忙，算是做一些零工。后来九龙江建堤坝，农场就安排我们过那边去做工，都是做挑沙一类的苦力活，一天能发一块多钱。等到搬到东华的新房子住了之后，就开始开荒种茶。我们一家的生活都是靠种茶来维持，红茶、乌龙茶这些都有种，当时农场还有茶厂，我们种出来的茶厂是收的。当时我们家就我和我老公两个劳动力，家里几个孩子读书全都靠我们两个撑起来。刚回来的时候农场基本都是这样子的，集体做工，分好几个生产队，生产队里面又有好几个生产小组，都是开荒种茶。因为刚回到中国，什么东西都没有，特别会担心饿肚子或者说怕生活过不下去，所以我都是很尽力去开荒，基本就是一直在挖地，有时候早上出工一直到中午 12 点才回来，然后下午 1 点的时候又继续去挖地了。我们越侨自己都讲要努力做工，我们刚从越南回来，不努力是不行的，做工一定要好好做。我还记得那时候三个月就可以挖坏一把锄头。当时开荒都是记工分的，满打满算一天也就是一块钱左右。后来 80 年代就搞承包了，当时是按照我们小组开荒的土地的多少来分的，那搞承包以后呢我们不光种茶叶了，也种一些果树。因为那时除了承包的地之外，我们还会继续开荒山上的荒地来种。当时农场这边 1980 年左右开始种稻谷，种了两三年稻谷以后，个别人就开始改种甘蔗，一直到 1999 年，这边就统一全部都种香蕉了，结果那一年大霜，果树全都霜冻了。我记得农场建罐头厂的时候，我还去过罐头厂做工。早上 5 点钟左右先去挖地种茶、采茶，然后 10 点回来以后，就去罐头厂做工，中午都是没有时间休息的。我们两夫妻就是一直这么做工过来的，一直做到退休，也没有再去别的地方了，都是在农场种茶、采茶、种果树。像我老公，后边因为社保问题，他现在一个月的退休工资才能拿到 1000 多块钱。以前应该是少交了社保，所以导致现在影响到了退休工资。

三

现在生活好很多了，以前都是很苦的，做工也没有什么钱赚。不过刚回来时农场会补贴一些东西给我们越侨，都是一些大米、衣服布匹，那时候还是用粮票、布票这些嘛，就拿这些去换。然后还有奶粉，农场也给我们发了很大包的奶粉，就用像现在那种装 100 斤大米的袋子装着。现在就很好了，我们退休还有退休工资，退休工资是按照工龄来算的，我自己的话大概一个月有 2000 多元，挺不错的了。现在住的地方也比以前好很多了，2007 年的时候国家搞侨居工程又给我们建了几栋新房子。这些房子都是统一的 84 平方米，一套房补贴 21000 元，所以 2009 年的时候我们就搬到新房子住了。但是这个国家的侨居工程建得比较少，东华这边一共建了 48 套房子，然后还有 12 栋越侨的自建房，但就东华来讲数量是远远不够的。新房子是我们家报名买的，一平方米 700 块钱，那一套房总价就在 5 万多块钱，加上国家补贴的 21000 元，实际上我们只用三四万块钱就已经够了。但是现在农场还有很多人住在老房子里，没办法，新房子数量不够，现在也没有地方建，而且现在建新房子手续很麻烦，就是很难的啦。

现在我们还会保留一些在越南时的风俗，但是已经回来这么久了，已经有了很多的改变。好比说我们吃的东西，刚回来的时候还经常吃越南粿条，粿条一共有十几个种类，但是现在就是偶尔才会吃了，年轻人慢慢地也不会做这些东西了。就是我们，已经回来这么久了，生活已经在慢慢改变了，我们也不会刻意地说一定要吃这些东西。不过，我们还有两样东西是一直在吃的，就是白斩鸡和扣肉。这两道菜在过年过节或者办喜事的时候是不能少的。还有一个我们和当地人不一样的地方，我们过春节的时候除了贴春联之外还会贴"利是"。"利是"是广西、广东那边的传统，应该是我们带过越南那边以后，我们又带回这边的。春节的时候会在门上贴上3张或5张"利是"，图个过年过节的吉利。过年的时候我们还会包长粽，这也是本地人没有的。一个长粽一般在2斤左右，春节的时候家里都会做很多，会专门花一天的时间来包粽子、煮粽子。长粽需要煮很长的时间，我们都是煮一天才能煮完。那讲到风俗习惯，我们的红白事和本地人也是不一样的。我们的红白事基本上都是保留着广西和越南那边的习惯，对红白事都是会比较重视的。之前我们越侨也有讲，说我们到这边来以后生活已经慢慢变化了，就不要像以前那样子那么讲究了，把红白事办得和本地人一样简单一些，但是没办法，一直改不了，这也算是老祖宗传下来的，还是要重视的。相对而言还是比以前简化了一些，刚回来的时候我们越侨的白事是办两次的，一次是在过世的时候，然后对年还会再办一次，后来改成了过世时办一次就没有了。有一些还会再办第二次，不过是在去世百日的时候，因为再等到对年的话时间拖得太久了。这个白事的风俗习惯与广西那边一模一样的，是以前长辈迁到广西后继承下来的传统。红事的话就比较简单了，也是和广西那边差不多，就是多了一个"开茶会"。我以前在越南结婚的，那时候也是有"开茶会"的，主要是给年轻的男孩子和女孩子认识的机会。在婚礼当天的晚上，准备一些水果和糖果饼干，然后年轻的男男女女就在一起唱山歌。如果看上对方了，就会邀请对方来对唱，用歌来表达自己心里的想法。那时候和现在不一样，现在社会发展了，看上对方了就直接和他聊天，以前哪里能做到这样，都是用唱歌来表达的。不过后来慢慢地也不"开茶会"了，现在的年轻人都没有这种了。

现在我们家和越南的亲戚联系很少了。我还有个在越南的大舅，回来的时候好多越南的财产都留给他了，不过现在已经没有联系，我也没有回过越南。现在这边是生活很好，也没有想说再回去越南。我有四个女儿一个儿子，大女儿去了广东，小女儿去了广西，剩下的三个都在丰田这边。当时在越南生了三个女儿，但是我们家又是比较传统的思想，一定要一个男孩子，可是当时农场这边也不给多生，所以我就跑到澳门去。1982年的时候，我们从广东珠海出发去澳门，当时很多跑去香港然后去国外的，但是我们两夫妻也不是说要跑去哪里，就是想出去能够生个儿子再回来就行了，澳门离珠海比较近，所以当时就跑到澳门去了。那些跑去香港的越侨，都是在广东那边租船跑出去的，租那种打鱼的渔船，好多在海上就死掉了，很多去到香港难民营的后边也送回农场了。那我们回来农场，农场搞计划生育，我们越南回来的，说难听一点就是重男轻女，还是一定得要一个儿子，不然我也不愿意跑出去。那我们到了澳门以后，生活也是很艰难的。幸好我们在海上比较顺利，没有翻船、迷路，顺利上岸了。那时候管得也不是很严，虽然有警察巡逻拦着我们，但是我们也聪明，警察巡逻的时候我们就躲着，等他们回去吃饭了我们再过去。那时候我们也是像难民一样的，随便找个地方就住了，也没有亲戚朋友，也不敢跟别人说我们从哪里来的。我们也没有做什么工作，平常生活就是捡一些别人不要的东西来用，大概在澳门住了5个月，有了一个崽之后才回来。回来的时候也是偷偷坐船到珠海，但是我们是偷跑出去又偷跑回来的嘛，就被那边的发现了，不过政府也没有为难我们，就一直跟我们说不要害怕，好好讲讲你们从哪里来的，讲完了以后就让我们登记，后边农场就来广州接我们回来了，当时也是坐的班车回来的。我儿子娶的也是越南媳妇，当时这几个子女要成家的时候，我们还是希望他们都能找华侨，但是也没有办法，想法是好的，现实也是另外的情况，所以后边也是不管是哪里人了，只要是能成家就不管他们了。但是有一个问题就是，我儿子是后边别人介绍才娶的，不是和我们一起回来的华侨，所以结婚过来以后到现在那个媳妇还是没有能够上户口。不过怎么说，现在也是比以前好很多了，这个是后来国家的政策改变了就搞好了，以前刚回来那会儿才是很难，都是经常掉眼泪的。

陈进秀　口述

口述者简介：陈进秀，女，1954 年 1 月 7 日出生于越南广宁省广河县，祖辈那一代去的越南，祖籍广西贺州。从越南回来到丰田农场开荒种茶，茶厂散了后，就改种甘蔗，糖厂散了，又改种香蕉，香蕉卖不出去，就去工厂打工，一直做到退休。

时　间：2022 年 8 月 16 日
地　点：丰田华侨农场东华社区居委会办公室
采访者：邓洪娇、罗赞
华侨属性：越南归侨
南洋物：自行车
整理者：邓洪娇

我叫陈进秀，1954 年农历十二月初三出生的，现在已经 68 岁了。以前的老祖是广西贺州的，后面才到越南去生活。我爸爸妈妈都是在越南出生的，他们是同一个村子里认识的。我也是在越南出生的，我们家四代都是在越南生活的，我出生在广宁省广河县中间村。我出生的时候，外公外婆爷爷奶奶都没有，只有我的大舅舅。我爸爸有一个姐姐和一个弟弟，我出生的时候，我爸爸的大姐已经不在了，他的小弟过继给别人养了，就看见我爸爸自己一个人。我妈妈有个哥哥和弟弟，他们住得很近，后来我们回来的时候，我舅舅的儿女也就是我的表哥表姐没有回来，现在还在越南。

我们在越南的时候住在农村里，种田，一般都会种木薯、芋头、地瓜、玉米，什么都有。当时在越南，我们种什么东西都要挑去卖给国家，我十几岁就帮家里人挑东西去卖给国家，但是我当时很小，又没有读书，才二十几岁就回祖国了，所以不知道卖的价钱。我们要挑一百多斤的农产品，拿扁担挑着很大的箩筐，里面装着稻谷，扛着两个锅炉，自己走去卖，没有车去，挑去很远的地方。我们收了很多稻谷，放到谷仓里，要挑着拿去卖给国家，越南要收我们农民的税，要我们挑那么多东西，要我们那么多的资源，没有给钱。我们家以前很困难，我爸爸在他二三十岁的时候，脚被刀砍到，就做不了工，我们家有七八个姐妹，孩子都小小的，我爸爸又在医院住院，没有人干农活，家里的孩子都不够吃。当时我有个堂哥，经常来看我们，他的老婆死掉了，但是他经常有很多那些大米，或什么东西的，他就带来给我们吃。后来我姐妹大了以后，就跟大家一起做工，家又好了，有大米什么的，都有吃的了，又有饭吃了。以前我爸爸当家的时候，没有饭吃啊，我妈妈又要照顾我们多个兄弟姐妹，当时我们又很小嘛，我爸爸又有病啊，脚疼没有干活嘛。后来我们兄弟姐妹长大了，我大哥又大了，我大姐又大了，我又大了，这样子我们都去做工了,辛辛苦苦去干活,那就有吃的了,就没有那么难了,又有饭吃了啊。我到20岁就结婚,24岁的时候越南排华,我们就要回祖国。

我们家在越南的时候,我大哥跟我小弟去读书,我们女的就不能读,家里穷供不起。我大哥在越南读到了五年级,但是什么他都懂得做了。我大哥识字了,懂做那个登记人的工作了,每天登记做工的人的名字。他25岁的时候做了队长,什么名字他都知道,管人家做工,他什么都会,那时我才十几岁的时候。以前我们在越南,没有煤烧,也没有电,我们要去山上砍柴,捡木柴回来烧,一天早早就去,去到晚上五六点才回来。我大哥还在上学的时候,既要去打工又要考试,又要去拿柴回来,我爸爸又不能去,我妈妈一个人就很难,我们也很小,什么工作都是我大哥做,后来我大哥被人叫去当兵,我妈妈就不给他去。我大哥读到五年级不读后,娶老婆。我小弟也是读到五年级,他有读越南文字,也有读中文,但是我大哥只读了中文没有读越文,我们那边读中文学的是白话,我捡过我大哥的书来看,自学课本上的歌谣,我读得很顺,很好读。我妈妈又没有钱给我们读嘛,我们当时在越南,就是给男的读,女的都不能读,女的很少读书的,但是我们回来,祖国就叫我们去上扫盲班,又给我们四毛钱一晚上,给农民读书,我们白天要上工,晚上遇到加班的情况,我们就请假回来上课,来读书国家就给四毛,不来读书就罚我们八毛。国家对我们很好,他怕我们不来读,不来读就罚八毛钱,一来读就领四毛钱,读够四十天才一起给我们钱呐,他教我们够四十天就不教了,不教了我们就不学了,我们读够四十天就不读了,就去干活了。

1978年6月份的时候,东兴到芒街的边关开了,他们让我们过来。但是我们在越南那边种有很多农作物,我们收割完了稻子,杀了那些猪,我们就跑过来中国了。我们刚来到中国三天,还在东兴,就打仗了。我那个时候感到很害怕,我们是晚上离开的家。越南排华了两年,有些人1975年就回中国了,有些1978年就回来了,时间很久了,我们在越南心情就不好。人家回来祖国,我们在越南出事情就不好了。那些越南人欺负我们,他们说你是中国人,你回去中国,你在这里干什么。那些越南官兵到晚上就拿火把进村子里,进家里,有什么吃的他就偷啊、抢啊。跟我们一起住的那些人又叫我们回越南来,他们说,不回去中国啊,中国很难呐。

我忘记我们哪一年回的国,3月份的时候我们就到丰田了。从我在越南的家跑到中国东兴那边花了五六个钟头。以前我经常挑那个大米,或什么东西过东兴来卖。我们在家里是坐上班车来到边境的,有越南的官兵跟着车来,他们一帮人向我们要钱,有点钱了他们才放我们走。车里坐了好多人,装了很多东西,有七八家人的东西。我们有带了几件东西,有自行车、棉被,什么东西我们都有拿点来的。那个自行车是我自己买的,我跟我家婆家公还有小叔小妹,很多人,十几个人一起,一家人吃饭啦。那时候我们没有车,我们就自己出钱买自行车载东西回中国,花了五百块,刚刚买的就回来中国了,在越南的时候没有车。我老公载着棉被,又载小孩,我们有一个小孩,大的。我们是四口人回来的,我们两公婆和一个小孩还有一个小姑，小姑后来在农场这边结了婚。我的家公家婆现在还在，她在十几年前去了美国，家婆最近又回来跟我一起住了。但是我的爸爸妈妈不在了，他们是回到中国后才不在的，我妈去世时是 95 岁，我爸 79 岁就不在了。我们回中国来三天后，我的爸爸妈妈跟我的小弟才回来。我的家公家婆他们也没有跟我们一起来，本来他们不想来，那是越南赶他们了，他们才来，后来就安排在广东台山那边，我们则是安排在丰田这里。我们先来，那个安排就不一样了。我们从越南的家里坐上班车，晚上五六点就上车，晚上十二点到芒街，就先在芒街那边住。早上起来，去挑我们自己的东西。没有车载，就自己挑东西挑来到六林那边。六林的路两边插有竹子，削得很尖呐，越南人他们就让我们不要走偏去，我们一走偏就会碰到竹子，只能走中间，有越南的民兵在路那边看着，对我们很凶地说，走好点啊！不要走偏啊！走偏就插死你们了！那个时候我们在六林住了两三个晚上，他们都不给我们过中国。在六林那里我们要煮饭吃东西，那我们哪里有什么可以煮的，没有东西煮吃，就有人到越南人挖过马铃薯的地，有掉一些的，我们就去捡来煮。我们在插满竹子的路边土坡上睡，当时是冬天。半夜有越南仔来偷我们的东西，有些就被越南仔抢锅和碗了，我们一直在那边住，走路上遇见那些越南人，他们就问我们，有钱吗？有钱就拿出来！你们带离越南没有用。就是这样，那些越南人一直盯着我们。我们没有被抢，我没有什么给他们抢，就是我老公有一点钱给了越南人，我小姑有点钱就给他们了，我有几百块的钱，没让他们发现，我将钱藏了起来，到中国了如果能兑的话，我又有钱了。

我们在六林住了几天，那天晚上七点就安排我们过中国了，一帮人一帮人地安排过去。我们当时挑碗、大米那些，怕来到祖国没有东西煮饭吃。当时我的小孩很小，我们就准备了一点吃的东西挑来，有油的，是放来煮的，还有盐。我带了十斤的盐和九个碗，还有油，很重啊，100 多斤，挑过芒街的那条河，是中国跟越南的分界河，叫红石沟（北仑河）。水很深，我们慢慢过去，过去那边一直挑着，很累啊，就在那边休息一下，又挑挑很累啊，又放下待一下，待到红石沟那个地方，又是在土坡那边住下，下大雨，棉被等东西全湿了，我们也有带来雨衣，湿的被子那些我们就放弃了。但是中国这边看见我们住在土坡那里，就安排我们去教堂住，但那间教堂里面住了很多人，我们不能进去，只能住在教堂外面。刚住了一个晚上，越南和中国就开战了。为了防止我们受伤，中国就安排我们上去猪栏那边去藏起来，不给越南他们打中我们。越南一打就是好几天，中国就派了好多车，接我们来阿王。我们刚到阿王时，看到那里的房间很大很长。我们在阿王住了一个多月，就去到南宁。在南宁那边分配去农场，政府就给我们发衣服和不同颜色的牌子，红牌就是来丰田，黄牌就是去常山。政府他们先问我们要去常山还是丰田，然后才发牌子给我们。当时一听常山和丰田这两个地名，我们就说，去常山可能就是在山上了吧，去丰田的可能就是种田吧，有工作嘞，所以我们就选择来丰田了，后来丰田那边就有人来南宁火车站接我们来农场这边。我们来丰田后一看，丰田的田地哪里多，很多都是在山上的。现在常山发展很好，比我们这边还好。常山靠海，有很多海鲜。我们在越南离海很近，经常从海里拿东西吃，什么海螺沙虫泥虫都是自己抓回来的，大的就拿去卖，小的就拿来吃，拿去东兴卖，拿钱买衣服穿。中国的布很漂亮啊，越南的布很少啊，没有什么布漂亮啦，就是中国的布很漂亮。以前没有衣服买，就是买布来自己做。我们在阿王那些地方都没有生活，来了丰田才有生活。

我们大家一起在南宁火车站上车，一起来到漳州，就安排一些去常山，一些来丰田，然后农场就派车来接我们。丰田的人敲锣打鼓去漳州火车站接我们回来，那个时候我们很开心的，哇好多好多人出去接我们，两边路上红旗什么的都有，有人拉红旗，有人敲鼓。有人煮饭给我们吃呐，大大锅的那种，叫我们去拿，又用水桶装茶给我们喝，又拿床给我们睡觉，还分房子给我们住。刚来时住的是竹房，墙是用竹子来围的，顶上是油纸遮盖，一家一间这样子，四口人是一间，七口人也是一间，以前是在丰田医院那边的，住了很多人在那边。我们 3 月份就到农场这边了，到 10 月份农场就搞了新的房子给我们住。换新房子后感觉宽了一点，新房子当然好，是用砖头砌的，比我们在越南住的房子好，在越南那边的房子是用泥糊的，越南是没有地板铺的，下面就是泥土。

来到农场这边，他们安排我们去开荒种茶。我们分小组做，一组有十个家庭，大概二十多个人。早上五六点就起来了，一组人一起去，队长一敲锣鼓，声音响了，一组人就出来签好名字做登记，上面有写每个人挑多少，因为大家要拿工分，拿东西吃的。我们家一个人干一天有一块多的工资。我们挖河沟种茶，要一米深八分宽，每天都要挖，一挖好就要铺草。那个草我们挑来，放到河沟里，放好后还要培土下去，然后就种茶下去。茶厂散了之后，我就改种甘蔗，糖厂散了以后，我又不种甘蔗了，改种香蕉，香蕉又卖不出去，就去工厂打工，年轻人现在去做，我们退休不做了。

我是在 20 岁的时候结的婚，我丈夫也是越南华侨，他名字叫黄安伟，他跟我的情况一样，也是祖上三四代就生活在越南那边。在越南时，我跟我老公的家很近，我们虽在不同的村子，但是也很近，大概是从农场的居委会到桥头的距离。我们两个是在越南的时候由一个媒人介绍了才认识的，我们两个同岁，都是 20 岁结的婚。以前我丈夫 19 岁的时候，他的爸爸妈妈就说要结婚了啊，但是我妈妈说我没有到 20 岁，不给结婚。当时有个风俗，我妈妈她老人家知道，说不能 19 岁结婚，19 岁结婚会有病啊，只能 20 岁结婚，那个风俗说单岁结婚会得病的，比如哪里会疼这样子。我当时 20 岁的时候，人家叫我老人了。我家里很困难的，我姐姐22 岁结婚，在越南人家就叫她老女人了。我有八个姐妹，但是我一个最大的姐姐去世了，也就是我大姐走了。我们家现在还有七个姐妹，我排行十一，有一些姐妹是在小小的时候就走了的，她们有些在一岁的时候，八岁的时候去世了，因为得了天花。我妈妈生了十三个孩子，活下来的有八个姐妹。

我刚来农场的时候，有个医生问我叫什么名字，我说十一妹，到现在他一看见我，就说，十一妹来了！好笑哦。我们在越南差不多每个人都有两三个名字的，一个是按照妈妈生出来的顺序称呼的，还有一个是拿出生日期给先生看，让他帮忙起名字，后来读书用的就是先生取的名字。我的就是十一妹和陈进秀这两个名字。在村庄就是喊小名，去读书去干活了，队长喊的就是读书的名字。我生了四个孩子，我给我孩子也取了三四个名字。一些不乖的孩子就有四个名字，那些小孩小小的时候整天要去看医生啊，整天不舒服的，就要叫先生看然后让他另外帮安名字。我21岁生了第一个孩子，是男孩子，叫黄永成，现在在厦门住，二儿子和三儿子跟我在农场这边住，二儿子叫黄永龙，三儿子叫黄永强，最小的四女儿叫黄永凤，嫁去了常山。

古世江　口述

口述者简介：古世江，男，1972年出生于越南广宁省横蒲县，祖籍广西防城港市，清末家中迁至越南。1978年回国，2018年至今在丰华社区居委会负责社区综合治理工作。

时间：2022年8月14日

地点：丰田华侨农场丰华社区居委会办公室

采访者：罗赞

华侨属性：越南归侨

南洋物：无

整理者：罗赞

一

我叫古世江，1972年出生于越南广宁省横蒲县，祖籍是广西防城港市。我们家去越南去得比较早，据家里长辈说大概是在清朝末年时就开始去越南了。清末的时候，社会比较动荡，加上官府和官兵的压迫，逼得我们家祖上不得已逃到越南。那时候他们先从东兴出境到越南的下龙湾，然后再从下龙湾去到横蒲县。因为我们家过去越南的时间很早，这些事情我也是听家里长辈说的，具体他们到那边以后是做什么的我就不大清楚了，我有记忆的就是从我爷爷那一辈开始的。我爷爷叫古文英，在越南时参军并入了越南国籍，在抗法战争中做了贡献。在抗法时期，爷爷加入了越南共产党，并且参加了抗法的战争。爷爷在参加共产党期间有回到中国昆明参加过党的学习，但是具体是哪一年我也不清楚了。后来爷爷因为参加抗法有功，而且贡献很大，北方解放以后就在省里上班，具体什么职务我也不了解。像我们农场这些年纪比较大的归侨，说起我爷爷他们都是知道的。还有我奶奶也是一样的，奶奶是在越南广宁省出生的，祖籍也在防城，和爷爷一样参加了越南共产党，并且在战争中牺牲了。所以说，我爷爷奶奶对于越南做出了很大的贡献，以至于越南排华要回国的时候，没人敢对他怎么样，所以最后是我父亲和舅舅带着我们偷跑回中国。

到了我父亲这一代，我们家的条件也是比较好的。因为爷爷的原因，我们家庭就和其他华侨不太一样了，越南的很多华侨都是做农业的，但我们家没有做过农业的，接受的教育也比较好。像我父亲当时也是接受了很好的教育，是文化人。到后来的时候，因为越南的社会也是比较落后，为了生活他也做过一些技术工或者生意，就好像说开个木材加工厂或者开个杂货店之类的都干过。我母亲也是华侨，祖籍也是防城港的。我们那个地方的华侨有个特点，就是同乡聚集居住在一起。那我母亲和我父亲是怎么认识的我也不太了解，但是按照他们那个时代的话应该也是说媒的，经过别人介绍然后定亲结婚。母亲在越南的时候是国家工人，是管园林业的工人，种那些在山上的用来城市绿化的园林树木。

二

我是 1972 年出生的，家中一共六兄弟姐妹。我排行老四，前边有两个哥哥和一个姐姐，后边有两个妹妹。我们家是 1978 年 6 月份回中国的，那时我才 6 岁。我们家算是回来得比较迟一些的，我们住的地方好多华侨二三月份就开始回来了，正常的也是四五月份回中国。因为越南那边给了期限让我们离开越南，要是过了截止时间就开始封关了。我们家除了爷爷之外，全都回中国了，当时我父母带着我们六兄弟姐妹回来的。回中国之前，父母就把家里的东西全送给别人了，值钱的就变卖或者带回来，可以说是像逃难一样地回来了。我记得我们家当时带的东西就是衣服这类生活上必须要用的，还有收音机、自行车也带回来了。我们先是从横蒲县坐船到海防市，大概就坐了几个小时的船，因为我们离海防也比较近。接着就是从海防坐汽车到谅山，大概坐了一个晚上吧，然后就到中越边境了。我们就从友谊关进入中国的，当时越南那边也有边防兵，但是那时候还没有封关，所以他们知道我们是华侨就让我们过中国了。中国这边也有边防兵，看到我们要过中国也在边境线上接我们。

进入中国之后，我们就被安排到宁明县的难民营了。当时从友谊关入关的基本都是先安排在附近的难民营，凭祥、宁明以及附近其他地方都有，因为人太多了，不可能都安排在同一个地方的。我们在宁明住了大概一个月，住的是类似于仓库的大房子，一个房子可以容纳几百号人，睡的是那种两层的铁架床，吃的是大锅饭。一个月之后，国家就开始安排把我们分到不同的地方了。当时老爸他们已经知道我们要分到那个地方了，但是因为我年纪还小，所以不懂得这些事情。那我们就从宁明直接坐火车到漳州了，我记得是坐了几天几夜，但是具体多少天我已经不记得了。到了漳州之后，农场安排汽车去火车站接我们。当时我们管这个车叫大巴车，铁皮的，车上都是木椅子。我印象很深刻的事情就是当时安排了很多小学生到路口欢迎我们，敲锣打鼓的，那些小学生拿着红旗欢迎我们。

刚来到丰田的时候，农场就直接安排我们家到丰华这边了。因为那些安置房还没有建好，就让我们先住进当地的那些旧房子。旧房子都是本地人的旧房子，是土砖和木头搭起来的。这些旧房子都是农场安排给我们的，就是说让这些人迁就我们一下，因为我们刚回来没地方住，就腾一些房子给我们。那还有一个情况就是我们越侨人比较多，腾不出来那么多的房子，一部分人没办法就只能住在大的集体仓库里。当时来到农场的时候应该是 8 月份左右，等到 1979 年过春节的时候我们已经搬到联合国援建的新房子里过年了。联合国建的安置房有一层和两层的，大概 48 平方米。当时我们家里小孩比较多，分到的是两层的安置房，但是我们那么多兄弟姐妹住起来也是十分拥挤。我记得当时我们家是楼下做客厅和厨房，另外还起了一个炉灶，二楼的话才是做成房间，所有人都挤在二楼睡觉。

父母亲回来的时候都是农场的职工。我父亲35岁回来，一直工作到了60岁退休。因为在越南的时候读过中文，加上之前在越南的时候也有过在政府上班和做木材生意的经历，算得上是比较见多识广的。我母亲则在农场的机砖厂工作。当时农场办了一个机砖厂，我母亲是厂里的工人，做的都是一些体力活。当时我记得他们的工资一个月在二三十块钱左右，已经算是很高了。等到80年代农场开始搞承包以后，我父亲就和其他三个合伙人在山上承包了100多亩土地种植水果。土地都是农场的，有一部分已经是可以直接种植的，有一部分地还要自己开荒。当时上边有一些优惠政策，鼓励贷款经营自己想经营的农业，那父亲就和三个朋友贷款发展了。种植的主要有菠萝、柑橘。当时父亲种植的规模比较大，已经像一个小农场一样了，搞得也比较成功，所以当时联合国还下来考察了。当时由于父亲他们大部分土地是开荒的，光修路就已经花了3万块钱，1986年的时候3万块钱是很大的数目了，所以当时农场看到这个情况就不收父亲他们承包土地的管理费。不过需要交一个特产税，就是种植的水果你卖出去一斤就要交一定比例的特产税，当时的标准是卖一斤交4分。后来父亲经营的这个农场还继续扩大了不少，当时请了20多个工人来帮忙。大概到1986年底的时候，联合国下来考察，在看过我父亲经营的这个小农场之后，决定拨款15万美金来扶持我们经营。这个小农场一直经营到了2006年才放弃经营。1999年的时候，发生了一次大霜，所有的果树都被霜冻坏了。后面就改种香蕉、荔枝、龙眼，但是经营也是比较惨淡。父亲大概是2004年退休的，那他的那一部分就由我们三兄弟继承了。等到2006年的时候，其他两家合伙人放弃了并把土地转让给别人，就算是这个小农场结束经营了。那我继承父亲的那一部分一直种到了现在，不过是改种麻竹了。

我是回到农场之后才开始读书的，一直读到初中毕业。当时的小学是五年制，初中三年制，不过初中要去到丰田读。当时的生活是很困难的，读书放假的时候还要帮忙做工。我是17岁初中毕业后就开始参加工作了，起初一直在帮父亲的忙。家里的兄弟姐妹除了小的还在读书，老大的就在机砖厂做工，姐姐的话去了常山那边。当时常山有很多台湾人过来开的工厂，所以就去了那边。等到1997年的时候，因为越南已经对中国开放了，所以我一个人从东兴回到了越南。当时最开始是想去那边赚钱的。我叔叔是在芒街做生意的，所以他就介绍我到芒街工作。因为我会讲越南话和白话，所以就专门在那边当翻译，介绍中国和越南两边的客户，赚一点工钱。当时在芒街做这种翻译工作的越侨很多，因为越侨会两种语言就比较好沟通客户。还有很多做服装和电器生意的，那时候东兴和芒街的边境贸易也是很火热的。我做了大概有一个月，当时就觉得虽然能赚到钱但是毕竟是边境地区，社会治安比较混乱，所以就没有再做了，又跑回到越南横蒲探亲了，待了大概有20天，然后就回农场了。回来后3年左右，也就是2000年，我就结婚了。我爱人也是越南归侨，祖籍是广西防城港，我们当时是在不同的生产队，但是来来往往多了就认识了，算是自由恋爱吧，也没有说是专人找人介绍的。2000 年结婚的时候，我们就摆了二三十桌酒席，整个酒席就只摆了一天。我们算是比较简单的了，像有些越侨刚回农场的时候，都是摆两天酒席的，还是按照以前的传统来，我们算是入乡随俗，简单化了。我们这边归侨的酒席有一个特点，就是还保留着以前广西祖籍的饮食特点，像白斩鸡、扣肉是免不了的，这是我们婚礼宴席的两个硬菜，也是我们和当地人比较不一样的地方。还有一个特色就是我们结婚当天晚上会举办一个联谊会，这是在越南时的传统。就是伴娘和伴郎这两边的年轻人在婚礼当天晚上交流、娱乐。

我结婚后 6 年，也就是 2006 年我和我老婆就去了广州谋生。当时我一个表弟从英国回来，在广州海珠区开了一个越南菜餐厅，于是就将我们叫过去帮忙。像越南春卷、椰子鸡这些我都会做。等到 2008 年的时候，经济危机爆发，餐厅经营不下去了，我们只能另谋出路。后来我就和我老婆租了大概 30 平方米的铺面。专门卖越南粿条、奶茶、豆浆之类的。经营了一年左右，又因为家里小孩读书，加上赚不到什么钱，后边就回到农场了。我们两夫妻在广州前前后后一共待了 6 年左右。2012 年的时候，我再一次去了越南。当时刚从广州回到农场不久，觉得那会儿还是年轻，还可以再多出去闯一闯。以前我在芒街做翻译的时候还有一些越南商人的联系方式，在广州的时候就经常给他们做翻译、带他们去拿货。我从广州回到农场以后，这些客户还经常让我跑到广州帮他们拿货。所以我就想再回越南一次，拜访这些老客户，看看有没有什么项目可做。那些老客户也很希望我过去，一直劝我说可以先过去观望一下行情怎么样再决定要不要继续和他们合作。所以我 2012 年第一次去到越南河内和客户见面，待了两三个月左右，当时感觉竞争太激烈了，索性就回福建了。结果回来之后没多久，又再一次去了河内考察，其间还去横蒲老家探亲了，结果也是没做成，在越南待了两个多月又回来了。当时越南的签证有旅游经商和探亲的，旅游经商可以入境 3 个月，探亲的就只能 1 个月，我申请的是旅游经商的签证，所以我每次过去的时间都是两三个月左右。回来之后，我就一直在丰田的工厂务工了，因为当时山头的土地还种麻竹，所以基本都是两头跑。不过没多久，社区居委会就和我说，让我到居委会上班。所以 2018 年的时候我就到居委会上班了。我工作的岗位是综治办，主要管治安、森林消防、水利以及社区安全隐患这一块的。回到居委会上班以后还是方便了很多，不用两头跑，但是就是待遇太低了，所以我们还是需要搞副业收入，像我闲的时候还是会上山割笋补贴家用。我老婆现在也是在镇里的工厂打工。我们现在还没有退休，我大概还有 10 年才到退休年龄。

我们家现在和越南的亲戚联系得很多，我回去越南好几次了。平常的话，我们都是通过电话和网络联系的。1989 年的时候，我姑父和小奶奶还来农场这边看望我。我奶奶之前在战争中牺牲了，后来我爷爷又娶了一个小奶奶。奶奶生了我爸爸和我姑姑，后来小奶奶又和爷爷生了八个子女。所以我们家亲戚还是比较多的。像我大姑是比较早回中国的，就安置到了越南那边。小奶奶来这边住了一个月，觉得这边的生活还是比越南的好一点点的，之后她就回到越南了。

现在的生活相比以前刚回来那会可好太多了。刚来到农场时，我们吃的、说的等等各方面都和当地人不一样，特别是语言沟通存在很大的障碍，只是说一点一点地适应这边的生活。刚回来的时候我们还是保留了很多越南的以及广西的风俗习惯，但是慢慢地也就和当地人差不多了，不过还是有一些我们自己的特色。特别是我们归侨的风俗习惯都是按照祖籍的风俗习惯来过的，逢年过节我们都要杀鸡祭祖，吃白斩鸡。那当地人就不是这个样子，他们没有我们讲究这些风俗。刚回来那会还有很多人跑去香港和国外，因为当时的生活比较艰苦，加上我们难民的身份，所以很多国家会接收。如果有人在香港或者哪个国家成功站稳脚跟后，就会申请家里的亲戚也都移民过去，像美国、加拿大、法国、英国这些国家都有。后边因为人数太多了，移民政策就越来越严格了。当时农场的生活确实艰苦，也可以理解他们这种心情。但是后边农场慢慢发展起来以后，越侨的生活相对好一些了，这种现象也就没有了。像我们家现在，我家就一个独生子，现在还在读大专，我们两夫妻工作也稳定，平常还可以种麻竹补贴家用，所以不愁吃喝的问题，哪里还像以前那样想着往外边跑。我们住在农村，跟城市相比反而少花费很多。

黄辉深　口述

口述者简介：黄辉深，男，1949 年出生在越南省北疆陆安县，其爷爷那辈就开始去越南。祖籍广西防城，也有说是从山东淄博下来的，他是在越南出生的第三代华侨。

时间：2022 年 8 月 17 日

地点：丰田华侨农场丰华社区黄辉深家中

采访者：罗赞、邵思民

华侨属性：越南归侨

南洋物：自行车

整理者：邵思民

一

我叫黄辉深，我的祖籍是在广西防城。防城以前是属于广东省的，现在才属于广西。我家是爷爷那一辈开始去越南的，也是爷爷先过去的，我爷爷叫黄玉勤。那时候过去就到东兴，从东兴再过去就到越南那边了。我好像是第三代华侨，从越南这边回来的都是第三代的。据上辈说，我们的祖籍是防城的，也有说我们是从山东淄博下来的，后来才慢慢来到了广西。具体祖籍的故事，我也不大清楚了，反正就是说最后是在防城定居，且在防城住了很久，然后才去到越南的。那时候我们中国有战乱，我爷爷就是那时候从东兴过去的。我们防城家的位置距离东兴 30 公里。

爷爷那时候到越南，是住在越南广宁省下龙湾那边，下龙湾属于黄埔县。我们家离下龙湾旅游的地方是很近的，也靠近海边，然后一直都住在那里，没有搬过了，一直居住到排华时我们才回来。爷爷刚开始是种田的，种些水稻、地瓜、木薯、芋头那些农作物。那时候我们家在越南都是种田的，老爸那时候带我们去下龙湾也是种田的。奶奶那时候也是种田，奶奶跟爷爷是在中国结婚的，他们都是华人。我奶奶好像是 1960 年去世的，我爷爷好像还没到 1960 年就去世了，我老爸是在 1965 年去世的，我老爸今年如果还在就 101 岁了，我老妈回来这边 94 岁去世的，今年如果还在就 98 岁了。

我父亲以前叫作黄华成。我老妈叫邓五妹，那个五妹就很像越南取的名字，叫几妹的。我爸爸 1965 年 11 月去世后，我才 16 岁，就是老妈带大我们。我家里两兄弟，一个姐姐两个妹妹。我姐姐叫黄三妹，现在这边，我小弟黄仔深也在这边。我在家里排第二，上面就是一个大姐，然后到我小弟，然后还有两个妹妹，大妹叫黄里妹，小妹叫黄阿广，一共是五兄妹，都是在越南生的。我大姐是在 1948 年出生的，我是 1949 年出生的，我小弟出生在 1954 年。我小妹那时候是最小的，她是 1966 年出生的。我们那时读书是很难的，好像我 12 岁才去读书，读的是越文，我们住的地方没有中文学校。因为我们是农村，在黄埔县的农村，中文学校只是在县城里才有，我们距离县城两公里，去两公里的地方读书就比较远一点，家庭环境比较好一点的人去可以。那时候交学费不多钱，5毛钱1个月。那时候我就上越文学校，那也是国家安排的。我们那地方叫合作社，我们到1960年就进合作社了。我们读的学校是合作社里面的学校，我们有跟越南人的孩子一起在那里上课，没有分开读的。县城有中文的学校就叫华侨学校，起初不叫华侨学校，叫中文学校，是属于华侨的。我们是汉族，我们家没有加入越南的国籍，那时候我们的华人实际上也不写国籍，华人就是汉族，当地越南人叫我们是华侨。我们那个年代的小学就只有四年制。五年级叫初一，七年级八年级大家就叫作初中，九年级叫高中，高中以后就读大学，我们那个时代读到四年级就可以。但我小妹是读到五年级。我那时候是在60年代读的，她七几年读就是五年制的。我只读了三年级，小学还没有毕业，加上我老爸去世了，我也没去读了。父亲去世了，我就得去干活了。父亲是在越南去世的，我那时候才16岁，他是因为去帮人家建房子，摔伤头去世的。越南六几年那时代没砖瓦房的，很多都是盖的茅房，建瓦房也是慢慢以后才有的。我1972年去当兵，1977年8月退伍，退伍后我就转到下龙湾工业区做工人。没当兵之前就做农活，美国侵占越南时，不管是越南人还是华人统统都要去当兵。反正征兵都要，每家每户都要去一个，你不去就叫你老爸去，这是强制性要求的。那时候算是军队的，不是民兵，我们经常练枪。比如你队缺少几个人，每一个中队就补充两个新兵下去跟那些旧兵一起练。我刚当兵时是炮兵，要学会用雷达，还有会用望远镜，就练这些东西上战场了。东边有一些飞机来，南边有一些飞机来，就需要进行锻炼，每天都是炮在头上转来转去，我那时候还要学会装炮弹。我们是第五大队43小团，我们那个团打下过一架美国的飞机，也是算我们打的。越战时，美国使用直升机，也有B52轰炸机来轰炸。他们还轰炸农村，那些炮弹还落到村里面，掉到下面炸伤了很多人，美军那时候想毁坏桥梁、油库。越南军队住哪里，它们就轰炸到哪里。我们农村东华那边也有个人，被美军的飞机炸伤过。我们下龙湾被炸得可厉害了，不过那时候我去当兵了。飞机从上面飞过去炸我们那个村，那时候炸死了几条狗，虽然没有死过人，但炸坏了很多东西，后来民兵还去收拾那些炸弹残片。我们村没有死人，其他村里炸死的很多。在军队里，我当了两三个月的炮兵，后就被调去当后勤兵。那时候美国飞机炸坏油罐的输油管，我们要负责保护油管、油桶，供应士兵柴油汽油，柴油汽油就从防城港那边运过去，是中国供应给越南的。越南打到1972年，1973年北方就停战了，以后中国就不供应这边了，不供应就拆掉，那时候我们就收拾油管垃圾。1975年7月份，我们的队伍来到广西镇南关那边，现在叫友谊关。中国那时候还将油管供应给越南，我也是专门从事这种的安装。我们是后勤，那我们不用上前线。战争结束，也就是胜利之后，嘉奖我们全大队的，也给了一个奖状给我，上面写"后勤大队三等功"，炮兵那会没有获得什么奖，就是后勤获得三等功，也是说我们很完满地地完成任务了。战争结束后，我们还没让退伍，还要在河内首都从事建筑。我在 1975 年 11 月份之后回到河内搞建筑、建油库、建房子，到 1977 年 8 月才退伍，就转到下龙湾工业区去做工。我回去还学了木工，就一直在工厂那边，我不要去种田，因为我不想晒太阳。

我 1977 年 8 月退伍，1978 年就开始排华。我退伍时还是单身，那时候没有结婚。以前很多人说，回中国可能不好娶老婆，就说要赶在回国之前娶一个老婆，我就是那时找到我媳妇的。那时候追女孩子都是这样说的，我们现在要回国，你要跟我们回国我就跟你谈恋爱，不回国就算了。我有个战友娶了一个老婆，她是跟我老婆一个县的，于是我战友说将她介绍给我认识，我马上骑自行车过去了。我老婆姓苗，原来是叫缪四平，然后到这边来，因为口音的问题便改成了苗四平，我老婆是华人，结婚前也是在越南种田，她老爸老妈都是种田的。

二

1978 年 3 月份开始的时候就已经听到风声说要排华，5 月份我们结婚了，到 6 月份我们就走了。村里天天有人走，一天亮，很多人就搬东西走了。我那时候就在工业区，在下龙湾那边，家里人统统都跑完了。我就跟老妈、姐、小弟小妹一起过来，还有我老婆，从黄埔搭班车到下龙湾，从那里坐大巴车到沙龙再乘游轮到海防，在海防坐火车到河内，从河内坐火车来到同登火车站，这个火车站距离友谊关还有三公里，然后就叫马车将我们拉到友谊关这边，马车除了拉我们，还有拉我们带的衣服棉被、锅和一部自行车。过友谊关之后，中国这边就安排我们住招待所。后来听人说他们后面有的是住帐篷，有些是住军队的瓦房，我们那时候没有住过帐篷，都是住那个招待所，住了四五天后，农场这边就接我们了。我们坐上火车，也不知道要去哪，就直接来漳州了，路上经过湖南等什么地方，也记不清了。我们坐了三天三夜的火车，我们都没有下车，没有转车那些。那时候我们算是第二批，人数很多了。第一批是 3 月份，我们第二批是 6 月份的。还有人说那时候他们来好像是 4 月份，他想来到这边过 5 月节了。我们是第二批了，我们来的时候就是农历六月二十几到漳州，算 7、8 月份，农历六月二十几到漳州，漳州农场就用班车到火车站接我们。那时候车站有欢迎我们，敲锣打鼓的，有些口号我们都不懂了，那时候还看不懂中文。

我们刚来这里，是被安置保林仓库那边居住。有的住仓库，有些住在农村的那些房子。我们住的是装米的大仓库，是最大的 8 号仓库。我们搬进去，与大家一起住，一直住到年尾 12 月 20 多号才搬进已建好的房子。我们搬进去住的这些新房子，是联合国拨钱建的。我记得我们是在安置房那边过年，1978 年十二月农历，公历可能在 1979 年。刚回来时候给我们分粮食，吃的不要钱，猪肉也不要钱，按人口分的，一个人那时候就分 25 斤米，猪肉一个人好像是 1 斤多少。当时配给老人的粮食是 25 斤，我这样的劳力是 45 斤一个月的。那时候我们家里面，只有我两公婆两个劳力。那时候生活费少，就给吃的，其他什么都没有。不过，没有劳力的一个月给 15 块钱。

我们刚来到保林这边，就跟那些农民一起去割草，割草也算点工了。割了几个月后就开荒挖沟种茶，大概是从 1979 年开始开荒，开了 3 年荒。开好荒后，便开始挖茶沟。茶沟挖好了，又砍那些树叶埋下去，填好以后，1982 年开始种茶了，农场的茶厂也建立起来。那时候算钱是记工分，到月底了上面才有结算。工分计算的标准，男的是 1 元，女的是 9 毛。我们是算钱不算工分，工分是他们公家算的，我也不知道怎么算。那工分是他们本地人自己算的，他们要算工分。我们那个钱是一个月一发。我老妈那时候是属于老人的，没有去开荒。小弟小妹他们去开荒了。老的给补助 15 块，那个是生活费。那些小的还不能工作，就给 15 块钱读书。我妈妈跟我小弟另外开了个户头，我不跟他们住一起，我们在广西过关过去的时候就分开了。我跟我老婆是一个户头，后来我姐姐成家了，她又自己开一个户头。

我中文没有读过，我的中文是看电视，再加上上夜校扫盲才获得的。我老婆也去读过几个月的夜校。那时候，我去扫盲的学校叫丰华学校，当时老师讲得很快，我们一下子学不来。在越南，我读到三年级，慢慢就学会越文了。像我们白天要劳动，读了一阵夜校就不读了。我老婆她也是读了一两个月也学不会的，所以我们就只有看电视学习，但只会看，不会写。

农场八几年开始搞承包种茶，承包是按劳力分，哪个小组开得多，就分得多，开得少就分得少。一个劳力应该是分 5 亩，有些有分 5 亩的，有些却没有。比如，我两个劳力才分到 5 亩。大家种的都是乌龙茶，这些乌龙茶有些叫作本山，有些叫作黄蛋。种的茶叶卖给红萃茶厂。我种了差不多有二十年的茶，果树也有种的，后面边种果树边种茶。有一年下霜大了，乌龙茶收成不好，就改种香蕉了，1988 年又开始种甘蔗了，有一年我种了四十几吨甘蔗。2000 年以后就种香蕉，或者统统种香蕉，也是跟着茶一起种的，比较好的地就拿来种茶，水田就种甘蔗。改革后有些地被征收，拿去种绿化树了，现在统统种麻竹了。我种香蕉种有 10 年了，2011 年我就不种了，因为我 2010 年退休了。我爱人去工厂上班，我开始种香蕉的时候她就去上班了。香蕉我一个人管就可以，不要太多人。

我们生了一个男孩、一个女孩，我小孩都去工厂上班了。那时候我们刚来还可以生两个，以后计划生育不给你生了。你今年生，明年生也可以，过了 1983 年不行了，第一胎是男的话就不可以再生了。我大女儿叫黄兰，她是 1979 年出生的。我儿子叫黄恩财，是 1980 年出生的，我们是一年生一个。大女儿嫁到了漳州，她嫁给的丈夫是我们的归侨，他们年轻人来这边大家读书，然后谈恋爱结婚。儿子找了本地的。那时候没有说一定要给他娶归侨或者嫁归侨这种，那个时候我们已经不管了。我儿子在工厂上班，是在丰田的高速路口的一家风琴厂。

我们来的时候住 11 号房。到了 2007 年，国家上面建房子，补贴预付就 2.1 万，还有剩下的我们自己出。2007 年都没有建那种像小区一栋一栋的。东华那边有很多是我们自建的房子，但我们要先交 5000 块。当时住房建设有两种，一种是自建的，一种是去住框架房，即商品房，这种房子只有两栋，两栋有多少户我也不清楚，要甲方才知道。那时候省侨办鼓励我们，让我们自己建，自己找地方，我们农场就征收土地给自己建，但要先交 5000 块，如果交 5000 块以后，你不建房子那 5000 块也不能拿回来了。当时有住房补贴 2.1 万元，如说自己要建，建好了以后，打完地梁，上面就补贴 7000 块。再搭好砖，就补贴 7000，这样就有 14000 了，最后砌好砖，搬进去住才补最后的 7000 给我们，补贴分三次这样子给，这是侨居工程的，是国务院侨办搞的。我们这边是第一批工程，我们这边是 2007 年开始，4 月份报名，当时我家里 6 个人，国家给的安置房是 48 平方米两层。我记得我们是 2007 年第一批建好房子的，我们这边就建了 12 户，第二批没有那么多地方建商品房。我们建房，要先登记，批后就需打地基。我现在的房子有 90 平方米，两层（180 平方米）。按规定，你的房子可以往上盖，但只给你盖到两层半到三层，也不能太多。

我们刚回来时苦，没有想往外面跑，那时候我们没有钱，我回到中国才十几块人民币。以前好多有在越南做生意的有钱，还有以前用非法形式赚到钱的，我们是农民，哪里有钱偷渡出去。我们在越南看见农民就怕了，太苦了，我是想去工厂上班。但刚回来，也没什么工厂。广东有工厂，也是邓小平改革开放南巡了之后才有。不是你每个人想去干活，就有活可以干的。

我还保持一些在越南的风俗，比如说过节过年风俗也是按照越南，七月十四和八月十五中秋节有一些习惯。像七月十四我们一般也就杀一只鸡，煮点面，拜一下祖先，平时吃什么买什么，拜祖没有什么排位，就搞个香炉，一张红纸放那边，香炉不是从越南带回来的，祖先是来这边才请下来。吃的鸡是白斩鸡，本地人是不会搞这些的，本地不贴红纸在墙上，他们在门两边贴对联。以前在越南结婚时，晚上有茶会，现在没有了。我儿子女儿结婚这边就是办酒席，晚上没有开茶会。以前刚刚过来这里时还有，我们归侨叫它"开茶会"，这种情况 90 年代可能就没有了。我觉得这个很有意思，即来唱歌跳舞这样。

我们刚回来时，旁边的村民会问我们从哪里来的，那时候我们也在讲我们是华侨，本地人说我们是越南人。去到越南，越南就讲我们是中国的，我们好像是没有国家的这样。我们不是越南人，我们是华人。我 2014 年也回去过越南老家扫墓，2017 年还回去过，那年是回去修祖坟。我叔叔叫我们一起回去看祖坟，是 4 代人的祖坟，回去那边要修祖坟。我们家的祖坟在路旁边，当地人在祖坟旁边倒垃圾。我们回去后，就用瓷砖将祖坟围起来，不让他们倒垃圾，不给他们瞎搞，2017 年我们回去修好了。2017 年的时候，我还回去过越南下街，我们没有很多国外的亲戚，但越南还有个亲戚在那边，也是我叔叔的儿子，我们叫他堂弟，他在那边做生意，现在没有做生意。我们也是这几年才有联系，据说他也想种香蕉。2017 年我还回去过广西，因为我的一些叔叔在隆安那边，他们也是从越南回来的，去到广西隆安那边的，我堂叔现在还在广西东兴，他经常讲他回到中国的时候已 40 年了。

我老婆是 2007 年退休的,退休工资都是按工龄来算,我 2009 年 11 月退休才 907 块,现在提补到 2900 了,快 3000 了。

何平　口述

口述者简介：何平，男，1958年出生在越南省北江生省陆岸县，祖籍广西防城港。其爷爷很早就过去越南谋生，何平是在越南出生的第三代华侨。

时间：2022年8月18日

地点：丰田华侨农场丰华社区何平家中

采访者：邵思民

华侨属性：越南归侨

南洋物：无

整理者：邵思民

一

我叫何平，1958年出生在越南省北江省陆岸县，我的中国老家在广西防城港，离南宁很近的，我是第三代华侨。我的爷爷当时是拖家带口一起过去，他是步行走过去越南的，他做农民赚钱养活家里人。我父亲叫何中和，以前读过书，不过读得非常少，他大多数白天做农活，晚上跟老师学一下越南文，也就是读到刚上三年级。在这学校教书的老师中，有华侨也有越南人。我爸爸白天基本上干活，晚上他就读书，懂得一点字。他平时种地就是种水稻，收入跟天气有关，只要不干旱，收入就可以很好。越南那边的土地很好，一般不用施肥。每年我父亲要给越南政府交粮食的，但交得不多，剩下的就自己吃，自己卖，自己能卖也卖不了多少钱，反正就是够自己吃就可以了。我父亲23岁结婚的，我妈妈也是华侨，他们也是别人介绍。我父亲生了三男三女，我是老大，老二是弟弟，他叫何发，是1960年出生的，老三是妹妹，她叫何娇，是1963年出生的。最小的弟弟，他叫何礼才，是1964年出生的。最小的妹妹，她叫何金，是1975年出生的。

我在1975年就结婚了。我老婆也是华侨，我老婆叫杨阿妹，我老婆老家也是陆岸县，我们都是一个地方的，我们是别人介绍认识的，结婚当天才见面的。我们是在1975年结婚的，那时候我18岁，以前老人说新郎和新娘在结婚前不能见面，结婚后才会有感情，以前比较落后，但老一辈讲爱情都是这样的，老人说这样才会有结果。我也没做过什么让我老婆很感动的事情，我给我老婆下聘的时候请了两个人挑扁担过去，里面放了鸡肉、饼干、大米、酒、茶叶、猪肉。我们结婚时很简单的，反正父母同意就结婚。当时我妈给了我老婆耳环和戒指，这在当时算很高档了，有的人家里都没有。我妈妈还给了我老婆300块彩礼，我老婆的父母就从里面抽了一张给我老婆。她妈妈给了我老婆两米布，这种是全新的长布用来做衣服的，就算是陪嫁布，这是我们的婚礼习俗。我老婆常说："我不漂亮，你哪里会喜欢我。"我结婚穿得比较简单，我老婆当天也打扮得很朴素，但她在我心里最美。我老婆请人来做头发，编个小辫子，有人用一条红色的布来帮她包头盖在头上，她的衣服是红色的，长裤是黑色的，我们那个年代衣服穿得红红的就很漂亮，穿的是凉鞋。我穿的是黑色西装，里面是白色衬衫，鞋子是皮鞋，那时候穿皮鞋已经很顶呱呱了，虽然是假皮鞋也很不错了。结婚早上要去拜祖先，我请了三四桌的朋友，一大堆人下午喝茶完就唱歌，男女坐两排唱歌，我们还能撮合他们在一起好几对，那时候没有麦克风就清唱。我唱一句，你接一句对唱。很多人在这时就会来挑媳妇，男女如互相看中，男方就会来问我，穿那个颜色衣服的女孩是哪里人，我看上她了，我就会告诉他哪里人，然后那个男方就叫媒人去找。现在谈恋爱比较开放，娶回来没几天就离婚了，现在人思想观念比较超前，自己找的也会离婚，相爱容易相处难，以前我们结婚前都没见面，我们也简简单单地在一起了一辈子，我们那个年代比较淳朴。我还觉得现在的人可能不是那么的心疼父母，有的孩子出去了可能就不回来了，我每次看网络视频关于抛弃父母的都很心痛，父母躺在床上都没有感觉，大家都不想嫁老公娶老婆了。

我们当时回国是因为越南排华被赶回来，据说被赶回来了20多万人。他们说你祖宗在哪里，你就回哪里去。如果强制还是不走，是不允许的。他们好心的话就把你放在另外一个地方，不好心的话就打你，把你扔进大海，听说还有人被枪毙了。他们说你是中国人，你必须回去。当时，越南政府派人来给我们登记回国，并开车到村庄口把我们送到火车站。然后，我们坐火车到同登，同登下火车后，自己坐马车到友谊关。到了友谊关后，中国政府就接我们到了宁明县，我们就在那边大概住了十几天，就被安排到了农场。也有的人住了一个月，有的人甚至还住了两个月，我不喜欢住那么久了。那边人很多，但是那里包吃包住的，还有饭堂。当时住的房间，给了我们整个中间最大的，住的这个地方是一个食堂，叫华侨难民营，反正就在宁明县，这个难民营靠近宁明火车站那边。在1978年的农历六月，我们坐了三天两夜的火车到达漳州火车站。当时我们不想去云南、广西这些地方。不过，也是无所谓去哪里，反正丰田靠近台湾，有山有海就好。很多人不敢来这边，说来到福建这边吃的那个水土，头发都会脱光。当然我们是无所谓的，反正来就来了。我们1978年农历六月过来，村民就敲锣打鼓欢迎我们，我当时很开心啊，我说怎么这么热闹。

二

我们回来住的房子，是联合国拨款给我们修建的。我们刚回来，还给我们五个月粮食，不收钱的。最早过渡住的房子很小的，根据人数来安排的，有的人家里三四口，有的人家里七八口，每户都是三米宽的房。我们当时觉得有房住就行。我家里三个人分到了30平方米，因为那时候国家安排了一个人10平方米，大家共同使用的是公共厕所。

1978年回来之后，我们就开荒种茶，开了两三年的荒。开荒是分一个小组一

个小组一起开荒。开荒是算工资的，是按一亩地来算，反正一天可以得九毛，不到一块钱。开完荒后，就到茶山上种茶。1980 年开始种茶，把那个茶种下去后，就开始有收成了，大概两三十块的工资吧。种得好的，就有很多钱，有的人能赚一百多块钱。自从种茶之后，我们也没有种过其他什么蔬菜之类的。我当时种的只有三亩多的地，每个月还要给国家交钱，一亩地的地租一年要给 30 块钱，三亩地就是 90 多块钱。到了 1985 年，农场办茶厂失败了，我们两口子就出去做临时工，谁请我们打工，我们就去。1985 年之后没有种田了，我都是一直打临工，做到我 2018 年退休为止。这边做一下，那边做一下，我老婆也是这样，收入不是很稳定。当时谁有钱就包土地，得到的收入就多一点，没钱就去打工。以前男人在外面工作，女人就在家里带孩子，现在男女平等了，都出去打工的。我老婆九几年去打工，在当地台湾老板办的木耳厂里面干活一天，才九块钱，后来这家木耳厂倒闭了，我老婆又去了台湾老板办的另一家缝衣厂打工，没想到这家工厂又倒闭了。后来我老婆就一直打零工到 2009 年退休。

　　我们有 3 个小孩，两男一女。大女儿是 1976 年出生的，大儿子是 1980 年的，小儿子是 1986 年出生的，小儿子出生的时候被罚款了，当时躲来躲去的还是被发现了。那时候计划生育规定是只能生两个，如超生在 1983 年是罚款一千，我们比较晚，就被罚了三千块钱，反正农村都是这样。我大女儿她嫁在本农场的归侨，他们两个是自己认识的，因为以前是同学，是在我们这边丰田中学读书的时认识的。我女儿是在 2008 年结婚的，她还要负担两个弟弟，舍不得我们二老，她就出去干活，拿钱孝顺父母，我的女儿对我很孝顺的，为了我两口子及两个弟弟，我女儿也是不容易。她 2008 年结婚的时候年纪算大的，我跟我女儿打电话说，你想结婚的话，谈一年就结婚吧。如果不喜欢就别跟别人在一起，我们家管得很严的。找男朋友，最好是找到一个能平平淡淡生活和会做工的，不要花里胡哨的男孩。我教育我女儿是很好的，上次有个男人叫她去他那里去吃饭，她带了好几个朋友一起去了。那个男的就说，我请你一个，怎么带了这么多人来，后来那个男的就害怕了。我女儿 31 岁结婚，没有被人说闲话，我们这边都说我女儿真好，好孝顺。我大儿子是在 2009 年结婚的，娶的也是华侨，儿媳妇是广西隆安县人。我儿子 30 岁结婚的，那个广西妹是来这边打工认识的，后来他们就结婚了。我们给了儿媳妇两万块钱彩礼，其实我给我儿媳妇也没有准备什么，但是基本的耳环、项链、戒指都有。我小儿子 1988 年出生的，直到现在都没有结婚，他说他不结婚也可以，他思想观念很超前，女孩来找他都不要。我两个儿子都是在丰田中学读书，大儿子读到小学，就不读了，是因为读得差，考不上中学就辍学了。我的小儿子，他是读完中学就出去当兵了，当兵回来后就去工作了，他有时候在厦门做事，有时候又回漳州打工，他的工作不太固定，我们想给他娶个越南老婆，他说语言不通，带回来也不通。原来娶越南老婆不贵，两三万可以带一个越南老婆回来，现在有钱的人多，基本都是十几万呢，我们也看开了，我儿子娶不娶老婆无所谓，这个慢慢来吧。

我老婆偷渡过，因为她当时想父母亲了，就偷渡回越南，那时候差一点没有回来，命都快没了。事情是这样的，1990年，我老婆在广西请人带她走那个山路，当时很怕踩到地雷，不过还好没有踩到，但她走山路，就迷路了。整天在那个山里面出不来了，直到晚上9点才出山里，又在越南谅山省那边躲了一个晚上。第二天再上路时，刚好碰到一位拿着枪的官兵，指着她说她是偷渡过来。这时碰见了一个好心人，帮她躲过检查。后来她坐车回来的时候，那个行车的山路被泥土堵住了，山上泥土滚来滚去，路又滑又陡，差一点要命的。当时8个人一起偷渡，一个人交10块钱过去，我老婆回去越南时身上带有200块钱，坐火车到宁明是20多块钱，路费花了将近100块的样子，她还要吃饭。后来走的时候又被越南军队抓住，她当时身上有几十块钱。那些越南军人说，多少钱都要给他，交钱就放她走。我老婆跟他说，我回中国没车票，我怎么回去？那些军人就说，多少钱回去？她说五块钱，那些军人就给了她五块钱。我老婆太老实了，应该说多要一点钱，不过那时候怕他打人，如果与他对抗，他就会打人的。我老婆跟那些军人说："我在越南住过，我对越南很有感情的，小小的时候就在越南住了。我很想家的，我不是间谍，我回来是看亲戚的，你们通融一下，我把钱给你们，你们不要打我。"我老婆还跟他们说："我知道错了，我老公看不到我，我死在哪里都不知道。"这些军人对我老婆说，没有那么严重，抓你关起来也没什么意义，你拿点钱过来就行，你不是间谍就可以。

我没有参加自卫反击战，农场很多男人都去过越南。我没有那么壮，地理不熟不敢去。云南的山很高的，虽然那时说越南是挨打的份，但是我也不敢去，我怕我老婆守寡。我家里基本都是我说了算的，我说不去，我老婆也不让我去。

我老婆2009年退休，当时一个月才700多。我2018年退休，有二千六百块，现在快三千了。跟越南那边来比，我们的工资比他们高，他们60多岁还要干活，他们退休也就1000多块钱吧。我们的退休工资也是按照工分来算，一年一年一年的工分加起来，按照15年、20年、25年、30年这样算，大家都很公平的，农场给我们多少就算多少，反正有退休工资可以减轻子女的负担，医保是队长帮我们组队交的，以前我们的工资在他的手上，扣了多少钱我们也不知道。我了解到现在的年轻人一年交医保要交三千多块，还有车保也要交很多钱。

我现在吃的东西和越南差不多，很多人喜欢吃越南粿条，我不是很喜欢吃，我的拿手好菜是白切鸡，其他的也不会。越南跟我们风俗习惯不是很相同，看什么民族的，我们越南有很多民族的，苗族、汉族、京族、瑶族，很多民族都是不一样的。我们不太跟越南人接触的，当时排华没有回来的人很少，不回来的人很苦的，越南人跟你不好，买卖不卖给你，你也不能卖给他，生活很苦的。后来我听说，中国在1978年6月封关不给回来，1979年还打仗，他们不回来的人很惨的。

我的弟弟何发，他也在农场工作，他老婆也是归侨，他现在已经过世了。我妹妹何娇嫁去了我们福建宁德农场那里，她是别人介绍认识嫁过去的。我的小弟弟何礼才，他在农场是搞工厂的，他老婆也是华侨。我这个弟弟读书的时候就谈恋爱认识他老婆了。我的妹妹何关妹,她现在在福建漳州工厂打工,她已经嫁去了福建宝安那边,她老公是本地人,打工认识的然后就谈恋爱了。我们那个年代,一般都是华侨找华侨,本地人找本地人的,这是因为语言不通就很难接触到的,他们讲的话是福建话、闽南话,我们讲客家话。现在年轻人这一辈语言就好很多了。我最小的妹妹何金,她现在也出嫁了,她老公是福建人,也是华侨,这个妹妹原来是在福建农场这边认识她的老公,也是越南一块回来的,然后跟着老公去东兴,因为男方父亲觉得那边离越南很近,还想回去越南,就在东兴买了房子,那边生活很方便。以前东兴很热闹的,有钱的人也搬过去了,因为东兴跟越南芒街靠得很近,就隔了一条河。

廖树保　口述

口述者简介：廖树保，男，1963 年出生于越南北江省陆岸县，客家人，祖籍广西防城港。1978 年从陆南县经广西防城港的友谊关到南靖丰田农场，在丰华小学读到三年级。2008 年至疫情前曾往返于中国和越南之间从事翻译、收购荔枝等工作。

时间：2022 年 8 月 14 日
地点：丰田华侨农场丰华社区居委会办公室
采访者：邓洪娇、罗赞
华侨属性：越南归侨
南洋物：结婚照
整理者：邓洪娇

一

我叫廖树保，本来我应该叫廖树宝的，宝是珍宝的宝，但是当时登记的时候，身份证上误写成了保卫的保，所以我也就改成了廖树保。我 1963 年 10 月 22 日出生在越南北江省陆岸县。我父亲名叫廖汝权，他也出生在陆岸县，我们祖上三代都在越南生活。以前中国的经济条件比较差，穷得叮当响，于是我的祖辈就跑去经济条件相比于中国较好的越南营生。我母亲名叫庞氏妹。我有十个兄弟姐妹，我排行老五，在我上面有一个哥哥、三个姐姐，我下面有四个小弟和一个小妹。

1978 年农历五月，新历应该是 6 月，我们一家十四口人，有我、我爸、我妈、外婆、大哥、大嫂，两个侄女、两个姐姐和四个弟弟妹妹，当时我上午上课到十点，上完课后下午我们就包客运车，从我老家陆岸县坐车到省城的火车站，在火车站买了去同登的车票，到达同登后我们就雇马车到边境。我们家最大的一个大姐在越南那边没有回来。当年她已经在越南那边成家了，她家公当时在中国饿得快死掉了才过越南去的，她家公是在九岁的时候过去的，所以她们一家就没有回来。我大哥当时在越南读到了大学，也在越南找了越南华侨结婚，结婚后，大嫂就在家里帮忙种农作物，做农活，后来他也带着大嫂，还有两个女儿一起回来。我的三个姐姐也都结婚了。

我们到边境后，中国的军队接我们去凭祥友谊关的难民营，住的是公家的旧房子和仓库。当时每天都有很多难民过来，仓库里住了很多难民，一个仓库里能住多少就住多少，还有睡地板的。到了凭祥以后，我们被带去难民营的餐厅吃饭，然后等着被安排去的地方。当时有些人因为后面来得比较晚，凭祥已经被安排满了，没地方住了，就被送去南宁等地方，因我们来得比较早，就一直在凭祥住到了年底。在难民营那边不用做农活，一天三餐都有人煮给我们，什么都有得吃，当时候十五岁的我觉得这个条件挺好的，不艰苦。忘记具体是哪个月份了，有天难民营的领导就问我们，国家有安排我们去广西、广东和福建，看我们喜欢哪个地方，就去登记。当时候我们就看着地图，我外婆她老人家听别人说，福建那个地方靠近海湾，海鲜丰富一点，然后我们家就往丰田这边过来了。

我们从凭祥坐了三天三夜的火车到福建省漳州市，领导们就开车来火车站接我们到丰田农场。到丰田农场后，有很多农场的小学生，他们举着小红旗排成两列，热烈欢迎我们这些归国华侨。农场还拿了几个大木桶，里面装满了茶迎接我们，但是我们吓了一跳，因为我们那边正常的都是用木桶装的粪便，所以我们每个人看着那个木桶都怕，不敢喝。我们归侨住的房子，都是当地村里每家每户挤出来的一间两间房子，然后由农场再安排出来的。有些农场的归侨没地方住，农场就会搭建用竹子编的房子，也就是竹棚，安置他们到那里去睡，各种各样住的地方都有。当时我们家十四口人，人太多了，就被安排住到大祠堂里。祠堂里有五张床，我们就安排一张床睡几个人，比较挤，当时的条件不像现在好，这也导致了我的有些兄弟姐妹后来没多久又都纷纷跑去了国外。刚开始回来，看到农场里的四五十岁的妇女，衣服跟我们穿的不一样，那个裙子这边补，那边补，我们看起来都怕。还有一个，当时回来，农场安排了当地几个男的老人家给我们煮饭吃，他们围着个腰带，没有上衣穿，就穿着到膝盖的中裤，人晒得黑黑的，像碳一样，我们这边的老人家就开玩笑说："他们皮肤黑黑的，像烤鸭一样。"所以后来我们很多越侨都跑到国外去了，当时看到农场这一边的情景，每一个都怕。

我们家在越南的时候，也是在农村种田、种水稻、甘蔗、木薯、玉米等那些农作物，来到丰田后也种了几年地，也是种甘蔗这些。刚来农场的时候，我们要开荒种茶，那时候我家的劳力主要是我爸、我妈、大哥、大嫂、大姐，当时我才十五岁，还没有满十八岁。1979年初，我一边在丰华小学读书，还一边去做劳动、做劳力，工资是一天五毛钱。那些满十八岁的劳力则是能达到一天一块二的工资，十五六岁就去做劳力，很惨、很苦的。我的大哥大姐从越南回来后因为满十八岁了，就没有读书，去参加了劳动，就属于劳力了。

我在越南那边上学的时候，读到了初一年级，当时在那边学的都是越南语。来到农场后，我们归侨就跟那些小孩子从一年级开始读起，大大小小的孩子一起从一年级读起，主要是学语文，算数我们基本上都懂，在越南学的跟在中国学的差不多。每个班有三四十人，归侨是在丰华小学读的。丰华小学是新建的，主要是为了我们归国华侨，也就是给越侨建的，没有本地小孩，本地小孩都在另一个小学读书，到初中后归侨才和本地小孩统一在一个学校读书。我大哥在越南那边上大学，一个礼拜才有一节课是学中文，就跟几年前的小学生一样，所以他会一点点中文。刚开始回来农场这里的时候，我们这些归侨跟当地的小孩有很多矛盾。我们是过来的，他们是本地人，多少会有矛盾，有时候你欺负我，我就跟你打架斗殴什么的，现在情况好多了，通婚多了。当时上学比较自由，老师、学校不会抓那么紧，比如说有时候可以逃些劳动课。我当时说笑话，那时候我的代课老师跟我同龄，我 15 岁，他 16 岁，是本地人，也是跟我同村，一起走路过来读书，在路上我们逗他，他就会发脾气。我说，到学校里我叫你老师，路上我叫你小弟。到现在几十年了，他还记得住，但是他不怎么提到这件事。当时很多老师都很年轻，我们这边都有女孩子嫁给老师。

　　1980 年的时候，我在丰田小学读到三年级就不读了。出来开始买别人家的猪来杀，贩卖猪肉。几毛钱一斤买的猪，一天可以赚十块八块，当时候杀猪的生意很好做。十八岁的时候，不读书了的我就回家种水稻、采茶，一直到 1998 年，开始换种香蕉，后来到 2008 年的时候，就什么都不种了。当时我爸已经不在了，但是我妈还在。我的有些兄弟姐妹也跑去国外了，比如日本、瑞士、澳大利亚等，而我则是跑去越南做生意了，在越南和中国之间来来往往。当时有老板要收购荔枝，熟人就把我介绍给老板。我就带老板去陆南县收购荔枝，我的老家是荔枝之乡，那些外面做生意的老板找到我们越南归侨，让我们帮他翻译。去越南那边收购荔枝，我的收入来源第一个就是带路，第二个就是翻译，帮他们找荔枝的收购点。每年我都在越南老家那边待一个多月，等待荔枝的收购季节，收完荔枝就回到农场。正常是在农历五月份、端午节期间回到农场。一般我会带着老板从漳州市到广西凭祥的友谊关再到越南的陆南县，有客运车就坐客运车，有火车就坐火车。之前没有客运车的时候坐的是火车，以前要坐几天几夜的车，但是现在火车比刚回国的时候快多了，不过一般我们还是会选择坐客运车，老板出的车费。我们从漳州市坐客运车，一般第二天早上就到边境了。到边境后，有时候是打的士，有时候是亲戚朋友过来接，现在基本上都是亲戚朋友来接，因为现在私家车比较多，所以一般是自己人来接。到凭祥后就搭的士过去，我老家离关卡才 80 多公里而已，一个小时就到了。最早的时候，老板给的工资是一个月 6000 块钱，对于我们这些做生意的来说不算很高，到后面就比较高了，现在我们都是按帮老板收车算的，帮收一车荔枝得到 1000 块工资，那时候我正常一天一车，一个月收二三十车荔枝，现在工资多了，一个月有好几万块，以前 6000 块傻傻的什么都不懂。疫情暴发后，越南那边不给去了，我就也没再做这份工作了，现在也准备退休了，还有一年就退休了。

二

　　我们家从越南回来的时候，带了摩托车、电视、手表，但是当时这边的经济比越南那边落后，带来的摩托车连油都没得加，整个农场就一个油库，那个还是公家的，不卖给我们油。1979 年的时候，我爸的机器、摩托车、电视机统统卖掉了。

　　我的兄弟姐妹回到农场不久后又去国外，有些后来被遣送回来。现在大哥大嫂住在澳大利亚，一个姐姐跑到了加拿大，一个小妹去了瑞典，还有一个姐姐和三个弟弟在农场这边。最近几年，他们都会从国外回来，然后我们一起回越南探亲。父亲还在的时候，他去过广西寻亲，找到了同一个祖宗的兄弟姐妹，但是我们现在都不怎么跟那边同宗的兄弟姐妹联系。

  我是 1985 年结婚的，我的夫人叫陈秀兰，也是越南归侨，老家在越南北江省陆岸县，在我老家陆南县的隔壁。我们是回到农场后，在同一个村子里，我们是邻居，然后就这么认识了。我们结婚的时候，我给了几百块彩礼，大概六七百块，还有一双戒指。以前老人家的彩礼有很多，什么都要，大米啊猪肉啊，到我们那一代就没有这么多了。当时摆了三十多桌酒席，有白斩鸡、梅菜扣肉那些主菜。我们请那些伴郎、伴娘还有朋友，我们一起在本家 K 歌、跳舞到天亮，开音响自己玩、自己跳。现在我们偶尔会回越南，有空的时候就回去，比如在清明节的时候就回去扫墓。我有一个儿子，他叫廖熙龙，出生于 1986 年，他在浙江读完书后回了丰田农场，现在村部担任村委。

罗似刚 口述

口述者简介：罗似刚，男，1970年6月27日出生于越南广宁省，祖辈于明末清初的时候去的越南，祖籍广西防城港。回国后读书到高中毕业开始做工至1996年，自己开了一个杂货店，卖柴米油盐酱醋茶。

时间：2022年8月16日

地点：丰田华侨农场东华社区罗似刚家中

采访者：罗赞、邓洪娇

华侨属性：越南归侨

南洋物：自行车

整理者：邓洪娇

我叫罗似刚，1970年6月27日出生于越南广宁省。我们家是祖辈那一代在明末清初的时候去的越南，当时好像是因为中国闹饥荒和疫情的原因过去的，从广西防城港出去。我们家在越南有很多代了，因为明末清初到现在差不多有300年200多年的时间了，我爸爸妈妈也是出生在越南的。我们家在越南务农种田，种水稻、烟叶。我们的祖家在越南有一间四合院，是个大家庭。我们老祖辈就是住在广宁省那边的，后来分家了。我们住的是另外的地方，跟那个祖家不一样。我们以前在越南住的是瓦房和平房，我们出来后，那些住我们隔壁的越南人就占了我们的房子。他们看我们的房子可以，等我们一出来就把门锁起来，当成是他们的了，因为我们带不了也带不走什么东西。当时我老爸有带单车驮着衣服啦，棉被啦，一些生活用品啦，我则是背着一袋花生。

我是八岁的时候回的国，我们从越南直接坐船到了中国跟越南的边界，红石沟那里。我们过来了就不能回头了，当时中国这边还没有接收我们，我们在红石沟那里如果再不过来，那就可能被水都淹掉了，后来中国政府说可能要发生事情，就要我们马上过来，这边开放接收了就过来。我们先从家里走几公里到沿海海岸上船，然后坐了两天两夜的木头船后又到陆地上了，又走了大半天的陆路才到边界，当时我们就堵在边界上了。到1978年10月份左右，我们还在边界，东兴口岸那里住了差不多一个多月，后来就开始开战了。开战后，我们马上就从东兴坐班车到南宁，从南宁坐火车前往漳州。大年三十在火车上，年初一到漳州。我们是一家子一起回来的，当时我的小弟还没满月，就抱着回来了。在边境那边住了一个多月，他就满月了。当时有的人在边境借用了民房，多的可以借，但是我家就是用最早的那种雨布，也不算是很差，但是可以用来遮风挡雨，然后就找几根竹子来搭个棚，就这么在里面睡觉。当时回来这边，中国政府开始有发一点粮食，但是住的地方，是自己找的。那个粮食是什么，用我们的话说就叫菜包，就是现在这种咸的，但是没有那么咸，也有煮一点肉来发放。到东兴的时候是 12 月份左右，初一到的漳州火车站，他们还敲锣打鼓迎接我们。我们当时候不知道要被分配到哪里去，那时候就像我们现在填报高考志愿一样，可以自己选择去哪里。在边界那边可以让我们选，来到农场这边也可以让我们再选一次，如果来农场这边不习惯那些气候什么的，还可以再选。那时候国家安排我们可以去福建、海南、广东、广西还有江西那些地方。国家也知道，我们在越南那边住的，回来分配去的地方也要跟越南那边气候相像，比如说我们在越南住的是沿海，那来中国，你不能让我们去北方，不能让我们去很冷的地方吧。广西就是跟越南一样的气候，但是我们没有选择去广西也是听从国家的安排，他就是说不能太多人堵在一个地方，因为广西本身也是边界，那时候他也要疏散很多人过去内地，所以不可能说每个人都留在那边，打仗的时候每个人都跑了，所以我们就来福建了。当时东兴没有火车，我们就从东兴坐班车到南宁，南宁那时候才有火车啊，去火车站人太多了，人山人海，从南宁坐火车坐了两天两夜到漳州。

　　农场整个都是彩旗什么的，都在路边来欢迎，在车站有接的人，回到农场的时候也有，农场的厂长也是我们归侨，他也来迎接我们。当时有建那种简易的房子，顶上是油毡布，四边都是竹编的，然后我们在这样的房子里住了差不多半年的时间。农场这边也开始建房，建房以后就分配房子，我们才搬过来住。我们是按照人口分的房子，比如 18 平方米住 7 个人，其中房间是 9 平方米，有个厅也是 9 平方米，就像我们现在学校的宿舍一样。这种房子是七个人以下住的。七个人以上就可以住三间了，八个人以上可以住到四间。我家是八口人，我有六个兄弟姐妹，可以住到四间。

　　刚开始回来政府有补贴，开荒的工资是一天一块钱，那时候算是很多钱了，因为有些干部一个月才领十多块，后来到土地承包的时候就没有补贴了。我那时候八岁，我姐是九岁，我排行是老六，我家里有很多兄弟姐妹，但是我不是最后一个。当时在越南战乱的时候，美国的轰炸机投下的炸弹炸在了我们家的旁边，那个炸弹的坑不远，离我们家地顶多是两公里左右。就是因为那个炸弹的烟，气味太浓厚，新生儿受不了，我们家里就有三个兄长夭折了。那个弹坑到现在应该还有在越南那边，很大一个，像一个鱼塘那么大，小的时候我们还去那边洗澡，那些人家都去那边洗衣服。我在越南的时候也有上过学，我们当时是半工半读，早上读书，下午看牛，只上了半年的学。我刚好达到上学年龄的标准，回来农场这边，上学的年龄也差不多，刚好八岁，读一年级，所以我们刚好赶得上读书的时候。我们在东方小学读书，里面的学生一半是我们归侨，一半是当地本地的，我们是五年的学制。我当时还不会中文，交流都是用手势的，但是小孩子在一起学话比较快，才半年可能就都学会了。当时我们去春游，才一块多钱的车票就到厦门了。一个人交 5 块钱就可以玩到中午，当时鼓浪屿的门票是一毛五到三毛钱一个人。当时我们没现在这种生活条件的，没有什么水的，就自己带的伙食，自己带的水去的。那个公交车全部是铁皮，凳子也是铁的，那个靠背都是铁的，是最早的铁皮公交车。我还在越南的时候也没有学中文，学的是越南文字。我哥他们都是读中文的，到了我们读书的时候，越南政府才开始强制我们去读越文。我在农场读完初中，后来也上过夜校，那些老头子也都有读扫盲班。我们在中学专门有一门课程是读越文的，当时考什么空军学校那些都要读越文，因为当时中国和越南有点战事，然后就说要会一点点越文。对越自卫反击的时候，我们这里很多人去当兵的，就是去当翻译。开始来这边农场有分配一批管理员，我们这边村的干部有主任、场长、队长等等，都有这些管理员，主管是他们，主管的要求就是要认识人和会语言，因为要沟通的。

刚回来时我们归侨种茶，跟本地人他们不一样，本地人他们是种田。现在慢慢我们也改耕了，因为种茶形势不好就改掉了，改种果树什么，都是自己去种，反正种什么能赚钱就去种。村里的木菠萝都是从越南带回来的，因为是有品种的，然后就慢慢地发展，那就等于村里的木菠萝都是越南的种子，它母体是越南的。刚开始我们种茶，后来改种甘蔗、种柑橘、种香蕉、种菠萝，那时候菠萝还是我们自行发展的，地菠萝是那种我们叫凤梨的，本来用我们的话叫地菠萝，然后这个木菠萝就是用我们的话叫菠萝蜜，它们都是我们自己从越南那边带过来生产、发展的，然后他们才有，之前当地都没有，我们发展了很多。茶是农场的，但是这些农作物都是自发种的，自己觉得适合就种，都是自己引进的，农场这边主要就是引导我们种茶。刚才说的地菠萝，也叫凤梨，我们是从广西引进苗来的，再移过来这边种的。我们有两个组，还有上面那风华一组，我们这边都是从他们苗头上面拉过来的，后面还有一组是从海南拉过来的苗。最早的时候，这边政府是不让他们当地的去开荒的，后来我们来的时候才可以开荒。我们归侨每个都是从开荒起家的，当初来时，没一个人有钱，因为越南的钱在这边没有用，除非是黄金首饰，还有点用，越南的钱拿回来约等于报纸。

我是1990年高中毕业出来就开始做工了，我在南靖中学读书，那时候这边都是跟当地人混着读的，没有单独华侨。我们归侨是去插班读书的，本地人他们人数多。我们开始读小学的时候是有分的，我们归侨的一个班，他们当地的一个班，到初中以后就是有穿插的了。穿插起来跟别的农场很不一样，别的农场都是有单独的一个华侨学校，只给华侨的去读书，但是我们农场这边以前就是政府交接的方式不一样，管理制度不一样。我读完高中后就出来做工，在丰田罐头厂这边上班。农场这边有个罐头厂，以前是一个米粉厂，很有名的，后来就是有个罐头厂，以前是国营的，米粉厂跟罐头厂都是国营的，后来就是转化成农村的。我们家有茶园，我有自己做，因为老爸老妈开始做，我们也就跟着做。当时我们是半工半读，当时的孩子不都是苦孩子嘛，家里兄弟多，上一天班，读一天书，空的时候就回来看一下家里的地。那些荒地还是自己开出来的，几亩这样开的，从早到晚，有时候就是靠着干劲，就是大家互相抢地盘。当时的茶园承包就是按照每个小组开荒的亩数分配，开多少亩就平均来分，按劳力算，不能按人口算。我们家有两个劳力，一个劳力就是四五亩地左右，两个劳力就是七八亩地左右。我在罐头厂上了一段时间的班后，就没有再去上班了，因为在那里什么都做。后来我生病了，就没有再去打工。病好后，我就租了邻居的房子，自己开了一个小卖部。现在家里的地没有怎么管了，都外租给人家了。我是 1996 年 9 月开的店，现在是老店了，我们开到了现在也没什么变化，就是卖的柴米油盐酱醋茶这样。

我在 1998 年结婚，我老婆是广西防城港的本地人。我有亲戚在防城港，他介绍我们认识的。我们在农场这边结婚，到现在还有保留在越南的习俗，如结婚的时候像他们讲的，有唱山歌啊，主要是这一个，还有开茶话会，几个亲朋好友聚一聚，几个吃糖果喝茶喝可乐这样子。这边唱山歌的习俗是从越南那边带过来，以前越南唱山歌，男的一边，女的一边，我们年轻人不爱听这种的，但是老一辈听的这种山歌好像带着些哀伤的感觉。我结婚的时候没有开茶话会，我比较简单，就请客，请她们吃个饭而已。当时请了差不多三十多桌，以前是早晚两顿，现在是只有一顿。我就例外，因为我本人是残疾的，所以我结婚就是请个客人吃一下，就没有再讲太多礼数和那些活动。这边结婚请的菜，有一部分还保留着扣肉跟白斩鸡，这两样是主要的，这个没有变，其他的有变化。结婚的时候要贴利是，跟春节的春联不太一样，虽然颜色都是红色的，但是字的意思不一样。

凌智敏　口述

口述者简介：凌智敏，男，中国共产党党员，1963 年出生于越南北江省，第三代华侨，爷爷最先去越南，抵达越南时居住于谅山省禄平县，后又搬至北江省陆岸县。祖籍广西防城港市上思县，1978 年回国，2007 年至 2021 年在丰华社区居委会负责民政与调解工作，其中 2017 年曾被漳州市公安局出入境管理支队聘为越南语翻译人员，聘期 3 年。

时间：2022 年 8 月 14 日

地点：丰田华侨农场丰华社区居委会办公室

采访者：罗赞、邵思民、邓洪娇

华侨属性：越南归侨

南洋物：无

整理者：罗赞

一

我叫凌智敏，1963 年出生于越南北江省，祖籍是广西防城港市上思县。我们家是爷爷辈最先去的越南，大概是 40 年代的时候从防城港逃难到越南。我的伯伯叫凌福臣，关于爷爷去到越南的事迹是他告诉我的，还记得我伯伯跟我讲，他 1942 年还在广西当兵，阻击日本军队，在广西那一带还组织打了一仗，后来失败了就分散了，可能是兵荒马乱的，我爷爷和奶奶他们就带我父亲几兄弟去到越南。爷爷奶奶带着父亲几兄弟最开始是到谅山省禄平县，大概在谅山省住了十几年，具体多少年我也记不清楚了，后边又搬到了北江省陆岸县。我父亲一共有两任老婆，父亲的第一任老婆，也就是我的大妈，是因病去世了，具体我也不清楚，我妈妈是他的第二任老婆。那大妈去世以后，我父亲和母亲大概就在 1960 年的时候在北江省结婚了。父亲和母亲是经人介绍认识的，当时母亲居住在越南海阳省，但是祖籍就不知道是哪里的了。我们家在越南时都是做农活的，不管是在谅山省时和后边搬到北江省，都是做农活，犁地、种田、放牛这些都有的。在 1963 年的时候，我就出生了。我们家一共八兄弟姐妹，大妈生了三个，两女一男，我妈妈生了五个，三男两女。在我妈妈生的这五兄弟姐妹里面，我排行老大。

我是在北江省出生的，当时我们家居住的地方叫北江省陆岸县新华社，新华社就是我们所在公社的名字。当时每一个公社都有自己的学校，我就在公社的学校里读完了小学，那时的小学还是四年制的，都是学的越南文字。因为我们地方比较小，所以也没有分华侨学校和越南人的学校，都是在一起上学的，也没有教授中文的老师。所以当时我们接受的都是越文教育，村庄里面也有教中文的华侨，像我父亲就是，但是学的也很有限，后来不让华侨私自教中文了。公社里面只有小学，到初中的时候需要到更远的地方读书。那时候就因为初中学校离家有五六公里，距离比较远，家里又没有自行车，所以我初中就只读了半年。后边也是荒废了大概 3 年的时间，没有去读书，就帮家里干活。到 1978 年排华的时候，父亲就对家里人说，必须要带你们回到祖国。当时有些华侨还对父亲说，中国那么难，干吗要回去。父亲说此一时彼一时，我一定要带我的老婆孩子回到祖国，你不回去是你的事情，我一定要回去。我当时还小，也听不懂父亲话里的意思，就觉得可以不用干活了，心里高兴。就这样，父亲带着我们一家人回国了。

二

我们家是 1978 年农历五月份回国的，当时我们在越南过了端午节，之后想在农历的五月二十二日启程，但是碰到了洪水就没有走成，过了两天也就是农历五月二十四日就算是正式启程了。我现在还记得当时我们回国的路线。先是从我们家里开始租班车到北江省的谅江县的火车站，就是以前铁皮的老客车，大概坐了一个早上的车，然后到火车站已经都中午了，然后就一直等到傍晚，可能 6 点左右，天黑的时候才能上火车。又坐了一晚上的火车，第二天早上天刚蒙蒙亮就到谅山省的同登火车站。然后我老爸又租了马车，沿着边境公路走，走了差不多一个早上就到了中越的边境。我们是从凭祥的友谊关进入中国的，那时候还没有封关，这些中越边境的口岸还没有关掉，然后越南的边防军看到我们也没有阻拦，因为他们知道我们都是华侨，就全都让我们过来了，中国这边的边防军也就接我们从友谊关进入中国了。回到中国以后呢，我们先是在凭祥暂住了半个月左右，当时中国军队的驻地临时建了一个收容所，我们就住在那里面，都是打地铺的。大概住了半个月又搬到夏石火车站附近，是一个很小的火车站，大概也是住了半个月之后，才接到通知说分配到福建。在这之前我们一直不知道要去哪里，只是通知下来了说去福建所以才来到丰田。当时是在夏石火车站上车的，直接坐火车到漳州，然后农场再安排班车到漳州火车站接我们。在漳州火车站下火车的时候，有很多敲锣打鼓欢迎我们的，也有喊口号的，但是因为我在越南读的是越南文字，所以当时也听不懂喊的口号是什么。等回到丰田以后呢，那时候我们是在旧大桥那边下车，农场也组织了好多学生在那里欢迎我们，也是敲锣打鼓的，喊口号的。当时我们一家就是直接安置在现在的丰华社区。

刚来到丰田华侨农场时，我们住的房子是棚房，就是搭简易的棚子用来做房屋，用竹子编好之后围起来做墙体，然后里面也是用竹编隔开一间间房间。大概住了半年以后，联合国难民署拨款建的新房建好了，然后我们也就搬出去住了。当时我们家分到的是两层的新房，大概 48 平方米。新房是用砖砌的，相比原来的房子好太多了，当时我们家人还说没想到能住这么好的房子，本地的村民还很羡慕我们。不过新房确实是很好，比我们在越南的时候还要好一些。在越南的时候，我们住的房子就是用沙土放到模具里面固定成型以后拿来当砖砌的，瓦片也是自己做的，不是像农场这样全部都是用砖砌的房子，所以当时住的房子算是比较好了。刚来到农场的时候，我们家是开荒种茶的，当时农场主要以种茶为主，红萃茶、乌龙茶都有，那我们归侨来到以后呢也都是开荒种茶。那会儿我还小，还在读书，不过放假的时候也会帮补家里一些。我原来在越南已经到初中了，回到中国以后，我又重新从小学读起。当时丰华作业区办了一个小学，叫丰华小学，清一色都是归侨，我就是在这里重新开始读小学。那到了中学以后，就需要到丰田镇上去读书了。当时我们是在丰田中学，现在这个学校改名为丰田华侨学校，我们都是和本地的一起读书的，没有专门的华侨学校。因为我重新读了一遍小学，年龄比较大，所以读中学的时候那些本地的学生对我说"你们都可以当爸爸了，还要来读书"。当时在学校里面也有一部分的归侨当老师，老一辈的比较有知识的来到农场以后就在学校里面当老师，因为要照顾到我们这些归侨子女。刚回到农场半年，我父亲就去世了，我母亲是农场的职工参加劳动，也就算劳力了，那时候我们家可以说是非常困难，当时家里几兄弟就靠着每人 15 块钱一个月的补贴过日子，每一年评困难或者贫困的时候，队长都把我们家列入。到我读书的时候，从 1981 年开始收学费，记得读五年级的时候，我们需要交 5 块钱学费，但是因为我们家比较困难，校长就没收我的学费，并且还补给我 5 块钱。尽管家里十分困难，我还是坚持读书，基本上都是一边读书一边干农活。然后我就到丰田中学去读书，但是在那边只读到了初一就不读了，因为当时按照年龄来说确实是太大了，年龄越大想法就越多，所以当时读到初一就不读了。

　　我从学校出来以后就一直在搞承包种茶，我是 1987 年开始承包茶地的。当时 1982 年我还在读书的时候，利用放假的时间也参加过重新测量土地然后发包的。当时测量土地好之后就将土地发包给归侨，发包标准是以家庭劳力为标准的。18 周岁以上算一个劳力，如果还在读书即使达到 18 周岁也不算劳力，一个劳力可以承包至少 3 亩地，3 亩是承包的保底线，也可以继续承包更多。承包形式是和农村实行的一样的，合同制，十年一签，然后收取一定的土地管理费，土地管理费大概 30 元。因为农场的土地属国有土地，所以承包合同中还会有条款写明承包土地之后不能抛荒，国家或农场建设需要用地时可以支付一定金额的赔偿将土地收回来。我开始的时候是承包了 3.2 亩地，全都是种茶。当时农场有茶厂，归侨种的茶叶可以卖给茶厂。到了 90 年代以后，农场开始号召种果树，那我们就不种茶叶了，转种龙眼、荔枝这些果树，后来晚一些的时候，又种了香蕉。等到 1999 年的时候，起了一场大霜，所有果树都被霜冻打坏了，我们归侨都是损失惨重。我们家那时只是种很少的香蕉，等到大霜之后也就是 2000 年才开始大规模种香蕉，大概种了 14 年香蕉，一直到 2014 年。到后来又改种麻竹，一直种到现在。对于我自己而言，我是一直都在农场做工的，从种茶到种麻竹，从来没有想过要跑到农场以外的地方。第一个原因在于我自身的家庭，我算是家里最大的那一个了，刚回来时老妈年龄已经是比较大了，上有老母亲要照顾，下有几个比较小的弟弟妹妹要看着，所以也就没想着要出去了。然后还有一个原因就是我在 2007 年的时候就到居委会这边工作了，当时还不算正式聘用，因为 2006 年的时候刚刚换届，我是第二年中途进来的，不能算是正式聘用。到了 2009 年换届的时候，我就正式通过换届聘用到居委会上班了，有民政部下发的当选证书，主要负责民政和调解的工作，一直到去年我才通过换届退任。所以说，就我本身来说，我是从越南回来以后一直在农场参加生产的，没有像其他归侨那样跑去了很多地方。

我是 1988 年结婚的，我爱人也是越南归侨。她祖籍在广西防城，是在越南广宁省出生的。刚回来的时候我们是一个生产队的，后来时间久了，就好上了。当时我们还是保留有越南和广西那边的婚俗，就比如说我们还没结婚之前，虽然两个人眉来眼去看上对方了，当时还是需要请一个媒人进行说媒。还有就是定亲的时候也要讲究礼数，定亲是需要用扁担挑着箩筐将彩礼送到新娘家，比如糖果、大米等。等到结婚的时候，婚俗礼仪就和中国传统的礼仪差不多了，和广西的很像，因为我们祖籍都是广西的，婚宴的菜品和广西的相似，有白斩鸡、扣肉之类的。那我们去新娘家迎亲的时候呢，还要喝"认亲茶"，就是将新娘的娘家人重新介绍给你认识，然后敬茶喝"认亲茶"。等到接新娘回来的时候也是有讲究的，新娘要穿裙子，然后撑红伞，如果没有全红的也要有带一点红色的，图个喜庆。当时我结婚，我爱人是陪嫁了一部黑白电视和一辆 26 寸的永久牌自行车。不过我们也有保留有越南的婚俗，就是结婚那天晚上会"开联谊会"，在越南我们称为"开茶会"。"开茶会"就是在结婚当天宴席之后的晚上，将伴郎伴娘以及新郎新娘一些年轻的朋友聚集在一起搞一个联谊活动，目的就是让没结婚的年轻人有一个相识的机会。实际上这个联谊会就像一个相亲平台一样，年轻的男男女女聚在一起唱歌跳舞，氛围很好。要是一个人在唱歌的时候，另一个男孩子或者女孩子看对眼了就会出来对唱，就是一种这样的形式。不过这个"开茶会"只是保持在我们刚回来的那会儿，到 90 年代之后，也是随着社会的进步吧，这个传统就逐渐没有了。

三

我们现在也还是会保留一些越南的饮食习惯，其实说是越南的也不全是越南，我们叫作混搭，就是会吃一些越南菜，也会吃老家广西那边的菜。就比如说越南那些凉拌的菜，广西的白斩鸡和扣肉。现在我们都是很习惯了，越南菜、广西菜、本地菜都吃得习惯，不过口味还是多偏向两广一带的口味。刚刚回来那会儿才是真的不习惯，语言、生活习惯各方面差异很大，睡梦都是在越南。刚回来的时候和当地人接触，因为我们是小孩子嘛，就经常打架，他们就说我们是外国回来的，不太喜欢我们的样子，所以就会有一些冲突。每天晚上睡觉做梦都是梦到在越南，刚到农场的十几二十年来都是这个样子，过了二十几年之后才慢慢适应了这边的生活。所以说，融入是一个很漫长的过程。当时也是很想念越南的，虽然说那边的生活比较艰苦，毕竟是长大的地方。我是 15 岁回来的，在越南生活了十几年也是有一些感情在那边的嘛，突然一下子离开了生活十几年的地方还是会有一些依依不舍的样子，也会想再回去看看。所以在 2011 年的时候，我就回了一趟越南老家。2011 年，我从漳州坐车到南宁琅东，然后再从南宁包车到凭祥市，从友谊关口岸出关回到越南老家。不过我也就回去了一次，后边就再也没有回过越南了。

  我还是漳州市公安局出入境管理支队越南语翻译人员。因为原先我在越南的时候读的是越文学校，加上 2007 年以后我就开始在居委会工作，所以书记就推荐我去做这个工作了。2017 年的时候，漳州市公安局出入境管理支队聘用我为越南语翻译人员，聘期是从 2017 年 8 月 20 日到 2020 年 8 月 19 日，一共三年的时间，现在聘用的证书我都还留着。后来三年聘期结束之后，那边原本是打算继续聘用我的，但是因为我身体不好需要治病，所以我就没有和他们续签了。然后去年我也从居委会退任了，现在就是种几棵麻竹，割割竹笋。现在生活比以前好太多了，刚回到农场的时候什么都没有，可以说现在看到的整个丰华社区都是我们归侨开荒开出来的。现在的话基本也不用担心生活的问题，解决温饱已经不是问题了，而且现在发展这么快，归侨的生活也会变好。

苏春谋　口述

口述者简介：苏春谋，男，1954 年出生在越南广宁省汪秘市，祖籍广西防城港。在越南时曾参军，1978 年回国后参加过对越自卫反击战，担任翻译工作。

时间：2022 年 8 月 17 日

地点：丰田华侨农场丰华社区苏春谋家中

采访者：罗赞

华侨属性：越南归侨

南洋物：无

整理者：邓洪娇

一

我叫苏春谋，1954 年出生在越南，越南排华回来的时候是 20 多岁。我老家在广西防城港，靠近东兴的。我家里面是我爷爷先过越南的，后来到我老爸。我爷爷可能是在 1930 年过去的，从广西的防城港和东兴过去越南，到越南的广宁省汪秘市。当时国民党抓壮丁当兵，我爷爷不想当兵就跑去越南了。他自己过去，我奶奶那时候还在中国。爷爷那时候过去他不做工什么的，就是专门做地理先生，卜卦的，看地理风水那些，专门干江湖那行的。越南有很多华人，那些华人在越南已经住了好几代人，我爷爷过去的时候那边已经有很多华人了。那时候华人还保留着算命看风水的习惯，越南人他不会看风水。我父亲在他小小的时候，九岁的时候，奶奶带他过越南去生活。我出生那时候没有奶奶了，还有爷爷，我六岁的时候爷爷才走。我爷爷过去之后，又另外娶了一个也是在东兴的小奶奶，后来小奶奶不住在越南了，跑回来跟她儿子住了，现在还在东兴。听我老爸讲，在越南那边我奶奶很凶的，所以小奶奶就跑了。我母亲是在越南出生的，祖籍也是广西防城港的，父母亲是靠人介绍认识的，母亲也是做农活的，她不会做什么生意。我老爸在越南也是跟着我爷爷做迷信，我在越南那边的时候没有跟我老爸学，我是回来到农场这边的时候才跟我老爸学。回来到农场，我一边做农工管茶，一边自己学这些我老爸会的，他教我做迷信，看风水的，可以卜卦什么东西的，一边做工一边学的。

我在越南读书的时候只有中文学校，所以我读的是中文，我不会越文，我读完了小学，那时候小学是五年制，没有读初中。当时 1968 年，1969 年的时候，美国轰炸越南，加上我们家又穷，去读书的路又远，后来没有钱买自行车，就丢了没读了。我们村子当时有被美国的轰炸机炸到，但是当时我在北方参军，美国主要轰炸的是越南的南方。后来我到 1978 年的时候又跑回来这边了，去当了三年兵。当时村里有很多人被炸死了，我有一个堂嫂就是被炸死的。美国的轰炸机最多就是从 1968 年炸到 1969 年，又停一下，又到 1972 年、1973 年，是轰炸得最厉害的时候。1972年的时候在越南参军是自愿的，到了1972年、1973年、1974年这三年是强制的，你不去，就抓你的父母亲，他们抓去也没做什么劳改，就好像我们中国的拘留所一样，拘留逃跑人的父母亲在那边等，反正你儿子回来你就回去，儿子不回来就不放。1975年时，我在越南的富寿省当兵，参加的是陆兵。我们家里有两兄弟去当兵，我小弟先去，我小弟被调到南方去打仗，那时候我在北方还没有进去。我是在1975年2月份，也就是正月初二时入的队。我们要训练三个月，本来是要六个月的，就是从北方这样走路进去到南方，走了1000多公里，一边训练，一边走过去。后来，我们中国的毛泽东去跟美国讲，好像都没到一个礼拜，美国驻越南的军队就撤退了，我们刚到那边就差不多解放了。后来回国去参加解放军，我还没有到前线，又解放了。那时候越南解放了之后，都没有给我们什么奖章，除非那些去当兵的，在南方里面打死那种。我们那时候是有发真枪的，也是我们中国产的。我去越南当兵的那时候，从头到脚，连吃的都是中国支援越南的，然后穿的军服和军帽也是。

越南解放后，我就去军队的单位去做做工。当时我还在军队里，解放战争后有些人要去建房子，但是人数很少了，都是去做养猪的，插田也有。越南1974年解放的时候，1976年还在训练军队。1977年，那时候我被调去做一个专门管兵的工作，在路上管兵的检查军队那些的。那时候他发给我小枪，我当个小队长还有小枪，我几个同事配有长枪，步枪也有。结果到了1978年排华的时候，枪被收回去了，不给我们用了。当时我们在军队里面，跟那些越南的同事，开始那时候还没有什么动静，就跟他们很好的，同吃同睡。一到排华的那时候，他们那些人就变了，他们说越南有不少人，要你们中国人来这边干吗。那时候我们就想想要不然干脆跑了。他怕我们有反心，然后他就不给枪了，他不相信我们，我们就干脆走掉。本来3月份的时候，我老爸就走过来了，我还在军队里面，他走不了还在等我，然后那时候没有电话的，就是写信去叫我回来。

我兄弟姐妹很多，我有七兄弟还有五个姐妹，总共十二个，都是一个母亲生。我们离开越南的时候，那些家产都丢了，我们在农村的牛卖掉了，有一些人家还没有卖就走了。那时候住的房子是自己建的，也丢了，这些房子是用砖头建的平房。那时候带了单车这种，还有拿了一点钱回来。那时候我距离中国远，我又不在家，我老爸在家里卖那些东西，他们说带一扎中国的钱。我们除了带单车，也有带衣服，棉被也带了。我请那些货车拉我们去越南海防，一起走的有很多邻居，那时候在海防到河内转车过来，到同登，整整几个车厢都有我们华侨。从我们家到海防大概走了一个多小时的货车，坐火车上去到河内，然后到同登，也是用了四五个小时。下了同登后，就挑着走，越南那边那时候有马车，我们就租马车拉到边界，我们是从友谊关过来的，那时候还没封关。我们过完凭祥，后来好像是7月份8月份来农场这边。中越边境都有边防军在那里对峙，我们到边境线那里他们没有接，我们就自己走过中国这边，然后他们放车装我们来凭祥了，凭祥那里有个招待站。那时候我们住的是帐篷，用竹子来围起来，顶上盖着雨布，有一些住那个旧房，是以前军队的。我们在接待站住得不久，5月份到7月份就来了，在接待站那边住了一个多月。

二

后来国家安排到福建，我们先坐火车到江西，在鹰潭转车直接到的漳州。7月份才到漳州，他们在漳州又敲锣又打鼓，也叫那些学生去喊"欢迎归侨！欢迎归侨！"，每个人手里欢迎我们下车啊，下车后他们又用大客车拉我们到宝林桥头那边下车，在那边又敲锣打鼓。有一些我还没有看见过，在越南没有看见过这种情况。回来的那些华侨老人就骂，我还没死，他就敲锣打鼓了。我们在宝林那边就马上进来这边了，那时候刚回来住的是军队以前住的旧房，也是瓦房，盖水泥瓦的那种，水泥瓦不是大的，是以前那个小片的。我7月份回来住，住到了半年了就搬新房，搬到新房我就过春节了，1979年入新房。我们家分到的房子不到100平方米，我家里那么多人，后来就给我们家两间，每一间是四十八九平方米，两层。那时候很挤，住很多人。我十二个兄弟姐妹，我排第五，前面都是大哥大姐，就一起住。那时候我大哥小弟有成家，我大哥有三个孩子，我小弟还没有孩子，我们有十九口人。那个房子下面一层，上面一层，再上去还有一层，弄一半边睡不完，就到三楼睡。

7月份刚刚回来那时候还没有开荒开茶地，就帮那些本地的插田呐，打花生呐，帮他们做那些，那时候是算工钱。他们规定，我们那些男的工资一般是一块钱一天，女的给的工资是九毛八毛一天。我父亲那时候回来才59岁，还没60，后面就去参加开荒。因为我在越南读中文，我会中文嘛，那他们就安排我去做会计，当得不久，到1979年正月初二，我又去当兵了。当兵是自愿的，那时候省侨办下来动员，叫我们去参加中国人民解放军，去当翻译官。当时我老爸问省侨办那个班长，打仗死掉了怎么办？他就说不会啦，当翻译官是在后方的，不是在前线的。我爸就对我说干脆你去吧，他们也有家庭，那些小的还小。那时候我那小弟才十三四岁，还小。后来我就报名了，去到云南军区里面。当时农场有43个人报名参军，去了福州那边考试，他们选拔，就叫了两个回来，还有41个人，都是翻译官。省侨办带我们到漳州，后来在漳州那边吃完饭了，军队的车接我们到福州去了，第二天就马上换衣服，都穿中国的那个解放军衣服，他直接拉我们到云南军区，昆明那边。后来我们又被安排到云南普洱县，在那边学习翻译喽，抓了越南兵，回来就问他们口供，所以我们要越南语和普通话两样话都会，我要学的是普通话，我以前在越南学的是广东话，白话的，不是普通话的。我们一起学完之后，久不久又抽人出来另外学，分批调离到前线去，连续抽了三个多月，四个月。头一批我没有去，我去了第二批，刚刚学了一个礼拜啊，比如明天出去前线那天晚上九点多又宣布，又通知回来，说解放了，前线解放不要去了。我们回来住没几天，大概十天，他又叫我回来了，军队就不要了。军队选那些没有家，没有老婆的，有很多有老婆的了，我没有结婚，他就叫我出去。他说你愿意不愿意在军队里面，我说我愿意啊，在军队里，不要回去了。后来两个晚上后，连长又下来，他找我说，不要你了，你超岁了，军队里面只要18到22岁，你都26岁了，不要了。那时候我也没有成家，家里又很穷，回来哪里有钱娶老婆，干脆去军队里面也好，所以就想着去当兵。当时因为越南打过来了，所以也想着打回去，我们回去当兵打越南主要是想报复越南那些地方官，我在越南军队里面，打完仗回来他们欺负我们，他说你回不回中国，在这里干什么，我越南也不少你，又不要你当兵了，你赶快回去。

  我们在解放军军队里面，发那些衣服和军用水壶给我们。之后回来，连长叫我上去，他叫我拿那个水壶。以前军队有个水壶，跟那个雨衣，就这两样东西。他说，你们来了不够半年，军队里面规定不够半年，这两样你要拿来还。那些衣服你可以带回去穿，还有那些领牌，那些头上的五角星、八一徽章，也可以带回来。后来我把纪念章那些东西都丢掉了，我们的解放军身份得不到承认，也跟他们吵了两趟。说老实话，头一趟是我带头。当时他说，你说你是解放军那没有证据呀，那我组织十多个人，到县里的民政局去，我有个朋友差点打民政局局长，我拉他回来，后来他也认错。当时我们说我们是中国解放军，民政局局长说我们不是解放军，那个姓韩的朋友火气上来了，就想去打人了，他说，我不是解放军，我难道还是土匪啊！前年他们也组织一趟，又到福州去，也没有用，没有证据。到福州去上访，也问过省侨办，他们说你们先回去，我们慢慢看怎么样解决。因为你们在这边没有底（记录），那些老一辈的回去了，退休了。那我们年轻人上来做的，也不了解这些东西。说他们不承认吧也不对，农场这边有个姓刘的，他好像带越南人过来做过工，就要抓他去劳改，前年总书记有一个文件下来，就是说谁当过兵了抓去劳改的要释放，后来我们农场这边去福州接他回来。你说没有底了，那怎么还知道他当过中国解放军的啊？我们去县里也去过省里吵了两趟呢，都没有用，那时候是中共中央第十七届大会召开之前。我到了漳州，那时候连本地那些老军人也是跟我一起的，以前他们也是老兵的，当兵去打朝鲜的，支援越南的也有。整个南靖县、平和县组织去漳州那边游街，拉一个车，写有一个口号，好像写的是什么归还什么东西，差不多二十多年了，1998年、1999年那会。头一次下去，漳州侨办那边不解决，第二次他们组织封死整条街，后来书记出来讲话，他给我们八百块，他就叫我们去吃饭，说这个事情不是一下子解决好的，我调查看看是怎么样，叫我们先回去。他解决了那些本地的老兵啦，剩下我们这些没用的，归侨的事情还是没有解决。

  那时候，在福州，军队军区里面，他说你们要做什么，回来农场就安排你们。去之前说要做什么就安排做什么，然后回来到农场这边，吃完饭了就宣布这个谁在哪个单位做什么的就回去做什么，原来员工是什么，就回去做什么，没有什么安排。我们这边的农场做得太过分了，那时候又没有电话的。在龙海那边，回来都要发三个月的工资给我们，我们农场一分钱都不给，我们农场一些领导真是太过分了，现在也没有了，统统都跑掉完了都老了。我们回来后就一直在种茶叶，一边种柑橘，一边种茶，后来没有人收茶了，茶厂倒闭了，他们又改种香蕉嘛，后来种香蕉也不行了，那些土质都坏完了，好像种下去都黄掉了，又不行了，改种了麻竹，我种麻竹有十多年喽，我不是第一批的，第一批他们种有十五年了。

  我妻子也是越南归侨的，以前在越南不认识，回来到农场这边经人介绍做媒才认识的，我们是 1981 年结婚的。我回来的时候，跟她住同一排房屋的。那时候越南跟这边当地人的风俗不一样，按照以前在越南的规矩，结婚要有身价钱，就是像广西讲的卖女儿这样，也就是彩礼，猪肉几十斤，大米几十斤，酒又几十斤，然后要送去给女方，后来慢慢改了，不讲那些改讲钱了。我请的那时候身价钱是三百块，还有大米 60 斤，猪肉也是 60 斤，酒也是 60 斤。我们结婚的时候跟当地人穿的衣服不一样，接人的方式也不一样，我们这边接人是走路的，他们这边当地人是用三轮车去拉的，风俗不一样的。我们请了七八桌，那时候刚回来也不认识很多人的。我有一个大女儿和一个小儿子，儿子在小小的时候得高烧，弄坏了，不会读书，不会什么东西。女儿嫁到了福州上面。后来那一年越南很多人嫁过来，我们就趁那个机会，给儿子找了一个媳妇，她住在越南，但也是华人，生了两个孙子。

唐祖保　口述

口述者简介：唐祖保，男，1949年出生在越南北江省陆岸县洞扁镇，客家人，祖籍福建长汀。其爷爷最早去越南谋生，唐祖保在越南属于第三代华侨，因越南战争就从河内前往北江的农村谋生。

时间：2022年8月14日
地点：福建丰华社区居委会
采访者：邵思民、罗赞、邓洪娇
华侨属性：越南归侨
南洋物：手表
整理者：邵思民

一

　　我叫唐祖保，今年73岁，我1949年出生在越南河内，我是1978年6月份回来的。在越南的时候，我属于第三代华侨。我从小就在越南读书，学校里面基本都是华侨，学习的内容跟我们中国这边学习的内容是一样的，讲中国的历史，课本中的地理、历史也是一样的，我们的语文、数学、英语、政治、历史、地理都是中国的老师上课用中文讲的，学校里面也全都是华侨，没有越南人在里面读书。我读到了初一那年，突然发生了越南战争，美国打到北方，我是住在北方的北江那边的，后来我妈就不给我读书了，叫我从河内回农村去住。然后，我回农村的学校读了两年的越南文，但是当时打仗太厉害了，还是辍学了，15岁就帮家里去犁田、种农作物、放牛。18岁的时候就在越南社里工作，首先是当一个抗美战争的宣传员，后来在我20岁的时候又当会计，本来25岁我要当兵的，县里的银行行长说："不行，我培养一个人很不容易，不能给你去。"我就没去了，我就做会计一直工作到30岁回国。本来介绍我入党的，社里都安排好了，我把材料拿到县里面，县里面说不行，华人不能入党，县里让我们召开一个会议，要求我把汉族改为华族，我说我不同意，后来不知道怎么回事，硬把我改成了华族，直到现在我都是越南的一个少数民族。当时觉得不能入党就算了，然后我就在县里看见了一个文件让我们读农业大学。我就报考了越南的农业大学，区里的那个主席说华人不能去，不让我入党，又不让我读书，还要改我民族，我就很恼火。1975年排华，越南对我们的华人很过分，烈士军属的补助都给停止了，强迫我们回国，但别人告诉我没路出去，因为会死在路上，哪怕上路了，都是土匪抢劫，还会被殴打，我们就不敢去了。直到后来县里面开车来说："谁要登记回国？登记马上走。"我就登记上车了，我以为他会把我们拉去边境，结果他没拉我们过去边境，大半夜到半路就把我们放到越南的一个小火车站里面，火车站里的人骗我说回去的桥梁给中国炸掉了。我想完蛋了，我们家里的油和粮食都卖掉了，回不了国我就要饿死。后面等来了一列火车，我不管三七二十一，我票都没买就爬上火车，火车就开到了同登火车站，后来越南广播还说让我们华侨回家，不要回去中国。越南人讲得很好听，但是越南人既不给烈士军属补助，也不让我们在村里行走，还不给我们做生意，还抢劫我们华侨，我才不信他们的鬼话。我们当晚在同登火车站睡觉睡到半夜，听到公安的人说明天准备封关了，不给过去了。天还没亮的时候，我们周围的华侨就叫我们赶快走，然后我们就到了友谊关，在关口那边还要给我们体检，看我们健不健康，后面就坐上了火车去了广西宁明县，集中在那边住了大概二十天的时间，丰田就派了一批人招收我们搭火车去漳州，漳州下车有车接我们到丰田。

下车后就有当地村民敲锣打鼓地欢迎我们，安排我们在丰田村群众的家里居住，作为回报，我们也帮村里面收割稻子。我当时回来的时候已经 30 多岁了，我就去了生产队里面当队长，第二年安排我去当一个治安主任，维持区里归侨的秩序，大家经常为了一点小事闹矛盾，有地域主义矛盾以及复杂的民族关系，我就整天去跟他们进行调解，还有风俗习惯不同也经常吵架，我就要去处理。我在群众的家里住了六个月，我们归侨的新房子就盖好了，房间里什么东西都有，房子是 46 平方米，我家里七口人，但我母亲还在越南，因为当时我还有一个小儿子病重不能跟我回来，我的母亲就在越南照顾他。

二

我和我老婆是在 1968 年结婚的，当时我才 19 岁，我老婆也是华侨，是别人介绍我们认识的。我的饮食习惯和国内吃的东西都一样，我喜欢吃白斩鸡、粽子这些，福建这里吃的都挺好的，我现在喜欢吃青菜、豆腐。原来在越南吃饭的时候，越南人吃生的东西比较多，吃橡胶树的芯和橡胶树的花蕾，我吃过一次好难吃，越南的酒席跟我们华侨也不一样，我们都是大盘大碗的，越南人都是小碗小盘的，越南人举办酒席只杀一只鸡，把它分成六份，一人最多吃几块，菜也很少，也就是五六样菜，我都吃不饱，现在越南的酒席会多一点，六七样菜，我们华侨跟他们吃的不一样，我们吃的东西跟广西吃法是一样的。

我老婆也是广西防城港人，在越南跟我是同一个县，但是她是住在越南东扁镇的。她是 19 岁跟我结婚的，我娶她的时候才几百块钱作为彩礼。结婚的时候，我老妈给她买的耳环非常漂亮，我买猪肉就买了两百斤，酒起码也买了 100 斤，请了二十桌，大家吃了两天两夜。越南是没有西装穿的，我结婚都是穿中山装，衣服是卡其色，裤子也是卡其色。我给我老婆买了十套衣服，结婚当天想穿哪套就穿哪套，反正她穿什么在我心里都最美，但是她没有穿红色的裙子，她是穿衣服搭配裤子，越南没有什么高跟鞋，也没什么布鞋，所以老婆结婚当天穿的鞋子是那种橡胶凉鞋。我老婆那边有一大堆的朋友帮我老婆梳头，我老婆没有化妆的，因为那时候农村没有化妆品，涂口红人家都要笑死了。结婚的时候，我们也找了个媒人帮我们算了一个八字，再帮我们选一个吉日，媒人选的一般都是靠近 11 月份的好日子。我老婆过门的时候，首先要在自己家里的神坛面前跪拜祖先，先烧香再插香，然后跪拜三次，我接她到新房的时候，我们要喝交杯酒，里面不是酒，是红糖水，寓意甜甜蜜蜜，到这里就礼成了，然后出去招待朋友去吃饭。我请了越南人、华侨们还有很多少数民族，壮族的、华族的、汉族的、京族的、瑶族的朋友们都坐在一起，大家关系都很好，每一桌我都要带着我老婆去敬酒，喝完酒后，我的伴郎和朋友们以及女方的同伴们就要边吃糖果边唱歌，当时没有麦克风音乐，我们就是空口唱，大家互相认识一下。第二天早上，我老婆起来的时候要打一盆水给家婆洗脸，给老公洗脸，洗完脸后就吃早餐，再去做工，中午吃正餐的时候，朋友就来家里帮忙把剩菜全部吃光，亲朋好友都会给我们送红包的，但是不多，才几块钱，五块算多的，没有送水壶的，在越南很难买到水壶的，我们都是自己拿票自己买的，我当时从越南回来的时候，还带回来了日本的收音机，法国的手表，照相机，这些现在都卖了。

我回国的时候带了三个男孩和两个女孩，我先送我老婆和两个男孩回国，过了友谊关又回去接我的母亲跟我的三儿子，后来我老妈说不行，孩子病重不能去，你先带两个女儿过去。

我 13 岁那年父亲就去世了，父母都是华侨，父母当时家里面算是比较有钱，他们一起做点小生意，我母亲当时是在农村里住的，我爸是在镇里住的，我的爷爷跟我母亲家里是认识的，就撮合这门亲事，后来把女儿嫁给我父亲。我爸爸在越南很出名的，因为他在越南读书的，所以他中文、法文、越文都精通，当时我听我老爸讲，他说当地发生了民事纠纷，都是叫我老爸到那边去做翻译，后来越南解放北方，打退了法国的时候把我老爸抓去当翻译，我爸半路又偷跑回来了。我大妹妹 23 岁结婚了，她老公也是越南华侨，我妹夫反对我们回国，他说中国很穷，没吃没喝。我说我不信，我记得我读小学时有个友谊活动，跟中国学校的友谊教育，我认识很多中国朋友，我就很想回国。大妹妹一家人没有回国的，后来她跟我说越南限制他们的出行，出门离开五公里都不行，要汇报你去哪里，她还跟我说还好你走得快。越南人以前都是好朋友，后来大家都不敢来往了，抓到了很严重，对待华侨很歧视。

1990 年我回去过越南一次，因为我母亲去世了，还有个小孩在那边住，我要去把他接过来。那时候还没有通行证，我就偷渡过去，广西有个人是专门带我们过去边境的，当时有七八个同乡人一起过去，带路人说带我们走小路，后来就走到越南边界的一个地方，我说你小心了，不要把我带到雷区去。走了很久，我问他："怎么前面有一条大河，带错路了吧？"后来我们三个男的就先游过去，把他们的行李带过去，我再回头把她们一个个地牵过去。当时有个 60 多岁的老太婆中暑倒地不省人事，我怕得要命，用点药水给她灌下去，大约是十分钟，还有呼吸，她醒了后就继续赶路，过河的时候看见了几个越南军官在河对岸，后来他们把我带去了检查站，那几个人把军装穿起来，拿着枪指着我，我说我是来给我老妈扫墓的，也是去接我的孩子的。我跟他们说，我口很渴，请我们进去喝一下茶吧，我偷偷给了他们几个大兵每个人一包烟，放我们三天的行，他们说放行可以，每个人要交几块钱人民币，我们几个人凑了50块钱给他，他们就给我们写通行证，嘱咐3天回来。后来我就把小孩带回来了，也是偷渡回去的，回来比较顺利，我们走到广西宁明上班车，然后就回到了丰田。

我在越南干过农活，开始到农场就是开山种茶叶，因为我们土地不适合种茶叶，很多师傅做那个茶叶都不理想，茶叶倒闭就没种它了。侨办有一个政策是扶持归侨，发放无息贷款给我们创业，我36岁的时候就跟几个人开发土地种菠萝，先请人开一条大约两三公里的公路，再从广西华侨农场调菠萝苗过来，种的菠萝非常漂亮，当时我们好像是在农场借了三万，后来有钱就还，农场不强求，他不会说你必须多少产量。但是后来下雨导致菠萝都烂掉了，我们就亏本了，又向亲戚借了三四万块继续投资种柑橘，但是又卖得不太好，亏了十几万。大家后来又去承包土地种甘蔗、紫苏和香蕉，香蕉也赚不了什么钱，又去种竹笋也亏本了。农场经过种植这么多年没效果，领导就决策招商引资让我们职工有固定工作和收入，车厂在我们丰田是很多场的，我们很多职工就到厂里做工，生活上就算过得去。

种田的时候主要就是看地多地少，地多大概是一年一万块钱的收入。我种甘蔗的时候承包了一两亩地，我额外的地很多都是我以前开发的大米田，每个月还要交税，一年一亩收30块钱。我当时的工作就是一边种地一边做调解员，调解主任的工资有六百块钱，我现在60岁都在种水稻，收入还是很可以的。九几年我回越南接我小孩的时候，我发现越南人一个月的工资才三百块钱，现在也才500块钱。还是我们国家好呀，医疗和退休都有保障，还有退休金减轻子女的负担。

我大儿子是1969年出生的，我大女儿是1971年出生的，她21岁在农场结婚，然后跟她老公一起去了香港，男方也是农场的归侨，当时男方给了八千块钱的彩礼。我二儿子是1973年出生的，他娶的是越南人，彩礼大概是几千块钱，还给了一万多块的介绍费给媒婆，儿子娶越南老婆也不像我们这样吃两天两夜，现在很简单。我先在越南西贡的酒店请客吃饭，花费比较大，菜桌上的菜都是白切鸡、扣肉这些必备的菜，回到农场也请客吃饭了，请一个厨师，列个单子，在农场里吃得也很好。我二女儿不想嫁出去，因为她说她离不开父母，她就嫁去了漳州，她老公给了一万块的彩礼。我的三儿子是1976年出生的，十岁把他接回国，因为我儿子也娶不到老婆，我就带他去越南找媒人介绍，一开始会因为语言问题有点不合适，现在他们的习惯慢慢融合了。我还有一个1986年出生的小女儿，很多人给她介绍嫁去美国、英国，她都说不去，2006年嫁去了漳州，她老公给了一万块钱的彩礼。我最小的儿子刚开始一直娶不到老婆，他不想要越南老婆，因为他觉得办手续很麻烦，回国的时候女方不能入户，越南新娘在中国这边已经十几年了都没有户口和身份证，一两年后还要去延期护照，但是他们的结婚证是可以在中国办理的，女方那边的政府要出一个未婚证明，然后拿去翻译成中文，再拿去公证部门证明这个女孩没结婚的事实，然后回国就拿那份公证书到福州省民政部门去办理，就给你打证，我儿子就是觉得麻烦，后来年纪大了还是跟越南新娘结婚了。

吴志平　口述

口述者简介：吴志平，男，1960 年出生在越南广宁省，客家人，祖籍福建永定县。其爷爷很早就过去越南谋生，吴志平是在越南出生的第三代华侨。

时间：2022 年 8 月 16 日

地点：福建丰华社区居委会

采访者：邵思民

华侨属性：越南归侨

南洋物：无

整理者：邵思民

一

我叫吴志平，我是 1960 年出生的，今年 62 岁，我在越南是住在广宁省，我的中国老家在福建永定县，因为那时候我们中国比较穷，我祖先就很多人一起从福建过去越南，可能我祖上当时自己也不知道去哪里，先去了广东发现不知道做什么，最后走到了越南，听说是因为越南的土地比较肥沃，插秧什么的不用放肥，收成好而且全家人都饿不死。我家里没有人做生意的，从我爷爷开始就种田了，我爸爸叫吴明光，他也是种田。

我九岁在越南读了七年的书，念到中学读的都是越南文，我们在越南十八岁就开始种田了，一般就是种水稻、花生、甘蔗。我们在越南要交税的，虽然比较少。比如说我们当时种甘蔗，一亩的都做成糖，大概有十多斤，我们就交上去给越南政府，是用马车拉过去的，这是强制性要我们交的，不交的话人口田就不给你。我们那时候赚的钱不多，只够我们温饱。我们在越南干活不会很辛苦，因为我们都是用牛犁帮忙的，我们想干活就做事，不想干活就不做事，在越南比较自由。

是我爸爸 1979 年带我们一起回来的，5 月份到农场。当时越南排华非常严重，我朋友跟我讲，越南人要赶我们走，越南人还说："你们是中国人，你们哪里来的就回哪里去。"我们本来就是中国人，我们回来的时候田都不要了，牛都送给了别人，两手空空地回来了，只带了几口锅等东西，没有什么财产，我们老房子还在越南。

在越南回中国的途中也有被抢夺财物的，我们家里没有，但有的人就被抢。比如有人用车假意帮人拉东西，然后就把人家的财物拉走了。在火车站那里，比如你还没有上车的时候，就有人来抢了。那些越南的小偷小贩，感觉你以后不会回来了，所以在你要上火车的时候就抢你东西，他们觉得你着急赶火车肯定不会追他。我们从越南到中国的路线，是先骑自行车到北宁省火车站，又坐火车到边界那边的同登火车站，我们再雇马车拉东西，50 块钱一辆马车到凭祥关口。因为那时候没什么车的，只有马车拉货，衣服用麻袋包好，小妹坐在马车上。同登到广西凭祥的友谊关是很近的距离，不到两公里，我们就这样走到广西凭祥友谊关。到了友谊关，就有中国派车过来迎接我们，回来的路还挺好走的。海防、河内的就是走水路，因为他们靠近海，我们广宁就都是很平的水泥路，很好走的。我们到了凭祥以后，在那里就住了十多天，国家安排我们几万人住那个公家的房子，不收房租的，还可天天去打饭吃，那时候什么菜都有。我们住的地名叫山林八，几号房我不知道，我只知道我住二楼全都是归侨，大家都是从四面八方来的。然后就有人说谁要去福建，谁想去广西呢，谁要去广东，就这样登记，就随着走了。我们是自己愿意来福建，因为当时有领导跟我们说这里种"水豆"，我们以为种"水豆"就是回来种水果，那时候不会当地方言，所以听错了，然后我们就被分配过来了。

二

我们回国的时候是在 1979 年，是一家八口回国，即我父母再加上六个兄弟姐妹。我们刚到农场是住在农村人家的旧房子里面，当时还没有建新房子。我们住的房间非常的小，只能放一张床，房间里没有厨房和厕所，厕所是用两块板堆起来的公厕，环境很简陋，但现在就不会这么简陋了。后来联合国帮助建了房子，当时最大房子的面积是 58 平方米，分房子就是按照人口来分的。我们分到了 58 平方米，因为我家里人多。当时分房的条件是，家里如有六个人就会分到 49 平方米，七八个就会分到 50 多平方米。

我回来就在农场开荒种茶叶，我们拼命地开荒，因为开荒算工资的，一个月十来二十块钱，六七毛钱一天，有时候十八块钱一个月，后来涨到了二十来块，到 1980 年我们还是三十块钱工资，后面又涨到了四五十块钱工资。我们是按照工资来算的，我到现在是工龄 24 年，然后就按工分来算，一个月十来块。我们一般种的就是喝茶的茶叶，种了一亩地也就是几百斤茶叶，都卖给农场，农场收了就卖到外面去。后来听说茶叶收成不好，因为那时候的红茶不好做。然后我们就种甘蔗、豆子来卖，卖了一年到头才有收入。小孩子读书又没钱了，就跟家境好一些的归侨暂借，慢慢过来到现在就比较好多了。

我 1982 年的时候有偷跑到广东江门，那时候都是自己买船的。从这边搭班车到广州，几十个人一张船，我过去待了不久就被送回来了。那时候我们的户口已经在农场了，所以将我送回来了。当时有人也是从越南直接跑到美国，或者跑到香港，我当时想去，也去不了，因为我没有什么钱。当时只要有钱和黄金，才能下船，没有就下不了船，给手表都不行。据我所知，每家每户都有手表带回来的，我的手表三两也就卖了十块钱，7 克的黄金才卖 5 块钱，有人想要就卖。我也卖过黄金，卖的原因就是为了买吃的和买衣服这些日常开销用。

我们还承包过土地，一亩地一年是交上去三十块钱，我们 12 亩地大概三百多块钱，后来拿不出来三百多块钱，因为小孩子读书，我们非常困难。现在我们不种地了，地已经荒掉了，所以就不用交钱了，很多人都去工厂打工了。我在 1986 年去过广东宝安县给人家打工，几百块一个月。我去打工的话，农场也保留我的职位，我的户口还在这边农场。八几年农场发不出来工资，我们为了生活就得去打工，我老婆没有一起去打工，她还在家里做茶，我在外面打工的钱就寄回家里。1986 年国家给我们发过贷款，我们不用出利息，可以先去经营，然后才还给它。我当时借了 3000 块钱养猪，十几年后这些钱还清了。

我老婆是 1959 年出生的，她叫严阿妹，越南基本都是叫阿妹的，我俩都是华侨，她老家是广西防城港的，她在越南住在海阳市，我们两家很近的，她也是小学读的越南文，后来就没读了。我们不是别人介绍的，以前傻傻的，根本不会谈恋爱，我们都不会说去哪里玩的，估计就是命运安排，她都没有嫁出去，不知道怎么回事就嫁给我了。她 23 岁跟我结婚的，她比我大一岁，结婚的时候给了她家 150 块钱，我妈妈给了她一个戒指和耳环，可能也就四克多五克多这样子，其他什么都没有，我下聘礼的时候就用一根扁担挑着米、猪头、蔬菜、糖果、鱼等到她家里去，我们订婚不久就结婚的，11 月订婚，2 月就结婚了，先打证，然后吃饭，在家里办酒席请了三桌亲戚朋友来吃饭，他们还包了红包给我们，也就是两三块钱，我们结婚的晚上没有开联谊会，因为当时太落后了，没钱呀。结婚办酒的当天，她也没打扮，我们很简单的，也没什么伴娘。各个省份的亲朋好友都来了，我的兄弟姐妹和大伯的儿子们都在广西，还有很多在海南的也全部过来了。我们结婚当天要拜祖先，拜完之后还要喝茶，因为我是老大，我老婆在她家里也是老大，所以没有哥哥给我老婆喂饭，这个习俗因此也就没有做。我们打结婚证是在农场打的，现在结婚证还留着，就是不知道扔哪里了。我们结婚也是要日子的，我们也算了日子，选在农历二月结婚，因为这个时候比较好。我也没有给老婆买什么，只是有带老婆去厦门玩了 2 天。以前什么都不知道，我们农场原来如偷偷谈恋爱，是会有人抓的。那时候男女很传统的，都要保持一定距离，不到年龄不给登记，男女说话都不能靠近的。我们在越南时就比较随便，越南十五岁结婚的都很多，如果 20 多岁在越南都算老姑娘了，姑娘显老了，就没人要了。

我们有两个小孩，一男一女，当时家里很困难的，家里小孩子读书，有些人给我们借钱，我们也没有办法及时还，我们还要跟借钱人说，现在 9 月 1 号小孩子要上课的，他说好好好，过几天再还吧，那时候真的是很困难。我大女儿是 1983 年出生的，她读到初中。我小儿子读到高中就没读了。我当时 1987 年生我小儿子的时候都被罚款了，是因为不够年龄，被罚了五百块。归侨是允许生二胎的，但是政策要求五年，我们三年多就生了个小儿子，还没到这个期限。当时两头猪一年到头才卖 600 块，一头猪好像是卖了 400 块，一头好像是卖了 190 块。我们也卖过茶叶，卖一点就存 100 多块，一年到头才存了 700 多块，你说赚什么钱。当时政策比较严。我大女儿 2003 年结婚的，嫁去了福建宁德，他们是在外面认识的，她是自由恋爱的，也没有人给她介绍到国外。男方是本地人，对我女儿还好，他家里条件还行，我们就同意了。她结婚的仪式不是很繁琐，当时在家里请吃饭摆了十来桌。我们也好像依风俗算了八字的，就敲定了元旦那个日子是最好的，所以就选那天结婚。儿子是 2007 年结婚的，他娶了越南人做老婆。农场这边是有好多都是找越南老婆，没钱找中国人，中国人这边的很贵。我儿子和他老婆是他们去外面打工认识的，她过来福建漳州这边做工，然后我儿子就认识她了。我给了我儿媳耳环、戒指、项链、镯子这四金，办了二十来桌。这时候我们这里给的红包就比较多一点，几百的也有，3000 的也有。女方是越南人，不过还好，她不讲究风俗的，又因为路途遥远，她的父母来不了农场，婚俗就比较随便，我们这边也过不去。儿媳妇结婚时，她自己去外面做头发、化妆，然后就在家里等新郎来接她。他们夫妻俩交流是用普通话，我们老一辈的会越南话，他们年轻的不会，用普通话交流比较多。现在男的娶老婆很难，以前是说华侨不找本地人，本地也不找华侨，现在无所谓了。

我有一个大姐，她是 1957 年出生的，她也是回到福建农场做工认识她老公的，她老公也是华侨，他们在 1978 年结婚的，当时结婚不讲什么习俗。我还有一个大哥 1950 年出生的，今年差不多 70 岁了。那个时代一般都是人家介绍，他找的老婆也是华侨，好像他在越南就结婚了，他儿子前年都 40 多岁。我家老四是 1964 年出生的，回到农场结的婚，去越南旅游的时候认识的越南妹，现在也在农场做工。老五是 1968 年出生的，他们是在 1989 年结婚的，找的是隔壁江西赣州的妹子，他们是出去打工的时候认识的，一万多彩礼，基本上那时候他们也没买什么东西。

我们当时回来的时候对本地人印象一般，我们之间有矛盾的，他们会觉得我们归侨占了他们的地，我年轻的时候就跟本地人打架，那时候我不知道怎么讲，华侨跟本地讲话都不一样，说的话不通的时候，就会打起来，他们用本地话骂人，虽然我们听不懂，但知道他是在骂人，而且骂得很难听。农场的小学叫丰华小学，初中也是叫丰华中学，教课的老师有本地人和华侨。丰华中学里面的学生有本地人也有华侨，那时候多多少少肯定也会打架，因为区别比较大，小孩跟那些人讲话都不搭，合不起来就打架。

说实在的，本地人没有那么照顾，我们华侨却有一点照顾，我们归侨在读书各方面就有照顾政策，比如说普通人要 500 分，我们 400 多分就可以读大学，现在可能照顾不那么高了。以前是非常照顾，还有钱，以及吃的米也比较照顾，都是国家分配的粮票。他们本地的要种田并且交田租，没种田很难分配大米。我们归侨算是居民户口，周围那个农村的妹妹们都想嫁给归侨改善户口，因为会有退休金，每个人退休最少也是两三千块。

我经常跟美国和加拿大的亲友打电话。我们归侨去美国的比较少，去瑞典的比较多。我本来还有一个堂哥在越南，他有 11 个孩子。我堂哥他住在越南北方农村，不过前两年过世了。我曾经看望过他，但没有参加他的葬礼。排华的时候，我堂哥是做县级主任，他老婆是越南人，他老婆不回来，他也就没回来了。如果两口子有一个是越南人，排华可以不回来，但要加入越南民族和改名换姓，比如改姓阮，或者改姓黄，并把民族改成华族。我堂哥就改姓黄了。我们爱国，就坚决不改名换姓，也不改自己的民族。

现在回来吃的东西跟越南吃的东西差不了多少，我很爱吃白切鸡、扣肉、烤猪这些，以前我们在越南生活也是喜欢这一种，越南人他是爱吃生的东西比较多，这一点跟我们归侨是有很大差别的。那时候刚过来福建就吃不到这些扣肉、白切鸡，现在自己家里就经常做这些菜，结婚请客吃饭也会做这些菜。端午节、七月半这些节日的时候，我们就会去拜一拜我们的老祖宗，我们归侨很少拜神，你看福建人会把那个神坛摆在家里，我们每家每户也都有那个神台。

我们回到中国很受照顾的，没有欺负我们。回来的 1979 年，我们棉衣、棉裤都是国家发的，牛奶都是国家发的，发了两三年，一年两套棉衣棉裤。联合国还发床、发柜子，反正每家每户都有。我现在住的房子是 2007 年自己建的，国家给补贴两万一千元，当时每个人都有这个补贴。我现在住的 82 多平方米的房子，自己掏了二十多万。我现在退休了有退休金，我觉得中国好，临近退休的时候，我还在南靖丰田收费站做食堂的员工，我想多赚一点，农场允许的，我住在那里的宿舍，我们做食堂的就是早上出去买一点菜，回来就是煮早餐，煮好就休息，休息到中午的时候，就开始煮中午饭了，如果帮人煮好了，就在那边休息了，休息好后再煮晚饭给人家吃，七点多我们就可以回来，不回来就在那边住，我很喜欢我那时候的生活。

徐锡寿　口述

口述者简介：徐锡寿，1955年生于越南广宁省东潮县洞渡村，祖籍广西防城港市，1978年农历六月回国。其父徐永月最先迁往越南，爱人阮氏清是越南人。在越南时，徐锡寿曾参加越南共产党民兵，参与了越南反抗美国入侵的战争。

时间：2022年8月18日

地点：丰田华侨农场丰华社区徐锡寿家中

采访者：罗赞

华侨属性：越南归侨

南洋物：越南军帽

整理者：罗赞

一

我叫徐锡寿，1955年出生于越南广宁省东潮县洞渡村，今年67岁，祖籍广西防城港市。我父亲叫徐永月，13岁时就去到了越南，三年前他101岁高龄的时候过世了。三四十年代的时候，国内国民党抓壮丁的情况很严重，比如说你家里三兄弟的话就要两个去当兵，结果后边又变更严格了，说必须要所有的男丁都去当兵。那除了当兵这个事情外，当时老一辈在祖国生活也很困难，基本都是苦过来的，我爷爷在我爸爸几岁的时候就已经过世了。征兵加上中国很困难，所以干脆就跑去越南那边了。父亲两兄弟跟着大伯从东兴偷偷跑去了越南，开始是从东兴中越边境的界河直接过河，后边就直接到了广宁省东潮县洞渡村。刚到越南的时候，父亲年龄还比较小，但是已经开始给人家打工了。那时候说的打工说白了就是替人家做一些农活，比如养牛、种地这些。后来就一直是做农活了，一直到我父母结婚之后。我母亲叫古林英，祖籍也是广西的。当时父亲母亲在越南是住在同一个村里，一来二去的就认识了。但是具体哪一年结婚我也不清楚，没有问过他们两位老人家。母亲嫁给父亲的时候是二嫁，所以我有一个大哥不和我们一个姓氏。那我父母亲结婚之后，美国入侵越南，然后他们在越南开了很多煤矿，我父母去这些美国开的煤矿上做工。当时美国在越南北方开了很多煤矿，需要招工去挖煤，那如果你愿意去的话就可以到矿上做工，都是自愿去的，不是强迫的。后来美国退到南方了，就跟这些做工的人说，要是你们愿意的话可以和他们一起到南方去，不愿意的话就回到农村。父亲就是那时候又重新回到村里。

我父母结婚之后生了我和我大姐两姐弟。我们小时候都是在越南长大的，当时村里有中文学校，我们就是在村里读书。那时候并不是所有的地方都是有中文学校的，东潮县因为华侨比较多，所以就开办了很多中文学校，我们读中文的教材都是从中国过去的，像毛主席语录我们是必须要背熟的。不过那边的中文学校都是教白话的，不是普通话。我就只读到了小学就没有再读了，然后就是开始做工，都是种田、种甘蔗、放牛这些农活。到了 18 岁以后，我就去当民兵了。当时是美国侵占越南，飞机天天都在轰炸，我们当时就是想保卫越南，赶走那些美国兵。然后那时候解放军帮助越南打美国的那些战斗机，把他们战斗机打下来以后，就由我们这些民兵帮忙包围起来抓那些美国的飞行员。当时越南部队的军装、水壶、枪支、大米、干粮都是从中国支援过去的，但是我当民兵的时候就只有枪和手榴弹，其他的装备都是正规部队才有，后边回来的时候我还带了两顶军帽回来，是我跟人家部队买来的。我们那时候的枪法都是很准的，因为当时形势很紧张，必须要会用枪的，那些美国的飞机在越南北方轰炸学校、工厂、交通站，我们村不远的山里都被轰炸过。70 年代的时候，中国的解放军还到越南北部打美国的飞机，那时候我们去帮忙抓飞行员，解放军还给我们毛主席的像章，别在胸口的，就只给我们汉族，越南人他们就不给。我一直当民兵到回国的时候。当时越南抗美基本靠苏联和中国的帮忙，苏联援助一些火箭，中国援建物资和解放军拉火炮过去打。但是后边越南就是个白眼狼，中国帮他们那么多，结果 1979 年把我们赶走。

我老婆叫阮氏清，是越南人，京族，家住越南海阳省。我们虽然不是一个省份的，但还是离得很近的，从我家到老丈人家就 15 公里左右。我们认识的时候，是她读书放假了，和她的姐妹们一起到我们这边山上采野果，但是到我们这边以后已经是下午了，没有办法上山，在这边她也没有认识的人，机缘巧合下就住到我们家里了，然后我老爸就和他们几个姐妹说，让她们不要去山上了，让我第二天去给她们采回来。然后第二天采野果回来也是下午很晚了，她们也来不及回家了，就在我们家又住了一晚。后边我老妈在她们几姐妹当中看中了她，就找人去他家说媒。刚好那时候越南在征兵，京族人不管是男的还是女的都要去当兵，当时如果结婚的话就不用去了。那我们家找人过去说媒以后，她老爸看到这种情况就立马同意了，就是为了不让她去当兵。1974 年的时候，我们就结婚了。第二年的时候我们就生了大女儿，我老婆都是在家里看孩子的，她不会做工。越南解放以后，我除了在村里继续民兵训练外就是干农活了。到 1978 年时候，肚子里面又有一个了，但是还没有出生就回中国了。

二

我们是 1979 年农历六月初二回中国的，六月初四的时候就已经进入中国吃中国的大米饭了。我们先是从家里出发到海防，那这段路程的话就是老人和小孩坐班车，年轻人就骑自行车。然后再从海防坐火车到河内转车到同登火车站。到了同登以后，就请马车拉我们的行李到边境的那些关卡，最后就是从友谊关进入中国了。从友谊关进入中国的时候是要登记的，就写我们从越南带来什么东西回来。那时候我们带了很多东西，衣服、棉被、碗、大米、油、自行车这些能带的都带回来了。除了要登记带的东西以外，还要检查我们是不是带了什么传染病，就是边防人员在我们进入中国之前先用棉签在我们肛门收集然后他们带回去检查。当时我们家除了大姐以外，一家人一起回来的。大姐那会儿已经有人家了，她是和她老公一起回中国的。我们从友谊关进入中国以后，就住到凭祥的招待站里。已经不记得住了多久，就记得过来几个晚上之后站长就跟我们说，你们要搬去别的地方了，这边很快就要打仗了，不能再待在这个地方了。所以就把我们移到宁明的招待所去住。当时说是招待所，实际上就是一个大戏台。那地方不够住了，有些人就到农民的大棚下面去住。在宁明住了也没多久，我们到中国的时间是农历六月初四，那到丰田这边的时候即临近七月半。我记得来到农场没几天就七月半了，然后我跑到南靖买猪肉都买不到。我们是从宁明坐火车直接到漳州的，坐了大概七天七夜的火车。当时我们原本是想留在广西或者去广东那边的，因为我们都是讲白话，语言相通就比较好生活。当时安排的人说广西、广东都不要人了，只有福建和云南可以去，你们想去哪里就自己选。然后那个招待站的站长也吓我们，说如果我们这两个地方都不选，就把我们拉到关卡那边，让我们回越南。那时候我们也被吓到了，肯定是不想回越南的，然后就一起商量去到哪边。当时有人动员，福建大米很多，油水也足，就是语言不通而已。然后一看福建的地址，福建是沿海地区，靠近台湾、香港，当时讲难听点就是有人想借福建为跳板跑到香港，所以就选到福建这里了。当时管我们的那些人就是拿了几种颜色的布，剪成小小的牌子，上边写福建两个字，一种颜色代表福建的一个农场。那我们一路坐火车就到漳州了，下车的时候有很多人敲锣打鼓欢迎我们的。但是我们没见过这样的，在越南的时候只有丧礼才敲锣打鼓，所以我觉得很不吉利，刚回来就遇到丧礼。然后，还有热烈欢迎的口号，我们也听不懂。当时我就懂几个简单的普通话词语，像"吃饭"这种简单一点的才听得懂。以前在越南的时候我大姐和堂哥她们会讲一些，那我听多了就会一些简单的词。我们到了漳州以后，农场就安排了班车去接我们到这边。我们是人先到的，等到第二天的时候行李才被送来。

  刚来到农场的时候，我们先是被安排在坪林那边。最先是住在本地农民的家里，就是住在他们搭的大棚里，一直住到农历新年才搬到新房子住。刚回来的时候非劳力的归侨还会有生活补贴，比如像小孩和老人。那我们家的话，就是两个老人有生活补贴，一个人 15 块钱一个月，但是也是发了几年就不发了，具体发了多久的时间我记不清了。我们这些大人算是劳力的，还没搬到新房子住的时候就是帮村里的农民打打零工，帮他们干农活，以这个维持生活。等搬到新房子住以后，我们就是开荒种茶了。当时整个丰田都是这个样子，大家都在开荒种茶。到 80 年代搞承包的时候，我们也是承包土地种茶。当时的承包是以小组开荒的地来按劳力承包的，就是你那个小组开的地越多，你们这个小组能分的越多。然后小组里面又是以家庭劳力来分的，你家里的劳力越多你能承包的地就越多。承包的时候，农场会收土地管理费，一亩地 30 块钱的土地管理费。当时我们家就两个劳力，所以承包的地不多。承包土地是很便宜的，但是茶不好卖。当时农场建了一个茶厂，我们种的茶只能卖给农场。但是我们收成好的时候，农场的茶厂收不了我们那么多茶，但是我们又不能自己拿去卖。最终用技术种出来的茶很多，但是茶厂收不了这么多茶，损失的也是我们自己。有时候没办法了，没有钱花了只能偷偷拿去卖了。但是农场也管得很严，要是被发现了是要罚款的。我们一般都是偷偷拉到靖城那边卖，没办法，没钱了，茶厂又不收那么多茶叶。后边没多久，农场的茶厂就经营不善倒闭了。所以我们也就渐渐开始不种茶了。很多人不种茶之后改种果树，但是我没有再种了，我出去给农户打工去了。当时农村的农户会请人帮忙除草、清理鱼塘，我就是专门去做这些工。我老婆的话，刚回来的时候都是在家里带小孩，因为她没做过农活，也不会做。由于语言不通，所以干脆就在家里带小孩算了。后来等改革开放的时候，工厂这些渐渐多了起来，那她就去附近的木耳厂打工，是固定工来着，第一个月390块钱，做了三个月之后能涨到450块钱。当时真的很难，如果光靠我一个人种茶叶，根本不够我们一家老小吃饭，所以我老婆这才自己到农场外边做工作。她普通话也不会说，也是很辛苦。后边她就是一直在外边工厂做工，做到50岁才回来。那我们家的话后来也是重新把地种上了，一直种麻竹到现在。

三

我家里有两个小孩，都是在农场这边读书的。当时回来的时候农场在丰华这边修了华侨小学，归侨都是在农场的小学读。等到初中的时候就去丰田读，当时我大女儿初中没毕业就不读了，她是成绩不好所以也就没有继续读了。大女儿现在差不多50岁了，之前一直在工厂里打工。开始是在台湾人开的雨伞厂里缝雨伞，做了大概10来年，后来雨伞厂倒闭了，又到县城一个比较小的雨伞厂做工。小儿子也是读到初中，初中毕业以后就没有再读了。之后就在人家的理发店里打工，也自己开过一年的理发店，但是到结婚以后就没有再做这一行了。小儿子结婚以后，想去广东那边继续从事理发行业，广东那边做这个比较能赚到钱，但是我儿媳妇不愿意去，那我们就劝小儿子干脆改行算了。所以结婚以后他就留在丰田了，就在丰田的工厂上班。我大女儿是2003年结婚的，小儿子的话也是差不多那几年，具体的时间我们忘记了，都没想着要记下来。当时我们归侨结婚是要开"茶会"的。当时我和我老婆结婚的时候有，大女儿结婚的时候有，小儿子结婚也有。就是大家在一起唱唱歌，吃吃糖。女的没有对象，男的也没有对象，那大家就在这边认识一下，"茶会"就是给他们一个认识的机会。这个是越南那边的传统，我们归侨回来的时候也把这个传统带回来了。这个传统和广西壮族的对山歌还是有点像的，比方说我看上哪一个了，我就上去和他（她）一起唱歌，东华那边就很喜欢对唱这个形式。我们丰华就有一点不一样的地方，我们会把名字写在纸上折成花然后插在瓶子里，一个人唱完歌之后就可以上去采花，就好像抽签一样，你唱完歌了才有机会采花。

刚刚来到农场的时候生活很苦，我们是吃的大锅饭的食堂，一个人一碗大米饭，像我们这些大人要做工的，根本吃不饱。如果家里的小孩多，小孩吃不完还可以吃小孩剩下的饭，那家里小孩少的就没办法了，基本每天都是吃不饱。当时有钱也买不到吃的，那时候买东西都要票，一个饼干要粮票，粉也要粮票，我们根本也买不到吃的。后来生活改善了，农场有补贴大米和猪肉，一个人一个月大概45斤大米。现在生活，就比以前好很多了。我现在的这个房子，是我自己建的。当时建房子是有补贴的，这个是当时国家的侨居工程给的补贴。当时的话就是头一批建的补贴就多一些，有21000元，但是我是比较后面建的房子，所以补贴就比较少了，大概10000元多一点不到两万。我们建房子也不是随便建的，需要在居委会登记，然后交10000块钱就当买地皮的钱。这些地皮是公家统一规划的，规划好了给你地了才能建。2007年的时候国家也建了一批侨居工程的安置房，像商品房一样的，但是太小了，只有80多平方米，我们家6个人不好住，平时干农活的锄头也没地方放。而且那个房子要三四万块钱，那个时候拿不出来。像这种自建的住得比较舒服一些，三层楼刚好解决我们家6个人住的问题。

  我们家现在和越南的亲戚还有联系。因为我老婆是越南人嘛，所以小舅小姨这些亲戚都还在越南。我们跟他们一直保持联系，也回过越南看过他们很多次。头一次回越南的时候是2010年，我们从漳州坐班车到东兴，再从东兴过越南。后边的话去的次数就多了起来了，也都是从东兴过去的。我小舅也来农场看过我们，具体是哪一年我忘记了。他来的时候，我们还在种茶采茶。他过来的时候看到他姐姐在这里生活得还挺好的，他也很开心。但是他们回去的车费，是靠我们给他们才能回去的。我也有很多亲戚兄弟在扶绥那边，我也去过南宁，只不过没有回广西的老家看过。

严之伟　口述

口述者简介：严之伟，男，1960 年 6 月出生于越南北江省陆岸县，几经漂泊后定居于海阳省志灵市，广西防城港人，爷爷那一辈去的越南，1979 年参加过对越自卫反击战。

时间：2022 年 8 月 17 日
地点：丰田华侨农场丰华社区严之伟家中
采访者：邵思民、邓洪娇
华侨属性：越南归侨
南洋物：自行车
整理者：邓洪娇

一

我叫严之伟，1960 年 6 月出生于越南北江省陆岸县。我们住在越南海兴省，现在是海阳省志灵市。在越南的时候，我们在农村做农活。我家是爷爷那一辈去的越南，当时他从广西防城县（今为防城港市）走路到越南。当时我爷爷是有小孩的时候带小孩过去的，我爸爸刚出生还小小的，我爸爸是一九三几年出生的。他们过去住了好多个地方，后来才在志灵安定下来。广西到越南那边很近，当时去越南那边，可能是为了生活，生活这边就不够吃了，人家说那边土地好、土地肥沃，只要一个锄头柴刀就可以生活。当时我爷爷他们过去就是开荒种田。我爸爸在越南那边那时候还没有学校，后来他自学才懂得了一些字，到我那个时候才有学校。我则在越南那边读到了初中，毕业后就去干农活了。我当时读书的学校在镇上，里面是越南人跟华人混合在一起，都学越文，那边那时候没有中文学校。

我有七个兄弟姐妹，我排行最大。有三个妹妹现在都嫁给华侨了，有两个弟弟娶了越南妹，他们是亲戚介绍的，差不多是 2010 年结的婚。我妻子还有一些亲戚在越南，她的亲爷爷和亲奶奶都是越南人，但是由于当时在越南生活困难，于是她的爸爸小的时候就被过继给华侨的爷爷奶奶养了，就变成了华侨，后来她们一起跟着养爷爷养奶奶回国了。之前她爸爸是阮姓，后来跟着中国的养父母改为了谢姓。她的爸爸是 13 岁的时候，就跟着现在的养爷爷养奶奶。在他七八岁的时候转过了好几手，前面几家都是华侨的，他们互相介绍的。有些华侨生病了，养不了了，就给自己的亲戚养。她爸爸的亲生父母生了五个孩子，两个女三个男，她的爸爸排行第三。一般送养出去的都是女孩子，男孩子都不给的。后来都约定好了，把大女儿，也就是我妻子的大姑，送给别人。到半夜的时候，大姑发烧了，第二天早上别人就要来拿人了，她大姑发烧了去不了了，就轮到她爸爸去。

二

1978年5月份，我18岁的时候回到中国。我们出发的路线就是从家乡海阳省智灵县那边出发，到友谊关那边过来的。我们在智灵县坐火车到同登火车站，然后从同登火车站走路到边境，到友谊关。我们家离开越南的那时候，带了一些日常用具，有自行车、棉被、锅、碗那些东西。我们是八口人回的国，有我父母跟我六个兄弟姐妹。我们到友谊关后，在凭祥那边住了一个月左右，住在308招待所，可能那个招待所现在没有了。当时福建这边有人去找我们，我们就登记，然后就跟着过来了，也是有几个地方可以选择过去的，他们每一批来的人不同，但是福建这边比较早到，他们叫我们登记，我们就来了。1978年的那时候，开始有一些人回来了，我们还没回来，很多人也还没回来，越南那边就给我们限制，让我们感到害怕。他嘴巴子上说，你们不要回中国，在这边住得好好的就好了。虽然他嘴巴上是这样说，但是他们又派人来村口那边拦住我们。我们要回中国去，就把能卖到钱的一些东西拿去卖，那些越南民兵就拦住不让我们卖，去哪里他们都来盘问，后来我们感觉这样子哪里能生活下去。要跑，就半夜偷偷跑，因为白天会盘查，不能带东西出去。我们要走的时候，两手能拿多少就拿多少，自行车能拉多少就拉多少，那个自行车还要载人载货。我们首先拿衣服，还有大米，还有一个锅和碗，那些必需品的都要带，还有剩下的几个谷仓，猪圈、鸡圈、牛圈的那些通通放弃。那些民兵进来，他们就捡去了。我们半夜推着自行车，有的人家骑牛车，几家人一起从村里走路到火车站，大概三四十公里，走了三四个小时，走到火车站时天已经蒙蒙亮了，但是那个火车到中午才开走。我们坐火车到同登火车站下车，在同登那边，有马车送我们到关口，我们是下午到的友谊关，那边有饭给我们吃。后来有车接我们到凭祥那边，我们在凭祥等了一个月左右，也住了一个月，天天有饭吃，不用做工，等着进行登记和分配。当时是自由登记，也要经过我们自己的意愿登记，但是我们当时都不知道那些地方怎么样，有人叫我们登记我们就登记过来了。有一些登记到省城里去的，那些是很好的了，有一些登记到山里面去，还有一些登记到沿海那边去。我们从凭祥坐火车到漳州火车站，那时候有人来迎接我们，敲锣打鼓的，很热闹。但是我们来到这边就知道不好了，一来就看到牛，就感觉到害怕了，因为我们在越南的时候也是在农村的，来这边看到牛就知道是农村了，小半辈子都是在农村里了，当时这边的老百姓也还很穷很苦。

当时我们回来开荒的那几年，一个人的工资一天才一块钱，不够花但也只能这样，吃的就很简单，都是买便宜的东西吃。那时候本地人每家每户都有养猪，环境很乱，导致猪得了猪瘟，死了很多头猪。我们归侨就没有猪圈，只是住着一个房子，没有地方养猪。那些本地人养的猪死了，他们就杀，他们的猪刚死了一天还是半天就杀，那个肉很难看嘛，他就煮熟了，然后把那些煮熟的猪肉卖给我们归侨。他们自己杀的他们不吃，反而是拿来卖给我们。正常猪肉的价格可能是七八毛一斤，但是他们卖的得了猪瘟的猪肉是两毛钱一斤的，很多人就买，我们也吃得很多。那时候没有肉啊，需要用肉票才能买到肉类，但是那个死猪肉就不需要肉票，所以那些本地人就拿来卖。那个时候的技术没有现在那么先进，天气一热，猪得了猪瘟就死掉了，他们就煮熟了才拿来卖给我们。有的本地人他不贪这个钱，死掉他就拿去埋掉，那些死掉的都是小猪，不是大猪。鸡也一样，养鸡养猪养啥也都是一样死。那时候每家每户都有养家禽，有时候养的家禽死了，那个时候还没有冰箱，他们就烧一堆柴火烤干家禽，这样子可以放得久一些。

80年代那个时候很累，天天都要干活，搬石头，走路，爬山，什么都有。我妻子刚开始来的时候真的不习惯，一直哭，哭得眼睛都肿了。当时在农场这里讲话都不通，讲不过来，吃东西也吃不了。以前都没有什么东西可以买，买衣服也要票，买大米也需要票，买猪肉也需要票，没有票就买不了东西。当时我们每天晚上有去夜校学习，每天晚上都学语言，那个时候都是不需要用钱的，那时候叫作扫盲夜校，我们白天做工，晚上就去读夜校。我们读了几个月，有一些读了差不多一年，也有一些结了婚有了孩子那种，因为白天做工晚上上课，太累了，就不怎么读了。那些夜校的老师白天教我的小弟小妹，晚上就教我们。那些18岁以下的没够年龄就可以去读书，我18岁了就要去做工。当时我读书很认真，都是靠字典来认识字，知道那些字的意思。有些人也想读，想知道那个字是什么意思，叫我帮他找，我就说那个字在字典里的第几页，我记得好多个经常用的字，他们在字典里的第几页。

有一些归侨回来的时候，因为在越南读过中文，会一些字，后来农场就叫他们去当老师教一些小学生。我妻子有七个兄弟姐妹，刚回来的时候，她的大哥和她两个去做工，还有六个兄弟姐妹去读书了。那个时候学校的读书氛围很浓，在农场这边，每个小孩都背书包去读书了。那时候还没有计划生育，农场有很多小孩，华侨就在这里捐个学校，很多小孩去读书。后来有计划生育了，加上有一些人家迁到外面了，小孩就少了，农场的两所学校就进行合并，再过几年，又跟远一点的学校进行合并，到后来整个农场的学校都合并在一起。

三

我来到农场后，去上夜校，学了几个月的中文，后来就去参军了，那时刚好过春节，大概是年初二初三这样子我就去到云南了，当时是上级部队领导来到农场这边接我们。当时候领导下来号召，说国家有需要，那我们归难侨回来就是要感恩国家，国家需要我们就去了。我家就是我一个人去当兵，不需要带什么东西，直接过去，军队那边都有分配衣服的。当时他们下来号召当兵，是讲究自愿的，谁愿意就去了，我也没有训练过打枪，是去到部队以后才训练的。当时我报名后，先在农场这边进行体检，后面到云南，到部队，一路都需要体检，体检很多次了。刚开始在部队那边，我们每天学习语言，就是中国语言跟越南语言，相互翻译的，到那边就马上学，打仗需要的就抽人过去当翻译。他们每天都抽人去当翻译，我们就每天都跟着学。到后来好像打一个月的战就停下来了，有抽到我，但是我刚上车过去，那边就停战了，所以我就不用去到前线。后来我被调到另外一个学校去教越南语，那个学校是在云南省内的澄江县，也是部队学校，我每天辅导他们写越南语，那里只有一个班级。我去当兵的那时候没有觉得害怕，当时想的都是，打仗了我们中国会胜，越南会输的，我们都没什么害怕。我当时在云南那边待了一年，后来暂停打仗了，我们就转到训练营，还是学军事的基本功，像走步、打枪，等到那些训练好了，就再调到部队学校去待半年。我们在部队里发生了很多有趣的故事，就是大家很多战友在一起，是很高兴很快乐的事，那是我们人生第一次的经历，从来没有参军过。我们的那些战友跟我的身份一样，也是归侨，也有其他农场来的，不单单是我们农场，像我们福建的农场，也有广西的农场来的，但是广西的农场来的人跟我们不在一起训练。招的人很多，整个福建招了两三百，单单我们农场是招了四十多个。当时战争打得很激烈，我们经常看电影看新闻，从我们中国打过去的，用那个炮很多，一开始开炮打得整片天空都哗哗亮亮的，打的炮弹太多了。我们参加对越自卫反击战争的回来到现在，什么功劳都没有，什么档案记录都没有，什么补贴都没有，空空的。刚刚回来的时候有安排工作，安排我去农场的派出所工作，后来在派出所觉得压力太大了，发生人家打架偷抢的事情，做不来，就没有继续上班。后来我就去做农活了，拿锄头去开荒。那时候回来是 1980 年，我们连续开了好几年的荒。当时我们开荒算的是工资，一个月赚 30 多块。当时我们没有休息的时间，天天上班，除非下大雨不能去。开完荒之后，我们就种茶。我有 6 亩地，每年都要交钱给国家，1 亩是交 30 块，我 6 亩地一年就交 180 块，直到现在。但现在都丢荒在那边了，没有种东西了，但仍然需要交钱。现在那个山地都不能种些什么了，都把它变荒了。有一部分地还可以种橘子，有一部分高了成山地了就放荒了。后来种竹子种了好多年，可能有 20 多年了，竹子收益还可以，外面有人收购。我没有出去打过工，想着我们家里有点土地，就在家里做了，就不能去打工。我没有出去打过工，我在家里种竹子、种香蕉，我妻子断断续续在农场周围的工厂打过工。茶不种了之后，就开始有工厂，那个时候有很多工厂。2000 年左右，我妻子在台湾人包的木耳厂做工，一个月三百块钱，后来 2010 年左右到我们中国大陆人开的工厂打工，一个月的工资是两千多块。

  我是 1982 年 11 月结的婚，我老婆也是华侨这边的，她的名字叫谢亚娇。我们以前在越南是同乡同村的，从小就认识了。我们恋爱了两三年，回国后在农场这边结了婚。我是 22 岁结的婚，当时的政策也是 22 岁才够岁数结婚。当时也有媒人，但是不怎么用说，因为我们两家算是很熟了，也有那些老人拿我们的八字去算我们结婚的日子。当时我们还没结婚的时候经常来往，我到她家去玩，在越南的时候是同一个村子，来农场这边也是同一个村子，相隔不到十米。当时定亲的时候，有一个人帮我挑着个扁担，去她家里提亲。我不用挑，别人帮我挑，袋子里面放着饼干和糖果。我们家给了她 200 块的礼金，我妈妈也给了她一对小耳环，当时她们家的嫁妆是三套衣服。我们那时候刚回国不久，什么都没有，结婚请的酒席很简单，一桌菜就够了。我们在家里请自己的几个亲戚，一桌人就够了，那个时候也没有多少人呐，都是几个华侨过来的亲戚。我们当时结婚的时候，婚服是我亲手做的，亲手缝起来的，我自己做衬衫和西服，给我妻子做粉红色的衣服，那时候没有裙子。我们那个时候没有联谊会，但是后面人结婚的晚上有联谊会，跳舞唱歌，那也是越南的习俗。

我们生了两个小孩，一男一女。女儿现在嫁出去了，儿子不会说话也听不到，先天性的。女儿是 1983 年出生的，儿子是 1986 年出生的，当时在农场这边生的，由于超生了被罚款了五百块。当时要求生完第一胎，过四年后才可以生第二胎，我们还没有到期就生了第二胎，所以就被罚款了。后来我们一直养他，他天生不会说话，也不会听话，但是他头脑灵活，我们也供他去读书了，在聋哑大学读书。去了好多个地方读书，开始在漳州，后来到厦门，一直到郑州那边去。我们两公婆做工的钱全都给他去读书了。我妻子说，就算是一毛钱一个字我们都要供他去读书，两公婆拼命赚够让他去读书的钱。我们的女儿考上大学，都叫我们的女儿停下，让那个不会说话的儿子去读书。因为那个时候我们供不起两个人去读书，而且聋哑的读书学费加三倍，他的学费比正常人贵得很多。那个时候很辛苦，女儿刚退学的时候，她差不多一个月都待在家里，也不出门，一直还想读书，后来去广州打工，认识人了就嫁到广州去了。我女儿是在 2009 年，大概 27 岁的时候结的婚，当时在农场这里摆了大概四五桌酒席请了些亲戚。我们那时候也没有多少钱，后来他们又去她丈夫的老家汕头那边摆酒席。儿子现在跟着我们住在一起，他住楼上，我们住楼下，平常就去工厂里打工。他已经结婚了，现在有两个女儿，那年我们带他回去越南娶了一个越南妹，她的妈妈也一起过来，跟着我们住在这里。福建有差不多几万个越南新娘，我们村里可能有十个以上。

后来我有去过越南几次，2010 年去过一次，先在这边坐大巴到凭祥，过关后在越南那边才坐飞机，从河内飞到胡志明市，带我儿子一起去越南，帮他介绍越南的老婆。

朱蒋辉 朱阿娇　口述

口述者简介：朱蒋辉，男，1938年出生在越南广河县，客家人，祖籍福建莆田。其祖上清朝从福建迁到广西，再到越南谋生，朱蒋辉是在越南出生的第五代华侨。朱阿娇，女，1959年出生在越南广河县，客家人，祖籍广西柳州。朱阿娇是朱蒋辉的侄女，1979年农历正月初一，一起回到丰田华侨农场。

时间：2022年8月16日

地点：丰田华侨农场东华社区居委会办公室

采访者：邵思民

华侨属性：越南归侨

南洋物：无

整理者：邵思民

一

我叫朱蒋辉，1938年出生的，我今年85岁了，出生在越南广宁省潭下县。我曾祖在清朝的时候就已经过去了，是从福建下到广西，从广西到越南的，具体过去时间和路线我就不清楚了，我只知道到我这一辈我已经是家里的第五代华侨了。我爸爸叫朱德青，在我2岁的时候就突然在越南去世了，我对他的印象已经非常的模糊了，我记不起来他的样子了，很多过去的事情都是我奶奶和堂叔告诉我的。我不太清楚我的老祖宗最早是什么原因过去越南的，可能过去越南生活会比较好，会让我家里的日子过得更好一点。我家那时候过去越南就已经开始开山种地，我家里没有人做生意的。我祖上都是种田的，那时候就觉得吃饱就行了，自己种的就自己吃。

我们农场很多都是广西防城港的，但我不是广西防城港的。我是在我很小的时候，听我的堂叔说我们老家是在福建莆田。我堂叔说我们祖宗在清朝的时候就从福建下到广西，再从广西去越南。我堂叔也不知道我祖宗是哪一年过去越南的。因为我爸爸去世得早，我家里只有我一个。我父亲在越南是不做生意的，听我奶奶说他也是种地的。他过世后，我妈妈邓二妹就改嫁了，我妈妈都没带过我几年，她就被媒人介绍嫁过去了柳城华侨农场，都没有回来过，我对我妈妈的印象也不深刻。我妈妈去了柳城以后，我就跟我奶奶在一起生活，我奶奶带大我的，我奶奶因为年纪大了，没有工作，没有收入，所以我是我堂叔朱有青帮忙把我抚养长大的，我和我奶奶，还有我堂叔家里都是住在一起。我小时候读过书的，我七岁在华人开的学校读小学，读了五年的中文，这个学校里面只有华人，没有越南人的，读到越南解放，我们就没读书了，因为我们都被赶去劳动了，不能再读书了。后来我们长大了又读了三个月的越南文，因为我们在那边工作，所以必须学习越南文，那时候我已经 35 岁了，强制我去学校上了两年越南文。

我是 35 岁结婚的。我结婚比较晚，我老婆也是华侨，她是 1943 年出生的，她比我小 5 岁，别人介绍我们认识的，那时候不像现在这么开放，我们需要别人介绍的，我还要给一点介绍费，介绍费很少。她也是 30 多岁跟我结婚的。我跟我老婆结婚的时候，我就给她买了衣服，买了 15 套衣服，没有裙子，是裤子，衣服让她慢慢穿，什么颜色的都有，橙色、蓝色都有，那时候买衣服都要布票的，我老妈给我老婆买了很多布，然后她就自己拿去裁缝那里做衣服，结婚的时候，我记得她穿的是一条黑色的裤子，一件绣着红花的衣服。结婚的时候我们要拜祖先，我们要杀一只鸡摆在坛上，我跟我老婆要同时跪拜三下，还要两个人陪着我们一起插香的。

由于越南排华，我们不得不回来。我回来的时候已经 41 岁，其实一开始我是不想回国的，我在越南生活了四十多年，让我一下子走，我都不适应。离开最主要的原因就是因为越南人欺负我们。那时候排华，他们越南人就说："你们不能在这里住，你们是中国人，不能在这边，你要赶紧滚回国，你不回国我们就把你迁移到越南中圻里面去。"因为我们离中国不远，我们走的话不到一天就到中国。他们干脆就把我们赶回来了，他们天天对我们说的都很难听。

我在 1979 年 1 月份回国，我和我的妻子钟石妹带着五个小孩（四男一女），当时我妻子肚子还怀了一个孩子，有六个月了，后来这个男孩是在农场生的，所以我有六个小孩。我回国的时候，当时还有人叫我打胎，我说我来中国，可以让我们生，我还想生一个"中国崽"。回国的时候，我就带着我一家子，从越南潭下县那里租了一条船，走水路坐到芒街。还没到中国边境的时候，我就去找了部马车带我们回来，车夫下午才把我们送到河（北仑河）对岸，但是当我们过了河以后，中国武警不让我们上岸，因为我们中间掺了越南人。我也不清楚为什么这几个越南人跟我们一起跑路，然后就把我们抓过去盘问底细，最后抓走了那几个越南人。

过境后，我们就走到了广西东兴，当时大家在东兴住了一个月，就是随便住的，搭个棚子搞几个隔间就睡一起。然后各个农场就开始收人，哪个农场要多少人哪个农场分配多少人，然后就把我分配到了福建漳州，我也不知道怎么把我分到福建的，据说哪里缺人就分配到哪里去，当时给我们每人一个号牌，不能多拿的，分到哪里去哪里，给了我一个牌子是福建的，我又坐了三天三夜的火车到了福建漳州，农场派了大巴来接我们的，我们又坐上大巴来到了农场。我记得很清楚，那天刚好是年初一，我一下车，农场的农村人就敲锣打鼓欢迎我们，我们非常不喜欢，感觉就像人离世才会敲锣打鼓的，看着很高兴，心里很难受，很像办丧事的感觉，主要是我们刚回来，我们觉得很不适应。我回来住的房子也比较小，门口架了一口锅煮饭，后面就是一个隔间，我们就一家人挤在一起，我当时的房子是 40 平方米的样子，这房子是按家庭人口来分的，人多的就大一点点，人少的就小一点，基本没什么区别的，后来半年不到，我们就住进了新房子里面，一栋八户人住，房子非常不错。

　　我回来的时候，农场给我分配的工作，是担任队里的会计，管钱管到我退休，一个小队的钱都是我在管。我刚回来没让我种田，回来开荒的时候，都没让我去劳动，因为上面讲我曾做过村里会计的工作，我当时是一个月 15 块钱。后来农场开好荒，种好茶后，我也成为劳力，让我去种茶。我当时有五六亩地，两个劳力就是我和我老婆。那时候赚钱没有规定的，反正那时候赚钱赚得不多，钱多的时候也就是赚 300 块钱左右。管得好就有钱，管得不好就没钱。我们开荒时，不用给钱给国家，后来分配土地后，农场一年收 30 块每亩，现在也是收 30 块，很便宜的。我拿工资，是按工分来算，开荒就是按工分来算工资，看你一个月做多少，开多少荒就有多少钱，我最多的时候一个月可以赚 30 多块钱，开荒多，钱就多。那几年 30 多块钱，相当于现在的两三千块钱。一块钱可以买很多东西的，但现在一百块钱都买不到什么了。我老婆刚回来就是开荒，去开荒种茶。

　　刚来的时候我对当地人的印象非常不好，因为他们经常区别对待我们这些归侨，他们讲我们占了他们的土地，所以我们经常闹矛盾，我还跟他们打过架。农村就是怕我们占他们的土地影响他们的收成，所以经常欺负我们归侨。我的小孩在读书的时候，也经常被欺负，孩子之间也经常打架，我们相处得非常不愉快。但现在好很多了，没什么要争的大家就和和气气的，后来他们退休了，还讲我们到农场非常的好，因为我们一来对他们非常有利，我们不来，他们都没退休金，像我们那边的公社就没有退休金，很可怜。我们来到了农场，就使本地人的退休福利待遇都变好了，本地人比我们钱多，因为他们比我们的工龄长，工龄长的退休工资就高。而且这边工厂比较多，别人都来这里投资建厂，这样大家就会都有钱。

　　我经常跟其他农场的人聊天，我们会说一下最近生活状况，我们在国内哪个农场都有朋友，我们平时经常用手机讲笑话。在越南南方的西贡那边也有很多亲戚朋友，因为那时候开荒经常一起种田，我堂叔的小弟还经常打电话问我生活过得好不好，需不需要寄什么吃的，我还会告诉他们我在这里的生活怎么样，我吃得好不好，我每个月能赚多少钱，经常打电话聊家常，包括我出去旅游，我都会拍照片发给他们看，但是我在北方就没有好多朋友了。

　　我干活干到了我 60 岁退休，我还有五六亩土地。现在我的地，都交给了我二儿子和四儿子，他们在种香蕉，种甘蔗，其他儿子出去厂里打工了。不过现在他们种香蕉不行了，香蕉种了一百棵，有三十棵树坏了，不能再种了，全农场都是这种情况，我们还是要种地的。

　　我年纪大了，记不清楚我几个小孩的出生年月了。我的六个小孩都结婚了，我四个儿子都是在农场里归侨找归侨，结婚习俗也不麻烦，基本就是双方同意就行，还是需要一个媒婆介绍，我们会给媒婆意思一点钱，我给我儿媳妇们也就是五千块钱的彩礼，我们请客吃饭吃了两天两夜，结婚会有人给我们家里包红包，我们结婚会记账的，多少钱下次也会包给别人。红包也就是两块五这样的，五块钱是最多的。现在的人结婚就是两张红票子和三张红票子。我最小的儿子找的老婆是越南媳妇，但是她跑掉了，我也不知道是什么情况，只能说越南老婆养不熟吧。他们打了结婚证并在一起生活了五年，起初是媒人介绍的，媒人叫我们去越南看一下，我就跟他一起回去越南了，见面我们觉得还不错，就给了媒婆一万块介绍费，给了女方四万块钱彩礼。这个钱里面就包括了护照以及七七八八证件的钱，现在四万块钱是不行了的，因为现在娶越南老婆估计要十多万了，尤其是西贡娶老婆超级贵。我们农场有很多男人都娶不到老婆，所以很多是娶了越南老婆。我小儿子娶的越南老婆是少数民族，她是瑶族的，她来到中国是没有户口的，在越南那边帮她办护照，开一个未婚证明，是用越南文写的，写完了以后又把它翻译成中文拿过来去市里打结婚证就行了。但是几年前这个越南媳妇跑了，他们生了一个孙子给我们老人家带，一开始我们讲话都语言不通，她说话我们也听不懂，不知道发生了什么原因，我们家也没有欺负她，对她非常好，后来跟着越南人一起跑了，就是养不熟的那种。我们农场很多都去越南找老婆的，越南媳妇都搬过来农场住了，但是很多也都跑了，我建议不要再找越南老婆了，媒婆介绍的又贵还很不靠谱，花了钱又娶不到老婆。我们总不可能天天看着越南媳妇，我其他儿子结婚找的是本地人就比较好，大家都是知根知底的。我女儿现在去了美国，男方是宁德东湖塘农场的华侨，那时候他搬迁来到了漳州住，就认识了我的女儿，他们在漳州结婚的，也是在漳州摆酒的，当时有个媒人过来帮忙讲一下，说这个男方没有老婆，他们两个就相亲见面，然后就开始谈恋爱，他们结婚的时候给了我家里几千块钱彩礼，我们家也觉得意思一下就可以了，后来她老公的妈妈去了美国，我女儿也跟着一起去了美国。那时候农场的人都是喜欢往外面走的，他把我女儿也带出去。现在因为疫情，我有很久没见到我的女儿了。

我现在吃的东西比越南好，在越南的时候经常挨饿，我非常喜欢中国，我现在都不愁没饭吃。我们在越南的时候，天天出去干活干到晚上八九点回来，吃又吃不饱，饿又饿不死，煮的那个米缸稀饭，一碗也就是几十粒，吃了以后的肚子走路都是蹦蹦蹦地响，一肚子的水根本就吃不饱，我们一个月只能吃 12 斤水稻。我们在越南都是种粮，那个水稻收回来有几个仓库的量，越南人在农村房那边建了一个三层的仓库，把我们辛苦种的粮食通通调到了里面去，强制我们要把水稻交给越南政府，但是我们自己都吃不饱，我家里都只能吃地瓜。我们自己都拿不了那么多自己种的水稻回家，越南政府很爱占我们便宜，一亩地收了我们七八斗，有次收了我们十六斗，感觉都快饿死了。

以前回国的时候觉得一般，住的也不好，我们刚回来做劳力的时候，农场都没让我做什么，开荒都不能去，你随便干什么，你在家里睡觉都行，但只要去开荒做劳力就有人管你，中国和越南一样都要管我们劳力的，但是我回到了中国吃得饱，有肉吃，穿得暖，冷不死，衣服都是国家给我们发的。我们去南宁一两天，负责人给我发两套棉衣，然后我们在南宁住一个晚上，再坐火车回来农场。我当时拿了我们五个人十套衣服回来穿，上火车的时候我就穿起来了。中国好啊，像我们年纪大的就是想能够吃得饱，穿得暖，其他的我们也不图什么。他们越南的那些人到现在还要做工，我们就不用，我们有退休金，生活得挺好的，这一点对我们就非常的照顾。

二

我叫朱阿娇，我是 1953 年出生的，我中国老家在广西柳州，我在越南是住在广宁省广河县，我祖上就过去了越南，因为当时我家里没钱，就只能过去谋生活。我爸爸叫朱信钦，我妈妈叫冯土妹，我父母都是归侨，我父母是别人介绍认识的，我爸爸在越南是种大米的，他种了一辈子的田。我家里种甘蔗、柑橘、地瓜、芋头等，因为我们是农民，所以会种很多农作物，越南大米很少的，没有卖的，种了就自己吃。我家里当时的生活条件不好，房子都是泥土漆起来的那种房子，用瓦片盖起来的不漏雨，房子里面五六间。

我是 1979 年 1 月回来的，朱蒋辉是我的伯伯，我们是一起回来的，我家里有七个兄弟姐妹，我是家里最大的大姐，越南排华赶我们回来，大家都跑光了，我父亲母亲带着我们七个人一起回来。我们从越南广河县坐船到芒街，从芒街的桥底走路过去东兴坐班车到南宁，在南宁又坐了三天三夜的火车到漳州，又在漳州坐了一个小时的班车到农场，下车的时候本地人敲锣打鼓迎接我们。那时候我也不知道怎么分到漳州的，但我的爸爸妈妈分到海南了，因为我当时回来的时候我已经结婚了，我跟着我老公过来漳州的。

我的老公也是华侨，我比我老公大两岁，大家原来都是住在越南一个村的，我们是别人介绍的，但当时我跟我老公都没见过面的，跟现在不一样的，我和我老公只在介绍的那一次见过一面，人家带过来看一下，合适就结婚，不合适就拒绝，然后我老公很喜欢我，他说什么时候结婚就什么时候结婚，我也很满意，我们就在越南登记结婚。我 22 岁跟我老公结婚的时候，他给了我两百多块钱的彩礼，其他什么都没有，收了一点礼给我爸爸，送一点猪肉给我爸爸，我爸就同意我跟他回家。结婚当天的衣服只有一件红色的花衣服和一条黑色的裤子，我鞋子是凉鞋，我的头上什么都没带，我头发梳好了就出来了，用两条红色的绳子绑了两条麻花辫，我前面放一条，后面放一条。我老公给我买了一条毛巾，我婆还给我送了几块布，当时在越南很穷就也没买什么，我们结婚就很简单地算了日子，然后让别人帮忙选在 3 月这个好日子，结婚早上我老公把我接回家，我们两个要跪拜先人，拜完就请客吃饭，亲朋好友给的红包也就是三四块钱，我的嫁妆也是几套衣服，他姑姑、姐姐又给我买了一块两米布，这是习俗，要全新、没开布的衣服。

我记得我和我老公在越南有读过书，白天做工，晚上又读一个钟头的书，又会回来跟小孩一起学中文，我当时读的是收盲班，因为我们都不会读，所以我们在里面学习，我们当时教书的老师已经过去美国了，是本地人给我们上课的。我们两夫妻刚来农场就去种田开荒，一天算下来是一块钱，开完荒后我又种茶，采茶是分时间的，一般都是春茶、夏茶、秋茶、冬茶的四贵茶，采完就没有了，多的时候卖四毛钱一斤，我们当时还分一级、二级，一级就多一点钱，二级就少一点钱。我以前有五六亩土地，每年 30 块一亩交给国家，现在我们的地都没有荒废，还是要交钱上去的，后来我还种过香蕉、地瓜等。我的工资原来都是按工分来算的，做得多就有钱，做得少就没钱，退休就轻快了，我现在就在家里煮饭和种菜，退休的时候我们才三百多块钱，现在加到了两千多，国家给的福利很好。

我有三个小孩，一个女儿和两个儿子，我的女儿嫁去台湾了，她老公是台湾人，因为有人来农场娶老婆，别人就介绍他们认识，给了我女儿一万多块钱的彩礼，我女儿结婚都十多年了，她的大儿子现在 15 岁，小儿子 12 岁。我大儿子的老婆是我们农场的归侨，大家在这里都认识的，他们是自由恋爱的，给了女方一万块彩礼，摆了十多桌酒席，没有吃三天三夜，因为没有那么多钱，周围亲戚好友送的红包可能就是五六十块这样。我小儿子还没有结婚，本来想给他找一个越南老婆，他自己不要，再加上现在很多女性要求太高了，所以不找了，我儿子有一套房，我现在跟我小儿子住在一起。

我对本地人的印象还挺好的，我们经常在一起玩的。我刚回来的时候，我住的房子是 36 平方米，我当时分了一间，现在的新房子是一层八户。我现在的饮食习惯已经很平淡了，吃的东西跟国内差不多，我现在跟越南朋友没有联系了，因为没有朋友在那边了，除了在山上住的朋友，但是不好联系他们，所以就没联系了。

张绍新　口述

口述者简介：张绍新，男，1972年出生在广宁省广河县，客家人，祖籍河南。其父最早去越南谋生，张绍新是在越南出生的华侨，六岁回国，家庭基本上都是以农业为主。

时间：2022年8月13日
地点：福建东华社区居委会
采访者：邵思民、罗赞、邓洪娇
华侨属性：越南归侨
南洋物：无
整理者：邵思民

一

我1972年出生在广宁省，我回来的时候6岁，我家也是搞农业的，基本都是搞农业的，越南那边没什么工业，在北部工业比较多，在南部可能偶尔还搞点工业，我也是干农活的。

我们1978年是全家人一起回来的，其中有爸爸妈妈，还包括爷爷奶奶。我家有我们五兄妹，我是老大，我还有两个弟弟，两个妹妹，我们一起从广宁跟船过来芒街。我们从芒街一起走路过来东兴这边，东兴住了没多久，然后又安排了我们去南宁，要等他们去那边领人的，不是说等安排的。

那时候过边境很危险的，两边都是那个竹子撒药水，只有中间一条路，需要中国的部队带路，领我们这些难民过来的。越南来的就送到越南的边界，在中国边界那边接人，部队穿制服的不能过去，不能跨界，走路的。两边还有那个削得尖尖的竹子，怕有谁在两边。接我们过来东兴后，我们就在搭起来雨棚的地方住。那时候冬天冷得要命，我爸爸以前就是做黏米机器的，在越南时国家叫他开一个黏米的单位。当时他带了一壶茶油，他就倒这些油起火取暖。

我们是12月回来的，我记得当时在火车上过年，路线是到鹰潭再转过来丰田华侨农场，回来住的是隔壁邻村的平房，墙壁就是那种临时搭建的，后面联合国拨款修建房子，这些房子非常快就建好了，我们在1979年住进了建好的房子里。我们一家六口人分到了一间单间，30平不到，一房一厅。每一间房间中间隔了一堵墙就是一个小厨房，给两家做饭用，也就是离门口不远就是一个小厨房。

我的父亲在越南的时候，国家安排他开碾米机厂。他刚开始回来的时候，农场给了一部手扶车，所以他回到农场是做手扶车的工作，当时一个月的工资只有28块。他是吃公家饭的，28块钱算高了，其他的人是做农业的。在农场期间，我们还上去过宏兴帮别人割水稻，私人请的也是一块钱一天。我和我父亲同一辈的没有那么高的工资，种菜的也就 20 块钱左右，国家安排的所以高一点点。我父亲一直开手扶车到退休，后期我父亲自己买手扶车自己找活干。刚开始农场安排我们拉的，我们村庄分一队一队的，我父亲就去村里拉大米，然后分给农场的人，当时我们村里粮食是公家按照一户多少人来分的，我父亲去米厂拉过来给他们的。当时我老爸还帮他们拉茶叶，做这些七七八八的零活，做了十来年，我爸就在 2012 年，六十周岁的时候退休，退休是有退休金的。

我六岁回来，六岁读小学一年级，18 岁回来也是读一年级的。那时候回来不是读书的，就是来学语言的，没有学历的要求，就是来学普通话的，因为当时回来这里不会讲其他话，中文说得又不好，大家只能进去一起学习了。农场有小学，但当时都不太集中，有很多小学，我们农场也有小学，东方也有一个东方小学，丰田村的小学叫丰田小学，凤安村也有一个小学，也有一个丰田中学。以前的学校不带华侨这两个字，现在是有带华侨这两个字，我们这里不像其他地方会写华侨学校，但实际上都是归侨子弟的学校，里面读书的都是回来的归侨们。十年前把幼儿园、小学、中学集中为丰田镇华侨学校。

我 18 岁为生活所迫，就没读书了，我自己也读不下去了，大家都觉得读书没什么出路。我家里生活条件又比较艰难，我们这一辈的都不愿意读书了，认为学不到什么，就是来随便学语言的。我家兄弟姐妹又多，想做生意，就出去打工了，再加上那时候都说广东好，年纪轻轻都是想出去外面。家里环境又差，都想出去赚点补贴。原来我们丰田镇没有企业，没有钱，没有厂的，只能去广东打工，因为广东的企业比较多，人都往广东跑，工资也还可以。我去了广东以后，在广东都是做零工。我 18 岁外出务工，都是随便打工的。在家里，都没有什么可做的事，大家都说下广东，哪里的人都往广东跑。我在 2014 年又回来农场工作。

二

我父亲和母亲都工作，但主要是母亲工作得多一点，我的父亲是比较散漫的，与越南思想观念和国外的生活方式比较像，女性干活的比较多，男的基本上是不做事的，在家里带小孩，有一些可能会有点"妈宝男"。直到现在，我家里也是我老婆做事，我平时也不太做事的。可能是思想观念比较靠近越南，没有计划性的，赚多少就花多少，这个月赚了钱，下个月就拿去花了。

我老婆是 1972 年出生的，她 22 岁跟我结婚，我老婆也是本村的越南归侨，我们出出进进都见面，不像以前一样都是媒人介绍认识的。大家都认识，我们以前还在一起读过书，我和我老婆是同一个县的，结婚习俗都是保留跟以前一样的。结婚当天就按照原来的习俗，吃了三天三夜的酒席，这是保留原来的传统，但现在的习俗多多少少会改变，不会再吃那么多餐了，简便一点了，因为像以前那样办不起了，会把我们吃穷的。我 1993 年结婚的，我当时也是归侨找归侨，大家基本上都是归侨找归侨的。在越南时，我们同一个镇的，所以我们很早就认识了，然后我们两个就看对眼了。我们结婚证盖的是农场的章,我在当时给了我老婆 2000 块钱的彩礼,要知道当时一千多,是比较值钱的。我当时抽烟的钱都没有了,把家里的钱都给她作为彩礼了,其他东西也没有给她买了,也买不起黄金,这已经算非常多了,因为当时大家的条件都不是很好。她没有什么陪嫁带过来,也没钱买金子给她。我们过聘礼的时候算了个八字,看一下我们合不合,现在也是一样算八字的,再让媒人挑一个好日子,我们就办酒了。结婚当天我穿的是西装,里面穿了一件衬衫,我当时是直接去店里买那种做好了卖的西装衣服,我老婆就穿件新衣服,随便穿着的一条裙子。越南归侨不一定要求穿红色的衣服,穿的是新的就行。她就是请了姐妹过来帮忙化妆、做头发,把头发编小辫子,她没有穿婚纱的。早上我把新娘接回来拜祖宗,我和我老婆给祖宗点个香。插香的时候,不能本人亲自插香,需要别人帮忙接一下插香,而新郎到新娘家里接她的时候,也不能直接插香,也需要别人帮忙接一下再插,我们在一起跪拜祖先。我们结婚那天是有讲究的,她哥哥会喂我老婆稍微吃一点饭,还吃了一个鸡腿,出门的时候还要带伞,伞是红色的,要挂起来。我们接新娘的时候会热闹一下,给一点红包。伴郎迎亲的时候,帮我多说一点话,这就是当时的风俗。我请了我们村庄两个地方的人过来,那时候花一点钱都是很困难的,但也是请了十多桌,有亲戚才请,没亲戚的就不请客。亲戚朋友们帮忙吃了两天,把那些菜全部吃完,亲戚朋友还会来我家,帮我们洗碗,基本上结婚请客吃饭都要送红包的,送的红包也就是一块、二块。当时工资都很低的,大家也没什么钱,五块在当时算高的。我接新娘子的时候给大家发红包,也才五块钱,我还给了伴郎每人五块钱红包,也给了伴娘每人五块钱红包。

我们夫妻俩平时在村里也会做一点扣肉、越南粿条、烤鸭、粽子这些东西吃,我们的春卷非常出名的。春卷还分为生春卷和炸春卷,还吃甜辣酱,口味现在已经慢慢地跟上中国的味道,还有白斩鸡等越南特色菜。广西和越南的口味非常的像,越南人喜欢吃生的东西,我就比较接近广西口味,我们归侨的饮食基本上都是从广西传来的。在福建农场里,我现在吃的东西也差不多,福建吃的也挺好的,但我还是觉得广西的味道更好,我都让朋友们帮我从广西带吃的回来。

但是现在男性娶老婆就很困难,东华的女孩子比较勤劳,基本是不会嫁过来的,因为婆婆比较强势,还会有点苛刻,所以很多越南归侨的男人像"妈宝男",这里比较重男轻女,所以男性娶老婆就很困难,女性都不愿意嫁给本地人。

我们丰田华侨农场都有退休工资的,现在农场、林场的职工都有退休工资,像我们农场 60 岁以上的人都有退休金,本地的农场公社就没有退休金,这种属于职工的都是一直有退休金,属于农场的都有。附近农村是没有的,这是我们都知道的。农场的女人退休比较早,是 45 岁退休的。现在的企业职工都有社保和医保,农场也有帮交的。但现在灵活就业,归侨的后辈都要自己交钱了,80—90 年代的职工都有社保和医保。

过去的环境下实在是太苦了,有些人都往外面跑。最初有钱的人会带几块手表回来，在中国卖个几十块钱，条件再好一点的会带金子回来。从前跑出去要车票、船票，几百块钱很多了，我们家没有这个条件，所以我都没想过逃跑的事情。我们丰田华侨农场往外面跑的人也多，那些条件好的就会跑出去。我们农场可能也就跑了三百多人。现在大家都不想出去了，出去干吗，去越南做工也累得要死，早上出去干活，到晚上 8 点再回来。我觉得现在中国稳定，中国肯定比国外好。

第五部分　东湖塘华侨农场篇

　　东湖塘华侨农场位于宁德市，其境域由贵岐海堤、四孔桥海堤、金马海堤等三段海堤和二十五孔桥水闸、四孔桥水闸两座排洪水闸围海而成。总面积12.67平方千米（折合2万亩），其四至为，东面、东南面与今三都镇辖区隔海相望，西面与今蕉南街道办事处辖区毗连，南面、西南面与今城南镇辖区相邻，北面、东北面与今漳湾镇辖区接壤。[①]1965年6月11日，东湖塘华侨农场正式成立。新成立的农场为福建省人民政府华侨事务委员会（后改福建省人民政府侨务办公室）主管下的中央侨委直属企业单位。

　　东湖塘华侨农场成立至今，行政隶属关系历经四次变更，行政区划亦历经三次变更。1964年3月至1970年2月，华侨农场隶属省侨委管辖，下设7个管理区。1970年2月至1978年4月，农场下放宁德县（今蕉城区）管辖，为一（公）社级建制。时农场下辖大门山、东楼、兰溪、塔南、华溪、四孔桥、五里亭等7个生产大队。1978年4月17日，农场重新收归省外事办与侨办管辖。1980年11月，华侨农场革命委员会撤销，改为场部，与此同时，生产大队亦改为管理区。华侨农场下辖7个管理区，1987年初农场场部移驻五里亭（原中国旅行社旧址）。同时增设七星管理区，华侨农场下辖五里亭、大门山、东楼、兰溪、塔南、华溪、四孔桥、七星等8个管理区。[②]1997年6月，东湖塘华侨农场再度下放宁德地区行署管辖，为行署下辖的一个副处级事业单位，行政区划保持不变。同年7月，根据省人民政府办公厅文件精神，华侨农场增挂华侨经济开发区牌子（系两个牌子两套班子）。2006年4月，闽东华侨经济开发区与闽东工业园区合并，更名为"福建东侨经济开发区"，为县级建制、纳入市级行政区划。根据闽政办文件与宁德行署专题会议纪要精神，东湖塘华侨农场划归东侨经济开发区管辖，为其麾下的一个副处级事业单位。与此同时，华侨农场行政职能亦相应发生变化。随着华侨新村侨居造福工程的竣工，原居住于农场各管理区内的住户陆续迁往新村居住，原华侨农场所辖8个管理区兼住宅区相继消失。[③]2007年7月，华侨新村社区成立，同年9月，社区居委会正式挂牌，居住在华侨新村社区的居民纳入社会化管理。农场作为企业依然存在，此行政区划一直延续至今。

---

① 王道亨：《宁德市东湖塘华侨农场志》，海峡文艺出版社，2015年，第6页。
②《宁德市东湖塘华侨农场志》，第6页。
③《宁德市东湖塘华侨农场志》，第7页。

陈金雄　口述

口述者简介：陈金雄，男，1943 年出生在印度尼西亚，祖籍福建福清，闽南人，其祖父最早到印度尼西亚谋生。后因印度尼西亚排华而回国，回国先安置在同安竹坝华侨农场，后分配到东湖塘华侨农场参加围垦而留在了东湖塘华侨农场。曾在农场担任数职，为农场的建设贡献了自己的一份力量。

时间：2022 年 8 月 19 日

地点：东湖塘华侨农场华侨新村社区活动室

采访者：苏木兰、郑一省、周妹仔、陈燕梅

华侨属性：印度尼西亚归侨

南洋物：无

整理者：陈燕梅

一

我叫陈金雄，我今年 79 岁了。我出生在印尼，我老家是福清的。我家是爷爷那一辈去印尼的，不过不清楚是哪一年去的，我都没有见过我爷爷。我爷爷好像叫陈文凤，我为什么懂得他的名字呢，是我 2010 年回到印尼，然后到我表妹的家，一起去坟墓那里祭拜，才看到陈文凤这个名字。奶奶是当地的印尼人，是印尼婆。奶奶我是见过的，但名字我就不懂了。我爷爷从中国去到印尼，是到那个马鲁古群岛安汶市居住下来。他好像一开始是做土特产生意，土产生意是收购当地农民的土产拿出去转卖。我父亲叫陈亚振，母亲叫叶桂英，她是福建平潭人，我父亲那一辈在印尼也是做小生意的。我家有十一口人，我们有九个兄弟，父母加上九个兄弟，一共十一个。九个兄弟中我是老大，第二个叫陈金莲，这是二弟。第三个叫陈玉珠，女的。第四个叫陈金华，他是男的，我们男的全部是金字辈。第五个叫陈珠妹，第六个叫陈明珠，第七个叫陈金明，第八是叫陈金东，第九个叫陈玉英，都是我妈妈生的。

我在印尼读过书，小学是读华文小学，初一以后就没有读书了。我们那边中文学校有 17 间，其中三间是国民党的，其他都是进步的学校。我读的是进步学校的，那时候我们那个学校叫作清华学校。我在那里读到初一以后就不能再读了，是因为当时有一个总统"十号法令"，华人不能在县以下做生意。我父母亲是在印尼县下面做生意，不能做生意生活上会比以前差很多。由于不能做生意了，很多人就到我们地方的中国领事馆去要求回国。其实早在五几年，许多华人家庭的孩子都会送到中国来读书。我们那个地方中国人比较多，城市里面大部分都是中国人。你想想看我们学校那么多，那中国人肯定也很多，那碰到这个法令了以后，学校要关掉，关掉就变成我们没办法再读书了，我没办法读了，于是跟朋友出去打工。当时跟朋友一起做电焊、气焊这些，就等于说要做焊接你们坐的这个铁凳子之类的活。我们那个老板是做焊接的，他是莆田人，我在他那里做电焊工差不多一年多一点，然后就回国了。

二

1961 年 3 月份，我们全家 11 个人一起从印尼回国，我那时是 18 岁。我们回来的时候是从苏拉威西坐船，那个时候中国派的船"俄罗斯号"。我们是在我那个城市的码头上船的，我那个码头在整个印尼算排第一，货轮可以直接开进来的。那个港口叫望加锡，有的也叫西江。我们在望加锡坐"俄罗斯号"船到雅加达，那边再上一部分我们中国人。因为那个"俄罗斯号"是很大的一个船，能够乘一万个人。然后我们再从雅加达，直接回到我们国内了。我们坐"俄罗斯号"好像是坐了一个礼拜，到广州上岸，在旅社住了可能有十来天，十来天后同安的竹坝华侨农场有派人来接我们，我们 4 月份就坐火车来到这个农场。

到了竹坝以后，我就没有上学了，就直接参加劳动了。我当时的劳动是做搬运的，搬石头啊。这竹坝华侨农场建的房子，基本上都是从我们手上建起来的。在竹坝待了两年都是干搬运的，当时是有工资的。当时我们工资还算不错，一个月三十块。他们劳动的话才十八块一个月，务农的才十八块一个月，十八块算不错了，为什么呢，食堂吃一个月才八块钱。当时买什么东西都要票，买布要布票，买粮食要粮票，买盐要盐票，还有什么糖票这些。你没有票你没有办法，像我们到同安去我们要带粮票去，没有带粮票你吃不到东西，三十块钱一个月维持生活还可以。

我在竹坝华侨农场那边待了两年多，其间在 1961—1965 年就来到了宁德这里。为什么我们会到这里来？因为我们省侨办有组织三个农场，一个是北硿，一个是常山，一个是我们竹坝农场，派一些人到这里参观准备围堤。来的时候这个海堤还没有全部填好，还差八百米。当时 1958 年"大跃进"的时候，宁德政府派人围这个堤，围了以后可能不行了，很多都"下马了"。"下马"之后就是轮到我们侨办来接这个围堤的任务。那三个农场，我们竹坝华侨农场来的人比较多。在 1961 年来，到 1962 年的四五月份我们这个海提基本上完成了，都砌好了。当时还没有围提的时候我们去宁德，都要坐船去，因为整片都是海。虽然说当时的条件比较困难一点，不过问题不大。来了以后，这个田围起来了，大概有两万多亩，围好了以后一部分需补偿给附近的乡村，我们要补偿一点损失给他，差不多赔了有八百多亩地给他们。

围垦到 1965 年 4 月份还是 3 月份应该就结束了。现在回想起来，当时围垦困难得不得了。涨潮、退潮都没有休息的。为什么呢？因为涨潮有涨潮的工作量。有的船载那个石头，要抛石头啊，还有那个船运海泥来抛堵这个海堤。退潮呢，就是说退了以后，上面有人把这个堤建好了，它还有缝隙嘛，就要用海泥、芦苇草等将其塞好。堤做好了以后，要马上填土，白天晚上都这样做，24 小时没有停，很艰苦。

在这里劳动也不容易。一开始我们这个滩涂是围海造出来的，它本身的泥土含有盐，就需要搞这个土壤改造。我们首先要建各种渠，有斗渠、支渠、干渠，让这些渠引入其他的水，灌到田里面，目的是将田里面的海盐量降下去，也就是将盐冲走。这就要挖排水沟，不挖排水沟，那个水不会把海盐量排走，就是这样子。修这个斗渠跟支渠的时间很长，因为我们面积除了给当地农场的八百多亩外，我们还有一万多亩，包括里面的这个水啊。我们的一万多亩，首先要平整土地，这里平整好了，就到别的地方继续给它修平整，平整好了就种庄稼，一直要平整。因为它这个滩涂不平，有高有低，你要弄平。土地平整好了后，才让家属来种水稻，种甘蔗，种七七八八这些。平整土地弄了好几年，具体平整土地弄好花了多少时间，我现在记不清了。

1965 年围海堤后，我们的家属就全部从竹坝搬到宁德东湖塘这里来了。我的第三个妹妹陈玉珠留在了同安，因为当时我们从印尼回来后她就嫁给当地的了，她的家离我们那个竹坝华侨农场很近，一公里多一点，然后她就留在同安了。其他的妹弟都过来了，过来了的妹弟有的在这边读书，劳动的有我、陈金莲、陈金华。我们就在这滩涂上种田，种水稻、甘蔗，还有养鱼等等。

我在围垦之后，换了好几个单位。我原来是在测量队，平整土地需要土壤勘察测量这一类。我在测量队干的时间久，至少有 3—5 年。当时搞测量苦啊，测量好了以后，回来我晚上还要加班，就是将今天测量的土换算出来，白天工作，晚上还要加班。我们将土地测量换算好了后，就叫民工去平整，就是这样子。我白天就是测量，晚上算数据，这个工作最起码做了有三五年。

当时除了我们竹坝华侨农场，还有常山华侨农场、北砱华侨农场，都派了一批人过来。以竹坝华侨农场为主，当时竹坝华侨农场来这里可能有一百多人，这一百多人基本上都留在这个地方了，当时这个华侨农场应该有三百多人，我们一百多人就留下来了，包括常山、北砱。建好以后常山有的要留下来，有的要回去，照样给他回去了。我当时留下来就是想这个是我们的土地、家园，亲手搞起来的，那一定要留下来，是这样一个情况，组织上说可以留下来，也可以不留下来，大部分从竹坝来的肯定要留下来，竹坝那个状态，太山了，来这里还有海，还有虾吃、鱼吃，所以我们就留下来了。

我会一点闽南话。我以前在同安读过书，1961 年 4 月到同安竹坝华侨农场，两年多。我们从印尼回来的时候有带了一些南洋物，当时困难的时候有的卖掉了这些，当时我父亲在苏拉威西做小生意，做杂货生意的嘛。

三

回来我是在广州上岸的，然后再坐火车到同安，然后在同安有专门从竹坝来的去接应我们，我们这个是来的第二批，1960 年有第一批已经到竹坝华侨农场，我们是第二批嘛，到竹坝应该是省里面，省侨办安排的。

当时刚到竹坝的时候大部分人都是会哭，看到环境是这样子，当时都是石头山，原先这个竹坝华侨农场是劳改场，有的人看了一下这个情景，就哭啊，哪里会懂得会到这个地方。我祖籍在福清，当时不想回到福清，就想能够回来，按政府安排就是了，当时在竹坝住的就是兵营式的房子，平房，按那个石头，砌到一米多以后，上面打的土墙。如果下很多的雨的话，还有小雨飘进来，在房子里面，上面是盖瓦片的，瓦片宽宽的，大大的瓦片，当时我们十一口，分了两间给我们，两间可能有40平方米，20多平方米一间，有床这些，木板床。我们在竹坝算起来还算不错了，还可以就是了。大部分人参加劳动，有的种地瓜，有的种水稻，是这样子了，在当时那个环境基本上就是这样子了。

我们当时的话总共有七个管区，七个管区全部修好了。围垦之后，我的兄弟姐妹们，二弟金莲就是跟我们一起在大队里面做事情了，他在大队里面主要管生产的，他干到八几年吧。八几年以后我们不是有政策可以到香港去嘛，我全家人都走了，就留我一个在这里，我也想走，当时书记跟我讲，"你慢一点走，你不用那么快"，没想到也走不了了。爸妈都全部走了，都在香港。现在在香港的也有人过世了。金莲去香港也是打工，在湾仔会展中心里面铺地毯。爸爸基本上没有做了，妈妈也没做了，基本上养老了。金华好像是做那个建筑工程的。他没去之前也是在大队里面的，他是在农场里面的鱼种厂做。他现在没有做了，七十岁了，也退休了。珠妹，她还可以，是做生意，就是卖老人坐的电动车，老人的电动车，都是专门服侍老人的。她没去之前在这里也是劳动。明珠在这里也是劳动，后也是去香港了，她去香港以后好像也是打工的，给人家打工的，大部分都是给人家打工的。金明也一样，金东也一样的，玉英也是这样。他们干得比较好的是珠妹，做生意，算是不错了。

兄弟姐妹跟父母去到香港以后，我跟他们还经常联系。我2010年还回过望加锡，我从香港坐飞机到泗水，苏洛巴伊，望加锡还有亲戚，不是很近的亲戚，回去了以后小学读书的地方还在，没有变，我当时那个城市可以说是很大的城市，我2010年回去的时候，我亲戚带我去看，我说这个城市原来都没有什么发展，还是这样子，我在中国的这个地方发展得不得了啊，我说宁德从开发区成立到现在不得了，发展得相当快啊。后来我又到安汶我表妹那边，拜一个公公啊，姑姑姑丈啊，他们都讲"你还有心哦"，我说这个应该的，后来在那边待了不到一个月28天，我们带护照去哦，不能一个月，后面没有去了，我的父亲哥哥定居到了香港，我后来也到那探亲，探亲好几次了，在那打过工，我那个时候能够打三个月的工，因为有爸爸妈妈在那边嘛，可以三个月，我弟弟在湾仔铺地毯，我也去做，从早上做，做到晚上两点，搞到走路都没有力了，搞会展中心，铺地毯，不过工资一天给一千块，一千块港币，当时我在大陆工资好像是二十几块，一千港币相当于一千二百多块钱人民币，不过做得半死，我也有搞过搬运，搬香烟，七七八八这些，那个一天才五百块，半天五百块。搞了三个月，最起码搞了两三万回来。

那以后呢，1982年成立了一个农牧公司，农牧公司就是说，当时有下放这个政策嘛，就是专门收他们归侨职工，生产出来的东西，我们要给他收购，有的一部分要上交给市里面，给宁德县里面，是这样子，然后我当时就管收购这个东西。

然后之后就是去农牧公司，然后又综合科，公交科，基建科，我在农牧公司等于就是说收购这些他们职工的粮食啊，柑橘啊，我们都要下去给他收，收了以后场部出钱，另外一部分我们仍要交给市里面县里面，还有一部分水果有人要买我们就卖给人家，这个工作我做了差不多两年，后面到综合科也差不多两三年，综合科，有些什么事情是要我们去解决的，有的底下管理区啊，有的发生什么事啊，都要我们下去解决，我们都要下去，是这样子。在综合科当科员，在基建科当科长，基建就是整个农场的建设，基建科之前还有个公交科，管理工厂的，还有汽车这些，也干了差不多两三年。基建科干完之后我都退休了，我退休时60岁嘛，2003年退休，退休之后就开始享受生活了，还没有退休之前，我那时候55岁有政策，可以内退的，然后场部叫我："你退好了。"那我就先退了，55岁当时有个政策嘛，到60岁之后就正式退休了，我内退之后在家里了，没有什么事干了，有时候跟朋友聊聊天，是这样子了。我兄弟姐妹他们现在还没退休呢，还得干活，估计到65岁以后才有水果钱。水果钱好像65岁以上一个月三千五港币，他们对我现在又有退休金，又有房子，有的会后悔啊，还是国内好。我现在五千多块钱的退休金呐，每年还增长，香港的亲戚还得羡慕我，房子又是自己的，还可以卖掉，有的他们回来都后悔得半死了，说早知道我不出去了，我是当时情况不一样，大家都是好的，有好的往好的方向走，哪里会懂得我们先苦后甜，我现在退休以后就没有做了。打打牌啦，我老婆跳跳舞，不过现在也没有跳了，年纪大了。

我跟我爱人大概是1963年结婚的，回来两年之后就结婚了。我爱人是做农活的，我爱人叫红玉梅，她也是同安来的，她在竹坝做，做了以后不是搬到这里来嘛，她就务农了，种水稻，插秧，七七八八这些。我跟她认识是在竹坝，她当时也在竹坝嘛，她跟我也是同一个岛，也是苏拉威西岛，我是在南部，她是在北部，就这样认识了，在船上一起回来的，到竹坝以后我们住的也是同一排房子，我十八岁回来，我老婆比我小一岁，回来一起劳动，又住到一起，基本上就是我们两个人在一起，父母也没有反对，自由恋爱，是我先追的她。当时条件苦啊，当时我们要去登记，一张纸张，八毛钱，花了这八毛钱，有供应热水瓶啊，蚊帐啊这些，这些是民政给发的，我们要买，没有结婚的习俗，有发喜糖，没有酒席，我们一个月里面三个人结婚，一个是我的朋友，一个是我老婆的姐姐，我是最后的，那当时晚上很热闹，他们在菜市场那边跳舞，唱歌啊，跳印尼舞，所有人都会跳，还算比较热闹一点就是，是在结婚那天晚上，现在很少跳印尼舞了，农场的印尼归侨不多了，大部分出去了，我们原来农场的人口四千多，出去差不多两千，早期印尼归侨比较多，然后就越南归侨，我们印尼归侨回来也有三批，我们第一批是1961年，1965

年、1966年好像也有一批，1961年有一批在竹坝。

现在从印尼那边回来的习惯还有，比如说煮菜啊，我老婆的妈妈也是印尼婆，所以她们做菜就是要印尼菜的，一般都是她们在做菜，所以她们做什么我们就吃什么，她们做菜大部分都是印尼菜，后面以后就慢慢转中国菜了，现在我们都无所谓了，刚回来的时候不习惯也要习惯咯，你没有办法，环境是这样子的环境，肯定要适应这个环境的，在印尼的时候宗教信仰我们都是佛教咯，还有庙嘛，来这里以后我基本上不拜了，来这之后就不拜了，我们刚来的时候我们要去宁德，要坐船，坐船可能要坐半个小时多，当时的宁德最好的是八一五中路了，那个房子都要倒的，都要一柴顶住啊，那个路黑黑的，这个就是我对当地的印象，很穷，连房子都要倒了。现在我基本上没有保持印尼的习惯了，咖啡有喝一点，我老婆每天都要喝，她喝三合一的咖啡，当时我们来时没有咖啡，没有办法咯，当时苦得哪里有咖啡喝，后面才有三合一的咖啡。

我有一个侄儿是市侨联主席，宁德市侨联主席，陈卫良，我弟弟的孩子，他也到过福清，去了解我们这个家族史。他们有的都不认识了，都不懂了。我生了两个小孩，一男一女，男的大，今年差不多退休了，58了，他在提闸管理所，他在那边做管理的工作，女儿退休了，56岁了，她也是务农嘛，务农以后到毛纺厂做，是流水线的工人。男的叫陈志钦，女的叫陈淑兰。

"文化大革命"那段时间，没有批斗过，我父亲是一九八几年到香港的，我们一家基本上在"文化大革命"都还算好，有遇到过一些，批斗啊，挂尿桶啊，我父亲没有。过去啊我们讲话讲不对啊，完蛋了，所以说现在好就好在这里，他一报你一下，晚上就要批斗你了，现在好很多了，我父亲基本上在国内可以说是贫下中农了，我父亲没有受到批斗。那个时候两派嘛，我那个时候因为是在另一派，他们等于是"二七"嘛，我们是"六四"嘛，参加这个也是去批斗，有的意见不一致啦，当时二十多岁了，那个时候我去施工身上都要带手榴弹，我怕他们"二七"的会来啊，有的时候在我们那个山上打枪，开枪，我们都跑，吓死人了，那个年代也是不得了的年代，我就没有受到批斗，不敢乱讲话，讲错话你就完蛋了，不像现在，现在还可以。

我对农场的看法就是从开发区成立了以后，就变化很大了，一个城市的变化，一个农场的变化，经常说我们的地啊，给开发区拿去，拿去了以后他不是要卖啊，建房子啊，七七八八这些嘛。不过还好，他每个月有补给我们农场一百多万好像，一个是我们没有地了嘛，就相当于场部上发的工资啊，还有其他我们这个两百六啊，四百八啊这些，都要开发区拨这个款来帮忙，是这样子。我总感觉，开发区成立到现在有二十几年了，我想不到，一个滩涂，会变成这样一个美好的城市，我想象不到，真的我说我们围垦围得对，亲手做出来的嘛，我都跟他们说啊，做梦都梦不到这样的情况，这个很现实的东西啊。也有领导经常下来看我们，有时候开发区的领导会下来。

到现在我们是一个华侨新村，以前可以看得到一个农场，现在就变成一个城市，东湖对面也是我们的土地，它都是城市了，华侨农场后面有一天肯定会没有了，因为土地没有了嘛，虽然说农场给你保留，那毕竟到最后肯定会没有了，我们还有农场保留，像竹坝华侨农场，我们东湖塘华侨农场，还有华侨两个字，牌子还在，他们都没有了，竹坝就没有华侨两个字了，我觉得还是要保存这个牌子比较好，因为保存起来呢，对外宣传还有我们这个农场，还有我们归侨，还有集中的地方，我是这样想的，如果没有保留，我们都是同样的中国人，就没有华侨了，这个还是要保留的好，我孩子也把这里当成自己的家了，我们都住在一起，住在这个新村里面，他把这当成自己的家了，当成自己的祖籍地，我的祖籍地是在福清，我没有回去看过，我兄弟还有回去，当时我爸爸在的时候还带我两个弟弟回去，我就没有回去过，福清是我爸爸的祖籍地。

我小时候在印尼时基本上讲的是我们福清话，还讲一点点闽南话，但是我也会说印尼话，我跟我爱人就是讲印尼话，我们家里就是讲印尼话，现在在家基本都讲印尼话，小孩不会讲，听会听，但他讲不会，所以我们跟他讲就是用普通话。

池兴亮　口述

口述者简介：池兴亮，男，1939年出生在印度尼西亚万隆，客家人，祖籍在广东梅县。其父母从梅县出去印度尼西亚谋生，池兴亮是在印度尼西亚出生的第二代华侨。因印度尼西亚排华回国，先安置在竹坝华侨农场，后调到东湖塘华侨农场参加围垦，后在农场参加工作。

时间：2022年8月22日
地点：东湖塘华侨农场华侨新村社区池兴亮家中
采访者：周妹仔、郑一省、陈燕梅、苏木兰
华侨属性：印度尼西亚归侨
南洋物：无
整理者：陈燕梅

一

我叫池兴亮，我是1939年出生的，今年83岁了，我是在印尼出生的。我们家是爸爸妈妈那一代从梅县出去的，我们的祖籍是在广东梅县。他们是在中国结了婚才出去的，我两个哥哥是在国内出生的，我一共有五个兄弟。父母他们到印尼以后又生了一个姐姐和我，我是最小的。我爸爸叫池秋兰，我妈妈叫刘带英。我妈妈也是梅县人。我大哥叫池兴铨，二哥叫池兴选，三哥叫池兴阳，四哥叫池兴隆，一个姐姐叫池淡英。父母他们去印尼可能是因为在中国这边生活太苦了，他们去到印尼是他们两个人一起出去的，在那边稳定以后才慢慢申请我哥哥出去。

我爸爸妈妈在印尼一开始是给别人打工的，后来就自己开店做鞋子了。我在印尼那边读华侨中学，念的是中文，但是我们跟父母亲讲的是客家话，跟外面的人讲的就是印尼话。我读初中读到三年级毕业就不读了。我们那时候经济比较困难，早上上课，下午做工。如果下午上课，就早上做工。我做工一直是在爸爸的店里面做的，一直做到我22岁。我22岁之后就想着回中国了，回来是因为印尼总统的"十号法令"。那个时候我母亲也年老了，60多岁了，最小的小孩才七八岁，还有一个哥哥有病。因为我爸爸五几年的时候就过世了，我们就想着回来了。我们回来是先在中华公会那边登记，登记了就从万隆坐中华公会的汽车到雅加达，他们有安排住宿，安排我们住到学校，在学校集中一个礼拜，一个礼拜船到了就上船了。那个船是"美上美号"。船开了一个礼拜到广东黄埔港那边。下了船以后到广州，在那里待了十多天，然后国家有安排华侨农场的人去接，哪一个农场先到就接去哪里，我们是来到同安竹坝华侨农场。

二

我们先坐火车到福州，到福州就坐汽车到竹坝华侨农场。我们到竹坝华侨农场

以后就感觉难受啊，因为这边跟我们在万隆相差很远。我们在万隆是在城市里面的，可一到竹坝这里是在农村。一片片田地，满山都是龙眼树。路又不好，烂烂的，那个时候是土路。我们当时回来一家，有我的妈妈，四哥的女儿，也是我的侄女，她叫池彩莲，还有第三个哥哥和我，我们一起四个人回来的，第三个哥哥叫池兴阳。我的哥哥本来也想回来的，但是要一批一批回来，不能一下子太多人。但是我回来这边以后看到这边这样子，我就写信给他们，让他们不要回来了。

来到竹坝，我们住的房子是一间一间的。那个时候是公家安排的，那个时候还没有房子，就先借部队的。然后他们就建房子，建好了让我们搬进去。我们就四个人一起住了。那个房子大概建了有七八个月。

当时我在农场里面是做基建的，制作土砖，这些土砖是拿来盖房子。我哥哥因为生病做不了工，他在 1966 年就走了。侄女还小，她在读书，读的是小学。我做基建做了四年，一直做到调来东湖塘这里。我 1964 年调来这里的，调来这里是支援围垦海堤，我们调来了一百多个人。我们过来是上面安排的，我们家是我先过来的，年轻人先过来围垦。1965 年完成围垦，海堤做好了家属才搬过来。我们在这边住的房子，也是平房。这边围垦好了，我们就开始做农活了，种水稻，种地瓜，有时候也去种甘蔗、小麦。我们做的农活是集体的，一个队一个队这样去做的。当时我们的工资是一个月七八块这样。我们做这个做了很久，因为那个地太咸了，有时候要改良。改良好了水稻就可以长了。

后面我 1977 年开始在这边还是做基建，当施工员。因为那个时候要建房子接越南归侨。我一开始是在兰溪管区，后来在 1980 年就到大门山管区，因为我老婆在靠近大门山这边的食堂工作，我从兰溪过来要很远，就过来这边一起住了。我们那时候住的房子是申请的，有空房子就可以安排你去住。我做基建一直做到退休，我是 1999 年退休的。因为我们那时没有在生产队，所以我们没有承包土地。我爱人是做炊事员，在食堂里面工作，她也一直在食堂里面工作到退休。她 1940 年出生，她是 50 岁退休，因此是 1990 年退休的，退休以后就一直在家了。我当时退休的时候有一百多块钱，然后就慢慢涨，涨到现在有三千多。我爱人也差不多，现在退职在家里玩游戏。

我是 1961 年结婚的，我是在竹坝那边结婚的。我爱人叫劳亚满，她的祖籍是广西北海。我跟她是在竹坝那里认识的，我跟她是在竹坝一起做基建的时候认识的，她也是印尼归侨。我们当时结婚没有什么东西，买了三五斤糖果，请了一部电影演给大家看。那部电影是在礼堂里面看的，当时一部电影播放要一百七十多块钱。我过来东湖塘一年，先一个人在这里，弄好了就把家属接过来了。我有三个孩子，两个男一个女。大儿子是 1962 年出生的，二儿子是 1964 年出生的，小女儿是 1967 年出生的。他们在东湖塘小学念书，初中高中都要到外面去念书。大儿子叫池竹庆，二儿子叫池梅庆，小女儿叫池袖珍。大儿子在福州工作，今年也退休了。他本来也是农场的职工的，后来福州华侨塑料厂来这里招工，招到以后就跟他们去了。他那边也是公家分配的房子，他结婚了，找的老婆也是印尼归侨。二儿子现在在香港，本来是我们一家申请出去的，后来就给他去了，他现在在香港做驾驶员。他的老婆是越南归侨，是在这里认识的，然后就一起出去了。她们之前每一年都会回来的，这两年疫情就都没有回来了。有一段时间可以申请出去的，但是没有批我的，我侄女在香港，她出去也是申请出去的。

我后面有回到印尼那边，回到原来住的城市，去看哥哥、侄儿侄女们。四哥的女儿跟女婿在那边做那个木薯粉厂，他们那边跟以前差不多，没有什么变化，现在还更难一点。印尼人在你房子前面摆摊，又不敢说，华人在那边生意不好做了。你卖鞋子，他也在你店铺前面卖鞋子，又不敢讲，那别人要进来买鞋的时候都不好进来。

我还是觉得回到中国是正确的，在中国这边比较安全。

郭永权　口述

口述者简介：郭永权，男，1956 年出生在越南，祖籍在广西防城港，其爷爷最早去到越南谋生，郭永权是在越南出生的第三代华侨。因越南排华回国，回到农场就参加劳动了，承包土地后又跟家人一起经营了一家越南肠粉店到现在。

时间：2022 年 8 月 20 日

地点：东湖塘华侨农场郭永权经营的越南肠粉店内

采访者：陈燕梅、郑一省、周妹仔、苏木兰

华侨属性：越南归侨

南洋物：无

整理者：陈燕梅

一

我叫郭永权，我是 1956 年出生的，今年 66 岁了。我出生在越南谅山省陆平县。我们以前是从北海那边过宁明的。但我们家谱里面祖籍是在河南的，后面才走到广西。我们家去越南是我爷爷带我爸爸去的，我爷爷叫郭中京。我爸爸那时候 11 岁，爸爸叫郭钦祥，我爷爷带着一家五六个人到越南。我们在越南是在凉山那边，我们在那边是做边贸生意的，卖一点毛衣啊、手电、清凉油这种。我们从中国这边买进，拿到越南那边去卖，另外我们家里还自己做点手艺的东西拿去卖。

我是 1978 年从越南回来的，那天端午节吃完饭就过来了。我们回来的时候除了我，爸爸，奶奶，一个弟弟，两个妹妹，我爱人和女儿，八个人回来的。我妈妈叫梁秀连，她也是华侨，但是她没回来，她和一个妹妹、弟弟在那边。当时我们回来的时候，她还有很多事情没有处理好。那时候我们建房子，刚刚建好，还有很多东西还没处理掉，后面我妈妈处理的时间太长了就回不来，我妈妈就留在了那边。然后越南政府就对他们压制，我们那时候的老乡被民兵打死了几十个。还有人抢劫，有的人还摆摊摆到别人家门口。有点矛盾的话，农村的民兵就打过去。后面遇上 1979 年中越打仗，他们就不能回来了。

我在越南那边读中华学校，读了五年一年级，因为我五年都是弹棉花，弹棉被。我记得我那时候 11 岁这样子，有一个人他住在跟我们省比较靠近的，那个人是讲壮话的，刚好我会壮话也会越南话，他们就带着我去做副手。因为我们去弹棉花就没去上学，到了 7 月份学期结束了我们就不能往前读了，因为我们不上学不会啊，明年一样读一年级，因为你去弹棉花，都五个月没上学了，基本上我们那时候也不会，也是很笨。因为要帮着家里做生意，做手工，像我们做小鬼的就要去帮他们，帮他们做副手，一个村一个村地帮，因为我们会讲壮话。当时是爸爸妈妈在家里弹棉被，我就去帮村里面那个师傅，给他做副手，后面就没有时间读书了。

我们回来的时候是从家里坐牛车到爱店，拉了一些衣服棉被什么的。那个关口很小的，在那边过了一个晚上就到宁明火车站，在那个火车站那边待了有十多天就有宁德华侨农场的人来接我们，然后我们坐火车坐了两天半，那个时候农场那个人讲我们这边做水稻的，我们当时不太清楚水稻是什么，结果是来这边种田。我们来这边十来天后，才安排我们做工。

二

从越南回来这边，我 21 岁了，就直接参加劳动了。当时回来是种田，以前我们这里都是海滩，我们就参加平整土地，专门做田埂。我们平整土地平整到 1983 年。平整土地的时候也有种田，那时候的田是公家的，是生产队的，当时一个生产队有二十户。我们平整土地一天几毛钱，最多也只有一块钱。我弟弟妹妹他们小，就十来岁，他们就读书，从小学读起，后面初中高中都有读。

我们土地平整好了，就开始开垦种田，或种水果，或做鱼塘。以前种田种东西，我们家里种得很多，连那个柑橘、地瓜我们都种，我们单单种田种水稻都种了二十亩了，还有柑橘、茉莉花可能也有十来亩。后面种柑橘的田我们挖掉，改来做鱼塘了，我们为此承包了三十几亩。到后来，我们 1993 年开店做肠粉生意。我们做店以前，在越南也做，以前父母在越南也是做店的，也开这种粉店，当时还做弹棉花。后面想想不卫生就不做了，做了几十年了。我们在这里做粉，也是根据宁德这边的口味，还有像汤其他的都是我做。我们两个老的两三点就起来了，等我的孩子他们六点钟起来后，我六点多就回去了，而我太太则要忙到九点才回去。

我以前是在大门山管区的，现在我们大门山的房子还在。我们刚回来住的房子是木板房，这个木板房是在一个仓库里。那时候，我们刚好被分到一个仓库，这个仓库是用来装板车，或其他种田的东西，然后就拿一半来给我们做房子用。为了让我们住，他们用木板将一半钉起来，上面用油纸盖一下，便成为一个临时的住处，我们家就在这种临时做的房子住了两年。农场这边，只是到了 1980 年才建房子，新房子是三层楼的，用石头盖的。新房子分配的时候，我们分配到 36 平方米，我们一家七八口人就住那里，当时 36 平方米我们已经觉得很大了。在石头房住到 2006 年，我们家才搬到新村这边。这边的房子我们农场每一个人可以有 25 平方米的面积，我有三个孩子，一个结婚了，还有两个没结婚的，这样我们就有 100 平方米的房子。我们这个房子只需要交几千块补房产证就可以了，基本上房子是不用钱的。

我在越南就结婚了，我的爱人也是华侨。以前我们也做点小生意，她在广宁，离我们那六十公里。那个时候也有税务局来抓的嘛，我就偷偷跑去那边玩，然后他爸爸就介绍过来了，我在越南 19 岁就结婚了。我结婚按的是中国这边的习俗，越南那边的习俗我们不要。我们结婚的时候有猪肉五十斤，酒也是五十斤，衣服也有十套八套这样子，钱也有几百块，也有看八字，看来看去的，她那边也看。我们回来之后，她就跟我一起种田。我有三个小孩，在越南生了一个女孩，回来生了一个男孩和一个女孩。大女儿叫郭桂英，二女儿叫郭桂芳，小儿子叫郭桂财，大女儿回来的时候才一岁。现在他们都在我店铺这边做，现在我们全家人都住在新村里面。我女儿嫁这边的本地人了。我们现在这个店十个人做，早餐很忙的。我现在开的这个店的铺面是跟农场租的，一个月租金两千块这样，以前刚刚来的时候更便宜，就几百块。

我这个粉店一开始是我爸爸做的，但是他做的跟我们的是不一样的。以前他做的配有香肠、牛腩，我们宁德这边的人家吃不惯。这个口味的，我们一开始也有做，但是人家吃不惯，而且牛腩很贵，像我们现在一碗十来块这样子，现在我们做的是叉烧的。1993年时，我在大门山管区生产队的食堂里就开始做了。那时候没有门面的，我们当时承包了食堂，雇了几个人来做。那时候我们要做一整天，煮饭、煮面、炒面我们都有做的。我们在那里做到2006年就到这边了，然后一直做到现在，做了差不多三十年了。我们做粉的米是自己磨的，早上要磨几十斤，磨好了我老婆就专门做这个，然后我就去熬汤，做肠粉的料，其他的都由我来做。我们以前还做豆腐，我们做的豆腐很香，很多人都喜欢吃，别人的豆腐一块钱，我们的五块钱都买不到。我们以前选那个豆时，还要把它的壳给打掉，这是很难的，还要磨，过了十天半个月还要继续磨，磨得更细一点。豆腐也做了七八年，是在家里用手磨的，而且还是烧柴的。广西的烤鸭也做过，现在我主要是给我小孩做了，我指挥我小孩做，他做的也有点马马虎虎的。2007年的时候我一边做粉店，一边兼任社区的纠纷委员。

我爷爷在越南那边去世了，现在还有一个弟弟妹妹在那边。回来以后，我每年都会回去一两次，这两三年因为疫情去不了了。他们过来我们这边的少。现在他们在那边还过得去，在那边开了一个七层楼的旅社。当时那边打仗的时候，我们跟他们就失去联系了，后面只是到了1991年才重新联系上，现在他们在越南那边都称为华族了。

我现在也已经退休了，我也算是职工的，退休金有三千多，我太太也是差不多两三千块钱。

黎明　口述

口述者简介：黎明，男，1958年出生在越南广宁省，祖籍广西防城港。其父最早到越南谋生，黎明是在越南出生的第二代华侨。在越南完成学业。因越南排华回国，安置在东湖塘华侨农场，因是残疾人，其在农场以送报纸为生。

时间：2022年8月19日
地点：东湖塘华侨农场华侨新村社区黎明家中
采访者：苏木兰、郑一省、周妹仔、陈燕梅
华侨属性：越南归侨
南洋物：无
整理者：陈燕梅

一

我叫黎明，是1958年在越南出生的。我的祖籍在防城港拂陇乡，小峰农场。我家是父亲十二三岁的时候跟我叔叔们先到越南，我父亲叫黎沿俊。他去到越南广宁省下龙湾市横蒲县，在那边打工。他什么活都干，种田、上山砍树去卖、做矿工等等。赚钱了就跟越南人买一点地，慢慢开发。等稳定下来了就回来把爷爷接过去，我爷爷的名字叫黎锡庭，他过去之后在那边种田。我们住的地方有很多华人，大家都是跟越南人买地，然后聚居在一起。越南人就慢慢往海边迁，华人多数都住在山区，因为那个年代的人怕饿肚子，遇到天灾的话，住在山上的可以挖点红薯，挖点其他东西来吃。

我住在越南的那个地方的人，几乎全是从防城港过来的华人，我母亲也是华人，她跟父亲原先是老乡。当时的华人是很少跟越南人结婚的，因为华人的民族观念，以及生活习俗不同，所以都是尽量找华人。华人吃饭是吃大锅饭，用大锅煮出来的饭菜都有很多，习惯用一杯米煮一锅稀饭，每个人吃一碗。越南人是一杯米都拿来煮饭，一人吃半碗，而且他们菜没有华人吃得油腻。另外我们盖的房子是比较大的，有房间的；越南人盖的房子小小的，也没有房间，就用一块布隔着的。

我在越南读书念到了高中。当时最高的年级是十年级，小学是一、二、三、四年级，中学是五、六、七年级，高中是八、九、十年级。我念完九年级准备上十年级的时候，我的老师跟我说在越南残疾人是没有机会考大学的。因为残疾人没有体力，考不了大学，所以我干脆就不念了，就相当于在九年级的时候退学了。那个年代读大学都是越南政府资助的。只要考进了大学，政府会资助我们读书时候的吃饭、穿衣问题，但是我去不了。我在学校的时候成绩是非常好的，因为在越南坚持念书的华人非常少，很多人读到三四年级就去打工了，而我是残疾人，读书对我来说也不累，而且那个时候读书还不要钱，我就很努力地读书。我每天背着书包去学

校，老师讲的知识我很快就吸收了，老师要提问题的，我也可以回答得上来。我在学校也是非常出名的，当时我们那边的副镇长来找我哥谈话，叫我去读财会。而且他们领导到我读高中的学校去了解了我读书的成绩，老师说我的数学非常好，他们就说我可以去读财会，但是当我准备去的时候就排华了，没有办法去不成了。

后面遇到越南排华，我们就回国了。当时我们从横蒲县租了工程车把家里的东西拉到海防，之后改坐火车到凉山，然后再叫一个马车，把被子以及其他简单一点的家具拉到友谊关，这样我们就从凭祥过来了。当时中国的招待所接待了我们这些难民，然后各省侨办就安排人过来接侨。有一部分人去了海南、广东、云南。我就来了福建。福建的省侨办一共接收了一千多人。本来去哪里我们是有得选的，但是那个时候大家都不懂哪里比较好，别人来接我们就去了。当时我们没有回老家，因为我父亲经历过老家的穷苦，不敢回去。我父亲之前从越南回广西看我姑妈的时候，还要给她带一些衣服、鞋子，还有买纸巾、猪油。因为广西的老家是在森林里面的，住得很偏僻，所以就没有想要回广西。

我家里一共是十三个人一起回来的，其中有我大哥和嫂子他们两夫妻和三个孩子，大哥叫黎胜材。还有二哥和二嫂子两夫妻的两个孩子，二哥叫黎贤材，加上我跟父亲母亲还有爷爷。回来的时候我爷爷已经九十一岁了，父亲也已经六十多岁了，大哥也三十岁左右，我是最小的。当年我母亲生了八个孩子，但是其他五个夭折了。因为我是残疾人，小的时候得了小儿麻痹症，那时候又没有办法医治，所以他们通常调侃说就剩下两个半了。

二

刚到宁德的时候我感觉这边比越南那边还要穷的，住的房子是盖瓦片的，用几个木头搭好然后在上面盖瓦片，四周就用编织的竹子来围起来。这种房子住了一年多，后面农场盖了三层的石头房，我们就搬进去了。每户的面积大概有 36 平方米，或者 40 平方米，人多的话就可以住 40 平方米的。当时这边的本地人是很穷的，我跟他们聊天的时候，有些东西我讲了他们都不知道是什么。我从越南回来的时候，我家里带回来三部自行车，有收音机、手表。在越南几乎每家每户都有自行车，有的兄弟姐妹多的话就有三四辆，有的孩子少的都会有一辆或者两辆。自行车在越南是很普遍的，但是回到宁德这边那些东西就变得很奢侈了，周边的一个村庄五六百人都没有两部自行车，有些村庄一部自行车都还没有。他们吃的穿的很糟糕，所以当时很多归侨到这边了都哭。但除了环境问题之外，其他都是挺好的，政府会给我们充足的粮食，我们吃饭是没问题的，还有生活补助。我们是按粮证来发大米的，像我不能参加劳动的，每个月还有十五块钱的补助。那个年代有十五块钱已经非常好了，当时我是住在医院的，一个月的饭钱才九块，如果还包早餐喝牛奶的话是十二块一个月。我有一个月十五块的补助已经可以生活得非常好了。

因为我是残疾人，而农场又是种田的，所以我没办法做工。农场就给了我一些生活补助过日子，但是这个补助给了三年，后面就没有了。我就只能自己养活自己。我学做衣服，做过几年裁缝。1999年我跟朋友合股做砖厂，帮他们管理，同时也做会计。2000年我自己开了一个店铺，卖杂货。当时邮政负责送信的人来到店铺看到我，他跟我说可以每周花三天时间去邮政拿一些信件或者报纸，拿到附近的几个村庄发一下，有几十块钱领的。听到他说有钱拿，我就去做了。在那边做了二十多年了。2005年的时候我在"今日宁德"电视台上被播报过一个星期。当时记者在我还没起床的时候就来敲门，他一进来就拍摄，拍我的生活起居。我起来吃完饭去送报纸，记者也跟着拍，去到农村他也跟着。最后他们在"侨报"上刊登了我的事迹。邮局的领导也比较同情我，想帮我买养老保险的，但是我的年龄超过45岁了，就没办法买。2007年这里成立了华侨新村社区，选举主任的时候我的票是最高的，但是我后面没有去，就选择了做社区的委员。进了社区之后我2009年才开始给买社保，到现在我还差三年。

我工作到63岁，也就是2021年年底的时候，残联的领导来慰问我。我跟他说："领导来慰问我，我也高兴。不过如果再前一年来慰问我的话，我还不需要。"因为我还在上班，每个月都有3000多块钱的收入。我工作的时候都是早出晚归的，每天早上8点上班，有时候晚上10点钟才回来。有五六年的春节，我正月初五、初六就去上班了。我都不休息的，因为我觉得休息在家里没有事情做，我就每天都去送报纸，有时候送到晚上9点才送完。别人做五个小时就好了的事情，我要做十个小时才完成，人家六个小时，我就十二个小时。别人是用体力去做事情，我是用时间去做事情，我就一步一步慢慢做。而且我女儿念大学，她也不要别人给我们的资助。之前农场的领导有来跟我说想资助我女儿念大学，但是我女儿说不要，她说："老爸我不用，家里有钱给我读书我就去，不然我就去贷款，以后出来我还，不要别人的资助。"我女儿说不要那我就听她的，我辛苦一点赚钱，也够她读书了。

我女儿是我第二个老婆生的。我第一个老婆是我1993年去到越南带回来的，但是因为她过来的时候没有办手续，属于是非法入境，到这边两三年之后就被派出所的人遣送回去了。后来有一个亲戚朋友给我介绍了现在的老婆，叫廖三妹，她原本是在漳州南靖的。我跟我爱人结婚没有办婚礼，因为她之前的老公去世了，她是属于改嫁过来的。她还有一个四岁左右的儿子，小孩的奶奶不给我们带过来养。当时农场的书记跟我说："你要做好人就难，做坏人就容易，如果想把小孩带过来的话，从法律方面来说是一定可以带过来的，但是我们这个事情要用家族的传承来看待，不是用法律手段去处理。别人愿意给你养就带过来，不愿意这个事情就算了。你逢年过节给他一点钱，给他买一两套衣服，资助他读书，你就永远都是好人。带过来万一有什么事情，别人家族那边还会怪你，就永远都是坏人了。"所以我就觉得还是不带过来会比较完美地处理好这个事情。后面1999年我跟我爱人就生了现在的女儿，叫黎继业。我供我女儿读大学，她读的是莆田学院的外语专业，本来还想叫她去攻读师范学院的研究生的，但是考试准备的时间太短了，没有考上。现在她回来宁德这边做工了。

我这个人是跟命运作斗争的，我父母八十几岁了还是跟我一起生活的，我一个人养他们，我开杂货铺、帮邮政送报纸、搞砖厂，看到别人种葡萄，我就去福安批发农药回来卖，这些都可以赚一点钱。我在当地的口碑是非常好的，我跟什么人都可以合得来。不管做什么都会看得起我，所以我卖的东西他们也都会跟我买。

我也比较活跃。这边成立开发区，农场下放到地方之后，政府为了让我们融入到当地的经济，想把农场的土地开发利用起来。农场好多个管区都纳入当地经济了，农场有一万五千多亩土地，目前就剩下大门山管理区政府还没有利用上。甚至我们的场部现在都要腾出来给政府，所以我到处去煽动老百姓跟政府对抗。每次开发区的领导看到我，他们就说"军事"又来了，因为我从来不计较个人的利益，我都是为了整个归侨的利益。当年开发区书记、主任还打电话到我家里来，特地邀请我去他办公室喝茶，跟我聊天谈心。

现在我不工作了，家里就是我老婆、女儿上班。我早上起来帮她们做一点饭吃，让她们吃了去上班。晚上回来也是我煮饭给她们吃。中午的话我就自己出去找人聊天，中午回来睡个午觉。

当地人对我们的印象一开始是觉得我们归侨很"野"的，刚来的时候我们都不习惯这里的生活，归侨不愿意嫁给本地人，本地人也不愿意嫁给归侨。因为我们归侨打打杀杀，什么都干的。虽然在农场只有两千多个归侨，但是当地人还是不敢欺负我们。因为我们十几个人把他们围起来就打，周边很多东西都被我们破坏掉。本地人晚上不敢出门，他们怕这边有鬼，又怕那边有神。归侨什么都不怕，当时我们还买火药枪，到了晚上就去打野兽，比如狐狸、土猪。周边的青蛙我们一晚上也拿灯去抓，抓来吃或者卖。东湖塘的鱼，也被我们归侨抓光了，我们买绳子来编织成网，然后去捞。后面在这边待久了，大家就相互合得来了。前段时间有一个越南妹嫁到这里，因为我会说越南语，我就跟她聊天。但是我后面就不敢聊了，因为这里的越南妹跑得太多了。我都怕别人怀疑我，就好像我今天刚跟她聊天，结果她明天就跑掉了。但我跟这边什么人都可以聊天，我之前经常送信送到农村，看到好几个老人在聊天，我也停下来跟他们聊半个小时，聊半个小时到了我就继续送报纸了。反正我跟谁都可以聊的。

李红成　口述

口述者简介：李红成，男，1972年在越南出生，祖籍广西防城港。其父亲最早到越南谋生。李红成是在越南出生的第二代华侨。因越南排华回国，先是在农场参加劳动，后在北海以及福建漳州学手艺、打工，后回农场做生意。曾在农场做过保安、小工，进社区之后担任管理湖面清洁的工作。

时间：2022年8月24日

地点：宁德城投蓝海码头

采访者：周妹仔、陈燕梅、郑一省、苏木兰

华侨属性：越南归侨

南洋物：无

整理者：陈燕梅

一

我叫李红成，我老家族谱那边记的是"宏"，然后来到这边记错了，身份证上面就写的是"红色"的"红"。我1972年在越南出生，来到这里的时候已经7岁。我的祖籍在广西防城那边，我们家是父亲那一辈去到越南的，我父亲叫李建燕。我爸十岁左右跟一个姓李的伯伯去越南谋生的，他去到那边一边打工一边学习，开始是帮人家看牛，就是帮那个伯伯家里看牛。他帮别人打工想攒点学费，他读书应该有读到初中。后面他被抓去当兵了，因为我们在越南没有后台。当时政府抓人打仗都是抓农村的，因为城市里面的人都躲在家里。政府没有办法就去农村抓人，抓去就强迫他们当兵，当时是跟法国、美国打仗。我爸爸被抓去当兵是当的炮兵，他当兵之前已经结婚了。那时候我出生了，他大概是在我会走路了以后才回来的。我母亲也是华人，是在越南那边出生的，她叫黄氏娇。她不会讲普通话，但是会说客家话，还会讲越南语。

父亲的兄弟没有去越南，我的叔叔曾经去过，然后觉得那边很苦又跑回来了。我父亲当兵回来后，在那边务农，主要种地瓜，种花生。我在越南那边刚读幼儿园，我读中文是回来这边才读的。我跟我父母亲是说家乡话，即客家话。我有四兄弟，我是老大，老二是李宏森，老三是李宏财，老四是李宏辉。我跟老二是在越南出生的，回来这边之后父母才生了后面两个弟弟。

排华时，我们回来这边是比较迟的。我父亲在农村也听到消息了，想把两头牛拿去换点钱，而越南人不给我们换，只得丢掉了。那时候我父亲有两辆自行车，我父亲骑一辆，母亲骑一辆，然后在后面放个背篓，放点小东西，能拿的都拿了。自行车回到这边也卖掉了，现在没有了。我们在那边住的房子是毛坯房，有个小院子，房子砌好了只是用泥巴糊一下。过去在那边还好一点，冬暖夏凉还挺好的。我们那边的地是公社给的，公社规划给你去盖的。在那边是要交税的，小猪仔自己买，养大了杀猪，还要交一半给公社。

二

我们一家四口是从凭祥边关回来的，在那边先住下来。然后就听他们讲，有去广东的，有去云南的，有去福建的。我们家就听到他们说福建好，有山有水好，所以就跟着父亲来这边了。当时在凭祥那边住的地方，是临时用帆布搭起来的帐篷。然后我们就坐火车，再坐长途汽车回来了。我们坐火车先到福州，又分了哪个区哪个区的，我们就跟着父亲到宁德了。当时有人在马路上敲锣打鼓地欢迎我们，他们还给我们苹果吃，我们当时傻傻的，心里还在想这种东西有没有毒。我们在越南农村，哪里吃过苹果，都是吃地瓜、红薯。

后面有些人回来就想，怎么这边也是种水稻田呢？还有点积蓄的人干脆跑了，就是偷渡了。没想到在越南种田，在这边又种田，他们种田都种怕了。我父母亲没有钱跑，当时我爸的战友他们想叫我爸跟着跑的，但我妈舍不得。后来我爸的战友们跑到英国那边去了，他们本来说帮我爸带我跟我弟弟两个或一个出去的，我母亲又舍不得，觉得还是带在身边好，所以我们没有出去成。

我们到农场这边之后，先住的是塔南旧场部学校那个地方，当时一日三餐都有人送。我们当时是小孩子，跑来跑去就闹着玩，该开饭就开饭。后来我们就分去东楼管区了，父亲他们开始分批建板屋，建的房子一排过去，上面盖瓦，下面都是木板钉起来的。板屋建起了后，每家抽签分房子，每家一间。当时我家还领了一些水瓶、床单、锅碗瓢盆这些。那时候我们还是吃大锅饭，一个队一个队的。当时有一个钢板，到时间开工了就敲这个钢板。我父亲母亲回来也是做农活，种水稻田，种甘蔗。我在家就看弟弟，后面到读书年龄，7岁才去读幼儿园，读了3—4年的幼儿园，也就是开始学中文了。然后又读小学，那个小学叫东楼小学。在东楼小学那边读了三年，到第四年的时候就到大门山这边读了，在大门山那边华侨中学读了不到一年，我就不想读了。当时看几个大哥读了高中出来后，都分了五亩地。我就想按我这个条件，读出来也是五亩地。然后我就跟父母种田了，弟弟他们继续念书。我们父母当时种田，一个月才二十八块钱，那个时候算工分。我们父母种的是责任田，也可以自己去开荒种田，我父母当时也开了两三亩。水稻田种两季，收割完了，又在田里种点地瓜，种土豆，种点菜，种芋头什么的拿去卖，换点补贴。我帮父母做到了二十几岁。

1986年又搬到新的管区，我父亲就不种田了，又改种果树。因为农场这边说地不能荒废，然后犁好之后就变成果园了，种的果主要是柑橘，我父亲种柑橘包了十六亩。我们种的要按产量上交。我们可以承包田的时候，有农场的人来通知，通知说我们要去做身份证，要种田了。十六岁就可以承包土地了。我们当时种果树三年之后就有产量，当时我们七星管区的在东湖塘是万元户，那心里美滋滋的，当时我们还上了《闽东日报》的。这种日子过了七八年，然后慢慢这个水果，因我们注重产量没注重质量，有些果子不好的不舍得剪，营养跟不上，所以果子不大。当时一亩有好几千产量，但果子质量不好，卖不起价钱，到 2003 年那个果树就被砍掉了。

除了种果外，我 1995 年还去了广西北海那边。在去北海那里的时候，我也随便回老家防城去了一趟。我的老家在防城那庆镇小峰村，我在那里见到了我的奶奶和叔叔他们。我在老家住了一个星期后，再到北海去。我去北海的原因，是当时我一直在种田，想出去学一点东西。我有一个朋友本来在那边说好了，年过后我就去找他。他家族在北海那边的，我想跟着他出海，虽然辛苦，但是工资还是高了很多的。等我去的时候，他们出海了，我找不到他们，我就在我爸爸的朋友家里住了一个礼拜。在他们那边白吃白喝，我很忌惮这个的，后来我就去旅社住了。那个时候他们出海，都没有手机，都是公共电话，等来等去很麻烦。我在那里每天都要开销，感觉还是不方便。等了一段时间，等不到我朋友，我就从北海这边回到漳州了。在漳州我父亲朋友那边一边打工，一边去学烤鸭手艺，一边在石英钟工厂打工，或者去水果冷冻厂卸货。我在石英钟工厂那边还是技术员，首先是跟老板学，厂长看到我干得比较勤快一点，就特意让我去打磨车床那边，干刻画啊，雕花这些。在工厂做了差不多一年，然后我还在一个公司里面当厨师，煮一个公司几百个人的菜，就做的职工餐的那种。打工的同时，我晚上还去卖烤鸭，我们租有一个固定的店铺。多的就跟我父亲的朋友的孩子骑个脚车拿到街市上面去卖。在那边挺辛苦的，都没停过。

我手艺学好了，1997 年就回来在宁德五里亭开了个店铺，卖烤鸭啊，以及叉烧、排骨、烤鸡这些。生意做得还好，不过就是别人欠账太多了。有些人买东西就采取记账这种的，没办法啊，都是老相识，这些账也就拿不回来。后来店铺不做了，我把烤炉拿回家。每逢过年的时候，我就自己在家也偶尔烤几炉，让我弟弟骑着摩托车拿上街去卖，当补贴一点家用。1998 年，店面要拆迁，所以我就搬回七星管区了。

我是 1998 年结婚的，我爱人叫苏家娇。她是 1970 年出生的，她祖籍是在广西北海的。她去到越南是在海防，靠近河内那边。我跟她是在初中的时候就认识了，不过我们不同班，她比我高一级。我跟她认识主要是从烤鸭店开始认识，我回来开店的时候她是开彩笔厂的，我开烤鸭店，我好兄弟是我老婆的同学，然后我在外面开店铺，我就住在店铺里面，他们都认识嘛，就带到我店铺里面，我对她印象比较好，所以就先下手为强。我们谈恋爱谈了一年才结婚。我结婚没找媒人，直接去跟我丈母娘谈了。结婚的时候有三金啊，彩礼这些。

当时我叔叔搬到漳州了，我就去住他们的房子。我跟农场里面打个报告，他的责任地十二亩也是我来承包了，我又开荒十几亩。然后我就开始种水果了，种柑橘种到 2003 年就不种了，改种桃子、葡萄了，有时种点菜，拿去市场卖。这些地都是我们夫妻自己耕种，我们是两点成一线。

我不属于农场的职工，我那时候是最后一批，上面不批了，所以没有职工了。但是我爱人是职工，她在毛纺厂那边工作。结婚后，2005年我就搬到华侨新村这边了。我们在新村这边的房子大概有87平方米，当时是一个人分得25平方米，超出来的我们要自己垫，当时买的时候花了两万多块钱。我的儿子没另分到房子。我们一家三口人抽得八十几平方米，我还好，补不多，我有归侨证，有一些免的。

2006年，我一边打工，也一边在地里劳动。后面我们的地被征收了，征地一亩大概有一万三千多块钱，我们的地是2007年才理赔的。2008年，我朋友又介绍我在市区里面当保安工作，在小区里面做保安。那边保安公司来查要有保安证，我没有，没有办法，我又去考这个证才能上岗。后面保安公司又安排我到南岸公园做保安，做了差不多一年。合同到期之后，我又去证券公司上班，在证券公司上了不到两个月，然后农场这边又招人，福利比那边好一点，我就回来了。我2003年就在工地做小工了，保安是2008年做的。回来以后就管理我们东湖塘的资产，包括水面，地面上的东西，都是要一帮人去管的。本来这个湖面都是我们农场管的，市政府让农场移交出来了，2018年6月农场才移交我们到这边城投蓝海公司。我们的工作主要是维护农场的地，以前我们在农场的时候管理这边的主要工作是维护我们农场的地不被人霸占，被人霸占的话这个地一亩要赔几百万的。偷种偷挖的都有。后面宁德不是要创城嘛，我们就负责清理湖面的垃圾，清理垃圾。同时也救人啊，每年都有人跳河，我们还进行救援。

社保一个月要交几百元，单位交一定比例，我们的医保是城镇医保。

因为当时我不服啊，我说凭什么我干得比别人多，我拿到的钱还比别人少，我上的还是夜班啊，而且我白天还去工地，有时候到工地我还打瞌睡。我在工地基本也是技术员，铺马路，切井盖。但是四川那几个工友过来，我就看他们弄，不会就问，我都是跟他们学的。

农场好像在八几年，有一批分到厦门，分到同安那边买房子。我们农场这边，一个人给两万五，移出去嘛，然后就到漳州那边去买房子，那时候我父亲也找他朋友先垫一点钱，让他到城市里面住，但是我父亲朋友的老婆怕我们还不起，就没有借，所以我父亲就没出去成。

我弟弟他们结婚了也有自己的房子，老二、老四是跟着我母亲一起抽房子的，当时我父亲已经不在了。后来他们不够住了，我就要求农场给我安置房一套，所以我就有一个弟弟在五里亭那边有一套，一个月一平方米是两块钱，等于说是农场的廉租房。

后面我本来有想回去越南看看的，不过我们那边没什么亲人了，但是我们家那个老房子还在，我兄弟五六年前还在，他们说那边现在全部种荔枝树了。

廖承欢　口述

口述者简介： 廖承欢，男，1949年在广西东兴出生，祖籍广西防城港。其出生后随父亲到越南谋生。后因越南排华回国，回国后在农场参加工作，后在农场承包土地种农产。

时间： 2022年8月23日
地点： 东湖塘华侨农场华侨新村社区廖承欢家中
采访者： 陈燕梅、郑一省、周妹仔、苏木兰
华侨属性： 越南归侨
南洋物： 复员证、去越南的签证、身份证、银行的存钱票据、到港澳的通行证
整理者： 陈燕梅

一

我叫廖承欢，我是在广西东兴出生的，出生的时候是1949年。我刚出生不久，也就是三岁，我爸爸就带我们几兄弟搬到越南去了，那个时候是1952年。我爸爸叫廖祖文，他是1913年出生的，他还有两个名字一个叫廖徐深，一个叫廖智松。因为我们过越南怕啊，就用了几个名字。我们过去越南芒街那边的时候，芒街的招牌还是用中文的。我们过那个友谊桥的时候，是中国派我爸爸过去，然后跟两边的公安签证就过越南了，就在越南那边生活了二十几年或三十年。我们过去的时候我爸爸带着我两个姐姐，弟弟，一起过去的。

我爸爸有三个老婆，我和廖乘荣、廖承英是同一个妈妈的，剩下的都是我们第二个妈妈的。第三个妈妈在越南南方还没有解放，跟美国人跑到南方去住了。当时我爸爸死掉的时候她还有回来探亲，后面越南排华她不跟我们一起回来。她的老家是在东兴。她那时住在越南河桧，后到海防要回老家时因海轮翻船遇难而世了。

我记得我爸爸说我们搬过来的时候我爸爸是用一个箩筐挑着我们过来的。我爸爸那时候在越南做生意，有钱有生意，有两三个老婆都可以的。我爸爸是在越南这边组织华侨的，组织华侨聚在一起。但是越南人就说我爸爸反动啊什么鬼的，然后就变成说我们家庭成分不好，参加什么都不给。搞到最后我弟弟当越南兵都不行，最后我爸爸过世以后我两个弟弟才当兵。我爸爸当时死是因为高血压啊什么的，当时越南的医疗水平不太好，查不出来，他又想得太多。

我妈妈叫陈有勤。我妈妈也是华侨。

我妈妈以前是地主的女儿，她看见我爸爸很帅气，我爸爸年轻的时候有一点名声，在街上有一定名声的，就看上我爸爸。我们在越南家庭很好的。以前我爸爸先在越南河桧的时候，是管理县里面的，管理什么我就不知道了。但是后面被派到平辽，就组织华侨，宣传爱国什么的，最后越南人就讲他反动。他主要是想争取我们

华侨自己管华侨，不给越南管华侨。我爸爸做这些的时候他还有在做生意，做豆豉，做香烟，做很多啊，自己开厂批发卖给别人。最后搞了几年，越南政府就想让我爸爸教它豆豉手艺，但是我爸爸不教，他说越南政府学到了，学好了就赶我们走了，所以他不教。然后我爸爸就被越南政府赶去种田了。种田种了两三年就过世了。

以前抗美的时候我爸爸贡献很大的，对越南给予物资支持。他在东兴的时候生活过得挺好的，是中国政府派过来的。

他在东兴那边还开织布厂，也卖香烟、糖果等。

我十几岁就当家了，两个兄妹带几个弟弟，我十五六岁了，学了一点手艺，补家庭的钱。我八九岁就读书了，但是后面初中就不读了，因为我们种田太穷了，后面我就供我弟弟去读初中，我刚刚读完小学就不读了，我读小学的时候就读中文，不愿意读越南文，我们一天有三节中文课，一节越文课，我们都不愿意读越文。小学毕业的时候大概十一二岁，然后就几兄妹种田了。就一直做，按工分来放米粮，那时候就几兄妹一起做。那时候还看牛，生产队里面的牛。那时候我们一个月有五公斤的米粮，很苦啊那时候，我们还自己种一点木薯。种到回国，差不多十几年。

我在越南的时候结婚了，生了三个孩子，两个女儿，一个儿子，大女儿叫廖富金，第二个是儿子，叫廖富贵，第三个是女儿，叫廖富玉。后面回来中国之后又生了一个女儿，叫廖富银。我太太也是华侨，叫朱伟英。我结婚大概是 1972 年结的，1974 年的时候就生了第一个女儿，1975 年生了儿子，第三个女儿是 1977 年出生的，最小的女儿是 1981 年出生。我爱人当时在越南跟我是同一个村的，她读的是越南文。我跟她认识是媒人介绍的，我跟她结婚的时候有办酒席，办了十几桌，她还给了我三十几匹布，一个柜子。因为我岳父就一个女儿，所以他们很重视。他们看上我是因为我们家庭没有人去当兵，因为她的哥哥去当兵死掉了，她怕当兵死掉，因为我不当兵，他们就把女儿嫁过来了。我爱人是读越南师范的，她妈妈就跟我妈妈说媒了。我当时结婚的猪肉、米啊什么的都是村里的亲戚帮忙搞的，结完婚之后要慢慢还的。头一年我弟弟结婚，第二年我结婚，我妈妈就把我们欠别人多少猪肉，多少米，多少酒，让我们两兄弟分。

那时候我的哥哥姐姐也是在越南那边结婚了。我大姐在越南结婚了，后面排华回来到广东那边，之后又移民到美国了，她女儿结婚嫁出去，然后她才申请出去的。承娟跟她老公回来被安置在广西防城那边。承文当兵了五年，他以前当小队长的，然后他打听到越南要排华，他就请假跑回来，跟我们一起回国了，当年解放南方的时候，死了很多我们当兵的华侨。承荣本来也要当兵的，当时我刚刚送他到当兵的单位就听说南方要解放了，就不用我弟弟了，然后就带他回来了。他们当时都结婚了。承文当时刚结婚两天就排华回来了。

我们在越南的时候住的房子很大的，还有一个院子，都围起来了。那房子有四间房，还有一个二层，那时候我二十五，二十六岁就做好房子了。那个房子是自己盖起来的，以前在越南的时候自己开发就是自己的了。但是田是公家的，要收租的。当时给了几分地，种点地瓜啊，木薯啊。我们回来之后我们的土地，我们的房子就被越南人占了，不过我的房子是给我干妹妹住了。那个妹妹是当地的少数民族，她认我妈妈做干妈。我回去越南就是住她家里面。后面我跟我弟弟回去的时候我跟她说有空来我们中国玩一下，看一下，有没有钱什么的。当时她儿子结婚要五千块，我跟我兄弟就给她包了，让她儿子讨一个媳妇。我们都叫她廖妹。她现在也有四十几岁了。

我以前在越南的时候也很调皮，以前排华的时候，我骑着自行车，一个村一个村去做生意，然后看到海防那边，平辽那边很多人都跑，一打听说是越南排华了，然后我就一个村一个村去招呼我们的华侨，去招呼我们同姓廖的，叫他们一起跑。他们当时说我这样吆喝吆喝等下抓我去坐牢，我说我不怕的。最后我就吆喝得一大堆姓廖的人一起，然后我们就商量什么时候跑，定个时间。当时我们离中国边疆很近，所以我们早几天就慢慢用自行车运一些生活用品到中国这边，运到峒中的亲戚这边，放他们这边。以前没有排华的时候我们这些亲戚还有来往的。回来这边中国政府就派个车子到这边来把我们的东西全部搬过来了。最后我们走的时候就没有什么负担了。我们刚开始还不懂走回中国这边干吗的，是先回来的那些亲戚跟我们讲，在中国这边很好，又有饭吃，又有什么东西给我们，我们在越南那边是种田的，很苦啊，当时一听到这个就跑回去咯。

二

我们回来中国是先到峒中，先集中起来，然后看安排在哪里。当时中国那么大，我们哪里懂得安排在哪里哦，地图一拿出来，一看福建这么远，一开始我是安排在海南岛的，但是我那个亲戚又说海南岛又远啊，一个岛，跑又跑不了。然后福建的话，我们在越南看中国的电影说福建土匪很多，后面他们又讲福建靠近沿海，所以我就讲我不去海南岛了，我去福建。他们一开始的时候说福建种水稻的，但是我们那时候哪里懂水稻是什么，一听到有水啊，还以为是水果什么的，哪里懂得种水稻是种田啊。结果跑来东湖塘这边也是种田的，不过我们也已经习惯了，就不怕了。后面我们就坐汽车到南宁，然后从南宁坐火车到这边来了。我们从峒中去南宁的时候刚好是端午节。上火车的时候中国这边还发了馒头、水果。我们在越南哪里懂得什么是馒头，他做好了发给我们，我们都不懂得吃。后面回到宁德我们也是，农场把最好的东西给我们吃，我们都不懂，给那个羊肉啊什么的，我们说什么肉馊了还给我们吃。结果人家说农场把最好的东西给我们吃了，我们还不懂。

我们刚回来的时候这边还是很苦的，按照当时来讲东湖塘这边还比不上我们越南那边，我们在越南还有自行车啊，缝纫机啊，手表啊。在这边的人还不懂什么是手表。刚开始我们到这边的时候是安排我们在金蛇头那边的石头房，那时候是两层的，住了一两年又安排在四孔桥，那边是三层的石头房，当时是 35 平方米一户。

因为我回来的时候带了一大队华侨回来，所以他们又安排我当生产队队长，带着他们种田，一起干农活。后面 1992 年他们又把我调到鱼种场管养鱼，以前当领导的农场书记他懂得我在越南干过什么，养过鱼啊什么的，就把我调到那边了，在鱼种场带领工人孵化鱼种。那个鱼种场有一百多亩，专门孵化鱼种卖给其他人养鱼的。一直到宁德这边开发，鱼种场卖掉了，我就搬到塔南旧场部那边去了，当时那边有旧的空房子，我就搬到那边了，在旧场部住了五年就搬来新村这边了。当时我在旧场部的时候我自己种葡萄，种香蕉，养鱼，刚刚做五年，开发土地又把它拿掉了。我当时承包了二十几亩，还承包了十五亩螃蟹，养螃蟹，在四孔桥海沟那边。当时我们农场有很多地，做不完有一些还分给本地人来做。我们当时承包土地一亩要交五百斤谷子，但是我的螃蟹场是我自己在海边开发的，所以就没有算钱。但是现在那边开发，也给别人拿掉了。

他们拿掉土地之后赔得不多，鱼种场一亩地给两千多块钱，但是这个螃蟹场赔得多一点，一亩赔了一万多。香蕉地赔了六千块一亩，葡萄地的话看有没有结果，结果了有好的就赔一万多一亩，没有结果的就赔几千这样。因为我们螃蟹场花的本钱比较多，就赔得多一点。后面赔完地之后我就没干其他的了，退休了。退休了退休金现在有三千，我爱人有两千多。

我在新村这边分配到的房子有 130 多平方米，当时我女儿、我外孙全部集中在这边有六口人，我女儿、我外孙还住在一起，另外一个女儿也是带一个外孙在这边，一共四个人，再加上我跟我爱人，所以这个房子就大一点。我儿子他结婚了有分到另一个九十几平方米的房子。现在我女儿嫁出去了，我就叫我儿子搬过来我这边，现在我孙子还没有结婚，就把那个房子租给其他人了，等我孙子大了就让他搬到那边去。

我爱人回来这边是到托儿所工作，她以前在四孔桥大队里面看托儿所。后面我去看鱼种场之后她也跟我一起上去看鱼种场了，后面鱼种场不做了大家就一起做农工了。

我女儿回来在这边有三个读到初中，一个读到高中。在华侨农场这边读初中，高中是在宁德这边读的。我女儿嫁的也是华侨，大女儿嫁的是农场这边的印尼归侨，后面她老公申请出去香港了，就跟着她老公出去了。第二个女儿嫁的是越南归侨，二女婿以前申请去到美国，后面回来跟我女儿结婚，结婚生了一个女儿又带出去美国了。我儿子在这边结婚，娶的是越南归侨。最小的女儿嫁到厦门了，她去打工，认识了就结婚了。

我们回来到这边之后我妈妈跟的是我最小的弟弟，他们还没有结婚，我们几个大的结婚了就分出去了，他们没结婚就跟着一起住了。我妈妈过世的时候 74 岁。她之前在农场四孔桥里面开店铺，卖小吃，卖点日用品啊。

我们家这边是信佛教的，在越南那边就有了，我们的武威堂，是廖氏的堂号。在疫情暴发之前我们五兄弟刚刚回去过越南，我回到中国几十年也去了几趟越南了，老祖宗的墓还在那边。因为越南那边要开发，让我们五兄弟回去，把爸爸的墓搬回来。还有我老祖宗的墓还没有搬回来。每年我们回不去的话就给钱给那边没有回来的同村的亲戚，让他们帮我们烧钱给祖宗。

我还有宁德县的先进工作者证，宁德县的人大代表证，我是1993年入党的，还有党员证。以前我们在农场工作比较积极，工作突出。

我还保留了我爸爸参加抗美的复员证。还有过去越南的签证，爸爸的身份证。还有我跟我太太的身份证，在银行的存钱票据，归侨身份证，到港澳的通行证。我在越南的身份证开小了两岁，写的是1947年。

廖承武　口述

口述者简介：廖承武，1961 年出生在越南，祖籍广西防城港。其父母最早到越南谋生。廖承武是在越南出生的第二代华侨。因越南排华回国，回国后在农场参加工作，承包土地后种水果、养鱼，后其家人在农场经营一家餐饮店。

时间：2022 年 8 月 23 日

地点：廖承武经营的明仔餐厅中

采访者：周妹仔、郑一省、苏木兰、陈燕梅

华侨属性：越南归侨

南洋物：出生证

整理者：陈燕梅

一

我叫廖承武，我是 1961 年出生的，我们家是我父母亲去到越南，我的祖籍是广西防城的。我的父亲叫廖主文，但是因为我父亲 1968 年就过世了，所以他的事情我就不是很清楚。我的母亲叫陈友勤，是华人，祖籍也是广西防城的。他们先到越南的芒街那一片，后来到平辽，我是在平辽出生的。解放越南北方的时候，我们才搬迁到平辽这边。我一共有兄弟姐妹九个，我排行第七。第一个是姐姐，叫廖承英，第二个姐姐去世了就不提了，然后到哥哥廖承欢，廖承荣，姐姐廖承娟，哥哥廖承文，姐姐廖承凤，还有第八个是弟弟叫廖承威。我五个兄弟都在这个农场，还有一个姐姐廖承凤也在这里。

我小时候在越南读的小学叫董高小学，小学六年级毕业以后读了一年初中就被排华回来了，那时候我才十五岁。那个时候我哥哥姐姐，父母在那边都是做农活的，但是我们做的都是国家的，我们去那边都是国家派去做的。我上学读书，放学回来帮父母亲做一点家务事。后面排华时，领导说我们不能在这边了，那我们就一起回来了。回来到边防那边，中国就派人来接我们。当时我最小的，第四个哥哥在部队里面当兵回来，回来就一起商量不能在这里了，就回国了。回来的时候我母亲跟我们几个兄弟姐妹全部都回来了。我们是走路到边界那里的，我们家离边界才十六公里，走路要两个小时左右，因为我们还要搬运东西。我们小的时候，什么东西都来中国买的，买笔、书等。小的时候我们骑脚车，一个小时就到了。我们回来时，就走到中国的边界广西峒中，我们在峒中待了一个礼拜，就有农场的人来接我们。然后我们就坐汽车到南宁，再转火车到福州，到福州后再坐汽车到东湖塘，那个时候路很难走，都是沙路，坐了一天的车。

二

我们刚回到这里的时候不习惯，因为我在越南都是念书，不做事情，而回来这

边就直接劳动，比较辛苦。那个时候劳动一天有八毛钱，当时这个钱很实用，一分钱可以买很多东西了。我们刚回来的时候房子还没有建好，就安排我们住粮库。我是住在金蛇头水闸那边，以前安排民工住的地方，住了一年多。房子建好之后就搬到管理区了，因为当时一下子华人太多了不够住，然后就建新的，建好了我们就搬过来了，我们是搬到四孔桥管理区。我是农场安排的第二批华人。我们在这边也是种田，然后弟弟就读书。我弟弟回来是重新念汉语，他在越南那边学的是越南语。因为我的国语不通，我也念不来。我妈叫我去读书，我说我长这么大了就不读了。我们搬到四孔桥住的房子是石头砌的，有三层楼。当时我哥哥、姐姐结婚了，就分出去了，就剩我跟我弟、我母亲，还有一个最小的姐姐。其他结婚了都另外分了一套房。他们都是在越南那边结了婚回来的，结了婚就一起回来。我们回来到这边就种田，我大哥在农场单位做一个管理区的领导。我哥他们有文化，在农场里面当领导。我们当时种田都是集体的，吃饭也是集体的，从食堂那边打饭回来吃。

后面我就学开车了，1982年开农场的车，开始是开拖拉机，当时有16块钱一个月。我学车是农场的领导安排去学的，学回来开犁田的车，收割的车。后来九几年就承包到户了，我就自己买了一辆货车开，帮别人拉货。那个时候承包到户，每个人分了五亩地，要规定是一亩要交五百斤谷子，剩下就是我们的了。如果有剩下的可以申请留给自己用，我与我家里人就种了十亩。我哥哥弟弟姐姐他们就各自承包了，改革开放的时候他们就分出去了。我母亲在1996年就过世了。

我是1985年结婚的，那个时候结婚有办酒席，请朋友亲戚姐妹来吃饭这样。我母亲说要看一下八字，我说不用看了，合得来就行了。我爱人叫卢日莲，她也是越南归侨，从广宁省东潮县回来的，她也是第二批回来的。她一开始是在兰溪管理区的。我跟她认识是我经常去兰溪那边帮人家做事情，割水稻，犁田等。那时候去做事是领工资的。我跟她哥哥是同事，后来就认识她了，我们就结婚了，所以我就跟她一起种田了。1986年我们就有了第一个儿子，叫廖富明，第二个女儿叫廖富珍，她是1989年出生的。

我们承包了十亩地，种水稻，后来又改为养鱼，种柑橘，也就是有八亩柑橘，十亩鱼塘。那时候领导说种田不赚钱了，就改种水果了。1999年开发区开发了，土地就收回去了，就没有土地了。那个时候补给我们青苗费很低，有的五百块一亩，也有八百块的。那个水田有插秧了就赔八百，没有的就五百。那时候就给我们劳力每个月补260，不是劳力就没有，后面就涨到280，后面涨到480，这个补贴补到我们退休。没有土地了，我们就去打工。我还去养鱼养虾，在海边养，养鱼也养了二十几亩，都是咸水的。来到新村了，我还在山边养鸡，那个地是我们农场的，不过现在没有了，拿来盖房子了。后面我们来到新村，我爱人就在这里开店铺，这个店铺是我们租农场的。也就是一个月一平方米多少钱这样，我们这个店铺租金一个月两千多块，水电费是自己出。店铺每五年投标一次，我一来这里就租了。2016年我才开这个店铺，我们的店铺卖早餐，还卖一些套餐饭。以前这里还在开发，建工地，路也没通多少，那边有工地，我儿子就想做快餐，炒几十种菜给别人选的，做了两年，太辛苦，太浪费了，就改为炒菜了。后面也没什么人了，有人来我们就搞一点，没人来我们就自己吃。本来我孩子也是在这里做的，现在就剩我媳妇在这里做了。我做肠粉三点钟就起来磨了，磨米浆，一天磨八九斤这样。

我后面就养鸡，还有 2018 年帮朋友开铲车，这个是跟他们合股的。每个月也有一点收入，跟他们开沙厂，自己包一个码头做沙，海沙拉过来，卖给工地，这个也搞了七八年，现在也没再搞了。我的孩子在农场读的是宁德华侨小学，后面两个小孩都是读的中专。后面他们去广东学厨师，还去发廊学理发。我们在家里跟孩子讲话都是说广西话、客家话。我现在退休金有三千多。但是三千多也不够用，我们还是要出去打拼。所以说，这个开发区成立之后这里路通了，好了很多。我们归侨除了退休金、医保外，也没什么享受。

之前他们说有五百亩土地是给我们华侨的使用权，现在也没有了。现在我们的总场建开发区，土地也收回去了，我们也没什么办法。那些土地是我们农场的财产，当时留下来的仅剩下五百亩土地，是我们在开发的时候与市里面签的，这五百亩是说留给归侨的使用权。那个时候，我还是职工代表，当时有文件下来的。现在这五百亩也要卖，卖卖就没有了。现在有八个管区，可能就剩下大门山的房子和塔南、四孔桥的房子还在，还有一个旧的场部，其他都没有了。

在我的家人中，现在大姐姐去美国了，她是回到广西后才去美国的。还有一个小的弟弟，现在在这里也是卖早餐的。我大哥退休了，还有一个三哥也退休了。有一段时间我们是可以申请出国的，但是我没去，因为我这里有单位，也很难申请。我大哥和二哥的女儿现都在外面，有在香港，也有在美国。

我后面差不多两年回去一次越南，因为我还有很多朋友在那边，我就想去看看出生的地方，也去父亲的坟前祭拜他。后来为了方便祭拜，我将父亲的坟也迁回到宁德这边了。

廖家才　口述

口述者简介：廖家才，男，1965 年 12 月出生在越南平辽，祖籍广西东兴。其爷爷最早到越南谋生，廖家才是在越南出生的第三代华侨。回国在农场完成学业后去到深圳打工，被农场叫回去集美学校读书，后回农场工作。曾在农场担任管区办事员、武装部部长、侨联秘书长，现在农场担任侨联主席。

时间：2022 年 8 月 24 日

地点：东湖塘华侨农场廖家才办公室

采访者：苏木兰、郑一省、周妹仔、陈燕梅

华侨属性：越南归侨

南洋物：自行车、缝纫机

整理者：陈燕梅

一

我叫廖家才，我是 1965 年 12 月出生的。我是 1978 年 5 月从越南平辽回来的，平辽以前叫广宁省。我的祖籍在广西防城港东兴，不过家谱里面写的是我们家从河南那边过来的，我们廖姓的堂号叫"武威堂"，然后从河南到广西再到越南。我们家是爷爷辈去到越南的，我爷爷当时去越南应该是因为在中国的生活比较困苦吧。我父亲叫廖日荣，是 1936 年在越南出生的。我母亲叫黄氏广，1937 年出生的。我父亲有三兄弟，我父亲排老二，老大在越南没回来，他弟弟叫廖日钦。在越南那边开始是种水稻田，同时我父亲还去到那边的发电厂上班，后面我们全家搬到城市里面去做生意了。做生意应该是我父亲那时候开始做的，我们当时做面粉、面条，专门拿到街上卖给店铺。

我们家去越南应该是走路过去的，因为之前我们还在越南农村的时候，我母亲还到中国卖藤椅，那时候也是走路拿到中国这边来卖的。藤是从山上扯下来的编好藤椅卖。那时我们就是一边种水田，一边弄这个藤椅卖。

我们 1978 年回国，是因为我父亲当时看到我们那边整村人都回中国了，然后就跟着他们一起回来了。其实那时候还没开始排华，那时候在演习，比较乱，当时还炸山头，搞得街上都人心惶惶的。我们回来的时候，有我两个哥哥，一个姐姐，两个妹妹，还有父母，奶奶一起回来的。我奶奶 97 岁才去世，她当年在越南是地主婆来着，她也是华人，专门开赌场的。我奶奶她回来后，跟我叔叔一起住的。

当时我们回来的时候能带的东西、能打包的东西都拿走了，比如说自行车啊，还有留声机、收音机。但是我们在过边境的时候，有些东西被骗走了，那些越南人说不能带，但是自行车、缝纫机我们都有带回来。当时我们还有好多东西换了钱拿回来的，但是这些钱后面都被我哥拿去偷渡花光了。我们归侨的很多黄金都是给蛇

头赚去了。当时我二哥跟我姐偷渡，他们当时说出国，后面蛇头就把他们送到了香港，在那里待了一个月又被送回来了。

我们是从越南跟村里的亲戚走路过来的，走路到东兴垌中，然后中国这边安排我们上火车，我们就跟着上火车了，我们也不知道去哪里。后来就到了福州，再转坐客车到东湖塘。那个时候我们是没有发言权的，我们是难民，他们安排到哪里就到哪里了。但是我有一个大伯没有回来，他在西贡。他在那边生活得比我们好，他们没有排斥得像我们这边这么严重，他在西贡好像也是包茶山，生活得应该不错。

二

我们当时回来的时候，农场这边还有欢迎仪式，并给我们发了一些联合国救济的粮食、苹果、奶粉，这种救济一直持续到 1980 年。后面我们就慢慢开始承包土地了，种田、交谷子，生活就慢慢好一点。我们回来到这边，我父母就已经开始劳动了，还有我大哥大姐一起劳动，其他的兄弟包括我就在一起念书，在同一个班。书读完后，就一直种水稻了。我们分家后，一人承包了五亩地。到 1991 年引进柑橘，就开始种柑橘，到 1997 年开始征地了。我父亲在农场里面的发电厂干活，因为他在越南的时候也是搞这个的，他曾在越南发电厂上班。他有这个工作经历，所以农场也让他做这个，我们当时的农场是有发电站的。

我父母生了 9 个小孩，我排行老五。我的大哥叫廖家德，大姐叫廖家英，二哥叫廖家福，二姐叫廖家李，大妹叫廖家先，二妹叫廖雅莲，大弟叫廖家寿，最小的妹妹叫廖家彦。我的二姐廖家李在越南没有回来，因为她小时候是送给别人养，她长大后就嫁给越南当地人了。我们当时在外面没有这么多孩子的话活干不下去啊。我们兄弟姐妹回来这边之后都是种田，因为当时是合作社一样的，都是算工分的。到后面我大哥、二哥有种柑橘，大哥做了 20 亩，二哥做了 15 亩。然后 1997 年开发区开发，土地被征用了以后我大哥又跑到海南去种香蕉了，种了六年吧，结果搞得欠了一屁股债。等他 2018 年回来就已经退休了。二哥就帮开发区开车开了好几年，然后后面去香港探亲，在那里打工。他小孩到香港后，现在他一个人在农场这边帮别人送菜，送海鲜。我姐姐家英就一直种田，主要种柑橘，一直做到退休。家先也是在这里，她结完婚以后就没做事了，她老公是做外贸的。雅莲在香港，她回来这边跟一个印尼归侨结婚了，然后她老公去香港定居，三年以后她也跟着出去了。最后一个弟弟家寿娶了当地人，不过现在他们全家都在香港了。家彦与农场的归侨结婚后，也移居到香港了。他们出去香港都很难买到房，我弟弟在半山腰买了。

我们回来住平房住了一年，后面就住到三层的石头房，当时一个楼梯是六户，三个楼梯，所以一栋是十八户。我们在石头房一直住到 2004 年，然后就搬到新村了。搬到新村我们家三个人，我就分到一个 78 平方米的房子。我们农场也有廉租房，是农场建的，入住的条件与市里面的廉租房是一样的，凡在农场的归侨或侨眷都可以申请，交租金是几块钱，大概是一平方米为五元钱，一般都是 50 多平方米。

回来之前我在越南念书念到五年级了，当时我念的学校是越文的，我哥那时候刚好还有中文课，到我那时候就没有了。回来国内之后又在华溪管区华溪小学从一年级开始念起，本来可以跳级的，后来就不让跳级了，我数学还挺好的，基本上数学都不用上，就是上中文。上了两年，后面就到中心小学去了，三年级到中心小学去了，就上到五年级，五年级之后考上一中，然后接着高中到侨中念了一年，到五中念了两年，因为我们高中要念理科，刚好侨中那边没有理科，所以我们就到五中去念了。

我 1989 年中学毕业以后去，深圳打工了一段时间，大约打工到 1991 年。我在那里打工的时候，是在工厂里面做电吹风，后也在那边做领班。在那里打工两年后，我们农场的书记就叫我回来，要我去厦门广播电视大学去念书，我在那里读了两年。我当时念的专业是文秘，这个专业是农场要求我们念的。农场要求一个念文秘，一个念企管，我就念文秘。我们毕业以后，就被安排在农场的企业公司里上班，在那边专门收集水果，柑橘什么的。后来在那边干了差不多一年，我就到兰溪管区当办事员，主要是配合管区领导的工作。在这个岗位上，什么杂事都要做，在那里干了半年。然后由于大门山的办事员迁去香港了，就把我调到大门山干了半年。我是 1996 年开始到机关这边来的，是在人劳科当科员，做一些人事工作。其间我在 2000 年到武装部当副部长，2000—2011 年又到侨联当秘书长，一直到 2011 年当侨联主席到现在。我是 1995 年 6 月加入职工的，我念书回来，单位就安排我们入职工，我现在是职工身份，但不是公务员的身份，所以工资低了很多。我们现在的社保是机关社保，我们要自己承担 8%。我是市政协委员，当了三届，在市政协担任委员有 15 年。在政协和侨联每年都有出去调研和考察，我 2004 年在中国侨联拿了先进个人奖，2018 年拿了个省劳模。

我跟我爱人认识是打工认识的，她是侨眷，叫王蔓，祖籍是福清的。当时香港的一个印尼归侨在深圳办厂，那个老板是长龙华侨农场的人，所以他就让我在长龙这边拉了一波人过去打工，像我妹初中毕业后也过去那边打工了。我跟我爱人在那边是不同的部门，她在流水线（装配车间），我在那边当领班。我那时候很帅啊，所以是她追我的。当时我们谈恋爱的时候，我要回来念书，她就把那边的工作辞掉，跑到厦门来打工。我们是 1992 年认识，1995 年结婚的，1996 年生了一个女儿叫廖梦雪，她现在在武汉华中农大读书。

我们也保留一些越南华人时的习俗。如我们结婚的时候除办了二十六桌外，也保留了在越南时的茶话会，对山歌的习俗，还有就是拜堂了。我们结婚前也说媒，看八字。像媒婆，我们还每年给猪腿给她。我们归侨结婚时，新娘需在 12 点嫁进门。当时我爱人她过来的嫁妆比较多，带来了音响（松下的产品）、黄金（首饰）等。现在我家里的神龛也保留下来，这个神龛是在我老头子家里，我们逢年过节都要拜的，我们拜的是祖先。我们在越南时，还是保留华人的习惯比较多。

我喜欢踢足球，我们农场管区之前每年都有举行足球赛。说句笑话，在球赛时我们八个管区晚上都是不开火的，因为大家都是踢到很晚才回去，还有人是看我们踢球看到很晚才回去。我们农场的这个足球文化，是代表我们宁德市的，我是想把它再带起来。但后来我们的很多足球员都去香港了，再加上农场的地没了，也就是没有踢球的场所，所以我们这个足球文化也就慢慢消失掉了。不过现在我也还是有踢足球的，主要是喜欢这个运动。我们这里年轻人多，跟年轻人玩感觉自己也年轻了。我们也有打羽毛球，经常举行羽毛球赛，比如在 2000 年我们开始举行"华盛杯"的活动。

我是 2011 年当侨联主席的。侨联这边除了我是侨联主席外，还有一个秘书长，还有七个委员，但是办事的就我一个人了。虽然我是侨联主席，但我也是兼职的，秘书长和委员都是兼的。我除了这个主席是兼的，我还兼任了场长助理，分管安全生产和信访等。

我们做了很多年侨的工作，一个问题是维权这一块，包括我们归侨的资产，原来也设了一个维权部，市里面挂在这里，还有跟法院合起来，但是这个维权没有真正运作起来，所以我们归侨维权非常的难。现在我们土地值钱了，人家都会侵占进来，然后这个维权又维不来。每次侨代会，政府这边没办法帮我们出面解决，讲白了就是不重视。维权，我们现在在市里面就是弱势群体，根本就没办法做得像别人那样有力度。我们属于市侨联管，但农场又不属于市侨联管。归侨的困难，有时很难处理。

苏永英　口述

口述者简介：苏永英，女，1965 年出生在越南，祖籍在广西。其祖父最早到越南谋生，苏永英是在越南出生的第三代华侨。后因越南排华而回国，回国后安置在武夷山华侨农场，后面嫁到东湖塘华侨农场。在农场的毛纺厂、鞋厂参加工作。后跟弟弟在武夷山开了一家茶叶加工厂，后来带领农场把归侨的舞蹈文化发展起来。

时间：2022 年 8 月 19 日

地点：东湖塘华侨农场华侨新村社区苏永英家中

采访者：陈燕梅、郑一省、周妹仔、苏木兰

华侨属性：越南归侨

南洋物：无

整理者：陈燕梅

一

我叫苏永英，我现在的实际年龄已经 57 周岁了。我的祖籍在广西，是在越南边界一带。我家是爷爷那一代去到越南的，我爷爷叫苏胜贤，他十几岁就去越南了，后来在那边结婚。我奶奶姓范，她就叫范氏。我爷爷结婚后，生下我父亲。我父亲叫苏喜达。我爸爸有四兄妹，一个姐姐，一个妹妹，一个弟弟，我爸爸是老二。我父母结婚后，生下我们，我妈妈叫陆于明，我们在越南已经是三代了。

我爷爷去到越南，因为我们中国以前非常苦，条件也很差。他们是为了谋生而到越南的，也是去离边界很近的地方，并在那边定居下来了。我们家在越南，是住在北江省，华人在那边基本上是住在同一个区域的，没有跟越南人住在一起。我们华人就是跟华人通婚，也不跟越南人通婚。我爷爷去到那边也是种植东西而已，比如说种农作物，或者种些烟草。这些东西都是自己种，自己开荒，我们是自己种来吃，我们也有种其他东西来卖的，那些越南人不像我们中国人这么勤劳。我爸爸在那边也有念华文学校，等到我们这一辈人，越南就不让我们念华文了，所以我小学读的是越文，上学都是讲越南话，但是我们回到家里，还是讲我们自己的话，讲我们自己的家乡话，主要讲客家话，也讲我们那边的广东话或白话。我爸爸在越南那边长大，我妈妈也是华人。我外公外婆都是华人来的，外公外婆都是从中国过去的，他们都是十几岁过去那边谋生，在那边生活，定居，然后结婚生子。

我爸爸在越南那边做点小生意，爷爷奶奶以种植为主。后来因为中国政府跟越南政府有矛盾了，越南开始排华了，然后我们就回来。我 1978 年回来时是 13 周岁，在越南已经小学毕业了，准备升初中，因为越南排华，社会就开始乱了，我也就没有再上学而回国了。

那一年回国的人相当多，有好几万，回来后被安排在国内的各个省，如广东、

广西、云南、江西和福建。我记得当时是 1978 年，在家里过了最后一个端午节。那时我们就包一辆中巴，到了火车站，坐了一天的火车到我们谅山同登口岸，然后我们就在那边过一夜，因为越南边界到我们中国边界还有一段距离。当时我们还小，我父母亲就包租一辆马车，是专门拉人拉货的马车。我们每一人也就是拎一小袋衣服而已，什么都带不回来，然后我们到了中国的边界凭祥。我们中国政府派出中国军人帮助我们，我印象最深的是一个解放军叔叔还过来牵我的手，帮我拎包包。当时我十几岁，自己拎自己的衣服。弟弟妹妹还小，那就由父母亲牵着了。我们就一人拎一袋自己的衣服，这些衣服都是夏天的衣服，也没有其他什么东西，我们一人拎一袋衣服就进来边界了。一进来边界，我们中国政府真的是令我们感觉非常亲切。虽然说当时七几年我们中国条件也不算很好，但是我们一进来，他们马上让人煮一大锅稀饭和青菜让我们吃，招待我们。还有就是各种各样的身体检查，然后就进入凭祥的一个难民营。进入难民营，我们在那边住了一个月左右，是因为当时大家都在考虑要去哪个农场。虽然我们祖籍是广西，但是觉得爷爷那一代在广西比较穷，我们就怕了，所以就没有选择在广西，就登记来福建。当时福建这边有派领导过来接侨，我们就跟着他们走，跟着他们上火车来福建。当时坐车应该是先到上饶，因为从广西过来只有到上饶，再来武夷山是相当近的，应该是这个路线，我是这样想的。武夷山是一个比较山的地方，是山沟沟。当时我们一家来到武夷山，我们在那里住的有上下楼的房子，我们一家七口住一间房子。与我们一起回来的，还有小姑姑、大姑姑苏亚莲和叔叔苏喜德他们。

二

我们在越南是过完端午节回来的，在凭祥待了一个月，7 月份才到武夷山。我们回国后，我爸爸他们做的都挺辛苦的，开荒，种茶，采茶。当时都是手工采茶，然后再培育再种些茶苗。我爸爸回来跟大家一样是职工，做了一段时间才慢慢地安排在农场办公室的，一直做到他退休。我爸爸他当时也懂得一些中文，他应该有一些经验和知识。妈妈就是在家做茶农，我们平时上学周末就帮妈妈去采茶。当时我们归侨回来基本不懂得中文，我爸爸会懂得一些中文。当时刚回国时，大家全部都种茶，以种茶为主。妈妈是在管理果园。当时还有果园，我们种植水果，种些蜜橘、李子。

刚到武夷山的时候，我还小，才十三岁，就是感觉一下换了个环境，很陌生，因为在那边比较山，冬天太冷了，下雪，冷到我们上课受不了。我们当时去上学是很辛苦的，幼儿园的小朋友上学，是有火盆给他们烤的。武夷山就是非常冻，冷，湿冷。那边是湿冷，我们刚开始都不适应，后来久而久之也习惯了。我们到武夷山那边刚好是暑假。暑假后一开学，我们就被安排跟小朋友一起念书，从一年级读起，这是我们农场安排的。回国时我不会中文也不会普通话，所以我们从零开始。我们就跟小妹妹小弟弟从一年级开始学，学拼音，学中文，我们很认真很努力，没办法，因为我们没有中文基础，也不会普通话，所以说只能从零开始。我们当时上课有一位是归侨老师，她是从越南回来的，她当时在越南读的中文。当时我们上课第一个月时，我们还要请这位老师帮助翻译。这个中文老师讲完了，另一个老师帮我们翻译一下，不然我们听不懂。一个月以后，我们就能自己慢慢听得懂了，因为小孩子学得快，一个月以后我们就有接受能力了，就不用老师翻译了。

当时我们是有分一个管区一个管区的。我住在红卫管区，先进红卫管区小学，后面又在武夷山华侨中学读书，我念到初中毕业，也到了二十几岁，好像是念不下去了。我们武夷山华侨农场有一个客车队，我初中毕业之后，就直接进武夷山的车队了。武夷山是一个景区，当时领导也看重我这个小巧精灵的，所以就进了车队，我是当时车队里面的售票员，跟着车跑各个长途。我们那边有载客到江西、上饶、到南平的。我是 1986 年进去工作，1988 年以后人家就把车队承包了。车队承包后，我就没有再跟私人了，我就到我们的华侨宾馆工作。当时我们武夷山有个华侨宾馆，我就在那边当服务员，偶尔也兼临时导游，也带游客跟山，就是见习导游。但武夷山毕竟是山，女人当导游也是非常辛苦的，所以我就在总台做服务员。

我跟我爱人认识的故事很简单，他当时有亲戚在武夷山那边，他去那边玩的时候，我们就认识了。他本来是宁德这边的人，他有亲戚在那边，所以就认识了，然后我们自己自由谈。我们是 1990 年初认识的，1990 年底就结婚了，我女儿是 1991 年出生的。以前的人不像现在马拉松似的，很简单。当时我们也算是晚婚了，我们回国比较穷，比较苦，然后大家都不想结婚，大家都相互赌。我 25 岁，他 30 岁。他结婚有点晚，但是当时我女孩这样子也算可以了。我爱人也是越南回来的，与我们一起回来的，但是也在越南住不同的地方，回国的时间也不同。我们同样有人接，都是安排在各个农场。后面他回来之后，就经常想着要出去，经常想去外面看看，结果也去不成，所以一直拖，拖到这么迟。

当时是所有人都有这种想法，这边都比较苦，很少人说早早结婚这样子。以前我跟他谈的时候都是靠写信，90 年代都是这样子，电话还很少。当时是这样子，我们也想出国。说实话，我姑姑在英国，我们一家人都有在申请，后面可能是不好申请，种种因素，那就申请不成，手续到了北京被压下来，然后就去不成，去不成那大家都认命了。以前的年代没有像现代人要房、要车，我们当时都很简单，觉得合适就可以。我爸妈当时也没意见，子女都这么大了，那个年代反正是找我们归侨就可以。我们结婚的时候是按照我们华人的风俗，按照我们广西人的风俗。我们结婚都很简单，几千块彩礼就得了，接亲这些都没有，办完酒席就回来，就这么简单，就类似旅游结婚那种。结婚以后，哪里都没有去。当时我在毛纺厂上班，也不能请假。我来这边之前，登记就在毛纺厂了。先在这边登记，当时毛纺厂到我们那边来招工，那我就想我顺便跟着过来，其实我当时已经跟我爱人在谈了。当时是这样的，我跟着过来之后，我户口各个方面我不用去跑了，他会帮我全部安排好了，所以我就跟着毛纺厂一起过来，当时毛纺厂有到我们那边招工。一批工人女孩子都过来了，我就先过来登记了，后面我就回去办酒席，我没有什么假期的，假期很短，过完春节我就上班了。1993 年毛纺厂倒闭，后来我又从事了多种工作，直到 2017 年在社区工作，到 2021 年退休。

我们那个年代还是侨跟侨通婚的，他也有亲戚在武夷山那边，所以就相互认识的，然后我就嫁过来这边。嫁过来这边，我就进了毛纺厂，就是针织厂，是做毛衣的。在毛纺厂干了几年，几年后毛纺厂也倒闭了。后面在兴办开发区的时候，我还自己做了小饭店，但饭店不好做，我就不做了，关掉了店铺。关掉以后，就搬到新村来了，我是 2005 年底搬进来的。2006 年我就进鞋厂工作，就是台湾人办的阿迪达鞋厂，这个厂是做那种碰胶的，就是你们那种运动鞋后面，涂一层胶，再轻轻压。我们从早上七点做到晚上七点，十二个小时非常辛苦。中午就在那边吃饭，吃厂里的，晚上七点才能回来。基本上要加班，我们什么都做过，我们那一辈人是最苦的。

鞋厂工作做到 2007 年，我们新村成立了社区，他们觉得我这个人比较精灵一些，认识人可能多一些，办事可能强一些，可能是有这样一些想法，他们就把我叫回来，在社区里面做计生管理员，我就进社区开始做这一行，就一直做到我退休。其实我应是 2017 年退休的，我爷爷把我弄小了两岁，为了怕我学不到中文，不大不小，就把我弄小，让我学中文，我身份证是 1967 年，其实我是 1965 年的，弄小了两岁，我现在快六十了。我们是健身运动的人，我们每天都有运动。

我爱人叫卢日生，我爱人在这边是务农，我们结婚之后，我过来这边之后，就承包种水田。我们当时这边农场是水稻田，还种植水果，我们种的水果是葡萄。后面都是机械化了，请工人摘。后面兴办经济开发区，我们的土地被征收，就理赔了，那理赔很少，因为我们是国有制的，土地是农场的，我们只获得一些青苗的理赔，赔得相当少。理赔之后我们跟朋友开了一家卖越南、印尼特产的店，还包括茶叶，卖越南、印尼的茶，一些咖啡，直到前两年我们才不开，因为生意不是很好，现在你卖一个东西，客人扫码一下，上网去买了，哪怕再不纯真，他也觉得上淘宝是便宜的，但是我们卖的是正品，他买的是赝品，他也觉得是便宜，他不会品尝，所以很多东西卖得困难，就不好经营。

当时我还跟我弟弟开加工厂，那是零几年。在我们这里土地赔偿完，收完了，就没有事做了，然后就回到武夷山跟我弟弟开了一家加工厂。我哥哥、我弟弟都在武夷华侨农场，他们现在还在那边，哥哥开一间弟弟开一间。为什么想去那边呢，因为当时的茶叶是很难制作，特别是武夷岩茶，我们就想着回去投资，带动企业，带动这个产业，带动兄弟姐妹。当时我们去的时候，当地的农场领导很重视，也给贷款，然后路也修到茶场，当时领导也很高兴看到我们回去带动生产，后面做了五六年，现在我弟弟还在做，但现在竞争很激烈，茶厂到处都是。以前就我们两兄弟开了两家，现在到处都是，不好做了。现在疫情，茶叶更不好做了，茶叶销路不行，我们自己还要去找销路，像我们家我弟弟他们是往潮汕跑，潮汕很多人喝这种茶。我家就是生产武夷茶的，生产的产品是武夷山岩茶大红袍。

我跟我爱人就生了两个孩子，一个女儿一个儿子。老大是女儿，老二是儿子。我的大孩子嫁到广西东兴那边了，做边贸，现在疫情也不好做了。老二在杭州做传媒公司的，在杭州已经七八年了，还没有成家，他是跟同学一起做传媒公司，做影视后期，广告，宣传，拍模特这些。

1978 年回来以后，有一股要重新跑到国外去的热潮。我当时小，没有这个概念，我当时 13 岁。当时我姑姑在国外，我们是有条件申请的。后来我们也去申请了，但申请来申请去就批不了。像我爱人他当时是有跑去香港的，待了两年，跑不出去，有的地方它不收了。当时出去的人相当多，在海上也死了一些人，在海上翻船了。当时我是很稳的，我就念书，我回来就念书，我回国 13 岁，再从一年级念，没办法，当时不懂得中文，我在越南的那个地方不允许开华文学校，我爸爸那代是可以的，到我叔叔那时候就没有了，所以我不懂得中文，虽然我爷爷春节有写对联、什么东西，我们去看也看不懂这个字是怎么看的，我爷爷是懂中文的，他们春节的时候是自己写对联。

我去年退休后，后面还延续在做，在华侨社区居委会当副主任。我最早是社区的计生管理员，然后 2012 年就做副主任。我就管些文体方面，发展侨文化，侨文化就是由我来抓。比如说一些跳东南亚特色的舞蹈。当时是农场妇联来带头，带我们跳一些广场舞，当时这里都没有房子，就一个公园，当时开发区做宣传，就叫我们在这公园里面跳广场舞，有人来参观我们跳。

后来我发现我们归侨有特色舞蹈，像越南舞蹈、印尼舞蹈都可以发掘，那我就带动了。当时我们没有服装，我就去侨联那边借。没有音乐，我就找碟片，找音乐来，发动归侨跳越南舞蹈、印尼舞蹈。当时他们这边本地的，都不知道是怎么回事，那我们一出去表演，就轰动起来了，他们说原来这就是侨文化。然后就是每一年比赛，每一年演出都请我们来。每一年舞蹈队演出，都是我带去的。我们农场有五个"一"：一支场歌，一支合唱队，一支舞蹈队，一支足球队，一支鼓乐队，五个"一"全部是我们归侨子女自己来运作的。五个"一"工程，当时是我们农场书记在 2015 年提出来的。2015 年是我们农场成立五十周年，当年也办了一场非常隆重的晚会，花了好多钱。我作为负责人之一的舞蹈队，就是那一年成立的。2014 年 4 月份我们华侨农场为培养文艺骨干，派我去杭州艺术培训学习了一周。当时有广东的，还有我们福建，每一个华侨农场都派文艺骨干到杭州艺校去学习。后来我在居委会，除了做保障工作外，七七八八的事情我都帮忙。我是一名党员，我是 2015 年入党的。我主要是抓侨文化宣传这一块，因我是党支部里面的宣传委员。

此后，我们慢慢地把舞蹈搞起来。在 2015 年，我们就搞了一个大型的晚会，我们请老师来编导。我当时就构思了用一首歌跳我们东南亚几个国家的舞蹈，在舞蹈里面穿各个国家的服装。演出后，我们这个舞蹈就轰动了。当时市宣传部把我们邀请到宁德市参加团拜会演出。2016 年 1 月份我们参加了市团拜会，就是演这个舞蹈。当时用的是印尼的歌曲，然后就跳八个国家的舞蹈，如穿越南、印尼、柬埔寨、泰国等八个国家的服装，所有国家的服装都体现在舞蹈里面。现在社区里面的墙上，还有两张大大的图片，这是获得金奖的图片。后面我们舞蹈队还到了香港，跟香港侨委会联欢。舞会结束后，也去深圳跟港澳侨胞联欢。我们跳一些东南亚风情舞蹈，如印尼舞蹈、越南舞蹈，也去参加了福安的湿地公园的大型美食节。我现在还在排练节目，准备参加省侨办举办的文化节，我们每天晚上都在排，是在南岸公园排练，晚上排练到九点或者十点。排练的队友全部都是华侨或者归侨子女，我们只收归侨子女，我们跳起来韵味不一样。很多人曾经也喜欢参与我们的团队，她们都有参与演出比赛。

我觉得我们侨在国外居住，接受了这些东西，很容易根深蒂固，你就很容易接受它了。那么回国之后，归侨就很喜欢在一起唱歌跳舞。以前在穷的年代，自娱自乐，自弹自唱。当时农场点名要跳广场舞，我就发现跳广场舞非常普遍，全国到处都是，那为什么不把我们的侨文化挖掘出来，让本地人来了解我们的侨文化，让他们接受我们的文化，也是一种美，我就这样想。一开始我们没有经费，我就跟我们侨民借，他们非常乐意。我说要跳印尼舞，她们就借服装给我们，那越南舞蹈怎么办呢，我又没有经费，然后我就跟农场和企业讨得一点经费，就给她们借服装，到店里去找布料，做一点越南服装。在农场成立五十周年的时候，领导就说请澳门香港的归侨回来，请各省各个层面的领导来。场领导对我说："永英啊，我们是主人公，一定要跳得最好。"当时也有请老师来编舞教舞，那我想想，给我压力这么大，当时搞这个编排的舞蹈我觉得不怎么样，后面我想那我们华侨回国，不单单是印尼归侨，那我们越南归侨，马来西亚归侨，泰国、柬埔寨归侨体现在哪里？我就想，能不能给我经费，办一个大型的舞蹈，穿各个国家的服装，用一首音乐，跳各个国家的舞蹈。在排练的时候，大家排练完后都回去了，我跟导演三更半夜去找背景，一个一个画面地配。为了配好衣服，我就到漳州去定制服装。到了漳州，我到各个农场去，找当时我在杭州培训认识的一些朋友，就把服装款式借来，并按照这个款式做，花了好几千块。我们排练的时候，领导都不知道，不知道我排什么舞。等到晚会正式开始的时候，各个省市、各个地方的领导都来了，我们站的时候，那个灯光是暗的，灯光一照，农场书记在那边，说哇鸡皮疙瘩都起来了。当场香港侨委的领导非常认可我们，市宣传部门也认可我们，就出名了，然后就说邀请我们去参加 2016 年的团拜会，就相当于春晚。跳这个舞蹈的人员，有很多变动，我也想把它重新再排回来。

除了舞蹈以外，也有饮食。我们的美食是通过参加舞蹈队的姐妹，让她们每人煮几道菜，把我们归侨的美食展示出来，美食做出来后请媒体拍摄，上电视作宣传，那么领导就看到了，觉得美食这一块我们也做得很好。当时我们那么一个小小的美食节都引发媒体的关注，后面他们来不断地拍摄，不断地挖掘，我们不断地介绍，慢慢地我们归侨的一些像肠粉店，糕点这些已经变成网红了。

在我们侨文化挖掘的过程中，也遇到一些困难。首先是经费的问题，你要想跳这一支舞，你必须要编一支舞蹈，那服装费用要不要，道具也要我们去找。我们要到各个地方去买椰子回来，把它弄成椰壳，跳椰壳舞。我真的费尽了心思，真的这十几年我费尽了心思。现在我最急迫的是人员的问题，因为现在年轻人不喜欢跳这些舞，老的人已经老去，最早的一批跳舞跳到现在也六十多岁了，有的基本上跳不动，那现在年轻人呢，为了工作，要带孩子，她不可能花时间去学舞蹈，所以就成了问题，是传承有问题。那活动的经费，领导都给批，领导都会支持。

我现在这个房间是108平方米，三个房间，两卫，餐厅，厨房。这种房子结构不一样，像对面有的人110平方米，有的人120平方米，它是按平均每个户口。当时我们是以旧换新，就是以旧房子来换新房子。以前在旧管区，都是平房的，我那时才50平方米。我家四口，就换到这边来，一人可以享受25平方米，比如说我家可以拿100平方米，那现在超了八平方米，八平方米就按照当时周边的市场价格来买，那我就是付两万多，按当时的价格。这个房子是2003年打基础，2004年开始建起来的，然后我们2005年开始装修，有的2005年底入住。每个人按照归侨，主要是户口在这里，包括小孩都有，也是25平方米。

我们拜佛教，这个神龛就是纪念祖宗的。我们是信佛教的，所以都有供奉祖宗，一般是初一、十五会点香，然后就是传统节日拜一拜这样子。我们不是越南人，没有保留有越南的习俗。我们所有的习俗，都是华人的。我们也没有想嫁给越南人，就是感觉风俗习惯不同，很少有人找越南人，万分之一都没有。我们华人女性在越南很少嫁给越南人的，但是如说我们的人很穷，没有钱，这种情况就是找越南人，讨越南老婆的。一般在我们那边，年轻人找越南人的话，人家会看不起你，所以还是华人找华人。除了太穷了，或者是他们在某个单位认识了就不一样。

我有一些亲戚，我的小姑姑叫苏喜莲回国后被安排在广东大旺农场。后面在偷渡移民潮中到了香港，1980年以后再移民到英国伦敦。不过，我小姑姑现在已经去世了，是因疫情的原因。我还有一个叔叔叫苏喜德，他在武夷山工作。大姑姑苏喜芳回国定居在梅州华侨农场，现在又移居广西东兴市。

谭万超　口述

口述者简介：谭万超，男，1943年在越南出生，祖籍广东江门市。其父亲最早到越南。谭万超是在越南出生的第二代华侨。因越南排华回国，曾在越南担任小学老师。回国后安置在东湖塘华侨农场，在农场曾任教务处主任、党委秘书、党委副书记、东侨开发区调研员等要职，为农场贡献巨大。

时间：2022年8月21日

地点：东侨经济开发区退休党员活动室

采访者：郑一省

华侨属性：越南归侨

南洋物：华侨身份证、毕业证书

整理者：陈燕梅

一

我叫谭万超，我是1943年在越南出生的。我的祖籍在广东江门市。我的父亲叫谭谦之，他是家里最先到越南的。当时我们国内很乱，刚好我奶奶的妹妹在越南，也就是我的姨婆。她叫张氏，她跟我舅在越南海防市开了一个商贸企业，是做粮食、土特产出口经营生意的。所以我父亲就过去跟我姨婆生活，就在舅公的企业里面做职员。后来我父亲骑车把手摔断了，就转去他朋友开的电影院里面谋职。越南解放之后，电影院被收归为了国有企业，所以我父亲就失业了。

我父亲去越南之前已经结婚了。我父亲去越南之后家里只有我奶奶跟他妻子两个人。即使那个时候进出国很难，但我父亲还是经常回来的。到了后面我父亲觉得她一直都没有怀小孩，就不怎么回来了。然后我奶奶就叫我姨婆帮我父亲在越南那边再找一个华人做妾。这个人就是我的母亲，她叫李亚金，也是江门人。我母亲的命很苦，她七八岁的时候就被卖给了我舅公的小老婆做丫鬟。就是给别人干活，提东西的。后来她十几二十岁了。刚好我姨婆跟我奶奶这边有联系了，就把她介绍给我父亲了。

后来我母亲就生了我们六个兄弟姐妹，我排行老二，最大的是姐姐，叫谭琼珍。后面的三妹叫谭琼珠，四妹叫谭琼瑷，五妹叫谭琼瑜，六妹叫谭琼瑞。我姐姐七岁的时候，我父亲就把她带回到老家江门了。她回到江门两三年时间中国就解放了。本来我祖上留下了四亩地，再加上我姨婆她也有四亩地，她去越南之后就把地交给我奶奶去管，那就是八亩地。结果解放之后就土改，我们家八亩地在当时来说算是富农了。富农是很惨的，那时候我家里的祖屋都被割了一半出来分给那些贫农。

我父亲1960年去世的时候53岁。当时越南城市规定人死后24小时之内要安葬。那会我刚刚出去工作一个月，我母亲就想着我刚工作，还没有拿到工资，而且从外面回来坐船要坐两天，所以她们就没有告诉我这个事情。到后面妹妹写信告诉我，我才知道这个事情的。我妹妹将一块黑布、一个别针，放到信封里面给我。

我在越南读的小学在解放之前叫东安小学，是一所私人学校。1955 年以后改名为华侨小学。读的初中叫华侨中学，后来我被保送到河内的华侨师范学校。我在华侨师范学校念了一年就毕业了。当时有一个政策，初中毕业之后去师范学校加读一年，出来之后就可以做小学的全级教师。如果是初中毕业又加读三年师范学校的话，就可以教初中。另外小学毕业之后加读一年师范学校，那就算是半级教师，可以教小学一年级到三年级。当时我们这一批本来是要读三年的，但是后面因为教育形势需要，我读了一年就出来教书了。

当时越南广宁的华人比较多，越南 1955 年解放后政府在那边开设正规的学校，需要很多的教师，所以政府就催着在河内、海防读书的年轻人赶快毕业去那边教书。所以我 1959 年毕业之后就被安排到那边教小学，那时候我才十七岁。那时候越南学校的老师很多都是从国内派出去的。当时我们学校可以说从校长到厨师、图书馆管理员等等都是从国内派出去的。所以我们受到中国文化的影响也非常大。之后我就一直教书教了十一年。后来我妹妹发生了交通事故，我就申请调回海防，但是一直都没有得到批准。到了 1971 年我就直接退职了。退职回到海防市之后我做的是体力劳动，有拉过板车、拉沙子、拉石头，也做过弄塑料花的手工、做过化肥的包装，就这样大概过了七八年。

我爱人叫李玲香，她祖籍也是江门市。我跟她是在越南认识的，她住在越南的南定市，后来读书出来她跟我一起在河桧教书。我跟我爱人结婚之后生了两个女儿。她比我先两年退职，退职之后她先回到南定市。我退了之后才把她的户口转到海防这边来。她过来海防这边也有做工，因为很多华侨在海防这里，她就组织华侨女工帮做出口贸易的公司打毛衣的活，他们打的毛衣一般是出口到苏联的。后来她还做蜡烛的烛芯，用棉花搓成条状，然后再出口到香港放蜡加工成蜡烛。

到了 1978 年 5 月我就回国了。当时在越南华侨中有一句话是这样说的："越南人学会打伞了，我们就要走了。"通俗一点讲就是，有华侨的地方，当地人的经济水平是比较低的。当地人的经济水平上来了，华侨就比较难生存下去了。再一个是当时越南排华，他们要求华侨去当兵，这个算是半强迫型的。海防市的华侨一开始觉得当兵就当兵，而且对入越南共产党也没有什么概念。但是一说到国籍这个概念的时候，就都纷纷退党了，因为加入了越南共产党就算是越南国籍了，所以大家都不愿意。到后面越南政府就开始对华侨进行一些限制，比如说不让华侨进公务员，工厂也不收华侨工人，准备上大学的华侨也不收了，到处都排斥华人的身份。所以当时很多华人都逃离到外面去，有的去到了欧洲的国家，还有一部分人就选择回到祖国。有一些人从广西这边偷渡回去，还有一些是从云南的河口。一开始他们过来的时候怕中国政府把他们送回越南。但到后面回来的人越来越多，中国政府就将他们收留起来。

　　当时我在越南那边是居民组长，我们住的地方附近有一个公安的治安点，我在里面认识有一些户籍员。他们看到当时的情况，很多人都走了，就问我要不要离开。我就说先把家里的一些东西卖掉。但他们说我要走的话就得赶快走了，越南的中央正在研究一个措施。所以我4月25号离开海防市，带着我一家九口人一起回来的，其中有四个妹妹，还有一个妹夫，我母亲以及我的爱人跟两个孩子。28号从云南河口过境。因为我当时没有护照，不能走大桥，是涉水过来的。很多没有证件的人都是这样过来的。我们上岸以后，中国在这边设有一个招待所。当时我的母亲年纪比较大了，我有一个妹妹才读到高中，我母亲过来的时候是我妹妹的同学扶着过来的，接过来了就把她放到一个高的地方休息。当时我忙着搬行李，搬完以后才意识到母亲不见了，然后我就派人去找。到后面才发现她在一个高的地方休息。休息了一会之后我发现我的行李少了一袋，里面装的是棉被和锅头，我一看对岸有一包东西，当时河里面已经没有人再走过来了，我想那应该是我的，我就走过去把它拿回来了，还好没有危险。

　　后来解放军的军车过来把我们带到河口的知青点，在那边把归侨们安置在临时搭的公棚那边住。我们在那边住了一个礼拜。5月1号的时候我吃完早餐出去看，看到河口友谊大桥站满了人，早上听到中央广播说越南换钱。因为从那天起越南的钱在中国就用不了了，全部使用人民币。但是我们这些没有证件的是换不了人民币的，所以我们还是使用旧钱。我就用我在越南买的手表换了一些人民币。

　　等到5月7号那天，我们就从河口启程。10号的时候我们到了云南昆明华侨补校，农场就派人过去接侨。当时我跟家里人商量，我们去沿海地区或者回老家。接侨组的那个人说我们去福建，我们也就听天由命，顺其自然了。我们先是到昆明，然后坐火车过来，一直到13号早上才到福州。之后我们就去体育馆里面去领面包当作早餐吃。一边吃着一边等汽车来接我们。当时有三个点的华侨农场来接侨，那我们已经把人员分成组人了，等车来了就坐车过来了，当天下午两点到宁德。

二

　　我们是农场安置的第一批越南归侨，刚到农场的时候，原先的归侨对我们也很热情，在农场电影院吃了第一顿饭。学校里面还有知青，他们就安排一个知青负责招待两个人，我们有不懂的或者有什么事情就跟知青反映。我们来到农场住的是兵营房，在大门山那边。吃饭是按人头来分碗，有大碗有小碗，大家一起集体吃饭。吃完以后农场就用拖拉机送我们到临时安置点，因为我们住的地方和吃饭的地方隔得有点远，如果要走回去的话，等回到天都黑了。我们刚来的前三天，第一天学习宪法、学政治。第二天他们就带我们参观，介绍农场的状况。第三天开了一个控诉大会，大家在一起控诉在越南发生的不好的事情。之后就给我们分配到生产队里面去了。当时有七个管理区，我是被安排在大门山管理区，然后就带我们去下田。因为那一年的雨水比较多，所以我们做一天工休息三天。到 6 月 1 号的时候，农场里面的学校校长在路上碰到我，他让我到学校找一个老师，他会交代我一些事情。然后我回到家里把做工的帽子脱下来就过去找那个老师了，再到后来他们就把我调到东湖塘农场小学。

到了 7 月份农场还安排我去广西的宁明县去接侨，我在凭祥组织他们登记上车。农场安置的归侨一共有三批，我属于第一批，是从云南河口那边过来的；第二批是从广西东兴过来的；第三批是我从宁明、凭祥接过来。因为当时归侨的孩子也比较多，而且当时大部分越南归侨都是客家人，讲客家话的。农场为了让他们尽快适应这里，开设了暑期补习班，就把我调过去组织给他们上课。我教他们学习汉语拼音，学会用汉字基本对话。上到 9 月份开学的时候，看他们的补习程度，把他们安排到相应的班级。

我在学校里面一开始是语文老师，后来提升到教育组的组长，再到教导处的副主任。经过这些工作的考验以后，组织上认为我可以培养，在我 1987 年入党以后就把我调到农场当党委秘书，我是农场第一个越南归侨党员。那时候我就做一些写报告、写文章的工作。1990 年我就提升到党委副书记了。到 1997 年农场下放以后我就到开发区做调研员。

1997 年的时候省政府开会讨论要把农场下放。从 1 月 1 号开始全省的华侨农场要陆续下放到地方。从全国来看，福建的华侨农场是下放得最迟的，而宁德华侨农场挂牌经济开发区是全省最早的。四五月份的时候省侨办批复开发区，当年 12 月 18 号就挂牌成立。而这个开发区相当于是建立在华侨农场的基础上的，因为有了东湖塘海堤，才有华侨农场，有了华侨农场，才有经济开发区的存在。当时农场下放以后，我想我们农场的土地肯定会被开发区用了。

当时我还在任的时候我想着为农场做一点事。写了一本关于农场历史的书，我从 1999 年开始动笔，写到 2003 年，把农场的发展历程都记录了下来。之后我就退休了。2004 年我带孩子到香港定居了，农场的人就打电话给我让我赶快回来，把书修改整理打印，但未成。后来我又慢慢地做了些修改，根据形势的发展去做一些补充。到 2015 年刚好是农场建场五十周年，我就把这本书作为五十周年的礼物。农场也组织了一些活动，来回顾历史，鼓舞侨民们的士气。

当时有一段时间是比较多人又出国去的，归侨有很多都是先申请到港澳定居，因为他们要在港澳定居之后才能再申请到原来回国之前的那个地方定居，所以当时申请的人很多。当时农场的秘书也申请去了港澳定居。我是从老师调到党委秘书工作的，所以我没有申请去境外定居，因为对于我来说呢，我年纪也大了，而且我的母亲还在这里，我妹妹也还没结婚，要是她们结婚了我母亲怎么办，所以我不能走，就留在农场这里了。

我的妹妹后来都走得很散。有一个跟她的丈夫在美国，有两个去了澳门。还有我姐姐现在在家乡江门市那边。她最小的孩子现在是江门市新会区某局的负责人。

汤松园　口述

口述者简介：汤松园，男，1956 年出生在印度尼西亚望加锡，闽南人，祖籍在福建漳州长泰，其祖父最早到印度尼西亚谋生，汤松园是在印度尼西亚出生的第三代华侨。回国后安置在东湖塘华侨农场，在农场完成学业后参加工作，曾担任宁德治安大队大队长。

时间：2022 年 8 月 21 日
地点：东湖塘华侨农场华侨新村社区居委会
采访者：周妹仔
华侨属性：印度尼西亚归侨
南洋物：无
整理者：陈燕梅

一

我叫汤松园，1956 年出生在印尼，祖籍在福建漳州长泰。我家是爷爷先到印尼去，爷爷叫汤鸿基。父亲汤国音在印尼出生，也在印尼成家。母亲叫何桂娥，也是在印尼出生的。在印尼时，我们住在望加锡海峡，华人叫它锡江岛。我父亲是荷兰公司的一个职员，他小的时候念的是荷兰文。母亲没有出去工作就在家。在印尼的开支是比较低的，一个人出去打工就可以养活一家人，另外还可以雇一些保姆。

我爷爷是卖猪仔出去的，后来在印尼做生意，当时中国的条件很艰苦，他就交代我父亲千万不要回来。1961 年印尼排华，当时我们的国家开始强大了，就有人到工厂里面宣传祖国的繁荣。我父亲觉得祖国毕竟是自己的家乡，就带着我们七口人（包括我父母、我哥、两个姐、一个妹）一起回来。我哥哥叫汤松林，大姐叫汤秀英，二姐叫汤秀云，大妹妹叫汤秀金，还有一个在香港的小妹妹叫汤秀月。

我们回国时坐"俄罗斯号"，在广州上岸，然后从广州坐车到福建，先是安置到厦门同安竹坝华侨农场，那里生产的作物主要是花生、龙眼。回国时我才五岁，在竹坝华侨农场念幼儿园。我们回来到竹坝的时候，正值国内三年自然灾害，虽然国家很困难，但祖国尽可能地为侨民提供便利，比如帮我们盖石头平房，一栋房子可以住四五户，白米饭一盆一盆地拿给我们吃，让我们顺利度过艰难时期。1965 年我们就随父母搬到宁德了。

二

1965 年搬到宁德时，东湖塘华侨农场除了大门山、东楼、兰溪这几个点的地势比较高，其他一整片都是滩涂，从金蛇头到东楼还要坐船过去到对面的码头。

1977 年我毕业以后就到管区工作。当时农场有八个管理区（东楼、大门山、华溪、七星、四孔桥、塔南等），我在东楼。下队的工作是种田，农场领导觉得我作为高中生也不容易，就叫我开打地的机耕船。1980年以后我在福州省侨办举办的一个装修公司参加工作，它是香港和澳门一起合作的公司，同时我还担任农场的党委委员。我在公司工作到1985年，之后宁德这里成立企业派出所，是专门管农场的。因为领导的信任，就把我调到派出所去工作。当时派出所处理的安全问题也比较多，吵架、赌博等等，这种案件太多了。派出所有一个刑侦大队和治安大队，公安工作需要我在治安大队当大队长，管理整个东侨的治安。我在企业派出所工作的时候，出国出境政策刚好放开，很多人都可以申请出国，几乎每一家都有人申请。当时出去的基本上都到香港去，因为在香港做一天工有两三百块，农场这里做一个月才七十块，这个差别太大了，所以都向往到香港去。我家里是哥哥、妹妹到香港，二姐去了澳门。哥哥是在农场结婚后带着他一家人到香港的，父母跟我留在宁德。我哥哥他当时出去是受到堂叔汤鸿儒的动员。堂叔汤鸿儒是一九五几年的时候回国，回国后到厦门集美补校念书，后面就先到香港安顿，政策放开后，我哥哥跟妹妹才跟着申请出去。

本来我也想去香港或澳门的，但是市公安局规定一家只能出去一两个，我哥又比较迫切要求要去，就让他去了，我则留在原单位。习近平主席在福州做副书记时，有次来我们这边看挖土，我就在他旁边做保卫。1996年企业派出所要转为正式派出所，我就在省里参加公安的转职考试，考试合格后我就作为正式的公安干警进入公务员系统了。之后我担任了所长，快退休的时候到纪检监察当主任，2016年正式退休。2018年，领导要求我再出山，到社区担任书记，因为农场当时要建大楼，侨民有些意见，所以三年都做不下来。这块地是农场的地，农场不盖的话就会被市里面拿去，因而农场的领导就开始动员侨民，但讲了三年都没妥当，可能是考虑到这个工作的难度实在很大，因而才让我出面。我做书记之后，下定决心将这个事情办好。因为是公安出身，侨民对我也比较尊重，跟他们说清楚大楼是农场的财产，之后他们的退休金、福利、工作人员等各方面的支出都由农场的资金来给，农场的钱则给回侨民，另外，如果这个地再不盖就被拿去做其他了，讲清利弊以后大部分侨民都能理解并支持。同时我也调查清楚，少部分人反对是因为怕没有路可走，会导致交通不便，后来我们道路也做了妥善安排，又联系了各层领导，取得同意了之后就办下来了。

我返聘回来后一直工作到2021年，之后就让年轻人来做了。公务员的工资基本有两千多，到现在我退休金有六千块。农场这边的退休金基本也都有三千多，只要是回来以后有参加工作基本都有。当时一个人要包五亩地作为劳力，每一亩地要交一百斤的谷子。如果不种水稻的话就要去买，买了交给农场。

建立华侨新村的时候，国家给归侨都安置了住房，归侨们只需要交基本的一两万就可以了。因为农场本来资产就挺多的，有二十几个亿，但这样也有个弊端，比如如果农场没再创业或者整天不做事情的话就花完了。现在是社会市场经济了，私有的土地如何变更，是领导的工作范畴。比如说华侨大厦经过变更，由农场投资，每年可以得到一定的收入，但现在农场的钱基本上被开发区管控着，华侨农场未来的发展路线就看农场领导的决策了。

前几年的领导还是比较关心侨民的，后面的领导就慢慢缺失了对侨民的关心。比如说这次开发区想把归侨的场部大楼拿走，侨民们都不同意，反响很大，他们认为大楼拿走就相当于祖坟被挖了。因为场部是老归侨建设起来的，当时开发的时候农场就只留下这一块，意义重大，很多旅居国外或者香港、澳门的侨民回国时都要看一看，但是现在要被拿去另作他用，侨民们自然会有很大意见。

我是 1986 年结婚的，爱人叫吕美芬，她是 1967 年从印尼美达村坐"光华轮"回来的，她也是警察。成立派出所以后，她被派到蕉城区公安分局，这样我跟她就在一起工作，慢慢就发展出感情了。我有一个儿子，在农场的项目办工作，儿子的爱人是本地人。我有两个孙女，一个念三年级，一个念幼儿园大班。现在家中基本没有保留什么印尼习俗，早些时候我还会跟我儿子讲锡江话的，后来慢慢改成普通话了。饮食方面就做一些印尼特产，比如印尼糕或者一些其他的糕点。农场为保留传承也做了一些工作，搞了一个展示馆，召集侨民把移民带回来的东西献给农场，作为历史的见证。

郑联生　口述

口述者简介：郑联生，男，1971 年出生在越南，祖籍广西防城港。其曾祖父最早到越南谋生，郑联生是在越南出生的第四代华侨。在农场完成学业后在农场参加劳动，后跟朋友成立了景胜水上旅游有限公司，之后又跟亲戚合股开了两家餐饮店。

时间：2022 年 8 月 20 日
地点：东湖塘华侨农场华侨新村社区居委会
采访者：周妹仔、郑一省、苏木兰、陈燕梅
华侨属性：越南归侨
南洋物：无
整理者：陈燕梅

一

我叫郑联生，1971 年在越南出生，祖籍在广西防城港。我们家最早到越南的是我的曾祖父。我的父亲也是在越南出生的，叫郑义杰。他在越南与我母亲黄荣英结婚，之后生了几个姐姐，最小的就是我。以前在越南是没有分土地的，谁开荒的地就是谁的。所以我们的地都是分散的，这边一小块，那边一小块。我母亲就种一些菜、种甘蔗。有时候种得多了，就拿去卖。父亲是拉牛车运货的，比如今天老板需要拉什么货，或者需要拉到哪里，他就拉到哪里。

我在越南的时候没读过书，我都是跟着父亲。我两岁的时候，越南就跟美国打仗，美国的 B52 轰炸机，隔三岔五来这边轰炸。所以我们也没有办法做事，都是躲到防空洞里面。到 1978 年越南排华的时候，我们就回来了。那个时候我一家十一个人一起回来的。我回来的时候坐的是牛车，父亲拉着衣物、被褥回来的。因为当时我的年纪是比较小的，因为要等一个男孩，父母就比较宝贝我，所以当时别人是走路回来，而我是坐车回来的。那个时候很多人都回来了，没有几个华人愿意留下来的。我们华人在越南是住在城市里或郊区的，在我们回来不到一周的时间，我们的房子就全部被越南本地人占领了。

二

我们到广西关口那边就看到有人来接我们了。后面就安排坐车到福建这边。坐火车的时候车上的人对我们也很好，给我们米饭、水果吃。我在越南那边从来没吃过苹果，所以当时他们给我吃的时候我还说味道怪怪的不要。

坐火车到大门山，那边就有原先的印尼归侨、马来西亚归侨拿着大红花在跳舞欢迎我们，虽然当时我还小，但是印象也很深刻。到大门山之后因为还没分配管区，所以我们回来那批的全部人就暂时住在大门山，后安排到东楼管区。当时住的

是木板房，是临时用木板订的，屋顶就拿油毡布盖一下。我们回来的时候刚好是夏天，天气很热，每天都要到水井去打水来浇屋顶，才能凉快一点，到很晚才会睡得着。农场那时候每天都给我们在食堂煮饭，分配给大家，有时饭后还有水果。

等到第二年农场盖好石头房就叫我们搬进去住。房子是分配好了的，我家是分配到东楼管理区。因为家里十几个人，所以分配到的算是比较大的有四五十平方米的房子。我父亲就将他们分配的床改成两层，分为上下两层睡，这样我们才睡得下。

房子分好了，我们就开始和一起回来的人在相关领导的带领下平整土地。之前是老归侨围垦，我们就平整坑坑洼洼的海滩区，父亲做工是从山上挖黄土，用板车拉到田里做田埂和机耕道，这样才能将田地平整为一块一块的。车辆的机耕道都是黄土建成的，因为黄土比较干。最后经过父辈的努力，海滩都变成了很好的良田。那时候种的水稻基本上都有亩产一千斤左右。当时我也还小，跟在父亲后面，他工作我也在旁边玩。

我回来两三年之后才开始去学校，上学之前我讲的是客家话，我不会讲越南话。到了学校就开始学普通话，因为当时小孩的年龄跨度比较大，所以我们是按年龄分年级的，9到12岁是一年级，13到18岁是二年级。

我读书的时候条件比较艰苦，连袜子都没有得穿，只有拖鞋。到冬天的时候手指、脚趾冻得红红的。到四年级的时候，要走好几公里的路，因为我们都要在大门山中心小学读书，从东楼到大门山要经过一个湖，有时候天气原因，我要绕道兰溪、五里亭那边再到大门山，绕了一大圈，大概有几公里。那时候是走路过去，很艰苦。

我读书读到高中，1991年毕业以后就回来务农了。那时候我承包了将近十一亩土地。之后就做农做到1997年成立开发区，当时土地要征收、理赔，我就慢慢地做少一点。因为准备成立开发区，正在建设当中，有很多事情要去做的。因为这边有很多做红砖头的砖场，我就专门跟着老板去开拖拉机拉土做砖。而且拉土做砖的收入相对比务农来说要高点，辛苦做一天有100块的工钱，种水稻的话一年还挣不了几块钱。我从1997年开始拉土的，一直到2006年。所以家里的地就剩我爱人一个人做了，她就养个鱼塘，还有四亩的水稻和七亩的桃园。

虽然我承包了土地，但我不算是农场的职工。因为1990年的时候就终止进入职工了，我是1991年才毕业回来的，所以现在我的养老保险就是自己交的，属于灵活就业人员。我还在电机厂里面做过电机流水线，是组装电机的，做了有三四年。

2001年的时候，我跟几个朋友一起合计成立了一个景胜水上旅游有限公司。我们租借码头，买了很多电瓶船，提供给游客下去玩。我们划定好了区域，在码头上售票给他们开电瓶船在湖面上兜风。做了三年就不做了，因为存在很高的风险，湖面和码头是属于开发区的，我们只是租他们的。再加上天气的影响也很关键，每年台风天气都有很多，下雨天又没人，冬天太冷也不来。所以很多原因导致后来就关门了。之后我又回到电机厂做了两三年。

之后有一个加拿大的朋友回来，他在加拿大是做铁板烧餐饮的。他就想回来找我们跟他在市里租两个店面做铁板烧的生意。朋友投资了一百万，我们另外的三个朋友每人投了三十万，在绿蓬大厦和万达金街那边租了两个店面。但宁德这边的情况跟加拿大的情况不一样，在这边基本没什么客人。宁德这边习惯炒几个小菜，喝点小酒，聊天。但如果做铁板烧配酒就有点不伦不类了，所以做了两三年就倒闭了。之后回农场这边，当时这边刚好有一个店铺空了。很多人想问房东租下来，但是他都不给别人做，我看到也问了他，结果他就爽快地给我了。租下店铺之后我就卖点零食，做点豆腐花来卖。再后来 2018 年就进入居委会这边做工作一直到现在。

我是毕业不久就结婚了，因为我妈妈去世得早，我姐姐也都出嫁了，家里就剩下父亲带着我们三兄弟。我爱人也是越南排华回来的，她叫唐尚英，祖籍在广西。她在越南平辽一个叫草堆（译音）的区，我们在不同的村庄。我爱人是东楼这边第一个穿婚纱的，之前结婚的人基本上穿的是比较老土的 80 年代的红色新衣服。当时我们也有接新娘，因为她在七星管区，我在东楼管区，我就开车去接她。那个时候很热闹，还放鞭炮，喝酒到天亮。

现在我有两个女儿，第一个女儿是 1993 年出生的，叫郑家佩。第二个女儿是 1997 年出生，叫郑家情，第二个女儿出生的时候正是计划生育的关键时期，所以被罚款了七千。大女儿现在结婚了，在宁德市里。她之前是从事摄影行业的，起先开了个零度婚纱照的店铺。后来改行了，就专门做寄拍行业。二女儿还没结婚，毕业后在厦门工作。

我几个姐姐都是在农场结婚的，大姐是在刚回来还是住板房的时候就结婚了。她年纪也到了，有人介绍给她，她就结婚了。有一个姐姐嫁到海外去了，第五的姐姐嫁到了台湾，有一个嫁到广东了，其他兄弟姐妹都在华侨新村。

后来我回过越南三四次，到原来住的地方，到老房子里面坐一坐，在门口聊聊天。那个房子很大，当时住了我们叔叔伯伯好几十个人。那个房子现在就是在平辽邮电局对面。再去找原先父母认识的人，叫他们带我们去扫爷爷的墓。也回过广西防城港，因为我们的根是在广西的，祖宗的坟墓现在还在广西。

八九十年代的时候是可以申请出去，但是出去的人比较少。我们家里人比较多，就算申请了，也不知道该让谁出去比较好，所以干脆就不申请了。现在家里是有一个堂叔叔在新西兰，最大的堂哥在澳大利亚，第二的堂哥在美国拉斯维加斯。我也没有后悔没有出国，我们现在的生活环境这么好。我有个同学就去到英国，他一天上班 12 小时，到半夜才回到家，洗衣服开水排水都不敢开大，不敢弄出声音怕吵到隔壁的人。我们这边工作轻轻松松的，晚上还有自己的生活，有心思的话还可以再打一份工。

农场早期有很多工厂，有毛纺厂、汽水厂、鸽子厂，还有茶厂等等，电机厂是后期工业发展起来了才有的，做的是发电机，出口到非洲的。这个厂是1997年开发区成立以后招商引资进来的。

农场有18000多亩地，但是成立开发区之后大部分都被开发区开发了。农场的地也相当于卖给开发区了，当时还给了侨民青苗理赔费。这个经济开发区是国家级审批的，相当于说跟侨就没有关系了。到现在的话农场的"侨"慢慢变得边缘化，因为有其他外来的影响力更大的东西给淹没掉了。农场每个月给符合标准的侨民一些生活费（也可以说是最低的生活保障费）。

我家里有神龛，有祖公的牌位。我们华人，基本上每家每户都有神龛的，一般逢年过节都会祭拜，一边是祖宗的牌位，一边是观世音菩萨的牌位。观世音菩萨每个月初一、十五都要烧香。

在党的领导下，我们的生活水平节节高升。最后感谢国家给予我们安定的生活环境，我们也用我们的实际行动来报效祖国。

周锡兰　口述

口述者简介：周锡兰，女，1956 年出生于越南海防市，祖籍在广西江平县，其父亲最早到越南谋生，周锡兰为在越南出生的第二代华侨。在越南完成学业。后因越南排华回到中国，回国后安置在东湖塘华侨农场。曾担任农场的出纳、片长兼党支部书记。

时间：2022 年 8 月 19 日

地点：东湖塘华侨农场华侨新村社区活动室

采访者：周妹仔、郑一省、苏木兰、陈燕梅

华侨属性：越南归侨

南洋物：无

整理者：陈燕梅

一

我叫周锡兰，我是 1956 年出生在越南。我的祖籍在现在的广西江平县，以前是一个镇来的，但是我家一开始不是在广西而是在广东的，因为祖辈们在广西做买卖就搬到那里去了。我父亲是在广西长大的，叫周晟益。他在跟我母亲黄大姐结婚之后生了哥哥，哥哥是 1945 年生的，叫周锡成，那时候我还没出生。当时碰到中国经济困难时期，父母就跟着舅舅一起到越南谋生去了，时间大概是一九四几年，他们到越南海防市去。海防市是一个港口城市，父母就在港口那里做搬运工，很多华人都在那谋生，除了做搬运工以外，还有拉板车的、自己做点小买卖的也有。

父母以前在港口搬东西，在海防安定下来之后才把哥哥接过去，就开始做点小生意。当时刚好是中国的三年自然灾害，所以我的几个亲戚都到越南去做小生意了。越南的环境也不好，很多流行病，经常拉肚子。很多刚出生两三个月或者一两岁的小孩子都没办法医治。我父母生了十几个小孩，但是到最后就只剩哥哥姐姐和我了，姐姐是 1947 年在越南出生的，叫周锡玲。我姐姐后来回国在来宾华侨农场当老师。

当时中国跟越南还是很好的兄弟关系，他们很照顾华人。我在越南读的是华侨学校，叫越华小学。中学则是读的华侨中学，简称侨中。上课学的主要以汉文为主，越文为辅。讲课的时候有的老师讲广东话，也有老师讲普通话，所以我们这两种语言都会一点。到三年级的时候就开始学越文，越文还是比较简单的，学完拼音就可以拼得出来了。但我们在家里跟父母讲话还是用的广东话。父母就懂得一些基础的越南话，比如说需要买什么菜，要多少钱之类的，简单的就会讲一些，因为在海防市有很多华人，大家交流都是用中国话来交流的。一直到初中我们上课都是以汉文为主的，但是后面中国跟越南关系不太好了，就改成了以越文为主，汉文则一个星期上一节,英语也是一个星期上一节。

读书的时候我们还碰上了美国跟越南打仗。1964年的时候我才七八岁,美国在广宁市那边轰炸越南。美国的飞机过来轰炸越南的油库、军事基地等等,越南官兵怕伤到人民群众,就叫城市里的人都疏散到农村去。当时还是半夜,每条街都有人拿喇叭喊我们赶快疏散到农村去。美国的飞机是很可怕的,我们睡觉都要竖着耳朵注意听那个警报声。警报声一来,就说明飞机来了,每个人都是很紧张的,得要躲到防空洞里,所以我们的童年都是从战争过来的。

我读书毕业了以后在越南工作了一段时间。当时我在鞋厂工作,做的是专门出口苏联、波兰的运动鞋。那边的鞋厂20%是华侨。

我跟我爱人是在越南一起长大的,他叫潘安棠,我们住在同一条街。大概是十七八岁的时候开始谈恋爱,然后结婚。结婚的时候男方给了三四百块钱的聘礼,双方有看生辰、看八字。因为华侨也是中国人嘛,习俗都是跟中国一样的。华人在越南一般都不找越南人结婚的,除非是找不到了才会找越南人,但这也只是少数人。因为中国人是有点看不起越南人的。

以前在越南,华人是不用去当兵的。越南政府比较照顾我们华人,所以当时河内、海防、南定这三个城市的华人都不用去服兵役。但是后来中国跟越南关系不好了,越南政府就要求在农村的华人去当兵。再后面差不多要排华的时候,越南政府要求全部的华人都要去当兵,还让华人加入越南的国籍。我们很多华人都不愿意,觉得当时那个情形不好了,就集体买票回中国。

我从海防市坐火车到云南凉山关口那边。当时很多人,我们坐火车过来的有几千人,整个火车车厢都是华人,有的人在车厢坐不下了就爬到车顶,不够地方睡的就睡在凳子底下,所以当时人又多又挤。到中国就有人接侨了,然后安排我们的住宿。当时很多人在边界那边等着安置的,之后福建省这边就派人过来接我们。那天刚好是五一,中国政府发给我们每个人一块钱。以前的一块钱也很多了。

二

我是5月份第一批从越南过来的,当时一起回来的有父母、姐姐,还有我爱人和八个月大的女儿。福建这边的人过来接侨的时候我们有问他们说:"福建这边是干什么的?"得到回答是种水稻的。但是我以前在越南是生活在城市里的,不知道什么叫作水稻,所以就稀里糊涂地跟着他们过来了。就从云南坐火车到福州,再转大巴到宁德。车到这边的时候好多人看到这山沟沟的都哭了。

到这边安置好了之后基本上就要开始做工了。因为我在越南读过书,有点文化,而且当时的高中生文凭是很厉害的了,所以农场比较看中我的能力,就安排我到幼儿园教书。我想着也可以,不用种田就很好了。我刚准备去报到的时候结果那个位置有其他人做了,没办法,就接着回去做农民了。做农民的时候吃的是大锅饭,一天才八毛工钱,男同志是一块钱,生活中用来用去到月底只剩几块钱,所以平时我都省吃俭用的。刚来的时候住的是老归侨腾出来的老平房，之后农场给我们盖三层楼的石头房，这样条件就好了一点。

后面 1987 年我在兰溪管区做出纳，做了两三年之后因为管区太多人了，要精简人员，然后我就被精简出来了。结果选人大代表的时候刚好又选到了我，因为我过来的时候没有种过田，到这边的老归侨都很热情地教我怎么种田。跟他们的关系就慢慢地熟悉起来了。再后来要扫盲，我就做扫盲的老师，教他们读书认字，而且我跟邻居之间很融洽，很合得来，再加上我人比较随和，大家可能觉得我性格好，人也好，就选了我。当时投选票的时候，我的票比场长的票还要多。选上之后我就得几天几天地开会了，但是我开会又没有工资，我的生活没有保障。我就跟场长反映，场长就安排我在管区里面做办事员。我之所以得这个岗位是因为上一任区长出国了，所以就正好我来接替他了。那一段时间很多人都申请出去，有去澳门的、香港的，或者其他地方。我也有申请出国的，当时是申请到美国，但是因为我有家庭了不行，我公公婆婆可以出去，但是我爱人是独生子，两个长辈出去了在那边没人照顾，所以公公婆婆也不愿意去，就全家都留在这边了。

我做办事员做了好几年，1997 年入党之后，在成立东侨开发区之前又做了片长。农场有八个管区，八个管区又分为东片西片。我就被提升为东片片长兼党支部书记。

以前管理区要修一条高速公路，那个公路要从管区里面经过，这样的话就要征用到农场的地还有归侨的楼房，市里面的人就下来理赔、调解。当时我刚刚上任片长，跟他们调解的时候，理赔小组的人就说，"大姐，我一看你我就知道你是好人，跟你讲几句话就知道你是好人了。"所以这个事情我办得也很快。每次我办事情都很容易，可能是因为我的面相好，别人都肯帮助我，领导也对我很好。所以我就在农场上班上到 2006 年退休。

退休之后农场成立了华侨新村社区，我又到社区里面做社区的书记，我们每三年一选，每一届开发区主任都要换，但是我连做了四五届的书记。开发区的领导不敢换我，虽然我没做什么大成绩，但是我那几年想的主要是安定、稳定。因为各个管区的归侨有一些不文明的行为我给他们纠正过来，给他们讲法律讲道理。他们刚刚搬过来的时候垃圾都是随意扔的，水也随意倒，我就给他们慢慢纠正，到现在基本上都改变过来了。

还有一个就是社区里面的妇女的问题，她们一无聊就想着赌钱，所以我们就成立了一个舞蹈队。带动着她们跳舞，让她们有兴趣了就不会想着去打麻将赌钱了。我们也培训她们跳舞，跳越南舞或者印尼舞。慢慢地我们舞蹈队的名声就打响了，宁德周边都知道我们华侨的舞蹈是非常好看的，我们甚至得到市里的认可，之前市里面举办春节团拜会，一共有五个节目的，就把其中一个节目给我们华侨了，能专门在市里表演，我们觉得非常的荣幸了。一开始能去市里表演是因为在农场成立五十周年的时候，我们搞了一个大型的晚会，农场的领导也支持我们，请了很多香港、澳门的同胞过来跳舞。因为以前东湖塘的人给他们的印象是不会跳舞的。农场的两位领导就说我们不仅要跳得好，还要比她们好。最后我们选择跳越南舞和印尼舞，因为农场里面有八个国家的侨民，其中越南、印尼的归侨最多。我们跳的这个舞蹈一出来，大家都觉得很厉害，从那之后我们的舞蹈队就出名了。就这样带动他们传承我们的侨文化。一直到 2018 年才正式退休。到现在我的退休金有三千六百多。

我很多亲戚都在广西那边，我父母后来也去了广西，因为我结婚了，我就跟着我爱人的家庭，我姐姐没有结婚所以就跟着父母到广西了。我姐姐搬到广西来宾农场时，东湖塘的书记一直挽留她，因为当时很缺人才，而她是大学生出来的，大家都很看重。我哥哥回来就分配到来宾华侨农场。我在宁德这边做农，种水稻、种甘蔗。来宾华侨农场小学的校长也叫了我两次去那边教书，他说我在这边做农是埋没人才了。那时候我也是想去广西那边的。但是我妈妈讲："算啦，不去啦，在这里都习惯住这里了。反正做农就做农了。"所以这样我就没有去了。那个校长他到我家里来邀请了我两次，他说我过去的话什么手续都帮我办好，只要人过去就好了。因为当时很缺人才，而且我又会用中文、越文沟通。但是最后还是没有去成。还有我的叔叔也在广西，叫周世兴。他以前在防城港是税务局的领导，他的儿子也是防城港市的领导。

虽然我父母没什么文化，但是他们都努力供我们读书。我姐姐在越南读到了大学，毕业之后在越南海防华侨中学教过书，回来到来宾华侨农场也是教书。我哥哥是画家，后来从来宾华侨农场申请去了美国。我姐姐搬迁到来宾之后结婚的，姐夫叫陈金云，在侨联工作。现在他们已经退休了，在南宁市生活。

三

现在退休之后，我跟我爱人都在做翻译，主要是这边警察局的出入境需要越南语的翻译。因为有很多越南新娘，被拐卖、绑架，还有婚姻问题，各种各样的纠纷都有。宁德市的各县市，需要我们翻译的时候就会打电话给我们，我也会偶尔去帮一下。翻译好了之后就回来，而且我们也是有翻译证的。做一次翻译可以有五百块。虽然我们是口头翻译，但也要帮越南人填写自述表，越南人过来要填写的东西我要翻译告诉他，他说的话我也要翻译成中文并写出来。所以做翻译不能只会说越南话，还要会写越南字。我兼职做翻译做了十几年了，虽然农场的越南人也很多，但是他们只会讲口头的越南话，不会写。我会讲，还会写，要有点文化的。我做的翻译基本上都要上法庭的。我做的最大的一个案件是偷渡案，三十个越南人，拿着证件到中国之后就想偷渡到台湾，到宁德这边的一个码头。三十几个人都被抓了，包括驾驶员，以及"蛇头"等等。抓回去审了开庭的时候他们都不服，然后就上诉到中级人民法院，当时越南驻北京领事馆就派人下来了解这个案件，旁听我的翻译过程。

可能是因为我是越南出生的,越南人看到我就觉得亲切,像看到亲人一样。做笔录的时候我怕他紧张,就先跟他们聊聊天,熟悉了一点之后他们就老老实实地把事情讲出来了。

还有一次晚上抓了十几个人,回去之后就马上要做笔录,当时我从晚上翻译到天亮。因为太多人要审了,公安也在旁边。最后翻译得我头脑都乱了,导致我跟那个越南人讲中国话,跟公安讲越南话,自己都蒙了。最后那个越南人很有礼貌地讲:"姑姑,你讲什么我们听不懂啊。"太乱了,连自己都搞蒙了。

到现在归侨的生活水平好很多了,退休人员都有退休金。老归侨的退休金是五十几块,现在条件变好了,八个管区的归侨也全部集中在社区一起生活。

农场建立有华侨小学、中学,我的孩子就是在这边读的。他们毕业了之后在宁德市工作。我一共两个孩子,女儿叫潘洁贞,在越南出生的,回来的时候我就抱着她回来的。儿子叫潘兆锋,是1984年在中国出生的。他们平时会讲一点越南语,但是没有那么流利。

儿子现在在宁德打工,跟我一起住。他有两个小孩,我以前一边上班,一边带孙儿。现在孙子已经十岁了,还有一个一岁半。女儿现在跟着她丈夫到英国去了。她丈夫也是越南归侨,回来之后又出国去了英国,我那边有个叔叔就把他介绍给我女儿,所以她后面也跟着去英国了。

2018年我回过越南,回去那边看我爱人的亲戚。那边没有什么变化,以前住的房子还在,还是一样烂烂的。城市里面没什么变化,郊外新建的房子比较漂亮。

现在我们的生活也很好了,农场为了照顾到每家每户的归侨,给我们成立了这个社区,盖好房子给我们住,只要交两三万就可以买到自己的房子。只要是户口在农场的,每个人都有25平方米,一户有几个人就可以相应得到多大的房子,现在房子最大的有136平方米,是七个人以上的。

农场的侨文化主要表现在文艺方面,比如说印尼舞或者是越南舞。以前华侨农场是农田,现在变成一个城市了,华侨农场在未来可能都不会存在了,现在农场成了新城区的中心了。福建省十几个华侨农场,东湖塘华侨农场算是最好的,我们坐一块钱的车就可以到城市里面了,其他的农场可能没有这样的待遇。归侨子女走过马路就可以到学校了。

现在大多数归侨都退休了,也有没退休的,没退休的基本上是归侨的子女,但是他们是非职工的,我们这批是职工是有退休的。农场也会帮我们交一部分社保、医保。非职工的话就得要他们自己交,就等于是他们灵活就业,自己交。归侨回来的大部分是职工,但是也有两三岁从越南回来,现在也是灵活就业的,我女儿就是这样,也是自己交。因为她当时没有参加劳动,所以她就没有机会享受职工的待遇。不过她有享受到农场的非职工待遇,每个月农场补两百六,这个待遇现在还有。而现在没退休的职工就补四百八。1989年之后农场就没有职工了,省侨办不给批。所以就要自己去外面打工交社保医保。

现在我们保留的越南人的一些习惯主要是到春节时包粽子，包那个又长又大的、四四方方的，还有做年糕。老归侨做七层糕啊，还有小粽子等等。其他节假日就跟中国一样，比如祭拜祖宗，每家每户都杀鸡杀鸭，围在一起包粽子。

第六部分　泉上华侨农场篇

宁化泉上华侨农场于1965年筹建，1968年10月5日福建省政府正式批准成立宁化泉上华侨农场。农场先后接纳安置了归难侨2595人，其中1966年安置印度尼西亚归侨1196人，1968年安置缅甸归难侨668人，1978年安置越南难侨670人，先后安置过印度、新加坡、马来西亚、泰国、柬埔寨等国归侨共61人。他们的祖籍地分别为广东、福建、广西、山东、海南、台湾等6省（区）64个县（市），尤以广东、福建、广西籍人为多数。归侨中有汉、壮、京、瑶、畲、高山等8个民族85个姓氏。他们主要讲客家话、广府话、闽南话以及原侨居国的语言。从1971年开始，陆续有归侨赴港澳和第三国定居。其中香港667人，澳门236人，第三国45人。据2016年6月统计，农场现有431户，人口1093人（其中归侨570人），在职干部职工151人，退休人员327人。[①]

农场最初下设第一、第二、第三、第四、第五5个生产队，1968年至1969年，接纳安置缅甸归侨，农场增建第六、第七两生产队。1978年接纳越南难侨，又建立第八、第九生产队。1966年10月建场时，场部设在湖村西龙头，距湖村3千米、泉上18千米，与宁化县城距离31千米。1969年12月至今，为便于管理，场部迁至泉上联群村肖家岗（即第五生产队驻地）。截至目前全场共设9个生产队，分布在湖村、泉上两片：一队在湖村的巫坊、二队在湖村的西龙头、三队在湖村的张家湾、四队在湖村的东龙头、九队在湖村的南山下；五队在泉上的肖家岗、六队在泉上的罗坊坝、七队在泉上的布尾、八队在泉上的洋地坪。9个生产队分散于两镇之内，一队与七队相距最远，为25千米。
农场建制随形势和政策变化而几度更改。1966年10月5日，正式成立宁化泉上华侨农场时，命名为"国营福建省宁化泉上华侨农场"，为区级单位，隶属福建省侨委管理；1968年12月至1969年10月，改为宁化县泉上华侨农场革命委员会，由宁化县革委会管辖；1970年1月至1972年12月，泉上华侨农场划归福建省军区生产建设兵团第十团建制，农场属第四营，一切都按部队编制进行生产；1973年1月1日，福建省革委会撤销了兵团建制，复归泉上华侨农场革委会；1973年1月至1977年3月，农场由宁化县代管；1978年4月至1999年6月，宁化泉上华侨农场归福建省侨办主管；1999年6月29日至今，农场由省侨办下放宁化县政府管理，为县政府直属单位。

[①] 资料来源于《福建宁化泉上华侨农场建场50周年纪念特刊》。

邓德芳　口述

口述者简介：邓德芳，男，1950年出生于印尼亚齐，祖籍广东梅县，1966年因印尼"九三〇事件"回国。回国后直接在农场参加工作，担任钳工、机械修理工和手扶拖拉机司机。1980年在农场办了"停薪留职"，出来单干，在县里继续做钳工。1988年，农场开始建设食品厂、塑料厂，回农场继续当修理工，2010年正式退休，1983年结婚，夫人同为印尼归侨。

时间：2022年8月14日

地点：宁化泉上华侨农场八队邓德芳家中

采访者：郑雨来、黄葵秀、李星颖

华侨属性：印尼归侨

南洋物：无

整理者：郑雨来

我公公那一辈就已经到印尼了。我父亲出生在国内，他在七八岁的时候也被带去了印尼。我公公的名字已经记不清了，在我回国的时候他就已经死了，现在我们回国已经有五十多年了。我对他们那一辈下南洋的历史也不是很了解，就是有一点模模糊糊的印象时他已经去世了。以前去海外谋生不是全家人都出去的，如果家里有五六口人，就先派一个人出去讨生活，跟现在你去外面打工也是一样的。然后等我公公在那边站稳脚步了，再回来拉这边亲戚过去。我的父亲叫邓云华，我父亲大我母亲12岁，他1914年出生，我的母亲叫陆友，也是梅县人，1926年出生，也是后来被带出去，然后他们在那边认识并结婚。结婚的时候我母亲才16岁。我最大的姐姐现在已经八十了。我有九个兄弟姐妹，三男六女从大到小，分别是老大邓艳梅（女，1942年生），老二邓传芳（男，1944年生），老三邓丽梅（女，1947年生），老四是我，老五邓战芳（女，1953年生），老六邓顺芳（女，1956年生），老七邓万芳（女，1959年生），老八邓瑞梅（女，1961年生），老九邓平芳（男，1964年生）。当时回国的时候，我们都回来的，我背着我妹妹瑞梅，抱着我最小的弟弟平芳。我们全家只有我最大的姐姐和老二没有回来，姐姐结婚了，她也拿到了印尼的国籍，所以他们就不赶你走了。所以我们家是和父亲母亲一共九口人回国的。现在兄弟姐妹里，印尼有两个，即老大邓艳梅和老二邓传芳；香港有两个，即老六顺芳和老八瑞梅；澳门一个，即老五邓战芳。只有我和老三、老七和老九在农场。我的两个妹妹顺芳和瑞梅是嫁去香港的，农场先有人出去，然后再经过介绍把她们也带出去。去澳门的是战芳，她是找了这边的缅甸归侨，他们结婚后再申请出去。

1966年我们回国，是因为1965年"九三〇事件"，所有华侨没有加入印尼国籍的，政府都要赶你走。我们坐华侨总会提供的大巴到棉兰，在棉兰我们住在一个集中营里。当时中国领事馆和印尼政府交涉，安排一个地方做了集中营，那时候那个集中营可能集中了约一万人。那时我刚刚十六岁，就能懂得当地政府对我们华侨很不好，其实也是党派的斗争。亚齐和棉兰排华闹得比较凶，也死了很多人，那个时候中国不是很强大。我们父母的思想都比较红，其实你进他国籍就没有事，但我父亲死活不要，他说我宁愿死骨头都要带到唐山去。那时人的思想也比较狭隘，不会看得那么远。其实我们华侨在当地人数不多，为了谋生很多人也是加入了印尼国籍。父亲去印尼是做钳工，有什么就修什么，打火机也修，单车也修，汽车来也可以修，反正在那个地方就是来什么修什么。我八岁左右的时候在我父亲的影响下就会修单车、修补轮胎那些，那时候条件比较差，要承担这些工作。亚齐那个地方穆斯林比较多，它一个省下面分好多县。亚齐那个地方的老百姓很淳朴，就像我们这边的农村人，不问政治，只要有饭吃就可以了，就是那些官方的人，有文化的人才从中煽动。

我在印尼读了四年当地的书，在华侨学校读了一年多不到两年，然后就排华了，就没有读了。我八岁到十二岁就是读印尼书，十二岁我们那里刚好开中华学校，我一进去就插班到了三年级，读到四年级多，学校就关闭了。那边读书都是只读半天。那个学校比较小，房子不够用，所以每个班就轮着上课。我们那里学校也分"蓝派"和"红派"，也是斗得很厉害，有时过年过节街上舞狮舞龙，大家碰到就斗，但是也不会出人命，大家在一起抢红包。我们也过国庆节，但是不敢太公开，挂红旗就偷偷挂一天。1966年11月28号到了这边，我们在棉兰上的船，船是艘万吨轮叫"光华轮"，那艘船能坐一千多人。在船上大厅里隔一个小间，临时用门帘拉起来这样。在船上吃得很好，一上船就发苹果，还有红烧肉、烤鸭、鱼，白白的大米饭和面包馒头，就像在酒楼一样，船上配备了厨师，你也可以点餐，也不用钱，待遇真的很好，有些人一辈子都没吃过那么好的东西。但是我们大部分人都没坐过船，一上船就头晕，也吃不下。

从棉兰上船，总共坐了八天七夜，我们到了广东湛江，那时候广东还没有大港口，只有湛江港才能停泊万吨轮。在湛江我们住了七八天，然后坐火车，三天三夜就到了三明，在三明他们又租了二三十辆大巴，慢慢就送到这边。在这边就分了连队，车子一路开，两边的老百姓就夹道欢迎。那时候"文革"刚刚开始，还没有乱。我们来的时候还很稳定，因为国家接我们回来肯定要维护治安。我们回来过了几个月，才开始分派。那时候我们就想不明白，在国外遭遇排华，回来后又看到中国人打中国人。那个"四十一名华侨青少年"中的有些人就有去参加，有一个叫丘月豪的在宁化被打死了。那个时候他也不懂底细，以为是好的组织，然后就参加了武斗。我们有些人在印尼就读到过中国过去的画报，里面有宣传革命的，那些在印尼也不敢公开。

我本来回国后还想去读书，我父母亲参加劳动，我姐姐十九岁也参加劳动，家里只有四个人劳动，九个人要吃饭，哪里顾得过来，所以我就参加劳动了，我的弟弟妹妹就去读书。讲是讲读书，可是"文革"哪里有读书，整天在那边念毛主席语录。我算是强劳力一个月可以分 33 斤粮食，最小的弟弟就分 14 斤。

这个农场在我们回来前就有了，应该是印尼一开始排华，这个农场就有接收了。我们是第四批回来的，第一批是在广东英德，第二批想不起来在哪了，第三批在宁德，1966 年到 1967 年总共运送了四批。我这一批完了就再没有运了，很多人还在印尼等回国，但是中印尼关系缓和一点了，他们那边就直接在集中营建一排一排的房子，开始搞华侨新村了。我 2010 年回印尼探亲，还去过我们曾经集中过的地方，全部都还在，那里的房子也跟我们差不多，一排一排的两层楼，一排大概有五六户人。

这个农场主要出产茶和果，还有水稻，我一直搞修理，没怎么做过农业，现在农场也解散了，没有收益。我们这个农场里的企业没有一个能坚持下来，食品厂开过，塑料厂开过，茶厂也开过，没有一个能坚持下来，都是亏本。这些领导真的是"克侨"的，一个个都是"过路"，没有把这个农场当成自己的家，两三年就调走了。归侨出去的出去，死掉的死掉，搬走的搬走，留下的不到三分之一。现在这个农场只住了一半的归侨，另一半是本地人。本来我们农场也是有可以提供住宿接待的，就是那个"侨胞之家"，农场和农场来往可以在这边住。有的归侨后来搬到外面，他的房子就会卖给本地人。房产证和土地证我们都是有的。

三明这个地方冬天很冷，最冷的时候有零下八度，水管都会冻爆的，几乎每年都会冻爆。我们归侨回来都很不适应。冬天最冷的时候，就点火炉。刚回来住的都是农场已经建好的房子。农场现在还种点果树，有些地也是被本地农民占去了。你靠一家三四亩地是很难维持生计的。90 年代我们归侨还可以去香港探亲，顺便打点黑工。我 1998 年也去香港探亲，说是探亲其实就是想去体验一下，那里的亲戚朋友经常喊我过去玩。我在那边打工一天能赚两百块钱，而那时我在这边开店一天也能赚一百多了。我们的性质和越南难侨一样，都属于难民。其实我的理解是华侨农场没有必要一直存在"华侨"这两个字，我们已经都社会化了，完全融入当地了，像我的小孩上到高中就再没上，农场没有高中，后来学校也被合并到县里了。农场以前一直依靠侨办拨款下来，90 年代侨办下放后就归县管，农场又没有效益，每一年又要钱拨下来，所以按照我的话讲就是，农场是没有人要的孩子。农场的领导要干出点成绩才能调上去，但这个地方又很难做出成绩。农场也不存在脱贫的问题。农场的土地也不值钱，很多地后来也荒掉了。

我一回来就当钳工，按照我父亲教给我的技术，搞基建和开手扶拖拉机。那时候每个队都有一部手扶拖拉机，再培养一个驾驶员，我就是第一批去开手扶拖拉机的。工资那时一个月能有九块钱就算强劳力了，1975 年以后才有几十块，1980 年的时候我们场长的工资才 44 块，他还算是股级。强劳力有十个工分，妇女八分算最高，一个月九块钱就算强劳力了，我母亲和姐姐都只算半劳力。我们印尼归侨在印尼都是没拿过锄头的,像我做钳工还好一点,手上会有泡,那些做生意的人,手就白白嫩嫩的,连锄头怎么拿都不知道,然后就有老农场的先进分子过来教劳动、教文化。我们回来的时候普通话还是半桶水,掺一点闽南话、广东话和客家话,还有一点印尼话,有时候讲不清楚就打手势。

"文革"的时候,有些人去闹事了,我没有去,因为我家里人口比较多。1979年开始改革开放,1980年我就从农场出来了,办了"停薪留职",出来单干,在镇里面继续做钳工,农场不发工资,但我还要每个月给农场交 28 块。我知道在社会上做工匠,每个月也能赚五六十块、百把块。1988 年,农场开始搞食品厂、塑料厂,需要修理工,又把我召回来,但是也没有工资,我也不赚农场的钱,就是给我一个地方做修理店,让我赚外面的钱。单车来修单车,拖拉机来修拖拉机,汽车来修汽车,什么都可以修,机械的东西大同小异的。那时我的电焊也很有名,机关单位、学校、镇里面的都请我去。2010 年我退休,我的工龄算了 44 年,从 16 岁参加工作开始算,等我去办退休金的时候,他们讲我是童工,我就说"文革"的时候哪里有童工。刚开始的时候退休金一千八,现在有三千八。1982 年,我很倒霉,那时候赶到计划生育,只能生一个,如果你生了第二个就要罚款,还要开除。我只生了一个男孩,1984 年出生,在深圳打工有二十多年了,在那边申请了廉租房,现在申请廉租房都有几万人在那里排队。他们命更好了,可以生两个。我太太也是印尼归侨,1961 年出生。我们 1983 年结婚,我结婚很迟了,33 岁才结婚。因为我之前一直申请去香港,一直没有批准,我们家是个大家庭,就只批了我的两个弟弟,等到好不容易轮到我了,国家政策又有变化。前面的时候还可以用钱去买,其实也不是买啦,就是变相,比如我送一部单车给场领导,送了后他就会允许你。批是农场先批,再送到县里面,县里面再送到市里,一层一层的。然后我就一直等,等到最后觉得没有希望了,就结婚算了。因为如果那边还没批准你出去,你又在这边结婚,再拖家带口就会更困难,本来我已经很困难了。如果已经批准你出去,你再结婚,再把家人带出去就有问题。那个也带有一点照顾性质的,比如你家里人口多比较困难,就批你多一点。香港那个时候工资很高,一天可以赚 500 港币,那时候我们的工资才十几块,所以大家都向往过去。

我们这个农场大概是八几年取消自然增长,有的两兄弟,弟弟有职工身份,哥哥就没有,同样都是国外出生的,有的人想不通去告也没有用,反而这边有的领导,他的老婆原来是农村户口,可以进到这里来。

现在住的这个房子是 2009 年的,我本来不想在农场住,我想在外面路边建,我申请了两三年没有批。后来他说这边就是最后一批了,不得不选这边了,我在这边花了七万来块,农场补贴两万一,我们自己出五万。

我回过印尼一次,2010 年我刚好退休,想去第二次的时候疫情又来了。我去看了哥哥姐姐。他们生挺多,我大哥三个女儿一个儿子,每个都又生两三个。生活境况都差不多,还住在亚齐。我的哥哥在那边买了一块山,在那边挖鸟粪,挖的鸟粪可以拿去加工做成肥料，再出口。一天最高可以产出一百多吨。我姐姐就靠我大哥了，她的子女全在我大哥那边做事，工厂里面需要很多人。他们生活条件不错，每个人都有了一部车，最少还要 2.7 排量的车。90 年代以后，中印尼建交，我们才有了来往，他们每年都要回来几次看望爸爸妈妈，中间的时候我们有过通信，刚刚回来的时候我们写信就要通过广州，书信要通过国家机构审查，什么都不能讲，只能报喜不报忧，就说我们吃得很饱，过得很好，其实都是矛盾的。1992 年后就有长途电话了，打长途电话要去指定的地方，双方约定去电话亭，打一次要几十块钱。

现在我退休了，但继续给农场的人修理点东西，工具随便用，能自己修就自己拿去修，不能修我就帮他们，我也不收钱。他们也可以来我这里喝茶，每天在这里泡点茶叶，退休生活就是这样。

冯宝珠　口述

口述者简介：冯宝珠，女，祖籍广东恩平，1945 年出生于中缅边境一个叫玻格力的地方。1968 年因缅甸排华与其丈夫李壬巴及三岁儿子自费乘飞机回国。在缅甸曾担任过中资企业翻译，回国后一直务农开荒，80 年代在县中学当英语老师，后 1983 年开始承包果园，一直到 1996 年退休。

时间：2022 年 8 月 16 日
地点：宁化泉上华侨农场冯宝珠家中
采访者：郑雨来、黄葵秀、李星颖
华侨属性：缅甸归侨
南洋物：冯宝珠丈夫李壬巴先生在缅甸南洋中学毕业证书
整理者：黄葵秀

一

我叫冯宝珠，1945 年 8 月 15 日出生，正好是日本投降的那一天。我出生在缅甸，听我妈说可能是中缅边境的一个城市，叫玻格力。我的父亲叫冯裕能，母亲叫宁巧云，祖籍也是广东。我父亲上世纪 30 年代为躲避抓壮丁和我妈妈到了缅甸。他做过很多工作，开过饮食店，还做过包工头，有时候也卖猪肉，后来一直到日本侵略。小时候印象比较深的就是读书，在大城市仰光一直读到高中，读的是华侨学校。那时候去缅甸的广东人、福建人比较多，云南的也有。

我是 1968 年排华回来的，我回来的时候已经 23 岁了，带着 3 岁的儿子和丈夫一起回来。对于缅甸为什么排华，我认为是政府觉得缅甸国内没有办法生产，商业经济就全依靠华人。缅甸人看见华人做生意做得好，就抢华人的东西，抢华人的商店。他这个也不算是驱赶，就是抢，有的是没收，没收华侨店铺。当时缅甸军政府上台，本来民主党派管理的时候还挺好的。现在缅甸也是军人把民主党派推翻，昂山素季被关起来，昂山素季的爸爸为了缅甸独立，触犯到了其他党派的利益，人家就把他暗杀了。1968 年排华的时候，国内是"文革"，华侨学生戴毛泽东像章，戴了就证明是"缅红"。为了这件事缅甸政府就开始反华，我是六七岁上的学，一开始是上的华侨小学，在学校里缅文、英文、中文都要学。华侨学校是华人办的，华人出钱。华人做生意发财后就办学校。当时周总理在缅甸讲，我们在哪里，我们就要面向哪里，学习哪里的文化，哪里的生活习俗。我本人是佛教徒，缅甸有很多佛塔，我们原先家里人也都是信佛的。当时排华的时候，刚刚开始是不让华人做生意。我爸爸身份证是华侨籍，所以每年都要交很多税，不过对他来讲也不算很高，那个时候 50 块也不算很高了。原先民主党派执政的时候，可以放松一点，可以随便做生意，后来军政府上台就没收华侨财产，华侨就不能做生意了，做什么都受到限制。

我亲妈妈在我三岁的时候就过世了，我爸爸后面又讨了一个缅甸老婆。我亲妈妈生了四个兄弟姐妹，我是排第四。大哥冯荣高、二哥冯荣辉、姐姐冯莲青。大哥找了一个缅甸媳妇就没有回国，我的二哥十六七岁的时候就独自回中国了，在石家庄师范大学毕业，后去天津当老师。后来可能是"反右"的时候被批斗。他现在还在香港。我姐姐在广东老家。后妈名字叫杜英美（音），她后来又生了五个孩子，因为后妈是混血，有一半缅甸血统，中文又讲得不好，所以她和她的孩子都没有回国，现在还在缅甸生活。他们生活也不好，没有房子住，也没有工作做。

我是在缅甸读到高中，我后妈生的那些弟弟妹妹读到了大学，是在缅甸的大学。他们不热爱中国，我们热爱中国，所以我们就愿意回来。当时回国的时候，我是跟我丈夫和儿子一起回来的，我们在缅甸当过翻译。中国曾经在缅甸开办过工厂，那个时候开很多工厂。我丈夫叫李壬巳，他是 1942 年生的，他的祖籍是福建厦门，我是随着他来的，老公是福建人，就分配到福建省。我有一个朋友，老婆是福建人，老公是广东人，她就跟着她老公分配到广东去了。我丈夫是缅甸出生的，我丈夫在缅甸的时候，他的缅文和中文都很厉害，高中毕业就去当翻译，我丈夫刚刚从学校出来，一毕业要么去当翻译，要么去当老师，当翻译收入比较高也比较稳定。当时新中国援缅建了很多工厂，他是在一家织布厂当翻译。那时候中缅两国关系很好，需要很多翻译。后来两国关系不好的时候，政府开始排华，关闭那些工厂，中国专家撤离缅甸。专家一撤离，我们也就失业了，我们又不会做生意。

二

我们当时是自费坐飞机回来的，坐中国的飞机。我们是在大使馆获批准，拿到中国护照。我们从仰光坐飞机两个半小时到昆明，昆明的接待处有带路的人，然后从昆明坐火车到福州，三天三夜才到。到了以后把我们安置在福州华侨大厦，等待分配工作，随后我们就被分配到宁化。当时缅甸归侨全是坐飞机回来的，我现在还留有机票的，但是不知道在哪里了。

我丈夫是 1963 年 9 月 8 号毕业于缅甸南洋中学，那边的老师都是从中国云南侨办派过去的老师，他们过去教中文。缅甸南洋中学很大，但是后来被缅甸政府收掉，就不教中文了。我是在南中高中部七年级毕业，后来高中部搬到离我家很远的地方，我就转去我家附近的英文学校那边读，读了两年，九年级就进政府考试。南洋中学是共产党办的，当时还有教毛泽东思想，学校里有人还戴毛主席像章。那个时候英文学校就没有戴像章，但也有些人戴。我是 1964 年上的英文学校，这个英文学校是外国人办的，就上半天课。

我们缅甸的归侨文化程度比较高一些，因为我们那个地方有两所高中，都是偏共产党的，小时候学校不会像中国一样升国旗，但是会有中国国旗，所有的老师都是云南侨办派过来教我们中文，校长也是云南昆明派来，缅文就是请缅文老师过来教，一周上几节课我也不记得了。我们在学校都是讲普通话的。当时撤侨的时候，飞机分几批，每周一次。当时申请回国的人很多，我们都申请了一年才批的。当时正值"文革"，也波及到了缅甸。我们在缅甸的时候就已经感觉中国很乱了，但是那个时候专家说不用怕，那些是年轻人的事。等我们到福州的时候，就在那边等待分配，看见有人开批斗会，但是我当时不害怕，侨办还是正常接待我们。

回国后有很多人偷跑回缅甸，我隔壁的那一家的就偷跑回去。她1972年偷跑去缅甸，在缅甸呆了3年，从这里带过去一个孩子，然后在缅甸又生了两个孩子，在第三年的时候，缅甸有人告发他们，他们就被政府抓了，因为偷渡罪，在缅甸牢里待了10年。缅甸的监狱不像中国的监狱要劳动，缅甸监狱不一样，他们不需要劳动，外面的亲戚可以把吃的东西送进来，给那个看守的人点钱，就没有怎么严格。他们被关了10年后，中国大使馆就去监狱里面动员他们回来。最后他们夫妻二人回来，孩子没有回来，留在了缅甸。现在她就一个人生活，儿子女儿都没有回来看过。

我回国后一开始是做农活，双第华侨农场当时派了几个领导干部来这边带领我们新归侨，他们教我们怎么干农活，怎么拿锄头，我们都没有拿过锄头。刚回来的时候就是干农活，开垦荒地，大家都是一样，没有干过就学。当时1968年回来的时候工资很少，米是一斤一毛二，我们工资一天才三四毛，强劳力是5毛，中劳力是3毛。那个时候一个鸡蛋一毛钱，男的一年发14尺的布票。强劳动力是33斤粮食，高中生是28斤，小学生是14斤。我当时回来的时候有再生一个小孩子，后来因为事故死掉了，本来是两个儿子的，但是现在就剩下一个了。

农场成立学校后我就去代课，因为这里的中学需要老师。我先生1979年通过代课转干，就是从教师身份转成干部身份。他是英语老师，当时缺乏英语老师。我是1980年去代课的，当时有文件下来，1979年去代课的人可以转干，考试通过了就可以转干，1980年就没有机会了。那个时候当老师工资太低了，1985年代课才是60块，我丈夫当时因为转干就是一百多块钱。我们这里代英语课的老师比较多，当时英语老师很缺乏，归侨老师在宁化一中有，宁化二中也有。我们当时是去政府的公立学校教书，因为当时农场只有小学，没有中学。当时全国的英语水平都比较低，我们可以直接教高中生，但现在高中生就教不了。以前女孩子不给读书，男孩子才给读书。

1968年回来到1979年中间这11年都在干农活，几乎一辈子干农活，代课只有几年。我丈夫就一直当老师，后来他2001年生病了就去世了。我本来是1995年退休的，但是我身份证写错了，就变成1996年退休，工龄多了一年。1983年的时候我开始承包果园，承包的时候是种果树，最开始的时候是种橘子，后来1991年的时候下了一场大雪，橘子树死掉了很多，我们就改种李子，当时效益不是很好，卖蜜饯果一斤才一毛多。我那个时候承包了5亩地。现在我退休金有2900多，工龄总共28年，我从1968年开始算到1996年，因为我身份证报错了一年，所以多了一年。

缅甸归侨后来好多都是去香港和澳门，不过那个时候是有亲戚才能去，他们哪里有门路的就去哪里，没有门路的就偷跑。现在我后妈生的弟弟妹妹在缅甸都没有房子住，都是租的，他们现在想回来，中国也不会接收了。在缅甸的华侨做生意的比较多，他们国家机关的工作人员退休金很少很少，所以缅甸情况不好。我在缅甸的亲戚没有饭吃，物价又很贵，他们 1000 缅币才能买 6 个鸡蛋，人民币 4 块钱就是 1000 块缅币，但是他们没有收入，找不到工作，但是我们有退休工资。

刚开始我们回来的时候没有后悔，就是不习惯，我们来的时候很冷，屋檐下面结着一条一条的冰。我们来的时候要起火烤火，吃不习惯，这里的米很硬，缅甸的米比较软，一条一条的很长。缅甸的口味也不算是清淡，没有钱就咸鱼煮汤配菜，那边鱼、虾很多，但是没有钱买来吃，没有工作就没有收入。我们这里才两个缅甸归侨，七队是三个。我跟其他归侨都有来往，我们都是讲普通话的，白话已经不会讲了。我儿子也是在农场长大，3 岁回来，读书一直读到初中。他当过七队的队长，当了一年，那个时候队长一个月工资才 100 块，后来 1997 年政府批准后就去了香港。一开始去香港的时候是很辛苦的，好在现在已经拿到香港的身份证了。他是在这边结婚后才出去的。我孙女 1994 年这边出生，3 岁的时候被带去香港。她妈妈，也就是我儿媳妇也是缅甸归侨，他们 1993 年结婚。我孙女是中专毕业，现在出来就是做生意。因为疫情，香港的生意也不稳定。他们在香港自己买了房子，政府屋要等 10 年。在香港的房子小小都要两三千万。

农场那时候赚不到钱，因为种果树赚不到钱。年轻人有工作的都跑到外面去了，不过也不能怪年轻人。现在也是，这个村里的年轻人都去打工了，只有老人还在。2001 年的时候我去过缅甸，当时是去看亲戚，还见到过我的大哥，他们还住在乡下。

黄文辉　口述

口述者简介：黄文辉，男，出生于印尼苏门答腊岛亚齐，祖籍福建漳州，第三代华侨。1966年排华回国时仅7岁，全家共9个兄弟姐妹，回国时只有4个兄弟回国。

时间：2022年8月18日

地点：宁化泉上华侨农场五队黄文辉家中

采访者：黄葵秀、李星颖

华侨属性：印尼归侨

南洋物：无

整理者：黄葵秀

一

我叫黄文辉，出生于印尼苏门答腊岛。我是1966年回国，那时候我才7岁。我祖籍是福建漳州，虽然这边是讲闽南话的，但是我很少去讲闽南话，我是讲客家话，因为我爷爷奶奶比较多地讲客家话，他们都很少讲闽南话。当时我记得我们那边比较多的是福建人跟广东人。我的爷爷叫黄昌能，我是属于第三代在国外出生的华侨，我爷爷是17岁时，孙中山在搞革命的时期从漳州出去的。我的爸爸妈妈都是在国外出生的。母亲是在1928年出生，父亲是1929年出生，我的伯伯是1925年出生，我最小的姑姑是1940年出生。

我爷爷自己出去的时候一穷二白，跟着很多三四十岁的人一起做苦工。我爷爷攒了一点钱后，就去养猪，养到几百头，我父亲就是去帮忙。养猪后我父亲觉得太累了，他们就又去卖瓷器，是从国内批发拿到印尼去卖。我父亲有时候还去别的老板那边帮忙打工，老板会叫我父亲去进货，然后老板再支付我父亲工资。那个时候有固定工资还算是比较有派头，穿着那个衣服、裤子看起来就像是我们国内现在的公务员。大概一九五几年的时候我父亲和我母亲结婚，结婚以后我父亲租华人的店铺开食杂店，当时也是考虑到自己拖家带口，需要有住的地方，所以就直接开了食杂店，这样就既有住的地方也有做生意的地方，他们早上还卖点心和咖啡。我父母亲还没有结婚的时候，他们才十几岁的时候，那时候日本打仗打到南洋，就波及到印尼，他们那一代人经历过战争，是很苦很苦的，有病没钱治，但从我出生的时候开始，日子就比较好过，有吃的有穿的。

对于1966年排华的印象我还是有一点，就是华侨在那边受人家欺负，我们国家和印尼已经有闹矛盾，政府跟政府闹矛盾，就像是后来跟越南一样，那些底下的华侨都会受到影响，那个时候是苏哈托总统，他们叫底下的大学生煽风点火，针对我们华侨。

二

  回国是跟父母亲一起回来的,那个时候是分几批几批的,我们是坐光华轮回来的,我不记得我是第二批还是第三批回来的。农场对于我们归侨的安置方面,我们当时是有安排的,比如说是第几批回来的,这一批有多少人,然后安排到哪个生产队。我们是印尼亚齐的,那么亚齐的比较多的就在一起。我们印尼归侨大部分都是苏门答腊岛的,因为那个地方排华比较严重,像是加里曼丹岛排华就没有怎么严重,他们很多很多都是自费回来的。苏门答腊岛是整个印尼最不好管的地区,他们一直想要独立,就经常造成打仗、动乱,就容易波及到我们华侨。我们回来的时候是国家安排的,中国驻印尼领事和大使馆统一协作,跟印尼政府交谈。然后就让光华轮开到印尼的勿拉湾码头,那个船好像是几个月来一趟,我们农场里面的只是其中一批,被安排到广东农场的也有。

  1966 年回来,我们第一年、第二年都是住在龙头那边的,1968 年才搬过来这边,那边也是有很多印尼归侨的,我们是在龙头的二队跟四队这边,那边离我们这边大概十几公里。那边有很多老房子,很低矮的平房。我回来的时候是四兄弟,我哥哥后来出去香港了,现在就还剩下我们三个兄弟在这边。回来也刚刚好碰到我们国家动乱的时期,那个时候在搞"文革"。我刚刚开始才读幼儿园,后来读一年级,当时我两个小的弟弟还在托儿所。我读书只读到小学毕业。那个时候生活很苦,一直想早点出来工作,争取一点工分,改善家里人的生活。我回国就是重新读幼儿园,我读中学才读了两个月,是因为一直在生病就没有继续上学了。我身体不好,就一直留级,小学五年级就已经留了三年。我是 1975 年上的中学,我差不多有 3 个月的时间都是在生病,到了 1975 年下半年我就申请出来工作了,那个时候我才 16 岁。1975 年年底批我下来工作,1976 年 1 月份左右才变成正式上岗,到现在 44 年工龄了,我一开始就是被安排去种水稻,到 1980 年的时候承包到户,我 1982 年承包三四亩左右,种柑橘差不多种了 8 年。直到有一年下大雪,整片的柑橘树被冻死,所以 1990 年后我们就种芙蓉李了。

  刚回国的时候每个月给我们分配粮食,大人粮食分配 20 多斤到 30 多斤,小孩就十多斤。一个月的粮油才三两。我们家一天要煮两餐饭,根本不够用。后面越南归侨回来的时候条件要比我们好一点点,但是一直到后面 1979 年改革开放后才好起来,他们越南归侨也苦了一年。总的来讲,要比我们好一点了,他们回来的时候,农场已经被我们开荒得差不多了。我们印尼归侨回来的时候,这边都还是荒山野岭,都是靠我们一锄头一锄头慢慢搞起来的,每一块地都可以挖到三四亩耕地。越南归侨回来之后,就又重新开荒,因为人口多了,地也不够用了。

  我们农场那个时候主要是以种植茶叶为主,到越南归侨回来的时候,我们的茶叶种植已经有一点规模了。除此之外,每个生产队都有养猪养牛。听很多农场1960 年回来的那批印尼归侨讲,那个时候比我们还要苦,他们住的房子全部都是茅草屋，那时候还下大雪。"文革"那个时候很乱，整个社会都斗来斗去的，我们华侨之间也斗，跟本地人斗，有一个归侨被枪打死。当时农场都有分派系，你是哪个派，我是哪个派，总之那个时候乱七八糟的。比如说你讲你是忠于毛主席的，我讲我也是忠于毛主席的，不懂谁才是反革命，就互相斗。总之那个时候就是政治意识太高了。那时候的学校上课还是挺正常的，但是有时候学生之间如果意见不合的话，也还是会争起来，就像两派这样斗起来。我们学校的老师也是归侨，他们基本上都是高中生以上学历的了，有些老师还会讲英文。我们农场的学校教师比乡镇的学校还要好，乡镇上面的英语老师有些还会来我们农场学习，或是叫我们的老师去乡镇学校教书，因为我们这边比较容易找到会英文的老师。

我们华侨因为在外面生活过，见识比较广一些。归侨刚刚回来的时候，跟本地人在一些方面还是有点不和的，我们都是一年又一年地互相了解，关系才逐渐缓和。反正我们回来的十几年间还是挺乱的，一直到 1979 年改革开放才好一些。经过了这一段时间，我们都知道，国家要好起来，就需要大家一起搞建设。虽然那个时候肚子吃不饱，但是大家还是会愿意为国家效劳。1980 年后就承包到户。那时候计划生育还是挺严格的，我只有一个独生女。好像是 1994 年的时候，当时还怀了一个，7 个多月了，但是被迫打掉了。我现在在印尼还有亲戚，不过现在有疫情过不来。我有想过回去印尼，但是没有钱。我现在退休金大概有 3300 多。

我还有一个姐姐和一个哥哥在印尼，因为当时是小的先回来，然后大的留在印尼。后面中国也没有再去接侨了，那时候中国已经和印尼断了关系了，后来他们也就留下来了，今年差不多都 70 多岁了，我回来这边有四个兄弟，大的那个去香港了，他是直接申请出去定居的，一开始申请出去的就是靠一封信，是不需要钱的，后面就是分名额出去。在印尼出生的基本上是生很多孩子的，你养得起就生，因为他们没有计划生育，中国就有计划生育，主要是因为资源不够分。我还有一个姑婆，她是在国内做童养媳，现在我们都联系不到她了，只知道她在漳州，我现在不是很清楚我的老家在哪里，只知道是漳州，我们之前有按照黄这个姓氏和我爷爷去世后的牌位去找，但是我们现在还找不到。

我小时候我妈妈还会给我零钱去买零食，一个月给两毛钱，当时两毛钱很大了，我们去买饼买糖果。没有钱的时候，我们就拿米沾盐巴吃也好吃。有时候我们就去挖地瓜吃，但是那个时候中国是集体制，种出来的地瓜全部上交到国家去，所以有些家地瓜挖得比较干净就没有。那个时候真的很苦啊，没有粮食，就算是你有钱没有粮票也是没有东西吃。你养鸡鸭也都是固定数量的，多养一只都要上交到国家。有些官员很坏，他就私吞，我们也不敢去讲，讲的话他会把你抓起来斗。我们老百姓就算是刮风下雨也都要下田，冬天的时候非常的寒冷，我们也只能到点了才能回去。现在都不知道好多少了，你不想去就可以不去。我们当时如果真的下雨干不了农活，我们就聚在一起学习，学习毛主席语录，发表自己的观点和意见。那时候要讲阶级斗争，要打倒地主，有些有钱人根本就不敢显富，就跟我们这些贫农一样生活。

"四十一名华侨青少年"就是跟我们一起回来的，他们也是跟我们一样分配到这个泉上华侨农场，他们就像是我们现在热播的电视剧《觉醒年代》中的人一样。他们思想比较红，比较进步，他们跟当地印尼的军官斗起来，然后就被抓起来了。回国后，他们就去北京见周总理，回来被登在报纸上面就火了。他们在印尼的时候都是有文化的高中生，说要去到祖国最艰苦的地方，后来，国家有政策可以出去他们就全部出去了，没有一个人留下。

李志强　口述

口述者简介：李志强，男，1947 年生于印尼亚齐，祖籍广东惠州，客家人，祖父以卖猪仔方式从中国前往印尼。家里有 10 个兄弟姐妹，五男五女，在家中排行老二。于 1966 年乘坐光华轮与姐姐一起回国，路上历时八天七夜。1967 年结婚，生有两个女儿。

时间：2022 年 8 月 17 日
地点：宁化泉上华侨农场四队李志强家中
采访者：郑雨来、黄葵秀、李星颖
华侨属性：印尼归侨
南洋物：印尼木箱
整理者：黄葵秀

一

我叫李志强，出生在印尼亚齐，我是 1966 年回来的，回来的时候已经 19 岁了，今年我已经 75 岁了。我们家听说是我爷爷从中国到的印尼，我的奶奶她也是卖猪仔的方式出去的，我爷爷的祖籍是广东惠州，是客家人，我的妻子叫许秋月，1947 年生，她祖籍广东汕头，讲潮州话。我爷爷在那边站稳脚之后，在那边结婚，生了我父亲，我父亲结婚再生了我们。我父亲在印尼是当裁缝的，他专门开了一个裁缝店，专门负责裁剪然后再交给顾客，我的母亲专门在家里搞家务。我没有见过我爷爷，我出生的时候爷爷就已经不在世了，我奶奶姓钟，我的奶奶一直养我养到十八九岁。我已经属于第三代了，爸爸妈妈都是在印尼出生的，我的爸爸叫李陆友，什么时候出生的我都不记得了，我的妈妈叫丘丁娇，我的妈妈现在已经 97 岁了。我在印尼读书读的是华侨学校，我那边有两个华侨学校，是华侨组织的，一个是国民党学校，一个是共产党学校。国民党学校就是抹黑五星红旗的，国民党的旗是蓝色的，我们共产党旗是红色的，当时国民党他们穿衣服都是上衣白色，裤子是蓝色的，我们共产党是白衣白裙或者白衣白裤，但是当时在印尼是红的势力更强，蓝的势力就比较弱一些，因为华人比较多，数量上就压他们了。

我在印尼读到十四五岁就不读了，因为当时很调皮，不喜欢读书。回到中国后，已经 19 岁了，到了该工作的年龄，我就拿锄头去做工了。我的妻子也是读到 15 岁就不读了，是因为她的兄弟姐妹比较多，然后她的爸爸讲大家只要读到一点书就可以了，所以她 16 岁出来就去工作了，一直工作到排华回国。我不读书了之后，我没有去工作，就出去外面混，跟小混子一样。我妻子爸爸在印尼就是做小生意的，小贩那种，她妈妈就是在家里搞家务。印尼的妇女都是不做工的，都是在家里面带小孩做家务。当时我妻子爸爸出去做小生意，一个人就可以养活七八个人，供他们上学，因为我妻子兄弟姐妹比较多，当地的华侨总会也是可以提出申请，如果家里面比较困难的，学费可以减半，有的还能全免，像我妻子的就是减半。她是家里的老大。她的爸爸讲就是要让每个人都读到书，认识字，那时候别人问我妻子，为什么不继续读书了，她的眼泪流下来，她小学毕业后就没有读了，经济条件不允许，她的兄弟姐妹回来还读书的，她回来就直接参加工作了。

二

排华时期，我现在都记得很清楚，特别恐怖，特别是在晚上，我们都不敢出去。他们专杀华侨，还挖了一个大坑来埋我们华侨。一到晚上 12 点，印尼小混混都出来了，开着汽车出来杀人，很可怕。所以一到晚上整条街的华侨都不敢出来，一到晚上 6 点多就关门了，不敢出来。他们都是那边的土人，很懒惰，什么都不爱做，我们华人就很勤快，很会赚钱，所以他们就眼红我们，就抢我们的东西。排华不久后，中国政府就派万吨轮——光华轮，来接我们回家，华侨被组织集中起来在一个地方，然后就等着国家安排我们回来。我们先是从亚齐集中到棉兰的棉兰中学。那个学校还涌现了"四十一名华侨青少年"，他们就是跟着我们一起回来的，就安置在这个农场，但是他们当中后来基本都去了香港。

当时是安排说是比较穷的人、有病的人先回来，我的妈妈生了 10 个小孩，五男五女，现在还活着还有 4 个，我在男孩中排老大，有两个妹妹后来嫁到台湾。我当时先回来是因为我很调皮，爱打架，怕我被别人杀掉，所以我父母亲就让我先回来读书，然后我姐姐就跟着一起回来照顾我，当时回来的时候是有意见的，本来我是不能回来的，因为我父母亲不回来，所以我一个人回来不被允许，人家说我们一个单身汉，没有老婆没有孩子，也没有父母，回来怎么照顾，我们就被别人骂得半死，还好是我亲戚有安排所以才能回来。我本来跟我舅舅回来，但是我太调皮了，他不敢带。第一批归侨是分配到了广东阳春华侨农场。第二批就是分配到福建。在船上我们大概坐了八天七晚才到中国。我们当时在集中营集中等待回国，一大堆人在一起，很像仓库，大大小小老老少少基本上都在这里一起睡觉，自己打一个板，一家一家这样子隔开来睡，吃饭都是大锅饭，这里有华侨有钱的，他们搞慈善会，送吃的给我们。我们华侨很爱国的，会互帮互助，我们当时在印尼看的中国画报，看见中国宣传有车什么都有，我们看电影还看我们中国的《红色娘子军》。

三

我的妻子也是印尼亚齐归侨，但是我跟我的妻子是同一个省，不同一个县，我是住在省外，我的妻子是住在市里边。

我现在住的这个房子是最老的房子了，差不多 56 年了。原先回来的时候不是这个，是后来结婚成家了再安排。原来我是单身汉，我父母亲、兄弟姐妹还在外面，一直住在印尼，就是我出生的地方。我是两个人回来的，跟我姐姐一起，我的父母亲没有跟我们一起回来，如果回来，我的家庭就很多人了，十几个亲戚这样子。但是他们当时没有选择回来，就一直留在印尼亚齐。我的母亲现在还在世，今年 97 岁了。我的姐姐李志琴现在在香港，80 年代去的香港，我的姐姐大我两岁，我现在也会通过网络跟她联系，过年的时候也有拜年。我和我的妻子是回来才认识的，她跟我同岁，也是 18 岁这样回国的，因为安排在同一个地方，我们是回到中国才结的婚，1967 年年底结婚，那时候打结婚证才两毛钱，是乡政府盖的章，那个时候的结婚证就像是奖状一样。那时候回来就开始闹"文革"，分派系，我妻子就怕我出去打架，就天天守着我。当时回来的时候，我姐姐是被分配到去当卫生员，她没有学过护士，就是国家安排的，我姐姐的丈夫是当队长的，还年轻。我就是拿锄头，回来就是开荒，但是我拿锄头比较少，我是开手扶拖拉机的，我就是"到处流浪"，到了中国才学会怎么开拖拉机，我妻子就是回来参加劳动，拿锄头的。我现在回想起来当时，真的就是很苦，我们都不会挑水，我们回来刚刚好下大雪，当时的冬天真的是非常的冷，说掉眼泪都不夸张，冬天的水又很冻，又苦又冻的，手放在口袋都不敢拿出来。那时候 60 年代我妻子生孩子的时候，过年都没有杀鸡，没有钱买鸡。猪肉都还是队里面分的，集体的，过年的时候供应一个人三两这样分。

我的大女儿是 1969 年生的，二女儿是 1972 年生的，一个在福州，一个在三明。我们当时是有计划生育的，那时候他们还叫我生第三胎，但是那时候我不打算生，因为这里没有老人家帮我带小孩子，我们要集体劳动，迟一点去班长会骂我们，主要就是没有人带。当时没有抓得很紧，我们倒没有罚款。当时 1969 年到 1972 年，还有建设兵团，还有部队的这些指导员来我们这边。

这里天气很冷，不像印尼，一年四季都是一样的，没有春夏秋冬的，天气很好。我妻子有一个妹妹一个弟弟在美国，一个弟弟在澳门，我妻子有很多兄弟姐妹，我妻子当时回来的时候是一大家子回来的，我就比较孤单，只有姐姐和我两个人，以前的时候我也有想过逃跑，因为拿锄头很苦，不过我还是顶下去了。现在中国很好，我本来疫情之前要去见我妈妈，但是不能走，50 年了才见我妈妈两次，我妈妈来过这个农场，我那时候我妈想回来，但是她脚软没有力气，没人带，她十几年前来的中国，她觉得中国不错，生活很好。她去过台湾、香港，我妈说还是回来这边舒服，房子大，台湾、香港屋子小小的，后面就回去亚齐生活了。不过我觉得都没有机会去见我妈妈了，看这疫情如果过几年好了，还可以去见她一趟。我们平时过年过节都会开视频跟她老人家拜年。

我们当时有从印尼带回来东西，戒指、手表都卖掉了，那时候没办法，家里穷，当时有人带缝纫机回来也是卖掉了。在印尼集中营的时候也是要生活，所以有些东西都已经卖给印尼人了。我妻子坐月子的时候，1 块钱的鸡蛋 8 个，但是那个时候我们都没有钱买。我们带回来的手表还是新的，没戴过，那个是瑞士表，当时卖了大概 120 块，卖给私人了。现在就剩下一个大木箱子，拿来装衣服的，这个很牢固，现在都没有烂，人家说要拿去卖掉，我不愿意，我说要留念。我们刚刚回来的时候工资才 10 多块，我现在退休金大概 3500 元，工龄有 40 年，华侨农场算是企业不算是事业单位，我们是归省侨办管的。

我姐姐 1989 年申请去香港，她丈夫去世了就剩下一个女儿，后来也没有再嫁人。我的两个女儿一个在福州，一个在三明，她们都买了房子了，我大女儿原来是在银行，现在已经退休了，户口都调出去了，在福州的小女儿是在大酒店做管理员，也是迁出去的，就剩下我们两个老人家在这边。之前她姑姑介绍香港那边人给她，但是她们都不要，因为她们觉得在香港生活很紧张，这边工作也挺好的。我的外孙 20 多岁了，在三明当幼师。我小女儿还去厦门读了 3 年的书，那时候有些人还读不起，当时归侨子女只有分数照顾，现在侨三代就没有什么照顾政策了。

现在再过几年，我们这些老华侨就没有了，我们现在总场印尼归侨连一百个都没有，老的老了，走的走了，现在都没有多少个了。现在只有我们这老一辈的坚守在这边，年轻一辈的都出去读书打工了。我们回来 56 年了，都不会讲这边的话，只会听，别人一听我们口音就知道我们不是这边的人。我们穿衣服也跟本地人不一样，我们穿的比较花花绿绿的，女人喜欢穿印尼的沙笼。我们印尼归侨男人还喜欢戴戒指，但是我们下一代就没有了。我们现在还会讲印尼语，我女儿就已经不会了。现在我女儿叫我们搬去三明去，我们不愿意，还是比较喜欢这边，一出去就要花钱。我大女婿是福清人，二女婿是菲律宾归侨侨眷，是泉州永春华侨农场的。

廖益平　口述

口述者简介：廖益平，男，1951年生于印尼亚齐省。祖籍广东大埔，客家人。1966年11月第四批乘坐"光华轮"归国。回到广东湛江。在农场从事务农，80年代末承包果园一直到退休。

时间：2022年8月15日

地点：宁化泉上华侨农场一队廖益平家中

采访者：郑雨来、黄蔡秀、李星颖

华侨属性：印尼归侨

南洋物：无

整理者：郑雨来

我父亲叫廖知开，他们是"开"字辈，我们就是"益"字辈，大概1920年出生，母亲叫何亚累。我父亲在中国这边结了婚后，大概是在30年代，他十八九岁的时候独自坐小船去了印尼，先给人打工。在外面打工实在苦，当时做工碰上日本统治印尼的时候，征我父亲他们修飞机场，都是没有工钱的，分点大米给你，你要敢要工钱他们就打死你。印尼解放后生活就变好了，华侨就可以自己开店了。后来他就自己开店，最后就把我母亲也带出去，留了我的两个姐姐在广东。我上初中的时候，印尼政府就不允许华侨开学校了，学生全部流落到街头。当时印尼总统是苏哈托，对华侨很不好，那边是有自己的共产党，华侨也参加，当地人也参加。军方手里有这些人的名单，"九三〇"事件就抓去杀头。我父亲开过咖啡店和百货店，但是很不顺利，在一个中国人很少的地方开，只有五六家中国店，还被印尼人烧了两三次，烧掉后又去另外的地方开。我父母总共生了九个孩子，四个男的五个女的，老大是姐姐廖德英，现在八十多岁了，还在大埔。老二廖秋英，也在大埔。老三廖莲英，是在印尼生的。老四是廖秀英。老五也是女的，叫廖伟珍。老六是我哥哥，叫廖益泽。老七就是我。老八老九是双胞胎，廖益劳和廖益古。

我七八岁才上学，在印尼一共读了六年，读的是华侨学校。当时那个地方没有办华侨初中，我去到另外一个地方读，结果刚刚读了两个月的初中，学校就被关闭了，我们就流浪到街头了，然后回到家里，跟着父母干活。当时排华，印尼人看到街上有中国人就抓，抓去就杀掉。我的姐姐在棉兰住，排华的时候很恐怖，中国人的店就被烧，烧得一片狼藉，人就被印尼人拿着刀子砍。有的中国人开百货，做比较大的生意更惨，我们在农村里面做小买卖就不会。我在印尼读书的时候，也要去打工，在那个搞出口的港口，印尼的土特产也要出口，中国老板收了特产就拿去包装然后直接出口，小的时候就在那里打工。印尼的家长不会期待儿子要求读什么大学，反正你学了一点文化，能读会算就可以给家里人打工了。

印尼有一个华侨总会，他把我们华侨免费运到靠近码头的一个地方集中起来，集中以后家里更困难的就先回来。中国一共接了四批，每批一千多人，我们是第四批在1966年11月份坐"光华轮"回来的，回到广东湛江，然后坐了两三天火车到三明。第三批安排去了宁德，第四批就在这里。船上的餐食很好，回来的时候就很惨了。以前三明这个地方很冷，冬天还下雪，我们之前都没见过雪，当时农场就发棉被棉衣。当时我参加工作一个月的工资有十二块钱，另外还给你三十三斤大米，小孩子和没有做工的就是二十四斤。父母就天天要去地里开荒。当时这里全部都是坟墓。侨办就地买下来，把坟墓挖掉，我们再在这里开荒。回来后我又读了两年农场初中，但"文革"又没上什么课，就在那边玩，经常抓老师来批斗，老师都是归侨老师，他们是1960年回来的老师。跟我们一批回来的那最有名的"四十一名华侨青少年"其中有一个人去宁化造反，就被枪打死了。他叫丘叶好。后来那"四十一名华侨青少年"国家照顾他们就全部去香港了，这些人思想很红，还参加过"上山下乡"。这个农场一开始种黄豆、花生、果树、茶叶，茶叶是最多。茶叶种好后，由农场统一收，再制成干茶后拿去卖，当时在茶厂工作很吃香。茶厂后来逐渐亏本，比如你收了一万块，但实际上开支要一百万，省里面的侨办就拨给我们。茶叶大概种了二十多年，当时上面派了技术员，有十多个技术员下来指导我们种茶叶。等八九十年代饮料出来之后，茶叶就不好卖了，农场的茶厂后来也倒闭，茶树就被砍掉，砍掉后土地就分给大家。这边开始包产到户大概是1987年的时候，分给各家各户的田想种什么就种什么。农场现在也没有企业了，年轻人都在外面做事情，留在农场的老的老小的小。

我2011年退休，我老婆退休后就做印尼糕点，然后拿去市场上卖。还有地，也种点茶叶，想采就采，不想采就不管了，就没有按时间去做工了。我们两个人分了八亩地，种过茶叶也种过果树，种不起了就撂荒了。现在做点糕点赶圩的时候拿去镇上卖，那时也很好卖的，做一千个能卖到500块，我老婆能做一千多个有十多个品种，现在年纪大就不怎么做了。我退休金一个月3900多，农场另外给一百块，我们1969年以前参加工作省侨办每个月就给一百块，我老婆有3300多。我有一个儿子、一个女儿，儿子44岁了，女儿也40多了，都在三明工作。我们生二胎的时候是规定了我们那一批可以生，结果刚怀孕还没有十个月，他们又让你打掉，不打的话就要交罚款，我们就交了306块。306块也是每个月从工资里扣，每个月扣三块五块。当时街上到处丢小孩，我都还想再抱一个回来，超生的，怕罚款不敢养。

这个地方是一队，原先这边住了三四百个归侨，现在很多人都去香港和澳门了，现在只剩两百多人。以前这边挣不到钱的时候我也去香港打过工，打工很苦哦，搞搬运啊，搞地摊，搞修车，一天一百块钱还可以住老板那里，这边只能挣二三十块。那时候我四十来岁。老板问我，你在大陆做过什么，我说做过食堂，他就说可以可以，一会去了修理部，我就说我在大陆修过车，如果你说没有修过他就不会用你。有时我们住在亲戚的家里,做三个月能得一万多块,在这边三个月连两千都挣不到,我们在那里也没有开销,赚的钱拿回来给小孩读书。我老婆在那边当过保姆,也是一天一百块钱。

苏庆加　口述

口述者简介：苏庆加，男，1949年生于缅甸仰光郊区，祖籍福建南安，第二代华侨，其父亲从中国福建赴缅甸做生意。1968年因缅甸排华回国。

时间：2022年8月17日

地点：宁化泉上华侨农场七队苏庆加家中

采访者：郑雨来、黄葵秀、李星颖

华侨属性：缅甸归侨

南洋物：无

整理者：李星颖

一

我在缅甸的时候是住在缅甸仰光郊区，我爱人也是缅甸归侨，她叫吴惠芳，祖籍是福建晋江，她家是住在缅甸乡下的。我爸爸那一辈就到缅甸了，一开始在开工厂的老板手下打工，还做过闽南小吃面线。1961年我父亲得胃癌去世了，留下我和母亲还有我姐姐。我姐姐当初没有回国。她现在已经在缅甸去世了。

我在缅甸上学上到小学四年级，那边当地的普通学校不会教太多中文，只有华侨学校才会教中文。那边有两个华侨学校，一个是华侨办的中学，一个是缅甸的中学，我在我们那里的鲍兔兴华侨学校读书。我上学的时候身体不好所以没能读到小学毕业。当时跟我一个班的同学很多回国了，现在有的在香港，有的在湖北，有的在厦门，有的在深圳，也有一些没有回国，留在缅甸念书，后来在那边成家了。我们之前还举办过同学会，在微信里还有校友群。我在缅甸的时候也去给人打工，去工厂帮忙给制作好的鞋子穿鞋带，做的是那种缅甸人爱穿的人字拖。在缅甸的时候生活很辛苦，家里人经常在不同的地方做生意和打工，所以就经常要搬家。快准备回国的时候姐姐出嫁了，她嫁给了当地的华侨。本来也都是中国籍，但是他们想留在缅甸生活，就改成了缅甸国籍，留在仰光生活。我们原来是有联系的，但是后来就慢慢断了联系。

当年缅甸排华的时候，我已经没有读书了，我听人家说当时在学校里发生了很多可怕的事情，也不敢出去做工，只能乖乖呆在家里。那时候还有宵禁，过了宵禁时间还没回家的话就有可能被抓进牢里。那时候很乱，因为军政府上台。华侨学校里很多学生戴毛主席像章，缅甸学校规定在学校里不可以戴，在校外就不管你了，结果为了这个事情缅甸学生和中国学生就打起来了。学校不允许我们戴毛主席像章，我们当时就说："毛主席是我们中国的主席，我们是中国人，为什么不能戴？"其实当时国内已经在搞"文革"了，但我当时没有听说，一直到回国才知道。回国的时候是要去临时的大使馆办好中国护照才可以回来。我第一次去办的时候不给我们办，工作人员希望我们尽量留在缅甸，因为中国国内生活很苦。后来不知道怎么，我在缅甸教书的姐夫通过一些关系帮我把护照办下来了，后来他让我去找华侨公司帮我们处理回国的事务，帮我们办事的人很多跟我父亲是老乡。

二

我回国的时候是跟我妈妈一起坐飞机回来的，是那边的华侨宗亲会帮我们买了机票，我不太清楚机票的具体价格。回国坐的那个飞机能容纳一百多人。我妈妈是为了我才回国的，要是她不跟我一起回来，我就有可能被分配到湖南、湖北那边。回国后先到昆明侨办，1月份到的昆明那边，昆明1月份天气很冷啊，缅甸那边是比较暖和的。回到这里是1968年，正好是"文革"，那个时候是万万不能讲错话的，我们在国外都不知道国内发生了什么事情。侨办把我们安置到云南昆明的一个离飞机场不远的旅舍先住了一个星期，接着就安排我们坐火车到福州，我们回来的这一批是属于第二批。后来侨办就把我们所有缅甸归侨都分配到三明宁化县泉上华侨农场。印尼归侨回来得比较早，他们有的人50年代末就回来了，60年代回来的人也有，我也有听说有些归侨回来分配到广西那边的华侨农场。

我们从缅甸回来的时候带回来了一个铁箱，带了一点衣服回来，没有带什么金银珠宝，一是因为不敢带，二是因为不让带，要是带着金银珠宝的话会很难过海关。我们1968年一到这边就住进了现在这个房子了。我们回来之前是印尼归侨在开荒，等我们来了以后，他们带我们缅甸归侨到山上去，教我们如何开荒，如何种地，开荒后的土地要用来种果树，每人每天都有定量的任务，每天需要开多少荒，开不完其他人就要去帮忙。强劳力做一天工是九毛钱，我是中劳力，一天只有八毛多，一个月也干不了满勤，还要交公粮。当时大家一起吃大锅饭，没什么肉，只有过年的时候才会分配一点肉。我们跟当地农民有来往但是很少，当时我们这个生产队里除了缅甸归侨以外，还有新加坡归侨和印尼归侨，缅甸归侨数量是最多的，大家在一起劳动关系都挺好。回来农场的时候我妈妈已经五十多岁了，但是她没有选择退休，因为退休金才十多块，所以她就参加劳动了。妈妈后来1995年在农场去世。

我1976年10月份结的婚。归侨们在农场结婚都挺简单的，就泡点茶叶，买点喜糖，给左邻右舍分一分，本来要去拍结婚照的，但是那天拍照的师傅不在，就没拍成。计划生育政策还没下来的时候我就生小孩了，所以我家有两个小孩。大儿子叫苏智勇，1978年生；小儿子叫苏智民，1982年生。当时文件下来的时候第二胎已经出生了，所以就只能再交三百块罚款。

以前农场每个生产队都有澡堂，还有发电厂，这里原来是很繁华的，农场的生活水平是比当地老百姓要好很多。场部那边还有饼干厂和冰棒厂，以前农场还有自己的学校，像国企一样的那种归侨职工子弟学校，在那个学校上学的绝大多数是华侨，只有一小部分是本地人，老师也是从农场归侨里选的。改革开放以后农场就等于名存实亡了。再后来我本来想回缅甸看看，主要是经济条件不允许，后来疫情暴发，我姐姐又去世了，也没有回去的必要了。

唐光汉　口述

口述者简介：唐光汉，男，1954 年生于越南谅山省，祖籍福建上杭。1978 年回国。在越南曾当过兵，参加过美越战争。回国后从事农业工作一直到退休。

时间：2022 年 8 月 16 日
采访者：郑雨来、黄葵秀、李星颖
地点：宁化泉上华侨农场唐光汉家中
华侨属性：越南归侨
南洋物：无
整理者：李星颖

我们家族的历史是这样，以前我们中国的条件比较差，我的爷爷看到越南那边条件比较好，就迁移到越南谅山省的禄平县居住。所以我们家就一直住到 1978 年。我的爷爷叫唐志淳（音同），太爷爷叫唐玉兰。我的爸爸叫唐城明，妈妈叫陈氏妹，我们都是在越南出生的，我爱人的爸爸妈妈九十多岁才去世，她家祖籍是防城港那良那边的。当年我们中国人去越南出高价从当地生活比较困难的人那里买很多土地，去做生意，然后种田来养小孩。我十多岁时在越南谅山上了华侨办的小学，学了中文。汉字还是很难学的，几十年不用不读就会忘记很多。

我们家在越南就是种种田，做做小生意，我爸爸妈妈都是做生意，从中国采购东西再拿到越南去买，类似于走私，但是效益非常好。后来我长到十七八岁左右就去当兵，当了四年兵。在越南当时不当兵是不行的。我们一家七兄弟八姐妹，有四个兄弟去当兵了。我现在还有个最小的弟弟在越南。转眼六十多年我们都六七十岁了。我们家一共十五个孩子，养大了的就有八个，一个姐姐，七个兄弟，在男孩里我排老四。我一个姐姐现在在厦门。以前医学不发达，那时候小孩出天花痘，我家一个星期死了五个小孩。

1978 年我们回到广西，先在凭祥那边的招待所居住，以前排华的时候是华国锋主席在位，越南是黎笋当政。他们说越南人没有文化，没有人才，而中国人很厉害，山洞里有很多金矿银矿都被中国人拉出越南，黎笋就发火了，煽动越南的人民群众，导致人民群众对我们华侨不满，当官的人也对我们不满，后来中越两国谈判，谈判的时候越南人就说："我们越南不要中国人留在这里了，你们中国人把越南的金银财宝全部偷走了。"当时越南抓了很多反革命的人去坐牢，很多人被害死。他们说中国人把他们的金矿银矿全部偷回去了，当时有一个最大的牧场，我们也不懂那边是黄金还是普通石头，黎笋就说越南人很笨，不懂科学文化，再看看中国人多厉害，把那些黄金全部拿回中国。后来我们当兵的人也遭受排斥，也没有权力了，枪也被收缴了。实际上不是这样的，越南很落后，那里都是些石头山，我们在那边当兵的时候，还帮越南修了很多路。1964年、1965年战争时期，中国还提供大米支援越南，派来解放军跟越南人一起打美国，什么猪肉啊，盐巴啊，青菜啊，都是我们中国提供的。战争时候大家日子很苦，美军实力很强，一直打到中越边境。

我当年在越南当兵的时候是被抓去的。如果不去当兵的话，父母亲会被抓到公社里面关起来。越南人就对我父母说，明天就叫你儿子回去，乖乖地穿上军装扛枪去当兵，你们就乖乖地回去种田。如果当时老百姓家里没有儿子能当兵，你们这个家就没有什么前途，人家偷你东西也不会有人帮你抓人回来。如果有两个儿子去当兵，那么你们这家在当地才有点面子。当时去当兵是不会发钱给家里的，我们当兵的时候一个月才5块钱，香皂肥皂就只发一个，一年下来大概发4套衣服，内衣和外衣。如果当兵回来死了那就算白死，退伍回来就只是种田，去当兵退伍也不能去当官，当时一起当兵的回来的人里面就只有4个。我是真的打过仗的。当兵的时候早上吃完早餐，每个人吃三个包子加点盐巴，吃完早餐就出发打仗，有些人还没到中午吃饭的时间就战死了。等指挥部判断好美国兵的位置，我们就冲过去包围，开枪跟他们作战，很多人当场就战死了，打仗不可能不死人的。当时我打仗的时候在北越，我一共当了四年半的兵。

排华回国的时候，我先回越南的家帮家人把田耙好，搞好了我就走了。我老婆那个时候也是上来了，然后我们就跑到中国境内。在广西凭祥的那个招待所条件很好，有饭吃，有水喝，什么都有，招待我们归侨很好。中国对我们爱国华侨、归侨一直很好，一直都把越南归侨当作自己人。那时候我就很想回去带我爸爸妈妈也回来，当时他们还留在越南那边。结果刚有这个想法的那一天晚上，边境就封关了，他们没办法过来，越南那边开始清查人口，说我父母他们让自己当兵的儿子回中国，一定是想跟他们保持联系，是国家叛徒，因此我父母就被杀了。因为当时在越南当过兵不能擅自逃离的，他们怕当兵的华侨造反，把枪全部没收了，还有很多人被关在越南的劳改营，不让出去通风报信。排华对我自己没有造成较大影响，我们当兵回来的比较不一样，我和我大哥、二哥当完兵回来就回中国了，但越南政府就说我爸爸妈妈是叛徒，动员自家儿子逃回国，然后我的父母就被杀了，被杀的时候还很年轻，如果我们不回国的话他们可能不会死。我们几兄弟参军的时候老老实实，什么都老老实实交，交军粮我爸爸妈妈就是那个谷子什么都会交得一清二楚，在越南赚点钱也不是那么自由的。不管你多少个子女，家里养几头猪，每个家庭每一个人都要交三十多公斤的猪肉给军队，这样打仗的时候才会保护你的生命。等家里交完军粮了，才能杀一头猪给家里人吃，一个家庭还最少要交二十公斤的鸭子肉给军队。

现在想想还是很难过，父母把我们几兄弟生出来，我们却把父母害死了，没能把父母带回中国。他们老人家没文化，以前看到中国这么苦也不敢回来，以前中国那边连稀饭都吃不饱，后来跑到广西又去吃大锅饭，吃完了就再没有粮食了，于是大家都跑了。等到我们再回中国的时候，祖国已经强大了许多。我是1979年农历二月才得知父母在越南遇害。我有一个弟弟，他本来是被越南人抓走关起来的，等他从牢里出来以后，从当地一些好心民众口中得知了爸爸妈妈死在了何处，他把爸爸妈妈安葬好以后才从越南回来。后来我们想了想觉得不行，我们父母亲养我们吃了那么大的苦头，怎么能让他们白白死掉？结果十四年前，我们几兄弟又回到越南，把父母亲的墓迁回了中国，埋葬在广西宁明天西华侨农场的八队那边。我还有个二哥现在在宁明那边住，我们还经常要去上坟。我在现在这个农场虽然没什么亲戚，但是大家还是挺团结的，大家相处得挺好的，上上下下都像是兄弟一样的，邻里之间泡泡茶喝，一起聊聊天，关系都很不错。这附近几片地方就属我们归侨最团结了，我们就是要团结，不搞什么腐败，家里有钱就吃好一点，没钱就吃少一点，大家共同经历过苦难，就为了现在能够活得安心，活得快乐。

　　1978年我结婚的时候才24岁，妻子21岁。我们正月结婚，刚过了五个月还没到端午节就回国了。刚回来的时候先是到广西凭祥住了一个月，有人专门提供饭菜供我们排队领取，他们还给我们提供衣服。当时在那边时候还没有分配住宅，是当地人空一些房间出来给我们住。来农场的时候是先到南宁的邕江宾馆住了一个晚上，然后给大家再分配到福州、厦门等地的农场。当时当官的人说泉上这边也不错，过来管茶叶，种水稻。以前我们也不懂去哪个农场好，有位老归侨说，海边的话海鲜会很多，但是有些农场去了要种稻子。我们越南归侨当时还不懂什么是种稻子，我们以为是种什么水果，因为越南不把种稻子叫"种稻子"，是说"种谷子"。我们6月底来到农场这边，那些印尼老归侨对我们额外照顾，水果随便吃。当时泉上有个圩市，湖村也有个圩市，一块钱可以买很多鸡蛋了，猪肉七八毛一斤。1978年1979年左右下霜很严重，冬天天气很冷，九队那边基本上看不到树，全部被霜覆盖住了，水管也全部裂开断掉了，房顶上也有结厚厚的冰。当时过冬是靠农场烧好的火炭，一篮篮地分配到每一个人手里。我们平时主要工作就是开荒种茶叶，但是冬天实在太冷了，就没有办法继续干活。我现在想起当时回国的第一个春节都会掉眼泪，那个时候又没有钱，老归侨对我们又不好，那天杀了五六头猪，印尼归侨对哪个队都挺好的，除了我们队，他们先把好肉分掉，晚上十点钟才叫我们去领肉，我和我老婆两个人一共才拿到一斤牛肉和一斤猪肉。他们分给我们的那些部分我们在越南的时候是会全部丢掉的，我们根本不吃那些部位。我跟他们说，这些肉你们拿回去，谁要吃谁吃，我们不会要的。

　　回来农场以后一直在商量计划怎么开荒怎么发展，九队这边分十到二十户为一组。最开始我们先是种茶叶，然后种水果，再就是种黄花梨和柑橘，后来有一年打霜，树木全部都死掉了。改革开放之后，我们农村1984年开始包产到户，每一组分多少亩地，每家分到哪里就负责哪里。当时农场还要收地租，山坡上每亩地36元，平地的地租45元一亩，包十多亩就会便宜一点。以前我包了六七十亩地来种桃子、油奈和芙蓉李，然后搞那个蜜饯果。算起来一共一千多株，每棵果树间距大概在四米。我们农场建的茶厂后来由于技术原因也倒闭了。

我们当时很勤劳，种杉木种了两千五百多棵。后来我一个儿子搬出去了，女儿也嫁出去了，我人老了就做不了那么多了，然后我就把地转让出去。杉木我们亲自买来种的，还有那些果树、柰子树，都一并转让给他们。但是他们管了三年也不会管，肥料也不放，就全部枯死了，砍下来当柴卖掉。我们很是痛心，那些树这么大，只要你好好管理，子孙后代都能享受。

我们归侨回来就是搞得风风光光，按照我们老祖宗说的，人走到哪里奋斗到哪里，一定努力干下去。以前九队的山都是种花生和黄豆的，当时我们种黄豆卖半毛钱一斤，一年我们就卖了一万多斤的黄豆，当时我们还管种茶叶，什么我们都管得一清二楚。最开始来农场的时候住的是难民房，1978年到1979年的时候，九队开始建房子，是由联合国难民署拨款给农场修建，什么东西都给我们安排好了，把我们安置在那边。建好九队的房子以后就安排我们到那边去开荒。我们当时还属于省侨办管的，以前都是省直接管理的，现在是交到县这边管理。那个时候建的房子现在还没有拆，主要就是用来给一些家里面比较穷的人，然后把这些房子转让给他们住。八年前才搬进现在这个房子，属于2013年那一批，2016年左右正式建好。当时国家分配到每家的建房补助一万五，后来我们上交了一万元给农场，农场专门负责帮我们建地基，建好了再分配给我们。我们自己买砖和钢筋、水泥，自己请人按照统一规格建好房子。

想想刚回国的时候国家对我们也是很照顾，当地的普通人家还在住茅草房，而我们归侨已经住进砖房了，就像现在平房和别墅的区别一样。甚至农村里面有些人连草房子都住不起，但是现在我们归侨的优势就不明显了，国家富强起来了，农民的房子也建得越来越好。那个时候很多农民都穿着满是补丁的衣服。我们归侨回来的时候领那个布票，一个人六尺，还有粮票去买馒头，没有那些票是领不到东西的。刚回来的时候看到整个泉上镇，整个湖村的木板房都建得歪歪扭扭、破破烂烂的，街上全都是猪大便牛大便，看到的时候我们都哭笑不得，条件还没有我们在越南的时候好。我们当时在越南都没有见到这样子的状况的。在越南的时候也是建土墙，用土砖块建房子，再盖瓦片，普通人家盖的房子都是方方正正的，很整齐很漂亮。我们在农场这边看到路上的石头崎岖不平，不少老人家因此跌倒。原来三明到宁化这段路都是那种沙子路，崎岖不平，那个宽度只能允许一部中巴车和一部小车同时通行，等车一过的时候灰尘满天飞，有时两边的树叶和稻子杆都会被风吹起来。后来这边就慢慢改油路，现在改水泥路，一共改了两次。当时很难想象以后的日子该怎么过下去，还好国家后来发展起来了。

从我20多岁回来到今天，这边的变化很大，县城变化也很大，现在宁化县的总医院是连有些城里医院都比不上的，那个总医院建得很好。现在看病有医保可以报销70%，现在退休金每个月两千左右，虽然不算多，但是亲人平安就好。

我一共生了三个小孩，大女儿八岁的时候得脑肿瘤去世了，只有一个儿子，

1980 年出生的，现在四十来岁了，他生了两个儿子，现在在深圳富士康电子厂那边打工，由于疫情原因只有等到过年才能回一趟家，电子厂也没有什么订单，效益不太好。他没能在那边买房，房价太贵了，他的一个儿子生下来就有白血病，心脏功能造血功能修复都花了三百多万。得到治疗的时候状态就能好一点，平时就总是软绵绵的，打瞌睡。每年都是打报告到农场，农场多多少少能帮他一点，近几年农场资金链也出现问题就没法帮了。后来开放二孩政策，我儿子又生了一个小孩，今年六岁了，很健康。我儿媳是本地的，他们从小就认识。我还有一个女儿在九队这边出生，后来嫁到潮州，她的儿子已经五岁了。她以前开过服装店，现在在商场帮老板卖衣服。女婿在帮人家开车。上个月她妈妈住院了，她从潮州回来照顾。

现在就是一天天一年年这样熬过来。现在拿到手里两套房子，这套装修花了三十万，还有一套已经没有钱装修了，就先丢在那边不管了。我们现在在越南还有亲戚，我还回到我们那个省里去看过，现在越南南方发展还可以。现在到哪里都要勤劳，要奋斗，不勤劳不奋斗不行。我们 1978 年刚回来的时候住的房子现在还有人住，农场给分配的新房子他们不住，新房子要拿去卖掉，继续住着老房子。我们越南归侨就是吃得了苦，不管风风雨雨，而印尼归侨他们就不如我们。刚回来的时候还时常梦见在越南的日子。现在单位帮忙交一半社保，我们自己交一半社保。现在我儿子儿媳也是每年都要交一万多社保，不然等到老了以后生活没有保障很麻烦。

1978 年的时候有很多越南归侨回来后又偷渡去了美国，我们也想走，但是那个时候不可能派大船去接你，只能到广西北海去坐那种很危险的小船。走得好就好，走得不好可能命就没了。船调个头就会有几个人掉下船淹死。八队有户人家整个家庭全部掉下船淹死了。我哥哥去了加拿大，后来还有些人偷渡去日本和香港。我们也差一点就走掉了，棉被什么的都卖光了，卖给村民拿钱换黄金。后来我们看见新闻报道，说有些人一到香港就被抓送回来，送到福州派出所，然后我们就怕了，想着我们还带着两个小孩子，如果被抓就完蛋了。后来又重新买棉被，卖掉的东西又重新赎回来。

现在有很多越南女孩嫁来我们农场，也还有很多嫁给当地村民，后来百分之六十都走掉了，很多都是那种骗钱骗婚的，只有少数是觉得这边条件好环境好愿意留下来的。这边人一般都愿意找越南北方的女孩，越南南方的不敢找，因为越南南方的家庭基础条件比我们这边还要更好，她们就想到中国来捞钱，故意来这边跟你玩一年两年，跟你办假结婚，给你生个小孩，然后捞到一把钱就马上跑走。在越南那边男女比例很不平衡，通常一个男的有五六个老婆，因为打仗都是男的死掉嘛，所以多出来很多女性就跑到中国来骗婚。我说我在越南那边土生土长的归侨都不敢娶越南老婆，你们怎么敢娶回家啊，华侨都不敢找越南女孩的。你带她享福她还能多跟你待几年，你要是让她劳动，她马上深更半夜就偷偷跑掉了。也有很勤劳的踏踏实实过来过日子的，可能觉得中国这边一夫一妻制会更加好的，但是骗婚的还是占绝大部分，主要还是看个人想法。

吴万福　口述

口述者简介：吴万福，男，祖籍福建安溪，1953 年生于印尼亚齐。1966 年乘"光华轮"同父母亲一起回国。1975 年高中毕业后在农场参加工作，一直从事与农业相关的工作到退休。

时间：2022 年 8 月 17 日

地点：宁化泉上华侨农场四队吴万福家中

采访者：郑雨来、黄葵秀、李星颖

华侨属性：印尼归侨

南洋物：无

整理者：黄葵秀

一

我叫吴万福，1953 年在印尼亚齐出生，祖籍是福建安溪。我是 1966 年印尼排华回国的，我是跟我爸妈和家里的兄弟姐妹一起回来的。

印尼我们家那边有一个振华中学，我在这个学校读到小学三年级。原先那边有两个学校，一个是倾向台湾国民党的，我们学校是倾向共产党的，这两个学校隔得比较远，再加上大陆跟台湾的关系，所以根本没有什么来往。这两个学校都是华侨办的，只是倾向不同。我们热爱祖国，热爱共产党，所以那边说我们是"红屁股"，代表的就是中国大陆，那他们那边就是"蓝屁股"，代表的就是当时的台湾，我们叫他们反共分子。我们学校的老师不是大陆派过去的老师，而是当地的老师，我们除了学习中文外，还要学习他们的印尼文。跟中国这边也差不多一样，上午上学，教室都差不多。我们在学校都是讲国语的。

我的父母都是在印尼出生的，我的妈妈 1930 年在印尼出生，她的祖籍是广东惠州。我们在印尼已经是两代人了，我对我爷爷的印象随时间的流逝我都已经完全忘记了。我爸爸叫吴基尚，妈妈叫邱桃娇，爸爸 68 岁去世。家里面三个兄弟和两个妹妹，一共五个兄弟姐妹，我是家里最大的，现在还住在农场的就只有我和一个弟弟、一个妹妹，一个弟弟在福州，另外一个妹妹在澳门，我妹妹是嫁到澳门去的，她老公也是归侨。

我小时候家里很穷，家里的房子是茅草屋，爸爸在印尼的工作就是给别人杀猪，妈妈给别人洗衣服，所以那个时候爸爸妈妈养活我们不容易，能够维持开销就已经不错了。我父亲杀猪回来，有剩下的就可以拿过来给我们吃。那时候上学是要钱的，但是我们那个时候很穷，学校的校长是跟我一个姓，也就是我的亲戚，他就资助我上学，要不然我都没有条件上学。我只读了三年级。我的弟弟妹妹没有在印尼读到书，都是回来中国才读到书的。

二

当时 1966 年排华我们那边比较严重，要不然我们也不会回来。1966 年 8 月 17 号的时候所有华侨住在一起，印尼人把我们华侨赶到棉兰的集中营去，我们是赶到老人院，当时学校也有华侨。我所读的学校早就被当地政府关掉了，学校根本就不能上课，因为我们是中国籍，如果当时我们加入印尼籍，我们就可以不用回来。当时中国进行了四次撤侨，我们是坐"光华轮"回来的，我们从那边回来要七天七夜，要经过南海。好多地方，我都不记得了。我们是从湛江下船的，在湛江住了几天才回到这里，当时回来我这一批有 41 个青年，外界管他们叫"四十一名华侨青少年"。他们很热爱祖国，他们说响应毛主席号召，到最艰苦的地方去。为什么会形成这样子，就是在集中营的时候，那些印尼的右翼分子来侵犯我们，然后这些华侨青少年就站出来对抗，但是他们后来被军队抓到监狱里面去了。他们是为了捍卫我们的尊严。我们当时是全部集中在棉兰的集中营，但是我不是跟他们在同一个地方。我们一回来就是一千多人，我们不走没办法，如果我们继续留在那边，他们会把我们的房子全部烧掉。那个集中营容纳了不少于一千人。我们一共分 3 个区，每个区都至少集中了一千多人。我们是属于第二批回来的，第三批是最后一批，分配到了英德华侨农场。

当时的那个集中营像劳改营一样，大家吃大锅饭，睡在一起。家庭与家庭之间只是用窗帘布隔起来，你睡你的，我睡我的。我们当时都是没地方睡的，而且当时印尼也不是很热，气候很好，差不多都是 20 摄氏度。我们当时的大锅饭是由华侨老板资助的。我们等中国的船差不多等了一个多月，当时还有人做小本生意，我还帮他端咖啡。后来"光华轮"来了，我们就上船了。我记得当时"光华轮"上条件还是挺不错的，吃完了饭，还发给我们苹果吃。到了晚上，还给我们放电影，待遇很好。我觉得回来中国很好，在印尼生活是非常苦的。我当时在印尼的房子非常的差。当时还挺小的，还不是特别清楚中国的情况，都是父母亲逼我们回来的。

我们刚刚开始到中国的时候感觉很稀奇，回来的时候已经 12 月份了，天气十分的寒冷，那个时候是没有像我们现在有秋裤穿，那时候是政府发了卫生裤给我们抵御寒冷，卫生裤以前是部队才有，卫生裤就是一种厚厚的运动裤，本来是要套在里面，我们就直接拿出来穿在外面，那些本地人都笑话我们不会穿。刚刚到这里的房子都还在，就是我们旁边的小房子，我现在住的这个房子是重建的。那个时候的冷跟现在不一样，那个时候屋子房檐下面可以结很长的冰柱，但是现在没有了。那时候因为穷，小孩常常把那个冰柱掰下来，放点糖就直接当冰棒吃，我觉得还挺好吃的。我们印尼归侨回来，天气这么冷，一开始受不了，但是也没有办法。归侨们都去山上砍木材，拿到外面起火，大家就靠在那个火堆旁边取暖。那时候有种炉子，里面放柴火烧，小小的可以抱在怀里，现在已经没有了，那种炉子就像是现在的暖水袋。我们冬天也是要下地干活的，那个时候是工分制，干多少活算多少工分。农场是集体化生产，公家是按强劳力、中劳力和弱劳力的标准分配粮食。刚刚回来的时候还没有这么搞，刚回来是先吃大锅饭，跟部队一样，到了时间就开饭，开工吃饭的时候都会吹哨子，所以我们一听到这个声音就知道是开饭了。我们现在这里还有几座1966年建的房子，就是为了接我们建的。

  我们家是一回来就参加农场的开荒工作，像建设兵团一样去开荒。我回来的时候还很小，所以我就先读书，直接从四年级开始读，读了挺久的书，然后1975年在这边的宁化一中毕业。学校里有分一工一农的。我到了高二就基本上没有读书，因为我是农科班，天天安排去参加劳动，早上上课下午就去劳动。农场这里原来是有中学的，但是后面就没有了。那个年代就只有高二，没有高三，我高中毕业就直接去参加劳动。弟弟妹妹回来都有读到书，我弟弟读到初中。我还参加过高考，但是知识全部忘光了，我那批好像只有三十几个人去参加高考，有四五个考上大学，上了大学以后他们就去当领导，我是没考上的。我那时候上课都不是很认真听讲，老师也管得不是很严。当时那个学校的老师都是这边的归侨，他们是回来之前就已经在印尼读过中学的，也基本上都是高中生。我1975年高中毕业了就直接开始工作了，一开始是采茶叶，因为当时农场的经济是以出产茶叶为主。第一年工资一个月好像是十来块吧，也有分强劳力、半劳力，十分是满分，我一般最高是拿八分。按每个月算，采茶叶每天采多少斤，会有专门的人负责记录，按照一斤茶叶给你钱，我们都是要称重的。太偷懒的话会被骂。我们茶厂也有生产很多茶，乌龙茶、绿茶，但是后面茶厂倒闭了就没有了，现在这里的茶厂基本上都倒闭了，农场现在少了很多人。

  1966年回来的时候，对"文革"还是有一点点的印象。社会上那时候是分两派的，互相斗来斗去，不过我们也没有跟他们闹事。我是1980年结婚，妻子叶金兰，也是印尼归侨。前几年的时候有回去过我老家，从福州到亚齐坐了大概五个小时的飞机。我现在都不是很会讲印尼语了，只会讲一点点。我是跟我亲戚一起过去的，他就会讲印尼话，我的一个姨姨邱天娇还在印尼那边，现在90多岁了，她当时是加入了印尼籍的，所以就没有跟我们一起回国。他们在印尼没有养老金，还是得靠子女养活，我在那边有一个朋友七十多岁了还在送外卖。我现在退休金有三千多来，工龄四十年，从1975年到2015年。那些一回来就开始算工龄的，退休金就很多。我就一个女儿，现在在深圳当会计，我们那个时候计划生育不允许，只能生一个小孩子，生多了的话，不仅要开除职工，连父母亲的职工也会被连累。

  我们自建这个房子的时候政府给了两万一，我们是有房产证。十几年前，有挺多人迁去漳州的常山华侨农场的，当时省侨办想合并一些经济比较困难的农场，小场并入大场这样的，后来中央不允许，就是因为怕国际上突然排华，又要重新建农场，所以就没有成功。但是我们这个农场已经有很多人迁过去了，也有去了又回来的，因为那边没分配工作，过去那边也没有地方住，也没有分到土地。当时我是当队长的，我就有过去看，我本来想去，结果也没去成。如果那边有亲戚的，可以暂时缓冲一下，没有亲戚的过去人生地不熟的。那边常山华侨农场交通比我们这边方便，去香港挺近的，我们这边比较远，他们那边退休金比我们高一点，大概四千来块，但那边消费水平比较高。

曾汉平　口述

口述者简介： 曾汉平，男，1961 年 10 月生于越南高平省与北件省交界的银山县，祖籍广东惠州，客家人，17 岁回国。先后担任过农场八队队长、协管员。曾汉平乐于助人，关心照料队里一位困难退休老人黄其曹八年。2009 年，曾汉平荣登"中国好人榜"。

时间： 2022 年 8 月 14 日

地点： 宁化泉上华侨农场八队曾汉平家中

采访者： 郑雨来、黄葵秀、李星颖

华侨属性： 越南归侨

南洋物： 无

整理者： 郑雨来

一

我家在越南已经有六代了，爷爷爸爸都在那边出生。我们家据说在明朝的时候已经到越南那边了，去那边当兵，然后娶了老婆后就不回来了，一直居住在越南北部。我们家在越南主要务农，主要种水稻、玉米，养猪养牛之类，生意也搞。我们家在那边土地比较多，那个地方几乎都是华侨。那边原来 1964 年办过一个华侨中学，由北京专派的老师过去，一直办到七几年就被越南占了。

我的父亲和母亲回国后又去了澳大利亚，现在爸爸去世了，妈妈还在那边。我有五兄弟，妹妹命不长，两三岁就在越南去世了。老大名叫曾阳海（1956 年生），老二就是我。我和我大哥隔了将近五年，那时候越南打仗，先跟法国打，然后又有美国的 B52 轰炸机天天轰炸，我们每天都是躲在沟里面，哪里有自由？后来没办法越南就请中国军队过去帮忙。1966 年的时候我们都进山跟解放军打过交道。老三曾汉幸（1963 年生），老四曾汉里（1965 年生），老五曾汉猛（1968 年生）。

1978 年越南就开始排华了，主要是打仗，那时候我还年轻，就被拉去当兵，他们要我们华侨兵冲在前面。他们主要抓年轻人去，打柬埔寨就是这样。当时我还正在华侨小学念书。我是六七岁开始念书，一开始念的那个学校叫银山华侨中学。上到五年级的时候是 12 岁，之后学校就被撤掉，学校的教师全部被北京召回。我们刚刚把中文读会就转到了越文，重新开始读一二三年级，越文一直念到初中，念到 17 岁。我们这一代很苦。

我的叔叔们大多在河内做生意，买卖一些中草药之类，看那边需要什么就供应什么，我父母也有做生意，但没做很大，祖辈也留下了很多地，种点玉米水稻。我们华侨其实原本跟当地越南人关系不错，大家都各做各的。我们那边华侨人数很多，原本家里都有配枪的，而且是政府配的枪，当地的镇长书记都是华侨，基本上

都是华侨管华侨。我们土地也不少，有一两百亩，原本都是我的祖宗买来的。排华的时候我们跑了，土地也就被当地人瓜分了。排华的时候，我们都是跟风跑，发现隔壁人跑了，我们也慌了，其实也没经历过什么，就是怕。

二

我们从高平的边界走到谅山，我父母就进了友谊关，我们三兄弟就走水口关。我们三兄弟先走，父母和两个弟弟后面走。他们刚刚进来，第二天那个关就封关了，可能是3月8号封关的，他们是3月6号回来的。后来中国政府就组织去友谊关接侨，我们三兄弟在水口关那边等，在那里住了二十多天。就这样我们全家七口人就被安置到了这里。我们坐火车坐了三天三夜，从南宁上车，在三明下车，下了车再坐班车。1978年的7月19号就到这边了，当时到这里的感觉就是这里很荒凉，很落后，不如越南我们那边发达。来了也有印尼老归侨来接我们，农场特意请了一个会讲白话的老归侨来接我们。一共来了八百多越南归侨，来了就安排工作，我们被安排去各个队里除草、采茶、种茶叶。我的第一份工作就是去地里除草，一天一块钱，一个月能有26块钱。

当时很多安排在这里的归侨不习惯这里的气候，冬天太冷了，他们受不了，在1998年就向侨办申请重新安置到了漳州常山华侨农场。当时我们整个队几乎都迁到那边了。那边给你土地，侨办给一个职工一万六的安置费。我当时是八队队长，我带队下去，结果我自己没去，回来就被骂了，他们说你带过去的人越多那个经费越多。主要还是因为经济问题，我们这边的茶厂都倒闭了，茶树都砍了当柴火了，种果树也需要时间，连工资都发不出，没办法只能搬迁，那时候苦啊。他们到了常山就可以进厂打工，那边的企业很多，招多少人都可以。当时过去的人生活条件立马就改善了，每家都买了汽车，我们到现在都没汽车。但是他们现在退休金和我们差不多。

三

1984年我结婚，那时我才23岁。我1990年开始当队长，当时工资才一百多块。种茶有十年，种果树差不多三十年。刚回来的时候先种茶，从1978年到1988年，之后开始种果树。茶厂倒闭好像是1990年，后来投资500万建的蜜饯厂也倒闭了。我爸爸妈妈回国后在1996年的时候申请去了澳大利亚，国家有规定老年人退休了就可以出去，年轻人就不可以。

1998年的时候他们一批人搬去常山华侨农场，我就从他们那转让了12亩地。从他们走的人手里买来苗，当时一亩地500块。现在效益不好，果子好难卖，因为疫情老板也不过来，今年我种果树都亏了几万块，历年来都亏本。2018年因为打霜就没有收入，2019年遭遇冰雹，2020年也是因为冰雹，导致一个果都没有结。2021年收获一点，刚刚回本。今年这个种了两亩地90多株的奈子，一株差不多结二三百斤，全部烂掉了，叫人去采，送给他们都不要钱，亏了两万多。这几年收益不好，农场也没收管理费，如果效益好就一亩地一年交 40 块钱，但是已经十多年没交了，效益一直不好。种了果子三五天不赶鸟，又会被鸟吃掉。正常一斤能卖七八块，超市能卖十多块，我儿媳妇说在晋江能卖到十三块。现在我们退休了，我的退休金 3000 块左右，我交社保交得比较久，交了 42 年，我老婆才交了 25 年，所以她只有一千多。广西新和农场有个跟我一起出来做工的现在退休都有三千五六，可能广西那边有照顾。我只有一个儿子，他是 1985 年出生的，他早产了两个月，生下来我一看小小的，可能都养不活，一个月了都不会吃奶，但他命好活下来了，现在在晋江打工，负责电梯安装管理。当时没办法只能生一个，如果超生，我们现在都没饭吃了。那时候有一个怀孕差不多九个月的人还给抓去，这边抓计划生育最严了。如果我们能生二胎就好了，现在就没那么辛苦了。我儿子现在快四十了，他的小孩才那么大，前段时间一直拖拖，拖到 35 岁才结婚。他一直想出国，他同学的小孩都读初中了。后来我儿子岁数太大了，这边也没有什么女孩子，然后就从越南那边找一个媳妇，现在连户口都没有，每隔两年要去签一次，办一个暂住证。我儿媳也是华侨，是我们越南老家那边人，1996 年出生。现在他们都在晋江，她以前在一个手套厂，现在在晋江的一个鞋厂。我们跟她的父母亲早就认识了，我儿媳妇的外公好像都曾教过我中文。1978 年我们回国的时候，有一部分人留在那里没有回。后来我儿媳的姑姑嫁到了丰田华侨农场，在那个镇子里卖粿条，然后就给我儿子介绍了她的侄女。他们 2019 年才结婚，在越南还摆了一百多桌酒席，搞了两天，那边人多，到处都是亲戚和认识的人，单单煮饭的厨房都摆了五六桌，我在这边才摆了十多桌。

以前刚回来的时候，差不多有一千三百多越南归侨，现在只有六百多了，搬出去的很多，去了世界各地。我的哥哥 90 年代和父母去了澳洲。华侨农场都是靠天吃饭，靠国家拨款，现在也没什么效益，最差的时候外面的亲戚就寄钱回来。农场最困难的年代就是 1996 年到 2006 年的时候，这十年农场几乎所有的厂都倒闭了，茶叶厂在 1994 年就倒闭了。原本整个农场都是以茶为生，出产的茶叶主要供应出口，绿茶、红茶、白茶、乌龙茶什么都有。以前种茶的不多，农民都不种茶，所以我们的茶叶比较好销售，后来就卖不出去了。今天换一个场长，明天又来一个场长，都搞不过来。现在全部都改种果树了。这里招商也招不来。我曾去过广西新和华侨农场，我在那边住过二十多天，我老婆的堂哥在那边，那边也有很多同乡，那边搞旅游搞得很好。我还去过厦门天马华侨农场，他们把土地都出租给外商建场，剩下的土地养点水产，搞得也很不错。我们这个农场做不出什么，我上次跟场长讲，说我们这个农场太分散了，每个队的土地很少而且距离很远，搞什么都搞不上去，应该搞一个集中规划的华侨街，这样也比较好管理。农场现在不到一千人，但是管理的干部需要十多人。异地安置也没有落实。原先的农场也有稻田，后来从沿海迁移进来很多农民，这边占一点那边占一点。

我们住的这个房子是 1998 年起的，全部是自己建的，农场补贴一万，自己花了十来万，地是农场规划好然后分给我们归侨。我们这个农场比较独特，本地人也可以来这边住，不是归侨也可以住，好多农民现在也搬进来住了。莆田有一个华侨农场，那边的房子只有归侨才能住，连本地干部都不能住。可能是我们这个农场人少，你不把周边的人纳入进来这里就没人了，而莆田那个农场的归侨很多，来源国家也很多。

我现在身体也不太好，有高血压，我老婆有高血脂，越南归侨因为劳动多，所以得糖尿病的比较少。我们越南归侨喜欢吃油炸的猪肉、猪脚之类，所以老了血脂就会高。我以前爱吃那个盐巴，吃得太咸了，我儿子他们在晋江那边习惯了清淡饮食，来了后都说我煮的菜太咸了，可我觉得一点味道没有。

有关我照顾黄其曹的事情是这样的。黄其曹本人有轻微的精神分裂症，妻子在世时都是她安排家里的所有事务，2004年妻子因病去世后，留下黄其曹及三个儿子，其中一个儿子也得了精神分裂症，另外两个儿子长年外出不回家，对其不管不问，没有尽到赡养老人的义务。我与黄其曹老人是隔壁邻居，了解他的家庭境况，在黄其曹妻子去世后，我就主动为其安排生活起居，而且坚持了八年。黄其曹退休后体弱多病，微薄的退休金不仅要治病、维持家中生活，还要照顾有精神分裂症的二儿子，生活非常艰苦，我家庭经济状况并非宽裕，但还是经常自己垫付生活费，帮助他家维持生活。黄其曹家房屋漏雨严重，每年雨季来临，我不论自家农活多忙都要抽出时间帮他翻修屋顶。2007年底，黄其曹因病情加重半身瘫痪，我看老人病得严重，便四处打听他另外两个儿子的下落，终于通过本队在泉州打工的职工找到了他的小儿子，并把黄其曹的病情告诉他，希望其能够回来照顾父亲，他小儿子得知后回来看了一眼就连夜跑了，之后再无音信。由于老人无人照顾整个家到处都脏乱不堪，我便继续承担起了照顾老人的义务，为其送水、送饭、喂饭、洗衣、端屎端尿，有时病人大小便失禁，还得帮他擦洗。刚开始时我为黄其曹擦洗后回家煮的饭菜，我妻子因想到黄其曹那个脏样连饭都吃不下，有的邻居来家坐，连我泡的茶也不喝。队里的职工都说我傻，跟你非亲非故，他自己儿子看到了都不照顾连夜跑掉，图什么呢？我说："我什么也不图，看到别人有困难，总觉得心里过意不去。"我就是在这种外人都不能理解的情况下不厌其烦，一如既往的关心照料他八年。在我的悉心照料下，2009年的3月份，卧床两年多的黄其曹老人走完了人生的最后时刻，闭上眼离开人世。他去世后两个外出的儿子不仅没有音信更没有回家料理后事，我又担负起了料理老人后事的责任，我与队里的职工一起处理完老人的后事，接着又承担起了照顾老人那个患精神分裂症的小儿子，每天一日三餐，自己家吃什么就给他送什么，无论自家的农活多忙，总是不会忘记还有这么一个"儿子"要打理。

后 记

2022年1月，我们申报的"福建华侨农场归侨口述史研究"项目获得中国南方与东南亚民族研究中心委托课题的立项，并组织了该项目的学术团队，其主要成员有广西民族大学郑一省教授、陈思慧馆员，以及广西民族大学民族学与社会学学院2020级民族学博士生郑雨来，2020级民族学博士生周妹仔，2020级民族学硕士生罗赞和邵思民，2021级民族学硕士生苏木兰，2020级民族学本科生陈燕梅、黄葵秀、邓洪娇和李星颖。

为了使我们顺利完成这个课题，福建省侨联给予了我们大力支持与帮助，不仅为我们选择了福建具有代表性的华侨农场，还专门下文要求华侨农场协助我们的调研。在福建省侨联的支持和指导下，2022年8月12—22日，我们分为三个调研组前往福建华侨农场调研。其中，第一组由郑一省带领，成员有周妹仔、苏木兰和陈燕梅，前往连江长龙华侨农场和宁德东湖塘华侨农场调研；第二组由郑雨来带领，成员有黄葵秀和李星颖，前往三明市宁化泉上华侨农场和永春北硿华侨茶果场调研；第三组由罗赞带领，成员有邵思民和邓洪娇，前往漳州常山华侨农场和丰田华侨农场调研。我们到这些华侨农场后，这些华侨农场还专门派出场部或社区的一些领导或工作人员，陪同我们项目组的成员到归侨家中或在场部办公室等场所进行访谈。那些受访的归侨对我们的到来表示了由衷的欢迎，无论项目组成员问什么，他们都一一应答，甚至也将他们的心里话都毫不保留地告知我们，将我们看作他们的知心人和亲密的朋友。正是在归侨们的大力支持和帮助下，我们访谈和整理出74位归侨的访谈录。

为了使归侨的口述历史内容较为准确无误，课题组成员郑一省、陈思慧、郑雨来、罗赞和苏木兰又于2023年5月8—25日前往这六个华侨农场进行口述历史稿件的校对工作，所到之处得到了华侨农场和侨联管理层，以及归侨们的大力支持与配合，我们在此表示深深的谢意！

在该项目完成之际，我们在这里要特别感谢福建省侨联党组书记、主席陈式海，福建省侨联党组成员、副主席翁小杰，福建省侨联党组成员、副主席张瑶，省侨联基层建设部部长黄晨，省侨联基层建设部二级调研员罗威，福建华侨主题馆工作人员赵林丹、连江长龙华侨农场党委书记刘国香、连江长龙华侨农场侨联主席何深强、连江长龙华侨农场侨联办事员陈炳文，宁德东湖塘华侨农场侨联主席廖家才、宁德东湖塘华侨新村社区居委会委员郑联萍，福建永春北硿华侨茶果场的东关镇侨联主席郭家添、副主席陈建情、东关镇主任邱蔚婷，三明泉上华侨农场场长欧阳盛福、副场长张标东，丰田华侨农场阮忠辉（南靖县丰田镇宣传委员、统战委）、吴茜（南靖县丰田镇妇联主席）、李亚光（南靖县丰田镇侨联主席、南靖县丰田镇丰华社区书记）、徐小良（南靖县丰田镇东华社区书记），常山华侨农场沈明福（常山华侨经济开发区侨联主席）、杨妮（常山华侨经济开发区办公室工作人员），等等，正是福建各级侨务部门和华侨农场领导的大力支持，以及各位归侨的真诚配合，使我们所进行的口述史调研获得完满的成功。

郑一省
2023 年 9 月于相思湖畔